동양고전과
푸코의 웃음소리

古典的草根

Copyright ⓒ Liu Zong Di
Simplified Chinese Edition Copyright ⓒ Shanghai Translation Publishing House
Korean Translation Copyright ⓒ 2013 by Geulhangari Publishing Co.
This translation is published by arrangement with SDX Joint Publishing Company through
SilkRoad Agency, Seoul, Korea.
All rights reserved.

이 책의 한국어판 저작권은 실크로드 에이전시를 통한 SDX Joint Publishing Company와의
독점계약으로 (주)글항아리에 있습니다. 저작권법에 의해 한국 내에서 보호를 받는 저작물이므로
무단 전재와 복제를 금합니다.

동양고전과 푸코의 웃음소리

천문·지리·본초에 대한
기기묘묘한 이야기

류쫑디 劉宗迪 **지음**   이유진 옮김

글항아리

일러두기

- 책명·잡지는 『 』, 편명·논문은 「 」로 표시했다.
- 한자는 처음 나올 때 한 차례만 병기하는 것을 원칙으로 하되, 필요한 경우에는 중복 병기했다.
- 신해혁명(1911) 이전의 인물은 우리 한자음으로 표기하고 그 이후 인물은 현대 중국어 발음을 따랐다.
- 지명은 중국 현지 발음으로 표기하되, 고대 문화유적지와 관련된 지명은 우리 한자음을 따랐다.

서문

류샤오펑劉曉峰

류쭝디劉宗迪와는 일찍부터 알고 지냈지만 그를 진정으로 이해하게 된 것은 그의 『산해경山海經』 연구서인 『잃어버린 천서失落的天書』를 읽고 나서다. 『잃어버린 천서』를 처음 읽었을 때 마음이 밝아지던 그 느낌을 나는 아직도 기억하고 있다.

지금껏 『산해경』은 신화 색채가 풍부한 지리서라고 여겨졌다. 하지만 류쭝디는 뜻밖에도 『산해경』에서 천문학을 읽어내고 상고시대 천문학에 관한 잃어버린 '천서'를 읽어냈다. 대체 어떤 사람이기에 『산해경』을 '천서'로 읽을 수 있었을까? 류쭝디는 난징南京대학 기상학과 출신으로 이과생이다. 그런데 졸업한 뒤에 쓰촨四川사범대학으로 가서 가오얼타이高爾泰 선생의 지도를 받으며 석사학위를 취득했다. 그 뒤 중문과에서 몇 년 동안 문예 이론과 문학사를 강의했다. 그리고 베이징사범대학으로 가서 민속학의 대가인 중징원鍾敬文 선생의 문하로 들어가 민속학을 공부했다. 박사학위를 받은 뒤 학계로 들어갔으니, 이치대로라면 마땅히 본업인 민속학을 꾸준히 연구해야 했다. 하지만 그는 여기에 만족하지 않고 결국엔 천문기상 쪽으로 다시 돌아갔다. 그는 『산해경』에 대한 연구부터 시작하여, 중국 고대 천문학과 역법학을 연구하면서 신화·절일節日·민속 등의 여러 학문을 중국 고대의 하늘이라는 커다란 배경 아래로 끌어왔다. 계절이 순환하고 세월이 흘러가는 소박한 이치가 그에 의해 고대 신화와 민속으로 해석됨으로써 이채를 발하게 되었다.

류쭝디는 시류에 동조하지 않는 글을 자주 쓴다. 몇 년 전에는 '칠석'을 중국 젊은이들의 연인의 날로 보내면 좋겠다는 목소리가 높았는데, 그는 고대 천문학에 대한 이해와 문헌 전적에 대한 지식을 바탕으로 '칠석'의 내력과 의미를 일일이 고증한 뒤에 칠석은 고대 농사와 관련된 절일이지, '연인의 날' 같은 것은 결코 아니라고 했다. 이로 인해 학계에 풍파를 일으키기도 했다.

그는 또 학술적인 글에 은근히 마음을 기탁하기도 한다. 머리 위에 있는 것은 분명 납뚜껑처럼 희뿌연 하늘이건만, 그는 아름다운 필치로 『좌전左傳』 『주역周易』 『산해경』의 먼 옛적 하늘에 신출귀몰하던, 오늘날에는 이미 사람들에게 잊힌 동방 창룡을 추억한다. 그의 글을 읽노라면 한없는 감상에 젖게 된다.

학과의 세분화가 날로 더해가는 시대에, 그는 뜻밖에도 민속학과 신화학, 선진先秦 시기의 문헌, 구두 전통 그리고 과학사를 한데 버무린다. 실로 흠모하지 않을 수 없다. 그는 이것이 자신의 전문 영역이 아니라고 말하지만, 이렇게 말하는 건 일부러 자신을 낮추기 위함이라는 것을 나는 안다. 사실상 이처럼 전문 영역을 넘어서서 서로 다른 학문 사이의 문을 자유롭게 오가는 사람이여야만 비로소 도술道術이 여러 학파에 의해 갈가리 찢기지 않고 하나로 녹아 있던 고대 사상의 세계로 들어가서 역사의 풍진 뒤에 오래도록 감춰져 있던 풍경을 드러내 보일 수 있다.

이 책의 저자는 이처럼 자신의 전문 영역을 넘어선 학자다. 바로 그렇기에 딱히 정확하게 뭐라고 분류할 수 없는 이런 책이 나올 수 있었다. 이 책은 천문에 대해 이야기하고 지리에 대해 이야기한다. 시학을 논하고 신화를 설명한다. 넓게는 박물博物에 관한 것과 세밀하게는 수사修辭에 관한 것까지 하늘과 땅을 하나로 융합하고, 고대 학문과 새로운 지식을 하나의 용광로 속에 녹여냈다. 이 책은 우리에게 용에 대해 이야기한다. 하늘의 용, 땅의 용, 사시에 따라 운행하는 용을 이야기한다. 이 책은 우리에게 본초本草와 박물에 대해 이야기한다. 본초학의 내력과 오묘함을 이야기하고, 박물학 속의 괴물과 수사를 이야기하고, 초목과 짐승의 배후에 있는 시적 정취와 비밀을 이야기한다. 이 책은 우리가 고개를 들어, "맑은 은하수 사이에 두고서 애틋하게 바라만 보며 아무 말도 할 수 없는" 견우성과 직녀성을 바라보도록 이끈다. 이 책은 우리가 몸을 숙여, 대지에 불어오는 사계절의 바람 소리 그리고 바람과 같은 노랫소리에 귀를 기울이도록 이끈다. 이 책은 우리가 문인의 서재에서 나와, 별들이 돌아가고 바람 소리 세차게 울리던 고대의 별이 총총한 하늘과 민간의 대지로 돌아가도록 이끈다. 이 책의 내용은 가지각색이다. 하지만 정수가 가득하여 옹골지다.

천문·지리·시학·신화·박물·수사 등 갖가지 문화와 자연을 통해 저자가 일관되게 규명하고 있는 것은 중국의 민족정신을 관통하는 고금의 문화정신이다.

내가 류쭝디와 교류하는 이유는 서로의 성격이 잘 맞아서이기도 하지만 무엇보다도 우리 모두 시간과 문화의 문제에 관심이 있기 때문이다. 우리가 처음 만나게 된 계기도 중국민속학회에서 마련한, '절일 문화논단'이었다. 당시 회의에 참가했던 사람들은 성씨 순서에 따라서 방을 배정받았는데, 우리 둘 다 '류'씨라서 한방에 묵게 되었다. 그날 저녁 둘이서 이야기를 나누었는데, 워낙 말이 잘 통해서 밤이 깊어 잠이 쏟아질 때까지 대화가 이어졌다. 그 뒤로는 시간과 절일 문제가 우리의 주요 화제가 되었다. 류쭝디는 가오얼타이 선생한테 미학을 배우면서 칸트를 열심히 공부했기 때문에 시간과 공간의 문제에 있어서 칸트의 영향을 많이 받았다고 한다. 류쭝디가 보기에 시간과 공간은, 과학적 사고의 대상일 뿐만 아니라 무엇보다도 인간의 사상이 전개되는 데 있어서 기본 형식이다. 또한 인간이 자신의 삶과 세계의 의미를 이해하는 기본 척도다. 따라서 시간과 공간은 우리가 서로 다른 시대와 문화의 의미를 이해하는 데 기본적인 출발점이 되기도 한다. 예를 들자면, 칠석에 대해서 그는 이렇게 말한다.

어쨌든 칠석 이야기의 각 부분은 고대인의 시간감각 속에서 그 원천을 찾을 수 있다. 하늘의 별, 땅 위에서 우는 벌레, 인간 세상에서 길쌈하는 여인, 초가을의 장마, 성숙한 과과, 이 모든 것이 절기 속에서 동시에 나타나 연결되고 시간적으로 동일한 의미를 부여받고, 만남과 이별을 말하는 같은 이야기 속에서 엮였다. 이를 통해 인간의 지식과 서사敍事에 있어서 시간성의 토대적인 역할을 짐작할 수 있다. 대자연의 영구불변하고 순환하는 리듬으로서의 시간은, 생계와 일과 휴식을 결정할 뿐만 아니라 인간의 인식과 서사까지 인도한다. 존재론적인 의미에서 시간은, 인간의 인지와 측정의 대상이라기보다는 인간이 만물을 이해하고 측정할 수 있는 가능성의 조건이다. 시간은 끊임없이 흐르고, 만물은 그치지 않고 생장한다. 세상만물은 모두 시간이라는 긴 강 속에서 뜨고 가라앉으면서 숨었다 나타났다 하면서 인간의 생활과 시야 속으로 들어오거나 나가거나 한다. 시간이라는 거대한 리듬 속에서 각각 나타나는 때가 다르기 때문에, 서로 다른 의미를 부여받고 서로 다른 인식 범주에 속하게 되며 서로 다른 이야기 속으로 편입된다. "사시가 운행하고 만물이 생장한다." 어떤 이는 시간이란 대자연의 리듬, 즉 대자연이 만물을 창조해내는 각본이라고 한다. "천지가 차고 비는 것도 때와 더불어 줄고 분다."(『역전』) 광대한 하늘과 넓은 대지가 바로 이 각본이 펼쳐지는 무대다. "하늘과 땅의 기운이 교합하여 만물이 변화하고 무르익는다."(『역전』) 만물이 생장하고 불어나는 것은 이 무대에서 계속해서 순환하며 상연되는 극이다. 매년 7월이면 견우와 직녀가 은하수에서 만난다는 것은, 이 극 가운데 슬프고 감상적인 한 토막일 뿐이다.

이상에서 칸트 시간관의 그림자를 쉽게 발견할 수 있지만, 칸트의 까다로운 말보다 훨씬 더 이해하기 쉽다.
이 책에 수록된 글들의 상당 부분은 『독서讀書』에서 이미 읽은 것들이다. 그런데 한데 모아놓고 다시 읽으면서, 여러 해 동안 류쭝디와의 교류를 추억하다보니 감회가 새롭다. 어느 한 영역과 방법에 구애받지 않는 이런 책은 특정 학문 분야에 입문하는 교량이 될 수는 없을지도 모르겠지만, 오히려 민간문학·민속학·신화학·구두전통·고전학 등과 관련하여 여러 학과의 젊은 학생들이 공부하는 데 더할 나위 없이 좋은 참고가 될 것이다.

유협劉勰은 『문심조룡文心雕龍』에서 이렇게 말했다. "글의 구상에서 정신의 작용은 심원하다. 따라서 고요히 정신을 집중하면 생각이 천 년에 가 닿을 수도 있고, 가만히 표정을 가다듬으면 시선이 만 리를 꿰뚫어볼 수도 있다."[1] 좋은 글 역시 "생각이 천 년에 가 닿을 수도 있고 시선이 만 리를 꿰뚫어볼 수도 있어야" 한다. 부디 이 책의 독자들이 나와 마찬가지로, 관통과 융회의 의미가 풍부한 글에 담긴 저자의 유창한 문장을 따라가면서 깊은 의미와 색다른 맛을 지닌 정신의 여행을 체험할 수 있었으면 한다. 더욱더 바라는 바는, 류쭝디가 이미 도달한 지금의 높은 경지에서 더욱 분발하여 '천 년'과 '만 리'와 통하는 글을 더 많이 써냈으면 하는 것이다.

이는 벗들의 한결같은 바람이기도 하다.

2010년 초여름, 칭화위안清華園에서

류샤오펑劉曉峰
1962년 지린성 지린시 출생. 1986년 동북사범대를 졸업하고 석사학위 취득. 2000년 일본 교토대에서 박사학위 취득. 현재 칭화清華대 역사학과 교수. 주요 연구 분야는 일본사 및 중일 문화교류사이고, 동아시아 지역의 시간문화를 깊이 있게 연구하고 있다.

차례

서문 류샤오펑 · 005

제1부 증거를 찾는 버릇 考據癖

1장 | '춤'이라는 키워드로 고전을 읽는 방법 · 017
2장 | 오행설에 가려 보이지 않는 것들 · 049
3장 | 태사공의 죽음을 추적하다 · 069
4장 | 용이라는 기이한 생물을 찾아서 · 094
5장 | 칠석 이야기의 내막 · 120

제2부 『산해경』의 기기묘묘한 세계

6장 | 촉룡이 눈 감으면 밤이 된다 · 147
7장 | 괴물지와 본초 수사학 그리고 푸코의 웃음소리 · 173
8장 | 신화·상상·지리: 괴물 기호학에 대한 불편함 · 224

제3부 민초들이 만든 경전의 세계

9장 | 금문경학의 풀뿌리 · 253

10장 | 고사古史·고사故事·고사瞽史 · 270

11장 | 문자는 본디 거죽이다 · 285

12장 | 유씨 할멈, 배우와 지식인 · 301

13장 | 신화학을 둘러싼 세 가지 문제 · 316

후기 · 340

주 · 342

옮긴이의 말 고전의 풀뿌리에 감춰진 히에로파니 · 369

찾아보기 · 376

제1부

증거를 찾는 버릇 考據癖

[1장]

'춤'이라는 키워드로
고전을 읽는 방법

　예의禮儀제도는 중국 고대사회의 중요한 문화현상으로서, 유가사상이 건립될 수 있었던 현실적인 기초다. 따라서 유가사상과 그 사상의 체계를 정확히 이해하려면 예의제도의 정신적 취지를 이해해야 하는데, 무엇보다도 예의제도라는 문화현상이 생겨나게 된 연원을 이해해야 한다. 예의제도는 중국 고대사회에서 중대한 사회적 역할 및 풍부한 정신적 의미를 지녔던 문화현상이다. 그 근원을 탐구해보면 인류 최초의 원시적 유희 방식, 즉 춤에서 기원했다.

1.
　'예禮' 자의 기원에 대한 분석을 통해서 예의제도의 문화적 근원을 드러낼 수 있을 것이다.

『설문해자說文解字』에서는 이렇게 말했다. "예禮는 이履(이행하다)다. 신을 섬김으로써 복을 부르는 것이다. 시示의 뜻을 취하고 예豊의 뜻을 취했다."[1] 또 이렇게 말했다. "예豊는 예를 행하는 그릇이다. 두豆(제기)의 뜻을 취했다. 상형象形이다."[2] 복사卜辭에서는 '예禮' 자가 등의 형태로 나와 있다. 왕궈웨이王國維는 『관당집림觀堂集林』에서, "예를 행하는 그릇"이라는 허신許慎의 설을 따랐다. 그는 이 글자가 "그릇에 옥 두 개가 있는 형태를 본뜬 것"이라고 하면서 이렇게 말했다. "고대에는 예를 행할 때 옥을 사용했으므로 『설문』에서 '예豊는 예를 행하는 그릇'이라고 했다. 이 설의 유래는 오래된 것이다." 왕궈웨이는 이 글자가, 두豆에 한 쌍의 옥을 놓고 신에게 제사지내는 것을 상징한다고 여겼다. 왕궈웨이의 이 설은 학계에 널리 인용되었고 이미 정론이 되었다. 하지만 실제로는 절대 그렇지 않다.

첫째, 이 설은 고대의 예에 부합하지 않는다. 국가의 정치·종교·정신생활에 있어서 중요한 예의제도는 장엄하고 신성한 것으로, 적당히 처리할 수 없는 것이었다. 따라서 예를 행하는 그릇에도 엄격한 규정이 있었다. 그릇마다 용처가 정해져 있었고 아무렇게나 사용할 수 없었다. 『주례』「춘관春官·전서典瑞」에서는 "왕은 허리에 대규大圭를 꽂고 손으로 진규鎭圭를 쥔다. 조자繅藉[3]는 다섯 빛깔의 무늬로 둘레를 장식한다. 이렇게 하여 태양에 제사지낸다"[4]라고 하였다. 이에 대해 정현鄭玄은 다음과 같이 주를 달았다. "조繅에는 다섯 빛깔의 무늬가 있으며 옥을 올려놓는 받침이다. 나무로 가운데 뼈대를 만들고 가죽으로 둘레를 두른 뒤 그림으로 장식한다."[5] '조'는 가죽으로 나무판을 감싸서 만든 받침으로, 천자가 태양에 제사지낼 때 그 위에 옥을 올려둔다. 이는 태양에 제사지낼 때 옥을 올려두는 제기로서, 조가 아닌 두豆를 사용한다는 말이다. 『주례』 「추관秋官·대행인大行人」에서는 신하가 왕을 알현하는 예에 대하여 말하길, "상공上公의 예는, 9촌 길이의 환규桓圭를 쥐며 9촌 길이의 조자를 갖춘다"⁶고 했다. 여기서도 정현은 '조'가 옥을 올려놓는 받침이라고 했다. 『예기』와 『의례』에도 여러 차례 언급되어 있는데, 일일이 인용하지는 않겠다. 요약하자면 고대인이 예를 행할 때 '조'에 옥을 올려놓는 것은 규정된 바였으며, 『주례』『예기』『의례』를 모두 살펴보아도 '두'에 옥을 둔다는 이야기는 없다. 따라서 왕궈웨이가 '예豊' 자에 대해, 두豆에다 한 쌍의 옥을 놓은 형태를 본뜬 것이라고 한 말은 고대의 예에 매우 어긋난다. 두는 음식을 담는 그릇인데 어찌 옥을 담을 수 있겠는가?

다음으로, 왕궈웨이의 설은 '예' 자의 초문初文을 파악하는 데 있어서도 일부로 전체를 단정한 측면이 있다. 은허복사殷墟卜辭에 나오는 '예'의 형태는 豊, 豊, 豊 등 다양하다. 상반부는 '옥 두 개의 형태'와 굉장히 다르고, 하반부 역시 모두가 두豆의 형태인 것은 아니다. 왕궈웨이가 비슷한 형태의 글자만으로 "그릇에 옥 두 개가 있는 것"이라는 설에 억지로 맞출 수는 있겠지만, "그릇에 한 쌍의 옥이 있는" 형상과 완전히 다른 이체자들은 어떻게 해석할 수 있겠는가? 만약 이러한 이체자들을 두고 '옥 두 개의 형태'가 와변訛變된 것이라고 한다면, 이는 발을 깎아서 신발에 맞추는 격이다.

사실 '예' 자의 초문은 알기 어려운 게 결코 아니다. 이를 '고鼓(북)' 자의 초문과 대비해서 보면 한눈에 환히 알 수가 있다. '고鼓' 자는 복사에서 , 등의 형태로 나온다. 이는 손에 막대기를 쥐고서 북을 두드리는 형상을 상징한다. 왼쪽에 있는 형상이 바로 북을 의미하는데, '예' 자의 초문과 상당히 유사하다. 차이점이라면, '예' 자에는 소위 '두 개의 옥'의 형상이 더 있다는 것이다. 그런데 '두 개의 옥'이라는 것이 사실은 '옥'을 상징하는 게 아니라, 북 위의 장식물을 상징하는 것이다.

고대인은 북을 신기神器로 생각했다. 오늘날의 '낙후한' 민족 역시 그러하다. 그들은 북을 아름답게 꾸미는 능력을 최대한 발휘했다.『시경』「주송周頌·유고有瞽」에서는 이렇게 말했다. "업業과 거虡를 설치하고, 숭아崇牙에는 오색 깃 꽂아놓네樹羽. 작은북·큰북·현고懸鼓, 도고鼗鼓·경쇠·축柷·어敔."[7] 악기 틀인 업과 거에 숭아를 설치하여 깃을 꽂고 북·경쇠 등의 악기를 건다는 의미다.『설문해자』에서 "거는 종과 북을 걸어두는 틀이다"[8]라고 했다.『예기』「단궁檀弓 상」에서는 "종과 경쇠는 있으나 순簨과 거가 없다"[9]고 했는데, 이에 대해 정현은 "가로대를 순이라 하고, 기둥을 거라 한다"[10]고 주를 달았다. '거'는 종이나 북 등의 악기를 걸어두는 기둥 틀이다. 이에 근거한다면 '예' 자의 초문도 쉽게 이해할 수 있다. 이 글자의 가운데 부분의 'ㅁ' 형태는 바로 북이다. 그리고 아래쪽의 ㅅ 형태는 바로 북의 받침이고, 위쪽의 ψ 형태는「유고·모전毛傳」에서, "위쪽이 구부러진 모양으로 되어 있어서 물건을 걸어둘 수 있다"[11]고 말한 '숭아'다. 숭아 사이의 형태는 '수우樹羽', 즉 북 위에 꽂는 깃 장식이다. 앞에서 인용한 자형들에서, 북에 장식으로 꽂은 깃이 너울거리는 형태를 명백히 볼 수 있다. 이는 '두 개의 옥'과는 관계가 없다.

한대漢代 화상석畵像石에 보이는 건고무建鼓舞.

결론적으로, '예' 자의 초문은 고대 악기의 배치와 구조를 구체적으로 재현한 것이다. 즉 기둥 틀에 걸어놓은, 깃으로 장식한 북의 형상이다. 이는 바로 고대 시에서 자주 언급한 '건고建鼓'다. 기둥에 북을 설치하고 깃으로 북을 장식한 형태가 한대 화상석에 많이 보이는데, 이는 한대에도 건고가 여전히 성행했음을 말해준다.

고대인이 악기를 장식하는 데 옥이나 다른 것이 아닌 깃을 사용한 까닭은, 짐승의 고기를 먹던 수렵민에게 가장 아름다우면서도 쉽게 얻을 수 있는 장식이 바로 새의 깃이었기 때문이다. 실제로 고대인은 깃으로 악기를 장식했을 뿐만 아니라 자신의 몸을 치장하기도 했다. '미美' 자의 초문인 𢀖는 머리에 깃을 꽂고 너울너울 춤을 추는 사람의 형상이다. 『주역』 '점漸'에서는 "기러기가 뭍으로 가까이 오니, 그 날개를 의儀로 쓸 수가 있다"[12]고 했다. '의'는 의장儀仗과 관모冠帽 등의 장식이다. 이로써 깃이 고대인의 심미관에서 중요한 지위를 차지하고 있었음을 짐작할 수 있다.

자형의 분석을 통해 얻은 이상의 결론은 화용론의 각도에서 다시 확증할 수 있다. 주대周代의 「괵려종명虢旅鍾銘」[13]에는 이런 구절이 나온다. "아버님께서 하늘에 근엄히 계시면서 하계의 후손을 가호해주신다. 소리 널리 울려 퍼질 때歔歔溥溥 나 여旅에게 많은 복을 내려주시리."[14] 궈모뤄郭沫若는 "고고부부歔歔溥溥"를 "왕성한 모양"[15]으로 해석했다. 명문銘文의 문맥이 분명하긴 하지만 이해할 수 없는 부분도 있다. 금문金文의 '고歔' 자는 손에 막대기를 들고서 기물을 두드리는 형태인데, 여기에 보이는 기물은 '예' 자의 초문에 보이는 것과 동일한 모양이다. 두드릴 수 있는 것이라면 두豆는 아니다. '두'는 악기가 아닌

데 어떻게 두드릴 수 있겠는가? 이 글자의 형태는 '고鼓' 자의 형태와 대동소이하다. 또한 '부溥(펴다)' 자는 '부尃(펴다)'의 의미를 따르는데, '尃'는 '손으로 막대기를 쥐고ᆉ' '종甫'을 두드리는 형상이다. '甫'는 악기를 상징한다. 『주례』 「춘관·서敍」에 나오는 "박사鎛師"[16]에 대해 정현의 주에서 설명하길, "박鎛은 종과 같으며 크다"[17]고 했다. 그렇다면 "고고부부"의 의미는 종과 북이 일제히 연주되어 악기의 소리가 장대하게 울려 퍼진다는 것이다.

이상의 논의를 통해 '예' 자의 초문이 악기 북을 상징한다는 것을 충분히 증명했다.

그런데 '예' 자의 초문이 북을 상징한다고 해서 그것이 북의 의미를 나타내는 것은 아니다. 문자의 '자형'이 나타내는 바가 문자의 '의미'가 가리키는 바와 같은 건 아니다. 전자는 객관적 사물이고 후자는 주관적 뜻이다.[18] 하지만 그렇다고 이 양자 사이에 아무 관계도 없는 것은 아니다. 왜냐면 고대인이 어떤 형상을 통해 어떤 의미를 나타내는 데 있어서, 최초에는 그 형상에 의지해서 그 뜻을 이해할 수밖에 없었기 때문이다. 즉 그 의미가 최초에는 그 형상을 통해 드러났다. 그렇다면 고대인은 북의 형상을 통해서 어떤 의미를 이해했던 것일까? 사물의 의미는 현실세계에서 그것의 지위, 그리고 그것과 인간과의 관계에 의해 결정된다. 따라서 이렇게 물어야 할 것이다. 북은 고대인의 생활에서 어떤 지위를 지녔고 어떤 역할을 했는가?

북이 처음에 주로 담당한 역할은 춤을 위한 반주였다.

육체의 자유로운 율동인 춤에는 리듬이 필요하다. 하지만 발생학적인 의미에서 보자면, 리듬은 도리어 춤의 산물이다. 최초의 춤은, 사람들이 즐거울 때 감정을 억제하지 못하고 솟구친 감정에서 비롯된 육체적인 충동으로부터 나온 것이다. 자기도 모르게 마음껏 덩실덩실 춤을 출 때 물론 리듬이 없을 수도 있다. 그런데 춤이 반복적으로 진행되면서 춤 동작을 통일하고 수월하게 지속하기 위하여 리듬이 점차 발전하고 확정되었다.

  고대인은 소박했다. 악기를 갖추고 있지도 않았다. 그저 자기 몸에서 방법을 찾을 수밖에 없었던 그들은 신체의 특정 부위를 규칙적으로 두드리거나 발로 땅을 구르며 리듬을 만들어내 춤의 반주로 삼았다. 『장자』 「마제馬蹄」에서는 이렇게 말했다. "무릇 혁서씨赫胥氏 시대에는 백성이 머물러 있을 때에는 무엇을 해야 하는지 모르고 돌아다닐 때에는 어디로 가야 하는지 모른 채, 먹을 것을 입에 넣고서 놀고 배를 두드리며 놀았다."[19] 『회남자淮南子』 「지형훈地形訓」에서는 이렇게 말했다. "뇌택雷澤에 신이 있다. 용의 몸에 사람의 머리를 하고 있는데, 배를 두드리면서 논다鼓其腹而熙."[20] 고유高誘의 주에서는 "고鼓는 격격擊(두드리다)이다. 희熙는 희戲(놀다)다"[21]라고 했다. 즉 배를 두드리며 논다는 것은 배를 두드려 리듬을 만들어내며 논다는 의미다. 리듬이 있는 이러한 신체 유희는 물론 춤이다. 『여씨춘추呂氏春秋』 「고악古樂」에서는 이렇게 말했다. "옛날 갈천씨葛天氏의 음악은 세 사람이 소의 꼬리를 쥐고서 '발을 구르며投足' 여덟 가지를 노래했다."[22] 고유의 주에서는 "투족投足은 접족踥足과 같다"[23]고 했다. 즉 발을 구른다는 것이다. 발을 구르며 노래한다는 것은 발로 땅을 구르며 장단에 맞추어 춤추고 노래한다는 의미다. 후세의 '답가踏歌'는 바로 여기서 비롯되었다.

점차 문명화되고 악기가 생겨나면서, 배를 두드리며 놀던 것에서 북을 두드리며 춤을 추는 것으로 바뀌었다. 북은 애초에 배나 신체 다른 부위의 대체물이었으므로, 처음에는 춤추는 이의 신체와 밀접하게 연결되어 있었다. 춤추는 이는 춤을 추며 북을 두드렸다. 북을 두드리는 동작은 춤동작의 유기적인 일부였다. 북을 두드리는 것은 바로 춤을 추는 것이었다. 즉 이때의 리듬은 북소리를 빌려 확립된 것이지만, 춤동작과 분리되어 춤의 외재적인 규범이 된 것은 아직 아니었다. 황토고원 일대에서 널리 유행하는 나고무鑼鼓舞에서 이러한 정취를 지금도 음미할 수 있다. 몸에 북을 매달고 북을 두드리면서 춤을 추면, 북은 춤추는 이의 신체의 일부가 된다. 북을 두드리면서 춤을 추면 그 옛날 '배를 두드리며 놀던' 때로 회귀하는 듯하다.

일단 춤의 리듬이 북소리에 힘입어서 구체적으로 확립되고 두드러지자 사람들은 갈수록 리듬을 중시하게 되었고, 그것을 독립적으로 파악할 수밖에 없게 되었다. 이렇게 해서 리듬은 춤의 전체 동작으로부터 분리되었고 춤동작을 규제하는 외재적 규범이 되었다. 이로 인해, 신체의 자유로운 율동이었던 춤은 규칙을 따르는 신체 동작으로 점차 변했다. 춤은 더 이상 생명의 자유로운 표출이 아니라 그대로 따라야 하는 동작의 양식으로 고정되었다.

리듬과 춤의 분리는 구체적으로 북과 춤의 분리로 나타났다. 북은 춤추는 이의 몸에서 분리되었고 북 틀 위에 놓였다. '예' 자의 초문이 상징하는 것은 바로 이러한 북의 형상이다. 고대인이 이 형상을 통해 표현한 것은 그들이 깨달은 것, 즉 춤의 규범화 내지 규범화된 춤이다. 규범화된 춤, 일련의 규정된 동작 양식은 다른 게 아니라 바로 예의禮儀다.『의례』의 전부 및『예기』의 대부분에서 기술하고 있는 일련의 동작 규범은 바로 이러한 양식일 따름이다.

이제 확실히 알 수 있다. '예' 자가 본래는 원시 춤을 상징했고 후에 예의제도를 나타나게 되었음을 말이다. 이러한 언어학 현상에는 깊고 두꺼운 역사문화의 내막이 깔려 있으며, '예' 자의 의미 변화 궤적은 예의제도의 역사문화적 연원을 말해준다.

춘추전국시대에 이르러, 이미 제사의식으로 변한 예의제도는 원시 춤에서 멀리 벗어났지만 그 표현 형식에는 춤의 흔적이 뚜렷하게 남아 있었다. 예를 들자면, 예를 행하는 동작과 태도에 많은 신경을 썼는데, 손을 들거나 발을 내딛는 동작, 들어가고 나가는 동작, 읍양揖讓하는 동작, 손님을 배웅하고 맞이하는 동작 등이 모두 법칙에 맞아야 했다. 이러한 동작 규범에는 실천적이고 실용적인 역할은 전혀 없었다. 그것은 춤동작과 마찬가지로 단지 상징적인 '연출'일 뿐이었다. 차이점이라면, 춤은 진심이 흘러나오는 것이지만 예의는 일부러 꾸미는 것이다. 예의제도에 남아 있는 춤의 흔적과 관련하여 살펴볼 것은, 예를 행하는 일련의 동작에는 종과 북을 울리고 소簫와 관管을 합주하고 시를 짓고 노래하고 패옥佩玉을 차는 일 등이 뒤따랐다는 점이다. 이렇게 함으로써 춤과 음악이 함께하던 옛 정취가 분명히 우러났다. 이 때문에『예경禮經』에서는 예와 악樂을 자주 함께 언급했으며, 예를 행하는 데 사용하는 악기와 반주하는 음악의 악장을 구체적으로 규정했던 것이다. 예의를 행하는 과정에서 연회와 가무는 필수불가결한 것이었다.『시경』「빈지초연賓之初筵」에서는 예의 활동이 다시 춤의 광희狂喜로 변한 것을 볼 수 있다. 예의는 원시 춤의 '화석'이다. 화석이 생명의 흔적이듯, 예의의 번잡한 의식을 투과하면 춤추는 이의 소박한 모습이 어렴풋하게 보인다.

2.
　예의 활동의 인위적이고 번잡한 일련의 행위 규범이 아무런 의미도 없는 허장성세인 것만은 아니다. 그것들은 비록 구체적으로 실용적인 효용은 없지만 중요한 사회적 기능을 지닌다. 들어가고 나가고 읍양하고 손님을 배웅하고 맞이하는 가운데 사람들은 비로소 사회 공동체에 대한 귀속감, 그리고 사회에서 자신의 지위와 명분 및 이에 상응하는 행위 규칙을 몸소 체득하고 확인하게 된다. 이로써 사회에 맞는 일원으로 연마되고 길들여지는 것이다. 『관자』「심술心術 상」에서는 "오르내림에 읍양하고, 귀천에 등급이 있고, 친소親疏에 격식이 있는 것을 일러 예라 한다"[24]고 했다. 예의 활동은 본질적으로 사회화의 수단이자 사회적 교류의 방식이다. 사람은 구체적인 교류를 통해서만 사회화될 수 있고, 이를 통해 사회적 관계도 성립될 수 있으며, 이러한 사회구조 속에서 개인 역시 발붙일 곳을 확보할 수 있게 된다. 『논어』「태백泰伯」에서 "예에서 선다"[25]고 한 공자의 말이 바로 이것이다. 『예기』「관의冠義」에서는 이렇게 말했다. "무릇 사람이 사람답게 되는 것은 예의禮義가 있기 때문이다. 예의의 시작은 용모를 바르게 하고 안색을 정제하며 말을 순하게 하는 데 있다. (…) 그런 후에 예의가 갖추어지게 되며, 이로써 군신을 바르게 하고 부자를 친하게 하며 장유를 화목하게 한다."[26] 예의 활동이야말로 사람을 사회화된 일원으로 만들 수 있다. 예의 활동은 일종의 극이라고 할 수 있다. 분장을 하고 등장한 사람은 그 배역을 연기하는 동시에 자신도 모르게 그것에 감화된다. 그 배역은 '생生·단旦·정淨·말末·축丑'이 아니라 '군신·부자·형제·부부'이다. 원시 춤이 이 극의 막을 열었다.

인류사회의 발생사에 있어서 원시 춤의 근원적 지위를 확인하기 위해서는 무엇보다도 먼저 인류사회가 동물 군락과 본질적으로 다른 점이 무엇인지를 명확하게 해야 한다. 인류사회의 '인류성'은, 동물 군락처럼 단순히 직접적인 혈연적 유대와 생존의 필요(먹이·성교·생식·수유·방어 등)에만 의지하여 연결된 자연 구조물이 아니라 이러한 자연적인 관계 외에도 정신적이고 상징적인 관계로 연결되어 있는 인류 공동체라는 데 있다. 최초의 인류 공동체 이전에 물론 인류 군락이 이미 존재하고 있었다. 하지만 이 군락을 연결한 것은 혈연적 유대와 자연적 필요였다. 따라서 이는 동물 군락과 본질적인 차이가 없었다. 한 집에 사는 노소가 합작하여 먹을 것을 마련하는 것은, 한 굴에 사는 치타가 함께 사냥하는 것과 본질적인 차이가 없다. 따라서 아리스토텔레스는 『정치학』에서 가정을 '자연공동체'로 보았고, 고대 그리스에서 가정이라는 낱말의 본의는 '식탁의 동료들' 내지 '식구'를 가리킨다고 지적했다. 이는 고대 그리스인이 먹고 살아가는 자연스러운 활동을 통해서 가정의 관계를 깨달았음을 말해준다. 이를 고려해볼 때 광범위하게 퍼진 사회발생학 관점, 즉 인류사회가 노동의 협업에서 기원했다는 관점에 동의할 수 없다. 왜냐면 이러한 관점으로는 최초의 인류 공동체를 동물 군락과 구별해낼 수 없기 때문이다. 생존 자원을 확보하기 위한 노동은 서로 다른 개체 사이의 상호 경쟁을 초래하게 마련이므로, 그것은 사람들을 모으고 연합시키기는 게 아니라 사람들을 소원해지게 하고 적대적으로 만든다. 원시 노동에서 비록 협업과 연합이 있었다 하더라도 그것은 소규모일 수밖에 없었으며, 가까운 혈연관계의 개체(모자)와 생리적 필요를 지닌 개체(배우자) 사이에 한정된 것이었다. 이들로 구성된 것은 가정인데, 가정은 사회라 할 수 없고 사회를 구성하는 요소일 뿐이다.

결론적으로 인류사회는 노동 이외의 것에서 시작될 수밖에 없었다. 인간과 인간 사이에 자연을 넘어선 정신적인 관계가 생겨났을 때 인류사회는 시작되었다. 이러한 관계는 혈연적 유대나 생리적 동기에서 비롯된 것이 아닌, 자연을 넘어선 교류를 통해서만 형성될 수 있다. 서로 아무 관계도 없고 평소에 모르던 사람들이 자발적으로 한데 모여서 교류가 펼쳐질 때, 바로 그때 최초의 인류 공동체 혹은 사회가 만들어졌다.

자연을 넘어선 최초의 원시적인 교류 방식은 다른 게 아니라 원시 춤일 수밖에 없다. 원시 춤은 인류의 가장 원시적인 교류 수단이었다. 미개함에서 깨어나기 시작하던 당시에는 후대처럼 발달된 정보 전달 도구가 없었다. 문자처럼 시공을 초월할 수 있는 전파 수단이 없었음은 물론이고 뜻을 멀리 전달할 수 있는 수단인 구두언어조차 아직 없을 때였다.[27] 따라서 최초의 언어는 몸짓 언어였다. 최초의 교제는 직접적 대면을 통한 현장에서의 교제일 수밖에 없었으며, 신체의 규칙적인 동작과 태도와 표정으로 뜻을 나타냈다. 표현력과 상징성을 지닌 규칙적인 동작이 바로 최초의 춤이다. 인류 최초의 구두언어가 바로 리듬을 지닌 소리, 즉 노래였듯이 말이다. 춤은 인류의 가장 오래된 '언어', 언어 이전의 언어라고 할 수 있다. 사실 정보기술이 고도로 발달한 오늘날에도 춤은 여전히 가장 섬세한 교류 방식이 아닌가?

가장 원시적인 교류 방식인 춤이 원래는 그 어떤 자연적인 관계도 맺고 있지 않은 사람들을 한데 모은 것, 이것이 바로 최초의 진정한 사회다. 춤은 처음부터 집단 활동이었다. 춤은 육체의 광희이자 감각 기관의 방임이자 정신의 해탈이다. 춤의 거대한 매력이 사람들을 사방팔방에서 자발적으로 한데 모이게 만들었다. 사람들은 손에 손을 잡고 어깨를 나란히 하고서 공동의 중심(공간의 중심이자 정신의 중심이다)을 에워싼 채 서로의 몸을 접촉하고 노래하며 춤추면서 공동의 기쁨과 열정 속으로 빠져들었다. 바로 이때 사람들은 자연의 위협을 잊고, 생존의 경쟁을 초월한다. 또한 서로의 육체적·정신적 거리 역시 제거된다. 그들은 더 이상 고립되거나 소원하지 않다. 저마다의 육체와 정신은 감정이 북받쳐서 솔직하게 다른 이를 향해 표출된다. 사람들은 진실하게 자아를 드러내는 동시에 타인을 세심하게 이해하게 된다. 이러한 상호 이해는 춤추는 이들 사이의 섬세하고 미묘한 교감에 기초한다. 춤추는 이의 동작은 개인의 임의적인 것이 아니라 공동의 리듬 및 선율에 호흡을 맞추면서 밀접하게 연결되어 있다. 각자의 미묘한 동작과 표정은 다른 이의 민감한 반응을 불러일으키며, 이러한 교감은 육체적인 것일 뿐만 아니라 매우 정신적인 것이다. 이것을 말로는 전할 수 없다. 하지만 춤의 경지에 직접 빠진다면, 오늘날의 사람일지라도 진실한 체험을 할 수 있다. 춤추는 이들 간에는 서로를 세심히 돌보며 마음이 서로 통한다. 이렇게 춤을 통해서, 전에는 없던 깊은 정식적 연계가 서로 다른 사람들을 하나로 융화시켜 형제처럼 정답게 만들어준다. 이것이 소위 '조화'다. 이는 혈연을 뛰어넘으며, 자연적이고 생리적인 욕구와 무관하다. 여기에 존재하는 것은 춤을 통해서 비로소 솟구쳐 나온 심리적 공감이다.

원시 춤의 교제 기능은 '유遊' 자에 반영되어 있다. 고대 한자에서 '유'란 유희遊戱를 의미했다. 이는 교유交遊를 뜻하는데, 『자회字匯』 「착부辶部」에서는 "유는 우友(벗하다)다. 교유(사귀어 놀다)다"[28]라고 했다. 이는 유희가 사람들의 교제에서 중요한 역할을 한다는 것을 말해준다. 인류 초기에는 후세처럼 풍부하고 다양한 유희 방식과 전달 매개물이 없었기 때문에 가장 원시적인 유희는 직접적으로 신체 자체를 매개로 하는 유희일 수밖에 없었다. 신체 자체의 유희란 바로 춤이다. 따라서 '유'에는 춤의 의미도 들어 있다. 『장자』 「마제」에서 "배를 두드리며 놀았다"는 것은 배를 두드려 리듬을 만들어내며 놀았다는 의미다. 리듬이 있는 신체 유희는 물론 춤이다. 『여씨춘추』 「귀직貴直」에서 "간척干戚의 음악은 사람들의 유희에 존재한다"[29]고 했다. 유희에 간척의 음악이 곁들여진 것이라면, 춤이 아니고 무엇이겠는가? 사실 음악·희극·시·무술武術·체육 등 인류의 중요한 고대 유희 방식은 죄다 원시 춤에서 분화되어 나왔다.

프랑스의 사회학자 에밀 뒤르켕은 원시 인류 공동체가 춤추며 흥분의 도가니에 빠지는 것을 '코로보리corrobbori'라고 했다. 『종교 생활의 원초적 형태』는 현대 종교인류학의 기초를 다진 책인데, 뒤르켕은 오스트레일리아 토착 민족에 대한 민속학적 관찰에 기초하여, 춤의 광희와 인류사회의 일체감 사이의 발생학적 관계를 훌륭하게 분석했다. 그는 이렇게 말했다.

오스트레일리아 사회에서 삶은 두 가지 다른 주기 속에서 번갈아 진행된다. 어떤 때는 사람들이 각자 독자적인 소집단으로 나뉘어서 각자의 구역에 분산되어 있다. 각 가정은 사냥하거나 낚시하며 각자의 힘으로 먹을 것을 구한다. 한마디로 필요불가결한 식량을 얻기 위해 그들이 사용할 수 있는 모든 방법을 동원한다. 어떤 때는 이와 반대로 사람들이 특정한 곳에 집중적으로 모여서 모임을 갖는데, 며칠 혹은 몇 달에 이른다. (…) 그들은 종교 의례를 거행하거나, 민속학 용어로 '코로보리'라고 하는 것을 행한다. 이 두 시기는 선명한 대조를 이룬다. 첫 번째 단계에서는 경제생활이 우세를 점하는데, 이때의 경제생활은 일반적으로 매우 무미건조하다. 먹거리를 구하기 위한 채집과 어렵은 활기찬 열정을 불러일으킬 수 있는 일이 아니다. (…) 그러나 코로보리가 시작되면 모든 것이 달라진다. (…) 집단으로 행동하는 것 자체가 비할 데 없이 강렬한 흥분제인 것이다. 그들이 일단 함께하게 되면, 모임에 의해서 형성된 일종의 전류가 그들을 신속히 극도의 흥분 상태에 이르도록 만든다. 모든 이의 마음은 외부의 인상들을 향해 활짝 열려 있으며, 표현하고 싶은 그 어떤 감정도 억제되지 않는다. 각자 다른 이에게 호응하는 동시에 다른 이로부터 호응을 받는다. 최초의 충동은 이처럼 추진되고 격화되면서, 마치 눈사태와 마찬가지로 끊임없이 증폭된다. 이처럼 약동하는 열정은 모든 억제력을 타파했기 때문에 불가피하게 밖으로 폭발하게 된다. 이렇게 해서 격렬한 몸짓, 울부짖음, 비명, 귀를 찌르는 온갖 소리가 사방에서 나고, 이것은 그들이 나타내고 있는 정신 상태를 한층 더 강화시켜준다. 집단적 감정이 집단적으로 표현되기 위해서는, 조화 속에서 협동할 수 있도록 반드시 일정한 질서를 준수해야 하기 때문에 이러한 몸짓과 비명이 리듬을 띠게 되었고 규칙적으로 변했다. 춤과 노래가 바로 여기서 생겨나게 되었다.

집단적 광희는 늘 춤과 노래의 형식으로 표현된다. 뒤르켕은 또 이렇게 말했다.

이러한 극도의 흥분 상태에 도달하면 그가 더 이상 자신을 의식하지 못한다는 것을 우리는 상상할 수 있다. 그는 자신이 어떤 힘에 지배되어 빠져나오지 못하는 것을 느끼면서, 생각과 행동이 평상시와는 다르게 된다. 이렇게 해서 그는 더 이상 자신이 아니라는 느낌을 자연스럽게 갖게 된다. 그는 마치 새로운 존재로 변한 듯하다. (…) 그리고 이와 동시에 그의 동료들 역시 자신에게 같은 변화가 생겼음을 느끼며, 이러한 감정을 울부짖음과 몸짓과 공동의 태도를 통해 표현한다. 이 모든 것으로 인해 다른 특수한 세계, 그들이 일상적으로 살던 세계와는 완전히 다른 세계, 그를 좌지우지하며 변모시키는 아주 강렬한 힘으로 가득한 환경 속으로 마치 그들이 정말로 옮겨진 듯하다. 이러한 경험, 게다가 날마다 반복되면서 몇 주씩이나 이어지는 경험이 어떻게 그로 하여금 이질적이면서 서로 양립할 수 없는 두 개의 세계가 존재한다고 확신하지 않게 할 수 있겠는가? 하나의 세계 속에서 그가 무미건조한 일상생활을 하다가 갑자기 다른 세계로 들어가려면, 그를 광란의 정도에 이르도록 흥분시키는 특별한 힘과 관계를 맺어야만 한다. 전자는 범속한 세계이고, 후자는 신성한 사물의 세계다.

뒤르켕은 집단적 광희와 원시 춤에서 비롯된 힘이 사람들을 일상생활로부터 초월하여 환골탈태하고 속세를 초월하게 해준다고 보았다. 사람들로 하여금 유한한 자아에서 벗어나 타인과 호흡을 함께하고 운명을 함께하도록 해주는 힘, 인류사회의 집단 감정과 일체감의 원천이 되는 이 힘은 바로 종교적 실체 혹은 신의 원형이기도 하다. 뒤르켕이 보기에 신·토템·우상은 다른 게 아니라 바로 이러한 집단 광희에서 비롯된, 집단적 열정이 응집된 상징이다. 즉 사회 공동체의 상징이다.

뒤르켕의 영향을 받아 영국의 인류학자 래드클리프-브라운은 벵골만 동부의 안다만 제도의 주민들을 통해서, 집단의 공감을 빚어내고 사회 공동체를 구축하는 원시 춤과 집단 광희의 문화적 의미를 깨달았다. 그는 『안다만 제도의 주민들』에서 이렇게 말했다.

춤은 춤추는 이의 자존감을 유쾌하게 불러일으키는 동시에 동료에 대한 춤추는 이의 감정에도 영향을 미친다. 춤추는 이가 느낀 기쁨은 그의 주위의 모든 것으로 뻗어나가고, 그로 하여금 동료에 대한 친절과 선의로 충만하게 만든다. 다른 이들과 강렬한 기쁨을 나누는 것, 특히 이러한 기쁨을 집단적으로 표현하는 것은 이토록 거침없는 느낌을 갖게 하는 경향이 있다. 안다만 사람들의 춤이 참여자로 하여금 그 과정에서 따뜻한 우정을 갖게 만든다는 것은 확실히 쉽게 관찰할 수 있는 사실이다. (…) 안다만의 춤은 건전한 성인 모두가 참여하는 공동체 전체의 활동이다. 춤추는 이에게 이것은 신체 모든 근육의 신경, 주의력 집중, 춤이 감정에 미친 영향을 통해 그의 전인격이 참여하게 되는 활동이다.

춤을 추면서 개인은 공동체가 그에게 행사하는 영향에 복종하게 된다. 그는 리듬과 관습의 직접적인 작용에 의해 참여를 강요당하고, 그의 행위와 동작은 공동의 활동의 필요에 순응해야 한다. 이러한 제약이나 의무에 대한 복종이 그에게 고통스럽게 느껴지지 않고 도리어 아주 유쾌하게 느껴진다. 춤추는 이가 춤에 도취한 가운데, 하나가 된 공동체 속으로 완전히 빠져들게 될 때, 그는 자신의 평소 상태를 초월한 에너지나 힘으로 충만한 자기 자신을 느끼게 되는 고양된 상태에 도달하고 이로써 자신이 경이로운 권능을 발휘할 수 있음을 깨닫는다. 이러한 도취의 상태는 자존감의 유쾌한 자극을 수반한다. 이로 인해 춤추는 이는 자신의 개인적 힘과 가치가 크게 증가하는 것을 느낀다. 이와 동시에 그는 자신이 공동체의 모든 구성원과 완벽하고도 황홀한 화합의 상태에 있음을 깨닫게 되고, 그들에 대한 우정과 애착이 크게 증가하는 것을 경험한다. 이렇게 해서 춤은 공동체가 도달할 수 있는 최대치의 통일·화합·조화의 상태를 이끌어내며, 모든 구성원이 이를 강렬하게 느낀다. 나는 이러한 상태를 만들어내는 것이야말로 춤의 주요한 사회적 기능이라고 생각한다.

래드클리프-브라운이 보기에 공동체의 일체감과 구성원들의 공감을 형성하는 최초의 원천은 바로 춤이다.

원시 춤에서 비롯된 하나됨의 공감과 일체감은 다른 것이 아니라 바로 공자가 간곡히 가르치고자 했던 '인仁'이다. 『논어』 「안연顔淵」에서는, "번지樊遲가 인에 대해 묻자 공자는 사람을 사랑하는 것愛人이라 답했다"[30]고 했다. 사랑은 동정同情[31]이다. 펑유란馮友蘭도 공자의 '인'

채도彩陶 위에 표현된 원시 춤.
칭하이青海성 퉁더同德 종일宗日 유지에서 출토된 마가요馬家窯문화 채도분彩陶盆.

을 그렇게 이해했다. 그는 『중국철학사』에서 이렇게 말했다. "인은 동정심을 근본으로 하기 때문에 사람을 사랑하는 것이 인이다." 공자가 말한 인이란, 혈연적 유대를 뛰어넘고 종법宗法관계와 계급적 차별에 우선하며 인류가 공동으로 지니고 있는 보편적인 동정심이다. 이러한 동정심의 최초 원천은 원시 춤이다. 일단 춤을 통해 동정심이 생겨나 사람들이 이를 깨닫고 확인하고 나면 안정적인 일체감과 정체성이 형성된다. 춤에서 비로소 생겨난 인류 공동체의 존재가 이를 통해 유지되는 것이다. 이렇게 해서 춤이 끝난 뒤에도 원초적인 공동체가 안정적으로 보존된다. 춤 공동체가 점차 일반적인 사회 공동체로 변화되는데, 이것이 바로 원초적 의미에서의 사회다. 기념일에 춤이 재연되면서 이러한 동정심을 한층 강화하며, 동정심에 의지하여 존재하는 사회 공동체를 공고히 한다.

  원시의 가무 축전祝典이 후대의 농사 절기상의 민간 마을 공동체의 잔치와 집회로 변했는데, 이것이 바로 '향음주례鄉飲酒禮'다. 여기서 중요한 활동은 바로 함께 모여 가무를 즐기는 것이었다. 이는 향음주례와 원시 춤이 일맥상통한다는 것을 말해준다. 고대 중국어에서 '사회社會'라는 단어는 본래 노래하고 춤추며 즐기는 향촌 공동체의 축전 집회를 가리킨다. 이는 고대인이 보기에, 진실한 공감과 체험에 기초하여 세워진 인류 공동체만이 '사회'라고 할 수 있었음을 말해준다. '회會'란 모인다는 것이다. '사회'라는 단어의 의미는, 고대인의 사회적 이상을 생동적으로 나타낸다. 소모임부터 크게는 국가까지, 어떤 사회 공동체이든 그 구성원을 하나로 응집시키기 위해서는 보편적인 공감이 필요하다. 이러한 공감을 떠난 채 단지 정치 조직에만 의지한다면 얼마 동안은 유지될 수 있을지 몰라도 영원할 수는 없다. 공자의 '인'은 이러한 사회적 이상에 대한 사상의 결정結晶이다. 이 때문에 공자의 인학仁學이 사람들 마음속으로 깊이 들어가 생생불식生生不息할 수 있는 것이다.

공감, 군체에 대한 개체의 귀속감과 일체감이야말로 단순히 형식적인 측면에서뿐만 아니라 정신적인 측면에서 예의제도와 원시 춤을 연결해준다. 예의제도의 주요 목적은 군체의 공감을 증진시키는 것이며, 이를 통해 현존하는 사회제도를 공고히 한다. 『예기』 「예운禮運」에서는 이렇게 말했다. "사당에서 조상에게 제사지내는 근본이 되는 바는 인仁이다. (…) 사당에서 조상에게 제사지내는 예를 행함으로써 효자孝慈의 도가 이루어진다."[32] 조상에게 제사지내는 목적은 겨레를 단결시키기 위한 것이다. 「예운」에서는 "인仁에 근본하여 그것(인정人情)을 거두고 악樂을 뿌려서 그것을 편안히 한다"[33]고 했다. 음악과 춤은 인간의 공감을 불러일으키는 주요 수단이다. 『예기』 「악기樂記」에서는 이렇게 말했다. "음악이란, 종묘에서 군신 상하가 함께 들으면 모두 화목하고 공경하게 된다. 마을에서 어른과 어린아이가 함께 들으면 모두 화목하고 온순해진다. 집안에서 부자와 형제가 함께 들으면 모두 화목하고 친해진다. 따라서 음악이라는 것은 (…) 부자와 군신을 화목하게 하고 만민을 친근하게 한다."[34]

예의제도라는 사회화 경로는, 공감을 정신적 기초로 삼고 음악과 춤을 중요한 수단으로 삼는다. 공자는 이렇게 말했다. "사람이면서 불인不仁하다면 예는 무슨 소용이겠느냐? 사람이면서도 불인하다면 음악은 무슨 소용이겠느냐?"[35](『논어』 「팔일八佾」) 진실한 인애仁愛의 마음이 없다면 예의제도는 아무런 의미도 없는 형식에 불과할 뿐이다. 공자의 말은 예의제도의 정신적 내막을 한마디로 설파한 것이다.

예의제도는 이미 원시 춤의 원천에서 멀리 벗어나 종법제도를 위한 수단으로 변했다. 종법제도는 사회의 정치·경제 질서를 유지하기 위하여 '한데 어울리는 것'보다는 '부류대로 나뉘는 것'을 중시했다. 즉 서로 다른 씨족·지위·계급에 따른 구별을 중시했으며 예의제도는 이를 위해 힘썼다. 『순자荀子』 「악론樂論」에서 "음악은 같도록 합하고 예는 다르도록 구별한다"[36]고 한 것이 바로 이것이다. 예가 사회 분화를 촉진하고 사회 등급을 공고히 하는 것을 위주로 하는 통치 수단으로 변하면서 최종적으로는, '같도록 합하는 것'을 위주로 하는 음악(춤)과 구분되었다. 이렇게 해서 예는 그 고유의 정신적 참뜻을 잃어버림과 동시에 그것의 문화적 원천과의 연계도 끊어졌다. 심지어는 일이 전도되어서 도리어 손님이 주인이 되어, 변질된 예의 정신이 음악을 개조했다. 이렇게 해서 예의제도에서 음악과 춤 역시 '하나됨'이 아닌 '구별짓기'의 수단이 되었다. 『예기』 「악기」에서는 이렇게 말했다. "종·경쇠·우竽·슬瑟로 반주하고 간干·척戚·모旄·적翟을 쥐고서 춤을 춘다. 이는 선왕의 사당에 제사지내는 바이며, 연회에서 손님에게 술을 권하며 접대하는 바이며, 관작官爵의 질서와 신분의 귀천이 각자 그 합당함을 얻게 하는 바이며, 존비와 장유의 차례가 있음을 후세에 보여주는 바다."[37]

시대가 달라져 사람들은 이미 서로 다른 계급으로 분화되었고 계급을 뛰어넘는 사랑은 더 이상 존재하지 않게 되었다. 따라서 이때의 '인仁' 역시 인류의 보편적인 공감에서, 오로지 자신의 씨족과 계급 내부의 혈연적 유대에 근거한 '친친지정親親之情'으로 변했다. 맹자는 바로 이런 의미에서 '인'에 대하여 공자와는 다른 해석을 내놓았는데, 그는 다음과 같이 말했다. "육친을 사랑하는 것親親이 인이다."[38](『맹자』「진심盡心 상」) "인의 실질은 어버이를 섬기는 것事親이다."[39](『맹자』「이루離婁 상」) 맹자가 "나의 어르신을 어르신으로 공경하는 마음을 다른 사람의 어르신에게 확장하고, 나의 아이를 아이로 사랑하는 마음을 다른 사람의 아이에게 확장해야 한다"[40](『맹자』「양혜왕梁惠王 상」)고 선양하기도 했지만, 다른 사람의 어르신과 아이가 결국엔 나의 어르신과 아이와 같은 것은 아니다. 후자가 전자보다 훨씬 더 친근하며, 결국은 '친친지정'이 '널리 대중을 사랑하는 것汎愛衆'보다 더 근본적인 것이 되었다. 공자의 대동大同의 사랑은 맹자의 차별적 인仁으로 변했다.

3.

'인'에 대한 맹자의 종법주의적인 해석에 근거해서 공자의 '인'을 해석해서는 안 된다. 공자가 표방한 '인'의 목적은, 그 당시 종법제도의 극단화로 인해 초래된 사회적 모순과 계급 투쟁의 격화를 제거하기 위함이었다. 공자는 "널리 대중을 사랑하되 어진 이를 가까이하라親仁"[41](『논어』「학이學而」)고 했다. 여기서 '인'은 혈연적 유대를 뛰어넘어 종법관계에 우선하는 보편적인 동정(박애)으로, 이러한 이상은 가르치는 대상에 차별을 두지 않았던 교육 실천을 통해서 구체적으로 관철되었다. 하지만 공자가 할 수 있었던 것은 이뿐이었다. 세상의 고난을 슬퍼하고 사람들의 고통을 동정하던 그의 어진 마음은 역사 앞에서 결국 헛수고로 끝났다. 하지만 어쨌든 그의 인학仁學사상은 예의제도의 원초적 함의를 말해준다. 공자가 살았던 춘추시대 말은 종법 등급이 삼엄했으며 예의제도의 정신적 원천은 이미 오래전에 묻혀버렸다. 그런데도 공자가 예의제도의 진정한 의미를 깨달을 수 있었던 것은 원시 춤의 신운神韻이 여전히 민간 축전의 형식으로 전해지고 있었기 때문이다.

원시 춤은 본래 인류 공동의 축전이었다. 하지만 인류가 확고하게 대립되는 두 개의 계급으로 분화된 뒤로는 원시 춤 역시 이 두 계급에 의해서 서로 다른 방향으로 개조되었다. 한편으로는 조상에게 제사지내고 하늘에 제사지내고 왕을 알현하는 것처럼, 귀족 집단의 공동 권력을 공고히 하고 그 내부의 종법관계를 유지해주는 예의제도로 변했다. 평민 대중은 여기에 참여할 권리가 없었다. "예는 서인庶人에까지 내려가지 않는다"[42]는 것이 바로 이것이다. 다른 한편으로, 민간에서는 원시 춤이 무술巫術의 기능을 지닌 기념일의 축전으로 변했다. 민간에서 행해진 구나驅儺·기우제·납제臘祭 등은 귀족 종법의 구속을 받지 않았으므로 원시 춤의 본래 면목을 관방官方의 예의보다 훨씬 더 원래대로 보존했다. 그것들은 비록 절기에 따른 농사의 필요에 맞춘 것이지만, 재앙을 몰아내고 복을 구하는 일련의 무술을 발전시켰다. 예를 들어 입춘이면 농사를 장려하고 가르치면서 풍작을 기원하는 제사를 올렸고, 춘분이면 누에치기를 장려하고 구나 의식을 행했으며, 하지가 되면 비를 구하는 기우제를 올렸고, 동지에는 풍작을 경축하며 연말에 납제를 지냈다. 각종 기념일과 경축일의 주요 내용은 춤과 노래의 광희 그리고 잔치와 집회였다. 사실 각종 무술 활동 자체도 춤의 형식으로 진행되었으며, 무술은 본래 원시 춤에서 기원한 것이다.

절일節日에 따른 민간의 축전에도 혈연 및 종법 관계에 따른 차이가 존재하지만, 그래도 그 중심은 모여서 마시고 즐기며 노는 것이다. 민간 축전에서는 서로 다른 씨족·지위·계급·성별의 사람들이 즐겁게 한자리에 모여서 마음껏 이성에 빠지고 춤과 노래에 탐닉한다. 기쁨의 열정이 종법제도와 세속 윤리가 만들어놓은 사람들 사이의 울타리를 제거함으로써 서로 다른 계급과 집단으로 분열되어 있던 이들이 화기애애하고 따뜻한 정감이 넘쳐흐르는 혼연일체로서 다시 새롭게 융합된다. 이때 사람들은 "먹을 것을 입에 넣고서 놀고 배를 두드리며 놀았던" 태평성세로 되돌아가는 것을 느낀다. 민간의 축전은 세속의 도덕이 규정해놓은 계급과 지위의 차별을 제거하고, 심지어는 세속의 도덕 및 그에 상응하는 관방의 예의에 일부러 맞서면서 세속의 도덕에 의해 전도된 세계를 다시금 뒤바꿨다. 이렇게 해서 세속의 도덕 속에서 신성불가침으로 여겨졌던 천국의 신들, 인간 세상의 선왕, 선조와 성현, 현재의 천자 및 지방 관리가 민간 축전에서는 잔혹하게 조롱당하며 상연되었다. 신은 천국에서 속세로 끌어내려져 숭고함이 저속함으로 변하고, 장엄하고 엄숙하고 위풍당당하던 존재가 사람들의 즐거운 웃음 속에서 진지함이라곤 전혀 없는 히죽거림의 대상으로 변했다. 민간 축전의 독특한 '전도성顚倒性'이 민간 축전의 강렬한 희극喜劇 특색을 형성했다. 실제로 중국의 고대극 가운데 일련의 희극 형식은 바로 민간 축전에서 분화되어 변화한 것이다. 예를 들면 참군희參軍戲, 농가관弄假官, 농공자弄孔子, 농바라문弄婆羅門, 합생희合生

戱 등이 있다.⁴³ 민간 축전의 익살스런 공연에서 발전한 이것들은 형식이 각각 다르지만 하나같이 신을 희롱하고 부처를 헐뜯고 문인을 모욕하는 내용을 담고 있다. 민간 축전의 기쁨과 '저속'한 풍격은, 후세의 원소元宵·구나·납제·묘회廟會에 뚜렷이 남아 있다.

　서양의 카니발은 이러한 민간 축전의 정신을 더욱 전형적으로 보여준다. 러시아의 학자 미하일 바흐친은 『프랑수아 라블레의 작품과 중세 및 르네상스의 민중문화』에서 카니발 정신에 대해 논술하며 민간 축전과 관방 의식의 대립성을 다음과 같이 명확히 지적했다.

　공식적인 축제와 대조적으로 카니발은, 마치 지배적인 진리와 현존하는 제도로부터 일시적으로 해방된 것을 축하하는 듯하다. 즉 모든 위계관계·특권·규범·금지의 일시적 파기를 축하하는 것이다. (…) 카니발 기간에는 모든 위계관계가 파기된다는 것이 특이하고 중요한 의미를 지닌다. 공식적인 축제 속에서는 이러한 위계질서의 차별성이 두드러지게 나타난다. 공식적인 축제에 참가하려면, 상징적 표상들을 통해서 반드시 자신의 호칭·관등·공훈을 나타내야 하고 자신의 계급에 상응하는 자리를 차지해야 한다. 그러한 축제는 불평등을 성스러운 것으로 만든다. 이와는 대조적으로, 카니발에서는 모든 사람이 평등한 존재로 간주된다. 이곳 카니발의 광장에서 모든 것을 지배하는 것은, 사람들이 거리낌 없이 자유롭게 접촉하는 특수한 형식이다. 카니발이 아닌 일상생활에서 그들은 계급·재산·직위·가문·나이 등과 같은 뛰어넘을 수 없는 벽 때문에 서로 분리되어 있었다.

관방의 공식적인 예의가 '구별짓기'를 중시한다면, 민간 축전에서는 '하나됨'을 중시한다. 원시 춤의 인애仁愛 정신이 예의제도에서는 유실되었지만 민간 축전을 통해 보존되었다. "예가 사라지면 민간에서 구하라"⁴⁴는 공자의 말이 바로 이것이다. 차별을 평평하게 만들고 모순을 없애고 민중을 단결시키는 민간 축전의 기능이야말로 봉건 주류문화와는 도무지 맞지 않는 이단적인 현상이었다. 이는 계속해서 관방이 금지하고 유생儒生이 비방했지만 수천 년을 거치면서 쇠퇴하지 않았다.

민간 축전은 원시 춤과 일맥상통한다. 그 안에는 원시 춤의 열광적인 정열과 보편적인 동감이 여전히 메아리치고 있으며, 종법 예의의 엄숙·냉담·딱딱함과 선명한 대조를 이룬다. 『예기』「악기」에서 자하子夏가 고악古樂(즉 예의 악무)과 신악新樂(즉 민간 악무)을 대비시켜 말한 것에서 이러한 점이 잘 드러난다. 자하는 고악에 대해서 이렇게 말했다. "춤은 동작이 일제히 가지런하며, 음악은 화평하고 바르고 넓습니다. 현弦·포匏·생笙·황簧의 악기가 부拊와 북의 지휘를 따릅니다. 시작할 때에는 문文을 두드리고, 끝날 때에는 무武를 두드립니다.⁴⁵ 상相으로 마무리 곡을 조절하고 아雅로 빠르기를 조절합니다.⁴⁶ 춤과 연주가 끝나면 군자가 고악의 이치에 대해 말하는데, 수신제가치국평천하에 관한 것입니다."⁴⁷ 이는 아주 장엄하고 엄숙하며 화목하고 우아한 분위기다. 한편 자하는 신악에 대해서 이렇게 말했다. "춤은 동작이 가지런하지 않고 음악은 간사한 소리가 넘쳐 거기에 빠지면 헤어나지 못합니다. 게다가 광대와 난쟁이가 더해져 남녀가 뒤섞이고 부자의 구별도 모릅니다."⁴⁸ 이는 바로 한껏 즐기며 모두가 경축하는 분위기다.

자하는 귀족 계급의 사고방식에 얽매였기 때문에 고악을 숭상하고 신악을 비판했다. 하지만 공자는 그렇지 않았다. 공자는 비록 귀족문화의 영향을 깊이 받았지만 심후한 민간의 감정을 줄곧 품고 있었다. 공자는 본래 민간 출신으로, 『논어』「자한子罕」에서 그는 이렇게 말했다. "나는 젊어서 비천했기 때문에 비천한 여러 가지 일에 능하다."[49] 방탕하고 방종하며 춤과 노래가 한껏 어우러진 민간 축전에 대해서 공자는 귀족 지식인이나 그의 옹졸한 제자들과는 달랐다. 그들은 그러한 민간 축전이 예에 어긋나는 것이라고 여겼지만, 공자는 도리어 몸소 참여하고 마음으로 깨달았다. 이에 관한 기록을 많은 문헌에서 찾아볼 수 있다. 『논어』「향당鄕黨」에서는 공자가 "마을 사람들이 나례儺禮를 할 때, 조복朝服을 입고 동쪽 층계에 서 있었다"[50]고 했다. 『논어』「선진先進」에서, 증점曾點이 자신의 희망은 늦봄에 "기수沂水에서 목욕하고 무우舞雩에서 바람 쐬고 노래하며 돌아오는 것"[51]이라고 하자 공자가 감탄하며 "나는 점과 함께하리"[52]라고 말했다. 『예기』「잡기雜記 하」에는 자공子貢이 사제蜡祭를 본 일이 기록되어 있다. 사제는 세밑에 신들을 합사合祀하는 것으로, 모여서 함께 술 마시고 노래하고 춤추면서 농민을 위로하며 쉬게 하는 민간 축전이다. 공자가 사제를 본 자공에게 "사賜야, 즐거웠느냐?"[53] 하고 묻자 자공이 이렇게 대답했다. "온 나라 사람들이 모두 미친 것 같은데 저는 즐거운 바를 모르겠습니다."[54] 그러자 공자가 자공을 이렇게 깨우쳤다. "오랫동안 고생하고 맞은 사제에 비로소 하루의 즐거움을 누리는 것이니, 네가 아는 바가 아니다. 죄기만 하고 늦추지 않는 것은 문왕文王과 무왕武王이라 할지라도 능히 할 수 없는 일이다. 늦추기만 하고 조이지 않는 것은 문왕과 무왕이 하지 않는 일이다. 죄었다 늦췄다 하는 것一張一弛이 문왕과 무왕의 도다."55 "죄었다 늦췄다 하는 것"에서 '조인다'는 것은 단조롭고 긴장된 일상의 노동, 즉 오랫동안의 노고다. '늦춘다'는 것은 자유롭게 풀어지는 축전의 광희, 즉 하루의 즐거움이다. 공자가 백성의 생활을 "죄었다 늦췄다 하는 것"의 두 단계로 구분한 것은, 뒤르켐이 오스트레일리아 토착 민족의 생활을 일상생활과 코로보리 기간으로 구분한 것에 상당한다. 두 사람 모두 방종과 광란으로 보이는 기념일의 축전이야말로 사회질서가 순조롭게 유지되는 데 중요한 의미를 지닌다는 점을 강조했다. 다음 기록을 보면 더욱 직접적으로 공자의 인학사상의 연원을 민간 축전에서 찾을 수 있다.

옛날에 공자가 사제蜡祭에 손님으로 참여했다. 사제가 끝난 뒤 나와서 관觀56 위에서 쉬다가 한숨을 쉬며 탄식했다. (…) "대도大道가 행해지던 때와 삼대三代의 뛰어난 시절을 내가 따라갈 수는 없겠지만 나의 뜻은 거기에 있다. 대도가 행해지던 시대에는 천하가 공공의 것이었다. 어진 이와 능력이 있는 이를 뽑아서 신뢰를 꾀하고 화목에 힘썼다. 따라서 사람들은 단지 자기 어버이만을 어버이로 여기지 않았고, 단지 자기 자식만을 자식으로 여기기 않았다. (…) 이를 일러 대동大同이라고 한다. 지금은 대도가 이미 사라져 천하는 한집안의 것이 되었다. 각자 자신의 어버이만을 어버이로 여기고 자기 자식만을 자식으로 여긴다. (…) 우왕禹王·탕왕湯王·문왕·무왕·성왕成王·주공周公은 이로 인해 선발되었다. 이 여섯 명의 군자 가운데 삼가 예를 받들지 않은 이가 없다. (…) 이를 일러 소강小康이라고 한다."57

이는 공자가 '사제'라는 민간 축전을 통해 상고시대의 유풍을 깨달았음을 말해준다. 즉 종법 및 혈연관계를 뛰어넘어 '천하가 공공의 것'인 보편적인 공감, 천하가 함께 축하하며 만민이 일가가 되는 민간의 축전이야말로 공자의 마음속에서 진정한 '대도가 행해지는 것'이었다. 공자는 선왕의 세상에 대해 즐겨 말했고, 그가 좋아했던 것은 바로 선왕의 도다. "예를 시행하는 데 있어서 화和가 소중하니, 선왕의 도는 바로 이것이 훌륭했다"[58]고 한 유자有子의 말은 공자의 뜻을 이어받은 것이라 하겠다. 선왕의 도와 상반된 것은, 종법관계를 기초로 하여 '천하를 한집안의 것'이 되게 만든, 삼대의 예 가운데 구현된 '친친지정'이다. 종법 예의에서 원시 춤의 자연스러운 정취와 온정은 이미 말라붙고, 남은 것이라곤 생명을 억압하는 경직된 껍데기뿐이었다. 이에 대하여 공자는 부득이하게 원망할 수밖에 없었다. "예라 예라 이르는 것이 옥과 비단을 말하는 것이겠느냐! 음악이라 음악이라 이르는 것이 종과 북을 말하는 것이겠느냐!"[59](『논어』 「양화陽貨」)

이상에서 보건대, 공자의 인학사상은 결코 공자 혼자 고심하여 만든 것이 아니라 심후한 인류학적 연원을 지니고 있다. "예가 사라지면 민간에서 구하라"고 공자가 말했는데, 마찬가지로 공자 사상의 참된 의미를 진정으로 이해하기 위해서는 민간에서 구할 필요가 있다. 즉 유구한 민간 문화 전통에서 공자 사상의 참된 의미를 찾아야 한다. 물론 공자에게 귀족주의적인 편견이 있긴 하지만 그는 평민주의 감정에서 완전히 벗어나진 않았다. 공자 사상의 풀뿌리 연원과 민간의 연결점에 초점을 두고 연구한다면 유학, 나아가 전체 중국 전통문화 연구를 위한 신천지를 펼칠 수도 있을 것이다.

지금까지 '인'의 진정한 정신적 내막을 드러내 보였다. 이를 통해서 원시 춤의 광희와 예의제도 사이의 정신적 맥락 역시 소통될 수 있었다. 예의제도는 형식에서뿐만 아니라 정신적 실질에 있어서도 원시 춤에서 직접적으로 비롯된 것이다. 『예기』 「악기」의 다음 말은 바로 이런 측면에서 이해할 수 있을 것이다. "음악은 태시太始를 드러내고, 예는 만물을 구별한다."[60] 예는 원시 춤의 광희에서 비롯되었지만 최종적으로는 그것과 반대로 전환되었다. 이는 인류 문화의 숙명이다.

【 2장 】

오행설에 가려 보이지 않는 것들

1.
중국 전통 지식과 사상은 대부분 오행설五行說의 틀에 뒤덮여 있다. 따라서 중국 전통 지식과 사상을 이해하려면 먼저 오행설의 내력과 그 정신적 핵심을 이해해야 한다. 예로부터 지금까지 오행설의 기원에 대한 설명은 정말 다양했다. 어떤 이는 수공업 생산에서 기원을 찾으며, 금金·목木·수水·화火·토土의 다섯 가지 속성에 대한 고대인의 인지가 바로 오행설의 기원이라고 했다. 또 어떤 이는 고대의 점성술에서 기원을 찾으며, 금·목·수·화·토가 원래는 오대 행성의 이름이라고 했다. 그런가 하면 갑골甲骨 복사卜辭에서 기원을 찾으며, 복사에 나오는 오방설五方說이 오행설의 기원이라고 주장하는 사람도 있다. 온갖 설이 분분한데, 특히 오재설五材說이 가장 오래되었고 사람들 마음속 깊이 다가갔다.

　오재五材(다섯 가지 재료)에서 오행설의 내력을 살펴보는 것은 『상서』 「홍범洪範」이 그 출발점이었다. 「홍범」에서는 "오행의 첫째는 수, 둘째는 화, 셋째는 목, 넷째는 금, 다섯째는 토"¹라고 했다. 그런데 이 출발점의 타당성에는 큰 의문이 든다. 「홍범」의 내력이 충분히 이른 시기의 것인지, 확실한 근거가 있는지의 여부는 차치하고서라도, 「홍범」에서 말하는 것이 과연 오행설인지가 문제다. 오행설이 오행설이 되는 까닭은 그것이 내재적 구조 및 동력 메커니즘을 지닌 체계이기 때문이지, 금·목·수·화·토의 오재 혹은 다섯 가지의 무엇인가를 한데 모아두었기 때문이 아니다. 오행 체계의 오묘한 이치는, 그것이 세상의 모든 것을 분류하는 형태학적 분류 체계이자 세상 만상萬象을 상생상극相生相剋으로 해석하는 동력학적 기능 시스템이라는 데 있다. 그런데 「홍범」에 나오는 오재의 배열 순서는 수·화·목·금·토로서, 오행 체계의 배열 순서와는 현저한 차이가 있다. 즉 「홍범」의 순서는 오행 상생相生의 순서인 목·화·토·금·수가 아니고, 오행 상극相剋의 순서인 토·목·금·화·수도 아니다. 「홍범」의 서술은 오재 각각의 속성과 기능에 대해서만 언급했을 뿐, 오행 각 요소 간의 대립·통일 관계에 대해서는 한 마디도 언급하지 않았다. 즉 「홍범」의 오행설로는 오행 상극의 심오한 뜻을 끌어낼 수 없다. 따라서 「홍범」에서 말한 오행은 비록 오행의 명칭은 있지만 그것이 가리키는 것이 형이상학 체계의 오행설인지는 성급히 판단하기 어렵다. 이는 사맹思孟²의 오행설에 오행의 명칭이 있지만 그것이 가리키는 오행은 인仁·의義·예禮·지智·신信이라는 다섯 가지 도덕 품성을 나타내며, 형이상학 체계로서의 오행설과는 아무 관계가 없는 것과 마찬가지다.

　오행설은 일종의 시스템이다. 시스템에 있어서 중요한 것은 그 전체적인 구조와 기능이지, 어느 특정한 측면이나 단일한 성분이 아니다. 따라서 오행 체계의 기원을 규명하려면, 그 구조 및 기능의 특징이 어디서 기원했는지 규명해야 한다. 그 구조의 특징이란 간단히 말하자면 '5'라는 숫자의 형식으로 각종 현상을 분류하는 것이고, 기능의 특징이란 '5'라는 숫자를 순환 원리로 삼아 각종 현상의 생성·변화 메커니즘을 해석하는 것이다. 따라서 오행의 기원을 규명하는 것은, '5'를 기초로 삼아 만물을 분류하고 변화를 해석하는 구조 및 기능이 어디서 유래했는지를 규명하는 것과 같다.

　'5'를 기준으로 하는 구조가 금·목·수·화·토에서 유래한 것이 아님은 분명하다. 왜냐하면 세상에는 수많은 재료가 있고, 인간의 일상생활과 밀접한 관계가 있는 재료 역시 비단 이 다섯 가지가 아니기 때문이다. 고대인이 수많은 재료 가운데 단지 이 다섯 가지를 선택한 이유는 다른 게 아니라 바로 오행 체계의 '5'를 기준으로 삼았기 때문에 다섯 가지를 받아들일 수밖에 없었던 것이다. 즉 오행설에서 오재를 취한 것은, 자연계에 단지 금·목·수·화·토의 다섯 재료만 존재하기 때문이 아니고, 고대인이 이 다섯 재료만 알았기 때문도 아니다. 그것은 '5'라는 숫자를 기준으로 삼은 분류 체계가 먼저 있었기 때문에 풍부하고 복잡한 자연의 소재들 가운데 다섯 가지를 선택하여 이 체계 속에 집어넣을 수밖에 없었던 것이다. 자연계에 다섯 색채, 다섯 소리, 다섯 동물, 다섯 냄새, 다섯 나무만 있는 것은 아니지만, 오행 체계는 '5'로써 분류하는 '선험' 체계이므로 각각의 범주 속에 다섯 가지만 받아들여질 수 있었던 것이다. 즉 오재가 오행을 끌어낸 것이 아니라, 먼저 오행이 있은 뒤에 오재가 있었으며 오행 시스템이 오재의 범주보다 선행하여 존재했다.

그렇다면 '5'로써 분류하는 구조는 어디서 유래한 것일까? 오행 체계의 수많은 범주 가운데 과연 어떤 것이 '5'라는 숫자의 객관적 기초일까? 즉 오행설의 여러 측면 가운데 과연 어느 측면의 요소가 '5'라는 숫자의 특징을 객관적으로 지니고 있으며, 만물을 분류하고 망라하며 우주를 기획하고 고금을 관통하는 힘을 지니고 있을까?

그것은 시간과 공간일 수밖에 없다. 시간과 공간은 인간이 세계를 이해하고 만물을 인식하는 기본 형식이기 때문이다. 동·서·남·북·중앙의 오방五方으로 공간과 방위를 나눈 것의 역사는 유구하다. 이러한 관념은 적어도 은허殷墟 복사로까지 거슬러 올라갈 수 있다. 사실 오방이란 원래 동서남북의 사방이다. 이 사방이 오방으로 변한 것은 사방이라는 관념 속에 이미 오방이라는 관념이 내포되어 있기 때문이다. 사방을 확정하려면 반드시 먼저 중앙을 확정해야 한다. 따라서 사방을 말하는 것은 이미 오방을 의미하고 있는 것이다. 오시五時 역시 사실은 춘·하·추·동의 사시四時다. 다만 오방과 균형을 맞추기 위해서 사시 외에 '계하季夏(음력 6월)'라는 것을 사족으로 만들어내 '중앙'과 짝을 맞추었던 것이다. 결국 오방과 오시는 전적으로 사방과 사시에서 유래한 것이다.

근원을 따져보면, 사방과 사시에 근거해서 공간과 시간을 나눈 시공관은 원시 천문학을 통해 성립된 것이다. 천문 상식이 조금이라도 있는 사람이라면, 방위의 확정과 절기의 구분이 서로 보완적이라는 것을 안다. 동과 서는 태양이 뜨고 지는 방위에 근거해 확정한 것인데, 봄과 가을에는 태양이 정동쪽에서 떠서 정서쪽으로 지기 때문에 동과 서 두 방위의 확정은 춘분과 추분 두 절기에 기초한다. 이와 반대도 마찬가지다. 춘분과 추분의 정확한 확정 역시 동방과 서방의 정확한 측정과 밀접한 관계가 있다. 겨울과 여름은 남방과 북방을 기준으로 하는데, 고대인은 태양 아래 말뚝을 세워 그림자를 측정함으로써 동지와 하지를 확정했다. 즉 매일 정오에 태양이 남중했을 때 말뚝 그림자의 길이를 살폈는데, 정오에 그림자의 길이가 가장 짧은 날이 바로 하지이고 가장 긴 날이 바로 동지다. 그런데 정오의 그림자 변화를 정확하게 관측하기 위해서는 먼저 남방과 북방을 정확히 확정해야 했다. 결론적으로, 춘하추동 사시의 확정은 동남서북 사방의 확정과 밀접한 관련이 있으며 역으로도 마찬가지다. 사시를 사방에 짝짓는 관념은 바로 여기서 기원했다. 『상서』 「요전堯典」에서는 희羲씨와 화和씨 네 명[3]이 각각 동·남·서·북에 가서 중춘仲春(춘분)·중하仲夏(하지)·중추仲秋(추분)·중동仲冬(동지)을 측정함으로써 "백성에게 때를 알려주었으며" "사시를 정하고 한 해를 이루었다"[4]고 했다. 이는 사시와 사방의 보완적인 관계를 나타낸 것이다. 왕응린王應麟은 『옥해玉海』 권10에서 이렇게 말했다. "역법을 만들 때에는 반드시 먼저 방우方隅를 정하고, 혼단昏旦을 조사하고, 시기時氣를 헤아리고, 구각晷刻을 가지런히 하고, 중성中星[5]을 살펴야 한다."[6] "방우를 정한다"는 것은 바로 방위(사방과 사유四維)를 확정한다는 것이다. "중성을 살핀다"는 것은 사시의 중기中氣(춘분·추분·동지·하지)를 관측한다는 것이다. 이 두 가지는 역법을 제정하는 기본 전제다. 천문 관측에서 방위와 시간의 관련

사시와 사방이 통일된 우주관. 당唐나라 동해부인東海夫人의 묘지명,
1971년 장쑤江蘇성 난퉁南通에서 출토.

은 여기에 그치지 않지만 이것만으로도 양자의 밀접한 관계를 알 수 있다. 사실 공간의 방위는 원칙상 무한히 분할할 수 있다. 사방 외에 6방·8방·12방·24방으로 나누어도 되지만, 사람들이 공간을 사방으로 나누는 것에 습관이 된 까닭의 근원을 따져보면 바로 1년을 사시로 나눈 데서 기원한다.

인간의 시간과 공간 지식에 기초가 되는 원시 천문학과 역법제도야말로 우리가 고대의 지식·사상·학술·방술方術에 대한 오행설의 총괄적인 작용을 이해하는 데 출발점이 되어야 한다. 역법의 시간적 의미는 지대하다! 시간과 공간은 인간사회의 실천과 활동의 기본적인 근거이자 인간이 세계를 이해하는 기본적인 지성의 형식이다. 시간관과 공간관의 가장 직관적이고도 원시적인 표현 형식이 바로 천문역법이다. 인문人文의 처음은 바로 천문역법이었다. 천문역법은 사회의 시간 리듬과 공간 패턴을 구성했고, 인간의 시간관과 공간관을 규정했다. 시간과 공간은 인간의 우주관이 성립되는 데 있어서 주춧돌이다. 따라서 인간의 정신에 있어서 역법은 단순히 기호나 숫자로 표시된, 되풀이되는 연·월·일·시가 아니며 농민이 해 뜨면 나가서 일하고 해가 지면 들어와 쉬며 봄에 밭 갈고 가을에 수확하며 풍작을 점치는 절기의 근거에 그치는 것이 아니라 인간이 우주와 역사를 이해하는 기본 근거이다. 역법이 있었기 때문에 광대한 하늘과 드넓은 대지, 그리고 유유히 흘러가는 세월이 단순한 혼돈에 머물지 않고 윤곽이 뚜렷해지고 질서정연하게 변했다. 이로써 하늘에는 분야分野가 있고 땅에는 경위經緯가 있으며 역사에는 편년編年이 있게 되어, 천문·지리·인륜이 생겨났다. 천지간에 살아 있는 모든 것과 삼라만상, 유수처럼 흘러가는 세월 속의 갖가지 세상일이 모두 이 질서 속에서 각자의 위치와 특정한 의미를 획득했고, 세계와 역사는 비로소 이해할 수 있고 말할 수 있게 변했다.

　역법제도 및 그와 관련된 시공간은, 고대인이 하늘과 땅을 관찰하고 우주를 이해하며 천지를 다스리고 역사를 깨닫는 기초였다. 그렇다면 그들이 한 걸음 더 나아가 그것을 추상화하고 형식화하여 삼라만상을 포괄하는 분류 체계로 만든 것은 아주 자연스럽고도 이치에 맞는 일이 아니겠는가? 역법이 사시를 나누고 천문이 오방을 정함으로써 사시와 오방은 오행 분류 체계의 기본 도식이 되었다. 결론적으로, 만상을 포괄하고 만유를 망라하는 오행 체계는 고대인이 근거 없이 만들어낸 산물이 결코 아니며 금·목·수·화·토라는 다섯 가지를 억지로 끌어다 맞추어서 만든 것도 아니다. 오행 체계는 고대인의 질박한 시간관과 공간관 속에서 자연스럽게 생겨난 것이다. 즉 금·목·수·화·토의 오재가 아닌 원시 천문학과 역법제도야말로 오행의 의미를 지닌 진정한 문화의 원천이자 지식의 원형이다.

2.

　만약 '금·목·수·화·토'라는 오행의 문자에 얽매여 덮어놓고서 오재의 각도에서만 오행의 근원과 내력을 찾지 않고 시야를 넓혀 고대 문헌에 나오는 오행 관련 기록을 공정하게 살펴본다면, 오행 체계와 역법 월령月令 제도의 연원 관계를 발견하는 것은 어렵지 않다.

　옛 책 가운데 금·목·수·화·토가 자주 등장하긴 하지만, 오행설을 시스템으로 보고 시스템으로서의 오행 체계의 함의와 기능을 설명하는 것의 이론적 기초는 사시와 오방의 범주다. 설령 금·목·수·화·토의 명목으로 오행을 표시한다 해도 그 착안점은 오행의 시간과 공간 패턴에 있다. 예를 들면 『회남자』 「천문훈天文訓」에서는 이렇게 말했다. "임오일壬午日이 동지면 갑자일甲子日에 정령政令을 받는다. 목덕木德으로써 모든 일을 주재하며, 화연火煙(불의 연기)은 청색이다. 72일을 지나 병자일丙子日에 정령을 받는다. 화덕火德으로써 모든 일을 주재하며, 화연은 적색이다. 72일을 지나 무자일戊子日에 정령을 받는다. 토덕土德으로써 모든 일을 주재하며, 화연은 황색이다. 72일을 지나 경자일庚子日에 정령을 받는다. 금덕金德으로써 모든 일을 주재하며, 화연은 백색이다. 72일을 지나 임자일壬子日에 정령을 받는다. 수덕水德으로써 모든 일을 주재하며, 화연은 흑색이다. 다시 72일이 지나면 한 해가 끝난다."7 『춘추번로春秋繁露』 「오행순역五行順逆」에서는 이렇게 말했다. "목은 봄의 생성의 속성을 지니고 있으며 (…) 화는 여름의 성장의 속성을 지니고 있으며 (…) 토는 여름의 한가운데서 만물을 성숙하게 하며 (…) 금은 가을의 살기의 시작이다. (…) 수는 겨울의 지음至陰의 기를 감추고 있다."8 『백호통의白虎通義』 「오행」에서는 이렇게 말했다. "수의 자리는 북방이다. 북방은 음기가 황천 아래에 있으며 만물을 양육한다. (…) 목의 자리는 동방이다. 동방은 양기가 비로소 움직이고 만물이 비로소 생성된다. (…) 화의 자리는 남방이다. 남방은 양기가 위에 있으며 만물이 가지를 늘어뜨린다. (…) 금의 자리는 서방이다. 서방은 음기가 생겨나기 시작하며 만물이 성장을 멈춘다."9

이상에서 말한 것은 전적으로 한 해의 날씨의 변화, 사시의 추이다.

2장 오행설에 가려 보이지 않는 것들

이는 오행 체계에서 금·목·수·화·토란 이름만 있고 실질은 없는 것임을 말해준다. 그것들은 사시와 오방을 나타내기 위한 기호일 뿐이다. 다들 알고 있듯이, 오행 시스템의 완전한 형식은 월령 문헌 속에서 비로소 구현되었다. 『관자』 「유관幼官」 「사시」 「오행」 「경중기輕重己」, 『여씨춘추』 「십이월기十二月紀」, 『회남자』 「시칙훈時則訓」은 때에 맞추어 정사政事를 펼치던 것을 구현한 역법 월령 문헌이자 오행 시스템을 전면적으로 보여주는 철학서다. 이는 오행이 시공 관념 및 역법 월령 제도와 불가분의 관계이며 전적으로 동일한 것임을 잘 보여준다.

  오행의 실질과 연원에 대한 오해는 「홍범」이 오도한 결과다. 「홍범」은 금·목·수·화·토를 이용해 '오행'을 해석했는데, 고대인의 마음속에서는 『상서』가 중요한 지위를 차지하고 있었기 때문에 「홍범」은 상商·주周 선왕이 전한 근본적인 대법大法으로 여겨졌다. 이로 인해 「홍범」의 설은 경전의 권위 있는 해석으로 여겨졌으며, 오행은 금·목·수·화·토로 귀결되었다. 사실 「홍범」의 신뢰성은 일찌감치 의심을 받았다. 유절劉節의 『홍범소증洪範疏證』에서는 그것이 전국 말기에 만들어진 것이라고 했다. 「홍범」의 전문을 살펴보면, 앞쪽에 '구주九疇'를 나열하고 있는 부분만 고대로부터 전해진 것이다. "첫째는 오행이고, 둘째는 오사五事를 공경하게 하는 것이며, 셋째는 팔정八政에 힘쓰는 것이고, 넷째는 오기五紀를 조화롭게 사용하는 것이며, 다섯째는 황극皇極을 세우는 것이고, 여섯째는 삼덕三德으로 다스리는 것이며, 일곱째는 계의稽疑를 현명히 하는 것이고, 여덟째는 서징庶徵을 자세히 살피는 것이며, 아홉째는 오복五福으로 권면하고 육극六極으로 경계하는 것이다."[10]

그 뒤로 나오는 '구주'에 대한 해석 부분은 전국시대 문인의 손에서 나왔을 것이다. 전국시대 문인은 '구주'의 조목만 남아 있고 그 의미가 명확하지 않은 것을 보고 무리하게 아는 체했을 것이다. 즉 앞에서 언급한 내용이 예로부터 전해져온 '경經'이라면, 그 뒷부분은 후세 경사經師의 '전傳'이나 '해解'일 뿐이다. 경과 해가 한 권에 나열되었다가 후에 한데 뒤섞였을 것이다. 이처럼 '경'에는 조목이나 대략적인 내용만 남아 있는데 후대인이 확대 설명한 체제를 옛 책에서 자주 볼 수 있다. 예를 들면 『관자』 앞부분에는 「형세形勢」「입정구패立政九敗」「판법版法」「명법明法」 등의 여러 편이 있는데, 뒷부분에는 「형세해形勢解」「입정구패해」「판법해」「명법해」 등의 편이 있다. 전자는 간단명료한 조목 내지 격언이고, 후자는 전자를 조목조목 해설하고 설명한 것이다. 「홍범」의 '구주' 조목과 그 뒷부분의 '구주 해설'은 이것과 완전히 같은 체제다. 이는 「홍범」의 다음 내용이 후대인의 부연敷衍이기에 준칙으로 삼기에는 부족함을 암시하는 것일지도 모른다. "첫 번째는 수이고 두 번째는 화이고 세 번째는 목이고 네 번째는 금이고 다섯 번째는 토다. 물은 적시며 아래로 내려가고, 불은 타면서 위로 올라가며, 나무는 굽고도 곧으며, 쇠는 주조하여 형태를 바꿀 수 있고, 흙은 그 위에서 파종하고 수확한다. 적시며 내려가는 물은 짠맛을 만들고, 타면서 올라가는 불은 쓴맛을 만들며, 굽고도 곧은 나무는 신맛을 만들고, 형태를 바꿀 수 있는 쇠는 매운맛을 만들고, 파종하고 수확하는 흙은 단맛을 만든다."[11] 그런데 학자들이 제대로 살피지 않고 이를 금과옥조로 떠받들면서, 예로부터 오행설을 이해하는 데 잘못된 길로 들어서게 되었던 것이다.

『상서』「감서甘誓」에서도 오행을 언급하고 있는데, 이것 역시 오행에 관한 비교적 이른 시기의 기록이다. "계啓가 유호有扈씨와 감甘의 들판에서 싸우고 「감서」를 지었다"고 한다. 「감서」에서는 유호씨의 죄를 성토하고 있는데, "유호씨가 오행을 업신여기고 삼정三正을 등한시했다"[12]고 한다. 구제강顧頡剛은 「오덕종시설 아래에서의 정치와 역사五德終始說下的政治和歷史」에서 말하길, 삼정의 설은 복색服色과 정삭正朔을 바꾼다는 한나라 사람의 논조이므로 「감서」를 신뢰할 수 없는 충분한 증거라고 했다.[13] 「감서」를 신뢰할 수 없을지라도, '오행'과 '삼정'을 병칭한 것은 고대인의 관념 속에서 오행이 삼정과 마찬가지로 역법제도와 관련이 있었음을 잘 말해주는 증거다. "오행은 사시의 성덕盛德이 행하는 정무政務다"[14](『사기』「하본기夏本紀」집해集解에서 인용)라는 정현의 말이 바로 이를 의미하는 것이다. "오행을 업신여기고 삼정을 등한시한 것"은 천자의 정삭을 받들지 않겠다고 하는 것과 마찬가지로 대역무도이며 물론 용서받을 수 없는 죄다.

　오행 상생상극의 메커니즘은 오행설과 역법제도의 연원을 증명하는 가장 유력한 단서다. 오행 시스템은 단순히 세상 만물을 분류한 정태적인 분류 체계라기보다는 멈추지 않고 흐르며 순환이 되풀이되는 동력 시스템이다. 이 시스템의 다섯 단위는 각각 서로의 위치 관계로 인해 상호 촉진하거나 상호 억제한다. 다섯 방위에 있어서 위치가 인접해 있는 요소는 서로를 생성하고, 대립되는 요소는 서로를 억제한다. 전자를 오행 상생이라 하고, 후자를 오행 상극이라 한다. 오행 시스템의 이러한 내재적 전환과 모순을 통해 우주의 천도의 순환을 비롯해 역사의 흥망성쇠, 정치의 형덕刑德과 치란治亂, 인사人事의 길흉화

복, 만물의 생로병사, 날씨의 한서寒暑 등을 해석했다. 이처럼 끊임없이 순환하며 서로 뒤얽혀 있는 동력 구조는 금·목·수·화·토의 오재에서 유도되어 나올 수 없음이 분명하다. 한나라 때의 금문 경학가는 오재를 오행의 본질로 오해했기 때문에 오행의 상생상극의 전환 이치를 해석하기 위해 견강부회의 능력을 최대한 발휘하면서, 오행 상생상극의 이치를 오재 성질의 차이 및 변화로 귀결시켰다. 하지만 사람들을 기쁘게 심복하도록 하지 못했으며, 결점을 드러낼 수밖에 없었다.

오행 시스템의 상생상극의 메커니즘은 역법 월령 제도에서 비롯될 수밖에 없었다. 사시의 순환과 한서의 변화는 살아 있는 모든 것의 흥망성쇠를 초래했는데, 농업입국의 시대였던 만큼 그것은 계절에 따른 인간생활과 정치활동의 변화까지 결정했다. 역법 월령 제도는 대자연의 순환과 변화의 힘을 구현한 것이었다. 따라서 역법 월령 제도 및 그것으로부터 생겨난 오행 체계를 가지고 만물의 흥망성쇠와 정치의 변화를 해석하는 것이 자연스럽지 않았겠는가? 오행 상생과 오행 상극은 역대의 유학자와 술사術士에 의해 아주 현묘하게 과장되었다. 하지만 그 근본을 탐구해보면, 오행 상생은 춘하추동 사시의 교체 및 생생불식生生不息하는 자연의 리듬에서 기원한 것일 따름이며, 오행 상생상극이 반영하는 것은 모두 오행 체계에서의 상대적인 방위 간의 대립관계다. 『춘추번로』「오행상생」에서는 이렇게 말했다. "천지의 기는 합해지면 하나가 되고, 분리되면 음양이 되고, 나뉘면 사시가 되고, 늘어놓으면 오행이 된다. 행行이란 운행한다는 것이다. 그 운행이 같지 않으므로 오행이라고 한다. 오행이란 오관五官이다. 인접하면 상생하고, 사이를 두면 상승相勝(상극)한다."15 동중서董仲舒는 금문경학의 견강부회의 선하를 열었으며, 오행을 신비화하고 미신화한 창시자다. 하지만 그가 오행을 두고 "인접하면 상생하고, 사이를 두면 상승한다"고 한 것은 실로 확실한 견해이며, 오행 상생상극의 천기天機를 한마디로 갈파한 것이라 하겠다.

정리하자면, 음양오행 학설은 금·목·수·화·토에 대한 인식에서 비롯된 것이 아니라 역법 월령 제도에서 기원한 것이다. 역법 월령 제도는 오행 시스템의 지식 원형原型으로, 양자의 대응관계는 한눈에 알아볼 수 있다. 예로부터 지금까지 학자들이 「홍범」에 가려져서 더 자세히 연구하지 않은 탓에 오행설의 내막이 늘 확실하지 않고 애매한 채로 남겨져 있었다. 역법 월령 시스템은 오행설 형식 구조의 원형이자 오행설 동력 메커니즘의 연원이다. 그 근본을 탐구해보면, 양자는 원래 동일한 것이다.

3.

오행설과 역법 월령학의 연원을 명확히 하면, 추연鄒衍의 오덕종시설五德終始說이 사실은 역법 월령학을 골간으로 하며 이로 인해 추연의 학설이 진·한 사상의 골간이 되었음을 알 수 있다.

『사기』「봉선서封禪書」에서는 이렇게 말했다. "제나라 위왕威王과 선왕宣王 때부터, 추연의 무리가 오덕(오행)의 순환에 대해 입론했다. 진나라 왕이 황제가 된 뒤 제나라 사람이 이 이론을 아뢰자 진시황이 이를 채택했다."16 또 이렇게 말했다. "추연은 음양주운陰陽主運17 이론으로 제후들에게 이름을 알렸다."¹⁸ 첸무錢穆는 「주관저작연대고周官著作年代考」에서 추측하길, 「봉선서」에서 말한 '음양주운'은 바로 월령학이라고 했다. 진·한 시기에 오덕종시설은 무엇보다도 먼저 실용적인 역법술이었다. 『사기』「삼대세표三代世表」에서는 이렇게 말했다. "내가 첩기牒記를 읽어보았는데, 황제黃帝 이후로는 모두 연대가 기록되어 있었다. 역보첩曆譜諜과 오덕의 순환을 고찰해보니, 고대 문헌이 모두 다르고 일치하지 않았다."¹⁹ '오덕의 순환'과 '역보첩'을 함께 언급한 것으로 보아, 오덕의 순환은 역법술과 관련이 있음이 분명하다. 『사기』「역서曆書」에서는 이렇게 말했다. "추연만이 오덕의 순환에 밝았으며, 소식消息의 원리를 두루 전파함으로써 제후들에게 이름을 알렸다."²⁰ '소식'이란 해와 달이 변화하면서 운행하고 음양이 소장消長하는 것을 가리킨다. 추연은 '오덕의 순환'을 근거로 '소식의 원리'를 취급하여 역법을 제작한 것이니, 오덕의 순환은 역법학임을 알 수 있다.

오덕종시설이 왕조의 교체 및 세도世道의 치란을 해석하는 역사철학과 정치철학이 된 것은, 그것의 역법학적 함의를 확대 발양한 결과다. 『여씨춘추』「십이기十二紀」의 마지막 부분에 있는 「서의序意」에서는 「십이기」(『예기』「월령」의 근본이기도 하다)를 찬술한 목적에 대해 이렇게 말했다. "무릇 「십이기」라는 것은, 치란과 존망의 실마리를 잡게 해주는 바이자 수요壽夭와 길흉을 알게 해주는 바다."²¹ 치란과 존망은 국가의 흥망성쇠 및 조대의 교체를 말한다. 「십이기」 작자의 눈에는 역법 월령 그 자체가 역사철학과 정치철학으로서의 의미를 지니고 있었음을 알 수 있다.

『주례』「하관사마夏官司馬·사관司爟」에서는 이렇게 말했다. "사관司爟

은 불의 사용에 관한 정령政令을 관장하며 사시에 따라 국화國火를 바꿈으로써 그때마다의 질병을 제거한다."²² 정현의 주에는 정사농鄭司農이 추연의 저서를 인용한 구절이 나오는데, 다음과 같다. "봄에는 느릅나무와 버드나무의 불을 취하고, 여름에는 대추나무와 살구나무의 불을 취하고, 가을에는 뽕나무와 산뽕나무의 불을 취하고, 겨울에는 회화나무와 박달나무의 불을 취한다."²³ 사시에 따라 불을 바꾸는 것은 전형적인 역법 월령의 일이다. 추연의 저서는 오늘날 남아 있지 않지만 다행히도 이 문장 덕분에 추연의 학설 및 역법 월령학의 관계를 엿볼 수 있다.

월령학을 '오덕종시설'이라고 칭할 수 있는 근거는 『관자』에 있다. 『관자』「사시」는 월령서인데, 다음과 같이 말하고 있다.

동방은 성星이고, 그 때時는 봄이며, 그 기氣는 풍風으로서, 풍은 나무와 뼈를 낳고, 그 덕德은 생장을 좋아하는 것이다. (…) 이를 일러 성덕星德이라고 한다. (…) 남방은 일日이고, 그 때는 여름이며, 그 기는 양陽으로서, 양은 불과 기를 낳고, 그 덕은 베풀고 즐기는 것이다. (…) 이를 일러 일덕日德이라고 한다. 중앙은 토土이고, 토덕은 사시의 드나듦을 확실히 거들어줌으로써 비바람이 알맞게 불게 하여 땅의 힘을 강화한다. (…) 그 덕은 화평과 공평이다. (…) 이를 일러 세덕歲德이라고 한다. (…) 서방은 신辰이고, 그 때는 가을이며, 그 기는 음으로서, 음은 쇠와 갑甲(각질 조직)을 낳고, 그 덕은 근심과 슬픔이다. (…) 이를 일러 신덕辰德이라고 한다. (…) 북방은 월月이고, 그 때는 겨울이며, 그 기는 한寒으로서, 한은 물과 피를 낳고, 그 덕은 순박·관용·주밀周密이다. (…) 이를 일러 월

덕月德이라고 한다.[24]

사시의 기상·물후物候·농사의 특징에 상응하여 왕의 행정 역시 서로 다른 풍격을 지녀야 했다. 봄의 덕은 생장을 좋아하는 것이고, 여름의 덕은 베풀고 즐기는 것이며, 가을의 덕은 근심과 슬픔이고, 겨울의 덕은 순박·관용·주밀이며, 중앙(계하季夏)의 덕은 화평과 공평이다. 이는 바로 '때에 맞게 정사를 펼치던' 월령학 정신의 실질이다. 사시의 덕에 중앙의 덕을 더하면 소위 '오덕'이다. 월령학을 '오덕종시설'이라고도 하는 것은 이 때문이다.

역법 월령학이 추연 학설의 근본임을 한나라 때의 학자들이 분명히 말한 바 있다. 『한서』 「예문지藝文志」에서는 '음양가'에 『추자鄒子』 49편과 『추자종시鄒子終始』 56편이 있다고 했다. 음양가는 역법학가에서 비롯되었다. 사마담司馬談은 「논육가요지論六家要旨」에서 음양가에 대해 말하길, "그들이 사시의 차례를 매긴 것만큼은 놓쳐서는 안 된다"[25]고 했다. 『한서』 「예문지」에서는 "음양가의 부류는 희화羲和의 관직에서 나왔는데, 하늘을 공경하여 따르고 일월성신의 운행 법칙을 헤아려서 백성에게 때를 알려주었다"[26]고 했다. 이는 음양가와 역법학의 연원 관계를 분명히 말해준다.

추연은 역법학으로 인해 흥기했고 역법학으로 인해 후대에 전해졌다. 『한서』 「예문지」에서 언급한 추연의 책이 사라진 탓에, 사람들은 추연의 학술도 전해지지 않는다고 오해하게 되었다. 하지만 추연의 학술은 사라지지 않았다. 도리어 그 반대로 선진 시기 제자諸子 가운데 추연의 학술만이 가장 빛나게 발전하여, 풍속마저 변화시키는 장관을 이루기까지 했다. 추연 학술의 요지는 오행설이다. 오행설은 역법 월령학에 기대고 있었으며, 역법 월령은 후세의 황력皇曆이나 월분패月分牌처럼 일상생활에서 꼭 필요한 것이었다. 이로 인해 오행설은 민간에 광범위하게 유포되어, 민중의 일반적인 지식 배경 및 사상 틀이 되었고 거의 모든 지식 범주의 보편적인 패턴이 되었으며 화하華夏 전통 우주관과 역사관의 이론적 기초가 되었다. 추연의 학술은 역법 월령의 형식을 빌려서 널리 퍼졌으며 민중의 공동 지식으로서 존재했다. 이로써 추연의 학술은 마치 민간의 전설이나 신화처럼 '익명'의 지식이 되었다.[27] 역대로 사상사 및 학술사 연구자들은 『사기』 등의 진·한 시기 전적에 기록된 몇 마디 말에만 의지해 추연의 사상을 살폈는데, 이는 나무만 보고 숲은 보지 못한 채 진정한 핵심을 놓쳐버린 것이다.

이를 명확히 한다면, 『관자』의 「유관」 「사시」 「오행」 「경중기」, 『여씨춘추』의 「십이월기」, 『회남자』의 「천문훈」 「지형훈地形訓」 「시칙훈」 등 역법 월령과 오행학설을 체계적으로 기술한 진·한 시기 문헌이야말로 직하稷下 추연학파와 그 후학의 저작임을 알 수 있을 것이다.

『사기』 「여불위전呂不韋傳」에서는 이렇게 말했다. "여불위는 진나라가 강대하므로 (…) 역시 선비를 초빙하여 그들을 후하게 대우했는데, 식객이 3000명에 달했다. (…) 여불위는 자신의 식객들에게 모두 각자의 견문을 글로 쓰게 했고 이들이 진술한 것을 모아 「팔람八覽」 「육론六論」 「십이기」 20여 만 언을 이루었는데, 천지만물과 고금의 일을 갖추었다 여기고 이를 『여씨춘추』라 명명했다."[28] 진시황 영정嬴政이 처음 왕위에 올랐을 때, 동쪽 제나라는 혼란을 거치며 전건田建에 이르러서는 그 세력이 이미 쇠퇴했다. 일찍이 전성기 때 엘리트의 집합처였던 직하학궁稷下學宮 역시 조락했다. 직하학궁의 좨주祭酒를 세 차례나 지냈던 순황荀況도 제나라를 버리고 초나라로 갔고, 그를 따르던 이들은 뿔뿔이 흩어졌다. 직하 학자들은 잇달아 제나라 수도인 임치臨淄를 떠나서 다른 나라로 흩어졌는데, 중천에 뜬 해처럼 전성기인 서쪽의 강국 진나라가 마침 이때 인재를 초빙하고 있었으니 그 학자들이 살길을 강구하기에 마침 적당했던 곳이 진나라였음을 짐작할 수 있다. 주목할 만한 사실은, 제나라 전건 왕 때 직하학궁이 비록 쇠락하긴 했지만 음양가가 한동안 성행했다는 것이다. 유명한 음양가 '담천연談天衍' 추연과 '조용석雕龍奭' 추석鄒奭이 바로 이 시기에 활약했다. 직하학궁에는 분명히 음양가가 많았을 것인데, 직하학궁이 쇠미해지면서 이 학자들이 진나라로 유입되어 여불위 문하의 빈객이 되어『여씨춘추』의 찬술에 참여했을 것이다.『여씨춘추』「십이월기」는 여불위의 문객 가운데 추연의 학술 유파가 전한 것일 수밖에 없다.

추연은 유명한 직하선생이다.『관자』는 직하학파로부터 나왔는데, 어떤 학자는 추연을 비롯한 음양가가 가르침을 펼치던 직하학궁 말기에『관자』가 나왔을 거라고 추측한다.『관자』의「유관」「사시」「오행」「경중기」등은 바로 추연의 '오덕종시설'과 '음양주운설'의 원전이며,『여씨춘추』「십이월기」는『관자』의 진나라 복제판일 따름이다.

오행설을 기본으로 하는 제학齊學이 중국 고대의 학술사상에서 지니고 있었던 지위는 선진 전적의 기록을 통해서 분명히 알 수 있지만 현대 학자들로부터 충분한 주목을 받지 못했다. 이는 만청晩淸 이후 흥기한 중국 문명 서래설西來說[29]과 이하동서설夷夏東西說[30]의 영향도

067

2장 오행설에 가려 보이지 않는 것들

있겠지만, 이보다 더 중요한 원인은 바로 화하 지식 전통의 핵심 학설인 오행설의 문화 및 지역의 연원에 대한 이해가 제대로 이루어지지 않았기 때문이다. 화하문화의 뼈대인 오행학설이 제나라 지역의 문화 전통에서 나온 것임을 명확히 한다면, 중국 고대 학술에서 제학의 지위가 얼마나 중요했는지 명백히 드러나지 않겠는가?

【 3장 】

태사공의 죽음을 추적하다

　기원전 110년, 한나라의 천자 유철劉徹(무제)은 오랫동안 꿈꾸고 준비해온 태산에서의 봉선封禪 의식을 마침내 실행에 옮겼다. 이해의 연호가 원봉元封 원년元年이 된 것도 이 때문이다. 무제가 문무백관과 우림羽林·호분虎賁을 거느리고 10만 병력을 이끌고서 북쪽 삭방을 순수巡狩한 뒤, 마침내 장안長安을 나와 중주中州를 지나 우뚝 솟은 동쪽의 태산을 향해 위풍당당하게 나아가고 있을 때, 한나라 조정의 태사령太史令인 사마담은 무엇 때문인지 낙양洛陽에 머문 채 전대미문의 이 큰 전례에 참여할 수가 없었다. 그리고 그는 결국 이로 인해 분통이 터져서 병들었고 생명이 위급한 지경에 이르렀다. 이때 태사공의 아들 사마천司馬遷은 마침 출사出使했다가 경성 장안으로 돌아와 있었는데, 부친의 병이 위급하다는 소식을 듣고 낙양으로 서둘러 와서 부친을 만났다. 부자가 상봉했을 때, 늙은 태사공의 목숨은 이미 위태로웠다. 사마담은 임종하기 전에 아들 사마천에게, 자신이 끝내지 못한 역사 편찬의 대업을 완성하라고 엄숙히 당부했다. 사마천은『사기』「태사공자서太史公自序」에서 이때의 일을 다음과 같이 침통하게 기술했다.

> 한 왕실의 봉선을 행하게 되었는데, 태사공은 주남周南(낙양)에 머무른 채 그 의식에 참여할 수 없었고 이로 인해 분통하여 세상을 하직할 지경이 되었다. 아들 천遷이 마침 출사했다가 돌아와, 하락河洛(황하와 낙수) 사이에서 부친을 뵈었다. 태사공은 천의 손을 잡고 눈물을 흘리며 말했다. "우리의 선조는 주 왕실의 태사太史였다. 먼 옛날부터 일찍이 우虞·하夏 시대에 공명을 드러냈고 천관天官의 일을 관장했다. 후세에 쇠락하더니 나에 이르러서 끊어지려는가? 네가 다시 태사가 된다면 우리 선조를 계승할 것이다. 지금 천자께서는 천 년의 전통을 이어받아 태산에서 봉선을 지내시는데 나는 수행할 수가 없었으니, 이것이 운명인가, 운명인가!"[1]

사마천의 서술을 통해 볼 때, 봉선 전례에 참여하지 못한 것이 사마담을 죽음으로 이끈 직접적인 원인이었다. 봉선은 천고에 빛나는 성대한 일이었기 때문에 봉선을 거행한 제왕은 그것을 통해 청사에 길이 이름을 남길 수 있었다. 그리고 봉선에 참여한 신하 역시 후세에 명예로운 이름을 영원히 남기고 조상을 빛낼 수 있었다. 그 성대한 제전에 직접 참여하는 것은 한나라의 신하라면 당연히 영광스러운 일이 아닐 수 없었다. 바로 그런 시기에, 태사령 사마담은 중도에 주남에

사마천

머문 채 봉선에 참여할 수 없게 된 것이다. 그는 그것을 크나큰 치욕으로 여겼기에 분통해하며 한을 품고 죽었다. 무제의 신하인 사마담이 그 성대한 전례에 참여할 수 없었던 것이 그에게 무척 유감스러웠던 건 당연하다. 하지만 그 당시 봉선에 참여할 수 없었던 신하는 비단 그뿐만이 아니었을 것이다. 무제가 경성에 있는 모든 신하를 데리고 갈 수는 없었을 것이다. 그렇다면 사마담은 왜 봉선에 참여하지 못한 것을 그토록 침통해하며 죽게 되었을까?

그 안에 담긴 말 못 할 고충은 봉선이라는 맥락을 통해 살펴봐야 할 것이다.

봉선에 관한 이야기는 아주 오래되었다. 먼 옛날 태산에 올라 봉선을 지낸 고대의 선왕이 대체 어느 조대였는지, 박학다식한 직하 선생마저도 확실히 말하지 못했다. 예로부터 전해지길, 봉선은 제왕의 융성한 전례이자 태평성세의 성대한 일로서 역대로 유자儒者와 술사가 칭송해왔다. 고대인이 봉선을 어떻게 이해했는지는 『백호통의』「봉선」에 나오는 다음 내용을 통해 알 수 있다. "왕이 역성혁명으로 일어나면 반드시 태산에 올라 봉선을 행하니, 그 까닭은 무엇인가? 아뢴다는 뜻이다. 천명을 처음으로 받은 날에 개제改制하여 하늘에 응하니, 천하가 태평하고 공이 이루어져 봉선을 행함으로써 태평을 아뢰는 것이다."[2] 이는 고대 유자들에게 전해지던 이야기다. 왕조가 바뀌면 제왕은 반드시 복색服色을 바꾸고 정삭正朔을 개정함으로써 시대의 흐름과 함께 나아간다는 혁신의 의미를 나타냈다. 이와 더불어서 태산에 봉선을 지내 신에게 고함으로써 새 왕조가 천명을 받아 만대에 이를 것임을 나타냈다. 역대로 봉선에 대해 말한 이들은 이런 의미

「순수대종도巡守岱宗圖」. 청나라 『흠정서경도설欽定書經圖說』에 수록.

를 전하고자 했다. 태산 봉선에 대한 현대 학자들의 가치 판단은 고대인과는 다를 것이다. 하지만 현대 학자들 역시 봉선을 하늘과 신에 제사지내던 종교 의식이라고 생각한다는 점에서는 고대인과 일맥상통한다. 고금의 학자가 이구동성으로 말하는 이 설은 이미 정론이 되어 의심할 필요가 없는 듯하다.

하지만 『사기』「봉선서封禪書」에 나오는 사마천의 다음 말을 보면 『백호통의』의 해석에 의심이 생겨나지 않을 수 없다. "전傳에 이르기를 '3년 동안 예를 행하지 않으면 예가 반드시 폐하며 3년 동안 악樂을 행하지 않으면 악이 반드시 무너진다'[3]고 했다. 매번 성세를 맞이하면 봉선의 예를 거행하여 하늘에 보답하되, 쇠퇴하면 그 예가 멈춘다. 멀리는 1000여 년, 가까이는 수백 년이 되었기 때문에 봉선 의식이 불완전해지고 매몰되어 사라지게 되었으므로 그 상세한 내용을 기록하여 전할 수 없게 되었다."[4] 전한 시기에 이르렀을 때, 이미 봉선의 예가 거행되지 않은 지 오래되었기 때문에 태사공처럼 박학한 이라 할지라도 그것에 대해 상세히 알기 어려웠음을 알 수 있다. 따라서 무제는 원봉 원년에 처음으로 태산에 봉선을 올리기 전에, 어쩔 수 없이 유생과 방사를 소집해 봉선의 예에 대해 의논해야 했다. 「봉선서」에 이에 관한 내용이 자세히 기록되어 있다. "보정寶鼎을 얻은 후부터, 황상은 공경과 유생과 더불어 봉선에 대해 상의했다. 봉선은 아주 드물었고 이미 오랫동안 거행되지 않았기 때문에 그 의례에 대해 아는 이가 없었다."[5] 유생들은 망사望祀와 사우射牛의 의례를 말했고, 연燕나라와 제나라 방사들은 신선과 장생의 도를 구해야 한다고 말했다. 두 파는 각자 자신의 견해를 고집하며 논쟁을 그치지 않았다. 봉선의 대오가 이미 태산 기슭의 봉고현奉高縣(지금의 산둥성山東省 타이안泰安 다이웨구岱岳區)에 이르렀는데도 그들의 논의는 결론을 맺지 못했다. "황상은 유생과 방사들이 말하는 봉선에 대한 견해가 제각기 다르고 근거가 없어서 시행하기 어렵다고 생각했다."[6] 무제는 이 쓸모없는 서생 무리를 단숨에 떼어놓고, 자신의 측근인 시중봉거侍中奉車 곽자후霍子侯만 데리고 태산에 올라 봉선을 지냈다.

전한 시기에 봉선의 예는 이미 "오랫동안 거행되지 않아 의례에 대해 아는 이가 없었다"는 것을 알 수 있다. 그리고 봉선에 대한 당시 사람들의 말은 모두 '근거가 없는' 것이었으므로, 당시의 전장典章제도에 근거해 자신의 주장을 내세울 수밖에 없었다. 『백호통의』에서 논한 봉선의 의미가 진·한 시기의 봉선에 대한 것이라고 할 수는 있겠지만, 그것이 상고시대 선왕이 올린 봉선의 본의는 아니다.

봉선 전례의 구체적인 내용이 선진 시기의 전적에는 거의 나오지 않는다. 그런데 '봉선'을 옛 책에서는 '순수巡守'라고도 칭했는데, 둘의 명칭은 달라도 그 실질은 동일하다. 따라서 순수에 관한 기록을 통해서 봉선의 의미를 밝힐 수 있다. 순수에 관한 내용은 『상서』 「순전舜典」[7]에 보이는데, 순은 요에게 선양禪讓을 받은 뒤 사악四岳을 순수했다. "그해 2월에 순은 동쪽으로 순수하여 태산에 이르러 시제柴祭를 거행하고 산천을 차례대로 멀리서 바라보며 머물면서 동후東后를 보았다.[8] 시時와 월月을 맞추어 일日을 바로잡고, 율律과 도량형을 통일했다. 오례[9], 다섯 가지 옥, 세 가지 비단, 두 가지 산 짐승, 한 가지 죽은 짐승에 관한 예제를 제정했다. 다섯 가지 옥은 의례가 끝난 뒤에 돌려주었다."[10] 순이 사방을 순수한 것은 그가 선양을 받았을 때다. 그리고 순수를 시작하면서 먼저 태산에 시제를 올렸다. 시기와 장소와 의례에 있어서 순의 순수는 봉선과 똑같다. 사마천이 「봉선서」의 처음에서 봉선제의 연원을 거슬러 올라가며 「순전」의 이 문장을 인용한 것을 보아, 태산을 순수하는 게 사실은 태산에 봉선을 지내는 것이었음을 알 수 있다. 이 점에 대해서는 완원阮元과 피석서皮錫瑞 같은 청대의 경학가도 일찌감치 언급한 바 있다.

"오례, 다섯 가지 옥……" 등은 신에게 제사지내는 데 사용된 예물을 나열한 것이다. 이것들은 의례에 필요한 형식적인 것으로, 이 장의 주제와는 관계가 없으므로 더는 말하지 않겠다. "산천을 차례대로 멀리서 바라보며 머물면서 동후를 보았다. 시와 월을 맞추어 일을 바로잡고, 율과 도량형을 통일했다"는 것이 바로 순수의 구체적인 행위다. 이 일련의 활동은 모두 천문관측 및 역법 제작과 관련되어 있다.

"시와 월을 맞추어 일을 바로잡았다"는 것이 핵심인데, 이것의 역법학적 의의는 말할 필요도 없이 명백하다. "시와 월을 맞추었다"는 말에서 '시'는 사시四時를 가리키고 '월'은 열두 달을 가리킨다. 중국의 전통 역법인 하력夏曆은 음력과 양력을 합한 음양합력陰陽合曆(태음태양력)이다. 즉 해와 달의 운행을 동시에 역법 제정의 근거로 삼았다. 태양이 일주하는 주기에 근거해 절기節氣와 회귀년回歸年을 정하는 한편, 달이 차고 기우는 것에 근거해 달(삭망월朔望月)을 정했다. 양력의 계절은 농사 일정의 근거가 되었는데, 현재 농사력의 24절기는 양력을 구현한 것이다. 한편 날짜를 기억하는 데는 음력이 편한데, 지금도 민간에서는 습관적으로 음력을 사용한다. 음양합력은 농사 일정에 편리할 뿐만 아니라 일상생활에도 편리하다. 하지만 이로 인해 역법 제작자는 아주 까다로운 문제에 직면했다. 음력의 달과 양력의 계절을 어떻게 조화시켜야 해마다 같은 달에 동일한 절기가 나타나게 할 수 있느냐의 문제였다. 이 문제를 해결하기 위한 방법이 바로 윤달을 두는 것이었다. 「순전」에서 "시와 월을 맞추었다"는 것은, 윤달을 두어 계절(시)과 달의 순서(월) 간의 들쑥날쑥함을 제거하여 계절과 달을 조화롭게 만들었다는 말이다. 『상서』「요전」에서 희화羲和에 대해 이야기하면서, "윤달을 두어 사시를 정해 1년을 이루게 했다"[11]고 한 것 역시 이와 동일한 의미다.

"일을 바로잡았다"는 것에 대해, 공전孔傳에서는 "날짜의 갑을甲乙"[12]이라고 했다. 즉 갑·을 등 10개의 천간天干으로 열흘 동안의 날짜를 표시하던 제도를 의미한다. 천간으로 날짜를 표시하던 제도는 유구한 역사를 지니고 있는데, 은허의 복사가 바로 그 증거다. 하지만 천간으로 날짜를 표시하던 제도를 가지고 "일을 바로잡았다"는 말의 '일'을 해석한 공전의 풀이는 글자만 보고 대충 뜻을 짐작한 것이다. 천간으로 날짜를 표시한 것은 천상天象과는 아무 관계가 없으며 순전히 오랜 세월이 지나면서 사회적으로 통용된 것일 뿐이다. 이는 계절과 각 달의 확정이 해와 달의 운행에 의해 결정된 것과는 다르다. 천간으로 날짜를 표시하던 제도는 '기준'도 없고 '편차'라 할 것도 없다. 따라서 수시로 '바로잡아야' 할 필요도 없다. 사실 여기서 '일日'자는 날짜로 해석해서는 안 되며 밤낮의 시간으로 이해해야 한다. "일을 바로잡았다"는 것은 밤낮의 시간을 계산하는 제도를 바르게 통일했다는 의미다. 고대인에게는 시계가 없었기 때문에 태양을 보고 시간을 알았다. 해가 뜨고 지는 것이 바로 그들의 시계였다. 따라서 그들은 시간

3장 태사공의 죽음을 추적하다

을 '일'이라고 했다. '일'의 이러한 용법을 선진 시기 전적에서 많이 찾아볼 수 있다.[13]

사시와 달의 순서를 조화롭게 하고 시간을 바로잡기 위해서, 즉 정확하고 실용적인 역법을 제정하기 위해서는 반드시 천문관측을 실시해야 했다. 원시 역법은 주로 해와 달의 운행에 대한 관측에 근거해서 확정되었다. 해와 달이 운행하는 하늘은 아득하다. 해와 달이 운행하는 위치를 정확하게 측정하려면 반드시 눈에 잘 띄고 고정적인 표지물을 참조 좌표로 삼아야 한다. 중국의 고대 천관은 늦어도 전국 말기에 자신의 독특한 항성 참조 좌표를 건립했는데, 바로 28수宿다. 그 전에는 천문관측이 완비되어 있지 않았는데, 간단한 방법은 지면의 참조물을 천문관측의 좌표로 삼는 것이었다. 『산해경山海經』 '대황경大荒經'에는 그러한 천문관측 방법에 관한 내용이 체계적으로 기록되어 있다. 「대황동경大荒東經」에는 해와 달이 나오는 동쪽의 일곱 산이 기록되어 있다.

- 동해 밖 대황大荒의 한가운데에 대언大言이라는 산이 있는데, 해와 달이 나오는 곳이다.[14]
- 대황의 한가운데에 합허合虛라는 산이 있는데, 해와 달이 나오는 곳이다.[15]
- 대황의 한가운데에 명성明星이라는 산이 있는데, 해와 달이 나오는 곳이다.[16]
- 대황의 한가운데에 국릉우천鞠陵于天·동극東極·이무離瞀라는 산이 있는데,[17] 해와 달이 나오는 곳이다.[18]

- 대황의 한가운데에 얼요군저孽搖頵羝라는 산이 있다. 그 위에 부목扶木이 있는데, 높이가 300리이고 그 잎은 겨자와 같다. 골짜기가 있는데 온원곡溫源谷이라고 한다. 탕곡湯谷 위에 부목이 있다. 한 해가 막 도착하자 한 해가 막 떠오르는데, 모두 까마귀에 실려 있다.[19]
- 대황의 한가운데에 의천소문猗天蘇門이라는 산이 있는데, 해와 달이 나오는 곳이다.[20]
- 동황東荒의 한가운데에 학명준질壑明俊疾이라는 산이 있는데, 해와 달이 나오는 곳이다.[21]

이 산들에는 각각 짝이 있는데, 「대황서경」에는 해와 달이 들어가는 서쪽의 일곱 산이 기록되어 있다.

- 서해 밖 대황의 한가운데에 방산方山이 있다. 그 위에 푸른 나무가 있는데 거격지송柜格之松이라고 한다. 해와 달이 출입[22]하는 곳이다.[23]
- 대황의 한가운데에 풍저옥문豐沮玉門이라는 산이 있는데, 해와 달이 들어가는 곳이다.[24]
- 대황의 한가운데에 용산龍山이 있는데, 해와 달이 들어가는 곳이다.[25]
- 대황의 한가운데에 일월산日月山이 있는데, 천추天樞다. 오거천문吳姖天門은 해와 달이 들어가는 곳이다.[26]
- 대황의 한가운데에 오오거鏖鏊鉅라는 산이 있는데, 해와 달이 들어가는 곳이다.[27]
- 대황의 한가운데에 상양지산常陽之山이 있는데, 해와 달이 들어가는 곳이다.[28]

• 대황의 한가운데에 대황지산大荒之山이 있는데, 해와 달이 들어가는 곳이다.²⁹

    해가 나오는 산과 해가 들어가는 산이 각각 일곱 개다. 얼핏 보기에는 무슨 말인지 알 수 없지만, 곰곰이 생각해보면 의미심장하다. 다들 알고 있듯이, 태양이 남북회귀선 사이를 이동하면서(사실은 지구가 태양 주위를 공전하면서) 계절의 변화가 생겨난다. 고대인은 이것이 지구가 태양 주위를 돌기 때문에 일어나는 현상이라는 건 이해하지 못했다. 하지만 계절에 따라 태양이 드나드는 방위가 변화한다는 것을 발견하는 건 어렵지 않았다. 동방과 서방에 짝을 이루어 나열되어 있는 '대황경'의 일곱 쌍의 산, 해와 달이 드나드는 이 산들은 바로 고대인이 1년 동안 태양이 뜨고 지는 방위의 변화를 관찰함으로써 계절과 달을 확정하는 데 사용했던 천문좌표계다. 태양이 가장 남쪽에 있는 한 쌍의 산에서 뜨고 질 때가 바로 동지이고, 가장 북쪽에 있는 한 쌍의 산에서 뜨고 질 때가 바로 하지이며, 가운데에 있는 한 쌍의 산에서 뜨고 질 때가 바로 춘분 혹은 추분이다. 일곱 쌍의 산은 여섯 개의 구간을 만들어내는데, 태양이 1년 동안에 이 여섯 개의 구간을 한 차례 왕복하면 12개(6×2)의 구간을 지나게 된다. 이것이 바로 1년 열두 달에 대응한다. 따라서 태양이 일곱 쌍의 산 가운데 어느 산에서 떠오르는지를 보면 어떤 달인지를 알 수 있는 것이다. 동쪽과 서쪽에 있는 일곱 쌍의 산에서 해와 달이 드나드는 방위의 변화를 1년 내내 관찰한다면, 계절과 달의 순서를 대체로 이해할 수 있으므로 "시와 월을 맞출" 수 있다. 해와 달이 드나들고 시간이 흘러가는 동안, 이어져 있는 산들은 긴 시간 속에서도 불변하는 조용하고 장엄한 배경을 연출한다. 그것들은 바로 대지 위에 쓰인 '역서曆書'다. 태산 주변의 대문구大汶口 문화 유지에서 출토된 도기陶器에서도 해와 달, 그리고 우뚝 솟은 산봉우리들로 이루어진 부호를 자주 볼 수 있다. 이는 바로 '대지 위의 역서'의 구체적인 모습이다.

이밖에도 동-서 방향으로 이어져 있는 남쪽의 여러 산을 좌표로 삼는다면, 해가 동쪽에서 떠서 서쪽으로 지는 하루 동안 하늘에서 해의 방위를 확정할 수 있다. 그리고 이것에 근거해서 시간을 구분함으로써 시간을 계산하는 제도를 만들 수도 있다. 「순전」에서 "일을 바로 잡았다"고 한 것은 바로 이런 의미다.『회남자』「천문훈」에는 이와 같은 시간 계산 제도에 관한 기록이 있다.

태양이 양곡暘谷에서 나와 함지咸池에서 목욕한 뒤 부상扶桑을 지나가는데, 이때를 신명晨明이라고 한다. 부상에 올라 운행을 시작하려 하는데, 이때를 비명朏明이라고 한다. 곡아曲阿에 이르렀을 때를 단명旦明이라고 한다. 증천曾泉에 이르렀을 때를 조식蚤食이라고 한다. 상야桑野에 이르렀을 때를 안식晏食이라고 한다. 형양衡陽에 이르렀을 때를 우중隅中이라고 한다. 곤오昆吾에 이르렀을 때를 정중正中이라고 한다. 조차鳥次에 이르렀을 때를 소환小還이라고 한다. 비곡悲谷에 이르렀을 때를 포시餔時라고 한다. 여기女紀에 이르렀을 때를 대환大還이라고 한다. 연우淵虞에 이르렀을 때를 고용高舂이라고 한다. 연석連石에 이르렀을 때를 하용下舂이라고 한다. 비천悲泉에 이르면 이곳에서 말몰이꾼을 멈추게 하고 말을 쉬게 하는데, 이때를 현거縣車라고 한다. 우연虞淵에 이르렀을 때를

3장 태사공의 죽음을 추적하다

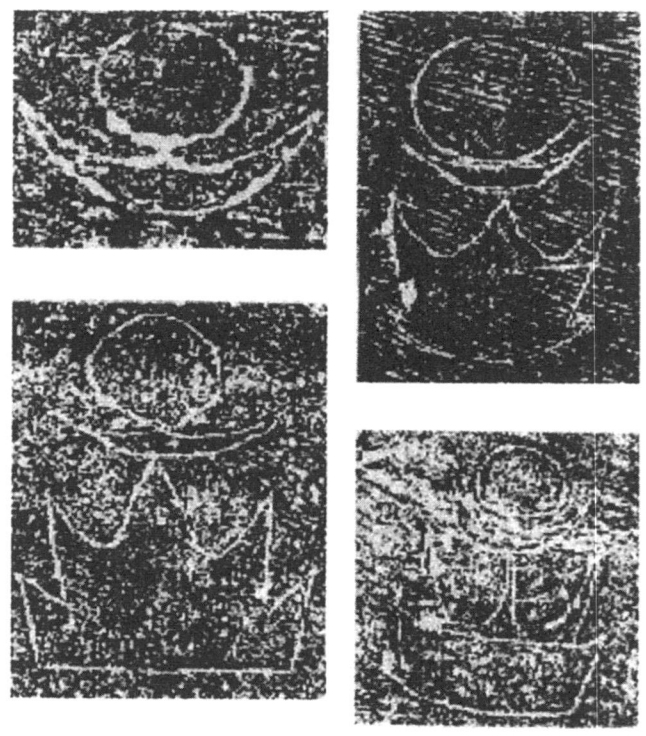

대문구 문화 도기에 새겨진 일월산.
능양하陵陽河 유지에서 출토(왼쪽 위). 대주가大朱家 유지에서 출토(오른쪽 위).
능양하 유지에서 출토(왼쪽 아래). 울지사尉遲寺 유지에서 출토(오른쪽 아래).

황혼黃昏이라고 한다. 몽곡蒙谷에 이르렀을 때를 정혼定昏이라고 한다.³⁰

여기에 나오는 신명·비명·단명·조식·안식·우중 등은 시간의 명칭이다. 그리고 양곡·함지·부상·곡아·증천·상야·형양·곤오·조차·비곡·여기·연우·연석·비천·몽곡 등은 시간을 표시하기 위해 태양의 방위를 관찰하던 지점의 명칭이다.

이러한 방법은 실행하기 간단한 것이라서, 농민이 여러 해 동안 관측한다면 장악하기 어렵지 않다. 이에 근거해서 비록 세밀하진 않지만 그런대로 적절한 지방 농사력을 만들 수 있었다. 이처럼 지방 경관에 근거해서 천문을 관측하고 시간을 확정하던 시간 경험은 전형적인 '지역적 지식'이라고 할 수 있다. 최근까지도 쓰촨성 량산凉山 이족彝族 민간에서는 산봉우리를 좌표로 삼아 시간을 측정하는 방법을 썼다. 이족의 어떤 제사祭司(비모畢摩)는 지금도 여전히 해마다 해가 나오고 들어가는 방위를 관측하여 촌민에게 계절과 농사철을 예고한다. 현대 민간의 천문관측 방법이 오래된 『산해경』의 그것과 일치하는데, 이는 결코 이상한 것이 아니다. 천만 년 이래로 대지를 비추는 것은 여전히 똑같은 태양이기 때문이다. 해가 아침에 떠올라 저녁이면 지는 것은 까마득한 옛날부터 동일하다. 해 아래서 사는 사람들은 해가 뜨면 일하고 해가 지면 쉰다. 봄이면 밭 갈고 여름이면 김매고 가을이면 수확하고 겨울이면 저장한다. 이 역시 태양의 운행 리듬에 따른 것이다. 이로 인해 서로 다른 시대 서로 다른 지역의 사람들이 비슷한 천문 지식과 역법제도를 형성하게 되었다. 하늘과 대지에 구현된 역법 지식은 간단하고도 직관적이기 때문에, 성문成文 역법과 시계가 고도로 보급된 현대에 이르기까지도 시골 농민들은 태양과 별의 방위에 근거해 계절과 시간을 판단하는 일에 여전히 익숙하다. 어떤 농촌 아낙네는 태양이 뜰에 드나드는 방위나 문미門楣에 비친 햇빛을 보고서 제비가 돌아올 때인지 밀이 익을 때인지를 안다. 고향 산천은 대대로 그곳에서 살아온 사람들이 시간의 리듬과 공간의 틀을 구성하는 참조 좌표가 되었으며, 그들이 드넓은 세계와 무한한 우주를 관조하는 출발점이었다.

인간이 거주하는 세계는 그의 신체가 머무는 물질적인 공간이자 우주와 신을 앙망하는 정신적인 공간이다. "인간은 시적詩的으로 거주한다."[31] 인간의 고향은 그의 시간관과 공간관을 표상하는 출발점 혹은 참조 좌표다. '대황경'이라는 오래되고 기이한 '지리서'가 나타내는 것은, 사방의 여러 산으로 구성된 지역적 시간-공간 도식이다. 나중에 이 시공간 도식이 전국시대 학자들의 상상과 설명을 통해서 고대 화하 세계관의 신화 원형이 되었다.

고대인이 산을 참조 좌표로 하여 태양의 방위를 관측하고 이를 계절과 달과 시간을 파악하는 원시 천문관측 방법으로 삼았음을 이해한다면, 「순전」에서 순이 사방을 순수하고, 산천을 차례대로 '멀리서 바라본 것望秩'의 진정한 함의는 무척 생동적이지 않은가? '망望' 자가 지닌 본래 의미는 멀리 바라본다는 것이다. '질秩' 자의 본래 의미는 질서다. 『이아爾雅』 「석고釋詁」에서는 "질은 차次(차례)다"[32]라고 했다. 『상서』 「요전」에 "뜨는 해를 공손히 맞이하여 봄 농사의 차례秩를 판별하게 했다"[33]는 구절이 나온다. 이에 대해 공전에서는 "질은 서序(차례)다"[34]라고 했다. 이 두 곳에서의 '질'은 마땅히 같은 의미다. "산천을

「망사산천도望祀山川圖」. 청나라 『흠정서경도설』에 수록.

차례대로 멀리서 바라보았다"는 것은, 순서에 따라서 차례대로 산들을 멀리 바라보며 이에 근거하여 태양의 위치를 관측했음을 의미한다.

「순전」에서 "머물면서 동후를 보았다肆覲東后"는 구절에 대해, 공전에서는 "마침내 동방의 국군國君을 만났다"35고 했다. 그리고 『사기』 「오제본기五帝本紀」에서는 "마침내 동방의 군장君長을 만났다"36고 했다. 또 『한서』 「교사지郊祀志 상」에서는 "마침내 동후를 만났다. 동후란 제후다"37라고 했다. '후后'를 '군장'과 '제후'로 해석한 것 역시 글자만 보고 대충 뜻을 짐작한 것이다. "산천을 차례대로 멀리서 바라보았다"는 바로 앞의 구절과 연결해 본다면, "머물면서 동후를 보았다"는 구절의 함의는 쉽게 알 수 있다. '동후'는 동방의 제후를 가리키는 것이 아니라 태양을 가리킨다. 『이아』 「석고」에서는 "후后는 군君이다"38라고 했다. 그렇다면 '동후'란 『초사楚辭』 「구가九歌」에서 말한 '동군東君', 즉 동쪽에서 막 떠오르는 태양이다. 『옥편玉篇』에서 "사肆는 차次다"39라고 했다. 『시경』 「소아小雅·대동大東」에는 "모퉁이의 저 직녀, 종일토록 일곱 번 옮겨가네襄"40라는 구절이 나온다. 공영달孔穎達의 소疏에서는 "사肆란 머물 곳止舍處을 일컫는다"41고 했다. 따라서 "머물면서 동후를 보았다"는 말의 본의는 동방에서 떠오르는 태양의 방위를 관측했다는 것이다.

결론적으로, "산천을 차례대로 멀리서 바라보며 머물면서 동후를 보았다"는 말의 정확한 의미는 다음과 같다. 동방의 산들을 순서에 따라서 차례대로 멀리 바라보며 태양이 떠오르는 방위를 관측했다는 것이다. "산천을 차례대로 멀리서 바라보며 머물면서 동후를 보았다. 시와 월을 맞추어 일을 바로잡았다"는 말이 하나의 이치로 일관되어 있고 긴밀히 연결되어 있음을 알 수 있다. 동방의 산들을 순서에 따라서 차례대로 멀리 바라본 것은 산봉우리를 좌표로 삼아 태양이 떠오르는 방위를 관찰하기 위해서였다. 그리고 이는 "시와 월을 맞추어 일을 바로잡기" 위해서였다. 즉 태양이 떠오르는 방위를 관측해 절기와 달의 순서를 확정함으로써 계절, 달, 주야의 시간을 조정해 합리적이고 실용적인 역법을 만들기 위해서였다.

「순전」에서는 순이 순수하면서 "시와 월을 맞추어 일을 바로잡았다"고 한 뒤에 "율과 도량형을 통일했다"고 했다. '율'이란 음률을 의미하고, 도度는 길이, 양量은 부피, 형衡은 무게를 의미한다. "율과 도량형을 통일했다"는 것은 도량형의 단위를 교정하고 통일했다는 말이다. 고대에는 도량형의 교정 역시 역법과 밀접한 관련이 있었다. 『예기』 「월령」에서는 춘분과 추분에 대해 다음과 같이 말했다. "낮과 밤이 균일하게 나뉘니, 도량을 통일한다. 형석衡石을 고르게 하고 두용斗甬을 비교하며,42 저울추와 평미레를 교정한다."43 「순전」에서 순이 태산에 올라 "시와 월을 맞추어 일을 바로잡고, 율과 도량형을 통일했다"고 한 것 역시 춘분, 즉 중춘仲春 2월의 일이다.

"율과 도량형을 통일"하는 일을 하필이면 왜 춘분과 추분에 해야 하는 것일까? 『백호통의』 「순수」에서는 이렇게 말했다. "순수 (…) 하력夏曆의 중월仲月44에 하는 것은 율律과 도度를 통일하는 데 합당함을 얻기 위해서이다."45 율과 도량형의 재료·밀도·척도 등은 습도와 온도 등의 영향으로 변화가 생길 수 있다. 뜨거우면 팽창하고 차가우면 수축하며, 습하면 무거워지고 건조하면 가벼워진다. 이렇게 되면 측정에 오차가 생긴다. 그런데 춘분과 추분에는 낮과 밤의 길이가 같고, 음양이 조화롭고, 온도가 적합하고, 습도 역시 조화롭다. 날씨의 이러한 조화와 균형의 특징으로 인해, 이 시기 각종 재료의 비중과 밀도 역시 매우 적당하다. 따라서 춘분과 추분은 율과 도량형을 조정하는 데 가장 좋은 시기였다.

결론적으로, 순이 태산을 순수한 「순전」의 기록은 처음부터 끝까지 역법학의 의미에서 적절하고 막힘없이 해석할 수 있다. 역대로 『상서』를 해석해온 유생들은 천문학을 잘 몰랐고 전장과 의례의 틀에 갇혔던 탓에, 그저 글자만 보고 억지로 해석할 수밖에 없었던 것이다. 공전에서는 "머물면서 동후를 보았다"는 구절에 대해 "마침내 동방의 국군을 만났다"고 했다. 그리고 "산천을 차례대로 멀리서 바라보았다"는 구절에 대해서는 이렇게 말했다. "명산대천에 그 등급에 따라서 망제望祭를 올렸다. 오악五岳에 제사를 올릴 때 희생을 사용하는 예는 삼공三公에 상당하고, 사독四瀆은 제후에 상당하며, 그 나머지는 백자남伯子男에 상당한다."[46] 이는 곡해하고 부회한 것으로, 순전히 억측이다. 하지만 오래도록 전해지면서 익숙해진 탓에 그릇된 것이 옳은 것처럼 되어버렸다. 그리고 『상서』의 이 기록의 참된 의미는 2000년 내내 감추어진 채 알려지지 못했다.

이상에서 알 수 있듯이, 태산에 봉선하는 것이 전국시대의 문헌인 「순전」에서는 본래 때를 살펴서 역법을 제작하는 천문관측 활동이었다. 한나라 사람들이 하늘에 제사를 지내 아뢰고 돌에 공적을 새긴다고 한 것은 후대에 생겨난 봉선의 의미이지, 봉선의 원래 의미는 아니다. 하지만 잘 살펴보면, 후대에 생겨난 의미 역시 문인과 유생이 없는 사실을 날조해낸 것은 결코 아니다. 천문을 관측하는 과학 활동이었던 봉선이 하늘에 제사지내는 종교 의식으로 변화한 것에는 그 내재적인 역사적 논리가 있다.

고대인에게 '하늘天'은 인간의 최고 주재자였다. 세속에서 제왕이 갖는 권위는 하늘이 부여하고 증명해주는 것이었다. 왕조가 바뀌면 봉선을 올린다는 유가의 설은, 권력 교체에 하늘의 허가를 얻도록 하기 위함이었다. 소위 '봉천승운奉天承運'이 이것이다. 고대인에게 있어 태일太一·태호太皞·소호少皞·제곡帝嚳·고양高陽·황제黃帝·요堯·순舜 등의 상제上帝는 모두 하늘이 인격화·신성화된 것이었다. 고대인의 마음속에서 하늘은 결코 추상적이거나 절대적인 신성한 실체가 아니었으며, 하늘의 뜻은 '하늘의 역수曆數', 즉 역법에 구체적으로 구현되었다. 『순자』「천론天論」에서는 이렇게 말했다. "별들은 서로 따라서 선회하고, 해와 달은 갈마들며 빛을 비추고, 사시는 교대로 나타나고, 음과 양은 만물을 화육하고, 바람과 비는 만물에 두루 베풀어진다. 만물은 각각 이에 힘입어 화생하고 자라난다. 이러한 과정을 보지 못하고 그 결과만 보고서 이를 일러 '신神'이라고 한다."47 하늘의 신성함은 사시와 한서寒暑와 일월성신의 운행에서 구체적으로 드러났다. 따라서 정권 및 하늘과 통하는 권력, 즉 신권神權을 전수받는다는 것은 천문역수天文曆數를 전수받는다는 것이었다. 천문역수는 하늘과 소통함으로써 천도와 신의神意를 깨닫는 유일한 수단이었다. 『논어』「요왈堯曰」에는 다음과 같이 요가 순에게 선양하면서 한 말이 나온다. "자! 그대 순이여, 하늘의 역수가 그대에게 있다. 진실로 그 중中을 지켜라. 사해가 곤궁해지면 하늘이 주는 복록도 영원히 끊길 것이다."48 요와 순의 권력 교체는 하늘의 역수를 전수하는 것으로 구현되었다. 요가

3장 태사공의 죽음을 추적하다

천문을 우러러 살피고 있는 순. 청나라 『흠정서경도설』에 수록.

'하늘의 역수'를 순에게 전수한 것은, 하늘과 통하는 수단과 하늘의 비밀을 순에게 전수한 것인 동시에 천하를 다스리는 수단과 인간 세상을 통치하는 권력을 순에게 넘겨준 것이다.

이를 명확히 한다면, 천문관측과 역법제작이 단순한 과학 활동이 아니라 하늘과 통하는 종교 활동이기도 했음을 알 수 있다. 그런데 천문역법학이 발전하면서 천문관측과 역법제작이 점차 종교 의례와 분리되어 태사령이나 흠천감欽天監 등의 전문 담당자에 의한 술책이나 기예가 되었으며, 그것이 본래 지니고 있던 종교적인 내용은 단순히 하늘에 제사지내고 돌에 공적을 새기는 것을 위주로 하는 봉선의식으로 변했다.

태산에서의 봉선과 천문관측 및 역법제작 활동 사이의 연원을 분명히 안다면, 원봉 원년에 있었던 사마담의 죽음이라는 이 비극적인 에피소드, 즉 사마천이 아버지 태사공의 죽음을 무제의 봉선이라는 거대한 서사와 연결지은 고충 역시 잘 이해할 수 있다. 왜냐하면 사마씨 집안은 예로부터 천문관측과 역법제작을 담당하던 천관이었고, 태사라는 관직의 주요 사명 가운데 하나가 바로 하늘을 관찰하여 백성에게 때를 알려주는 것이었기 때문이다. 사마담은 임종하기 전에 사마천에게 말하길, 조상 대대로 "천관의 일을 관장했다"고 했다. 이에 대해 「태사공자서」의 서두에서는 다음과 같이 분명히 밝히고 있다. "옛날 전욱顓頊의 시대에 남정南正 중重에게는 하늘을 관장하고 북정北正 여黎에게는 땅을 관장하라고 명했다. 당唐·우虞 시대에 중과 여의 후손은 그 직무를 계속해서 담당했으며, 하夏·상商 시기까지 이어졌다. 그러므로 중씨와 여씨는 대대로 하늘과 땅에 관한 직무를 관장했다. 주나라에서는 정백程伯 휴보休甫가 그의 후손이었다. 주나라 선왕宣王 때 (중과 여의 후손은) 그 직위를 잃고 사마씨司馬氏가 되었다. 사마씨는 대대로 주나라의 역사 기록을 담당했다."49

사마씨는 집안 대대로 천관을 지냈다. 태산에 봉선하는 본래의 목적은 천문을 관측하고 역법을 제작하는 것으로, 이는 바로 천관의 천직이자 태사령인 사마씨의 생명의 근원이었다. 그런데 무제의 봉선에 태사령 사마담은 참여할 수 없었다. 이는 태사령 사마씨의 생명의 근원을 자르는 것과 마찬가지였다. 결국 절망에 빠진 사마담은 우환이 병이 되어 울적해하다가 세상을 떠났다.

무제의 봉선이 태사공의 죽음을 직접적으로 초래했는지의 여부를 막론하고, 어쨌든 일가의 목숨과 역사의 운명에 대해 명확한 의식을 지니고 있었던 사마천은 이를 무제의 탓으로 돌렸음이 분명하다. 사마천과 '지금의 천자' 사이의 힘의 대비에는 극히 비대칭적인 은원과 갈등이 내재되어 있었고, 이후 사마씨의 비극적인 운명에 복선을 심어놓았다. 사마천은 아버지의 뒤를 이어 태사의 직분을 맡았고, 위험한 상황 속에서 사마씨의 업을 유지했다. 하지만 기원전 99년인 전한 천한天漢 2년, 즉 사마담이 죽은 지 12년이 지난 그해에 무제는 결국 사마천의 목숨을 거두었고, 사마씨의 업도 한나라 천자의 손에서 마침표를 찍게 되었다.

천문을 관측하던 천관은 일찍이 하늘과 통하던 사자이자 천지신명의 대변인이며 천기天機의 통찰자였다. 동시에 태사로서 나라의 전적을 관장하던 천관은 지식과 역사와 계보의 비밀스런 전수자였다. 무제에 이르러 전제專制제도가 공고해지면서 "하늘에는 두 개의 해가 없고 땅에는 두 명의 왕이 없게"⁵⁰ 되었다. 천자의 '봉천승운'만이 천명의 유일한 상징이 되었으며, '문사성력文史星曆'⁵¹을 담당하는 '태사'라는 관직은 "황제가 재미로 가지고 노는 것"⁵²으로 몰락하여 '점쟁이'나 '광대' 같은 무리로 취급받았다.(「보임안서報任安書」) 천관인 태사는 더 이상 지식·역사·계보의 유일한 전수자가 아니며, 신과 소통하는 그의 권력은 박탈당했고 이와 동시에 집안의 대를 잇는 생식 능력마저 박탈당했다.

"이것이 운명인가, 운명인가!" 태사공 사마담이 임종하기 전에 뱉은 절망의 탄식에는 역사와 운명의 거대한 변화가 드러나 있다. "가을바람 위수渭水에 불고, 낙엽은 장안長安에 가득하다."⁵³ 세상이 변하여 이 세계에는 태사공과 사마씨의 자리가 더 이상 들어설 곳이 없게 되었다.

3장 태사공의 죽음을 추적하다

【 4장 】

용이라는 기이한 생물을 찾아서

1.

"2월 2일, 용이 머리를 쳐든다. 나라의 곳집이 가득 차고, 집집마다 곳집이 가득 차 곡식이 밖으로 흘러나온다."[1] 이것은 중국 농촌에 널리 퍼진 속담이다. 따뜻하고 꽃피는 음력 2월은 만물이 생기발랄하고 초목이 무럭무럭 자라며, 오곡이 곳집을 가득 채우기를 바라면서 농민이 봄갈이하고 파종할 때다. 바로 이때 "용이 머리를 쳐든다"고 했는데, 봄갈이와 용이라는 신비로운 생물은 대체 무슨 관계가 있는 것일까? 용이 머리를 쳐든다는 건 대체 무슨 의미일까? 이 속담은 대대로 전해지면서 일찌감치 상투적인 말이 되었고, 그것의 내력을 아는 사람은 없다. 그리고 '용'의 의미, '용이 머리를 쳐든다'는 것의 의미를 연구하려는 사람도 없다. 누구나 다 아는 이 속담에는 중국 전통문화

속에서 사라진 지 아주 오래된 '고사故事'가 간직되어 있다.

용은 고대 중국인의 신앙 속에서 지고무상의 지위를 지니고 있었다. 고사전설 가운데 가장 오래된 신, 예를 들면 복희·여와·신농·황제 등은 대부분 사람의 머리에 용의 몸을 하고 있다. 신화전설 곳곳에서 용의 변화막측한 자취를 살필 수 있고, 허다한 고대 기물에서 구불구불한 용의 형체를 볼 수 있다. 중국 전통 정치담론과 상징체계에서 용은 지고무상의 권력을 상징한다. 천자의 권력과 관련된 것 일체에는 용무늬가 장식되어 있고, 천자와 관련된 것의 명칭에는 '용' 자가 들어 있다. 용곤龍袞·용기龍旗·용위龍位·용안龍顏·용위龍威, 최고 통치자는 그야말로 '진룡천자眞龍天子' 같았다.

용의 자취는 민중의 생활 속에서 더욱 흔하게 찾을 수 있다. 용신을 모시는 용왕 사당이 중국의 모든 마을에 널리 퍼져 있었다. 용왕 사당이 있는 곳에는 반드시 용천龍泉·용담龍潭·용지龍池·용호龍湖·용정龍井·용추龍湫·용산龍山·용진龍鎭·용동龍洞 등 '용'으로 명명한 지명이 있다. 그리고 이곳들에 전해지기 마련인 용에 관한 전설은, 용이 어디에 머물고 어디에 숨어 있는지 말해준다. 전통 세시 명절 역시 용과 밀접한 관련이 있다. 정월 보름날 용춤을 비롯하여, 음력 2월 초이튿날에는 용을 집 안으로 끌어들이는 인용회引龍回[2], 사월 초파일에는 용선龍船을 못에서 파내는 출수용出水龍[3], 오월 단오에는 용선 경기, 음력 5월 20일에는 분용절分龍節[4] 활동이 펼쳐진다. 인간 세상의 절기가 바로 용의 축전이 된 것이다. 용에 대한 숭배와 경외, 용에 관한 신화와 고사는 일찌감치 은연중에 중국 민족의 집단 무의식과 공동체 의식으로 변해, 대대로 이어지면서 끊어지지 않는 정신의 혈맥과 문화 유전자가 되었다.

하지만 용의 문화적 근원은 지금까지도 여전히 풀리지 않은 수수께끼다. 용에 관한 고대 문헌의 기록이 무척 다양해서, 예로부터 지금까지 용에 관한 해석이 분분했다. 게다가 근대 이후로는 고고학이 발달하면서 각양각색의 용의 형상이 출토물을 통해 끊임없이 등장하고 있기에 용을 연구하려는 이들의 눈을 어지럽게 만든다. 하지만 그 기물과 도상을 문헌의 기록과 상호 증명하기 위해서는 반드시 먼저 식별과 판독을 거쳐야 한다. 그래야만 그것이 문헌 기록의 무엇에 해당되는지 알 수 있다. 그런데 출토된 동물 도상 가운데 어떤 것이 용이고 어떤 것이 용이 아닌가? 그것이 단지 기다랗고 구불구불한 외형을 지니고 있거나 파충류의 형태를 하고 있다고 해서 용이라고 단정할 수 있는가? 수천 년에 걸쳐서 전국 곳곳에 분포되어 있던 각양각색의 '용'을 대체 무엇에 근거해서 그것이 바로 고대에 한자로 기록된 문헌에서 묘사하고 있는 용이라고 할 수 있는가? 고대에 사방에 흩어져 살고 있던 화하의 여러 족군族群에게 통일된 용 숭배, 적어도 상통하는 용 숭배가 있을 수 있었는가? 지금 사람들이 용이라고 생각하는 고대 기물의 도상이 바로 고대 문헌에서 말하는 용이라고 누가 감히 말할 수 있는가? 그것이 고대 문헌에서 말하는 용과 완전히 다른 상징물이 아니라고 누가 감히 말할 수 있는가? 이상의 문제들을 옆으로 치워둔 채 논하지 않는다면, 출토 기물은 문제 해결에 아무 도움이 되지 않을 뿐만 아니라 도리어 연구자를 갈팡질팡하게 만들 것이다.

게다가 인문적 소양이 부족하고 건강한 과학적 이성도 결핍되어 있으며 자연과학 지식마저 깊지 않은 연구자들은, '천인지제天人之際(하늘과 인간의 관계)'를 모른 채 인문 현상을 자연현상과 똑같이 취급한다. 그들은 너도나도 화석고고학·고지질학·고생물학·동물학 등의 현대 자연과학을 통해 용의 원형을 탐구하고자 한다. 용의 원형을 두고서 혹은 악어라 하고, 혹은 거대한 구렁이라 하고, 혹은 도마뱀이라 하고, 혹은 기린이라고 한다. 심지어는 일찌감치 멸종된 쥐라기의 거대한 공룡이라고도 한다. 온갖 괴이한 설이 앞을 다투며 끊임없이 이어지고 있다. 그런데 구렁이나 도마뱀처럼 '무덕무능無德無能'한 동물이 어떻게 고대인의 숭배와 공경의 대상이 되고 대대로 전해지면서 신화가 될 수 있었을까? 그리고 일찌감치 멸망한 쥐라기 동물인 공룡을 옛사람들이 어떻게 알았을까? 이러한 종류의 연구는 비록 과학의 기치를 내걸고 있지만 가장 기본적인 과학적 상식과 인지상정을 전혀 고려하지 않기 때문에, 그럴싸한 논리를 갖추고 있다 하더라도 설득력이 없으므로 아랑곳하지 않아도 된다. 설령 용에 관한 '과학적' 탐색이 정말로 용의 생물학적 원형을 찾아낸다 하더라도, 화하민족의 용 숭배를 이해하는 데에는 아무런 도움이 되지 않는다. 또한 그것을 통해서는 예로부터 지금까지 용과 관련된 풍속과 서사 역시 해석할 수 없다. 왜냐하면 용 숭배 및 관련 풍속과 서사는 정신문화 현상으로서, 역사적 반응이지 자연의 조화造化가 아니기 때문이다. 따라서 그것의 내력은 인간사회에서 찾아야지, 자연에서 찾으려고 하면 안 된다.

2.
화하 선민先民의 신앙과 숭배의 신물神物로서, 천자의 권위의 상징

인면용신人面龍身 무늬 병
(간쑤甘肅성 우산武山 출토)

용무늬 채도반彩陶盤(산시山西 샹펀襄汾 출토)

옥룡(네이멍구內蒙古 윙뉴터치翁牛特旗
훙산紅山문화 유지 출토)

상대商代 동반銅盤의 용무늬
(안양安陽 부호묘婦好墓 출토)

상대 용무늬 옥황玉璜
(안양 부호묘 출토)

용무늬 옥결玉玦
(안양 부호묘 출토)

주대周代
기룡夔龍 무늬

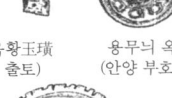
용 형태의 옥황(안양 부호묘 출토)

상대 용 형태의 장식물
(서우壽 현 채후묘蔡侯墓 출토)

상대 옥무늬 옥결(안양 부호묘 출토)

형형색색의 '용'

으로서, 용의 형상은 고대 왕의 기旗에 그려졌다. 『시경』에서는 다음과 같이 말했다. "처음으로 왕을 알현하고, 법도를 구하네. 용기龍旗 선명히 날리고, 수레와 깃대 방울 딸랑거리네."⁵(「주송周頌·재현載見」) "주공周公의 자손이요, 장공莊公의 아들. 용기 날리며 제사 드리러 가니, 여섯 고삐가 부드럽게 따르도다."⁶(「노송魯頌·비궁閟宮」) "하늘이 현조玄鳥에게 명하사 내려와 상商나라를 낳게 하셨네. (…) 무정武丁의 손자 무왕武王, 이기지 못하시는 바가 없도다. 용기 세운 열 대의 수레, 제사 음식 갖다 바치네."⁷(「상송商頌·현조玄鳥」)

앞의 두 시는 주나라 사람들이 조상을 제사지내던 송가頌歌이고, 「현조」는 송宋나라 사람들이 조상을 제사지내던 송가다.⁸ 주나라와 송나라 사람은 조상을 제사지낼 때 용기를 높이 치켜들었다. 이로써 보건대, 용기가 그 민족과 왕의 권력을 상징했음을 알 수 있다. 용기란 용의 무늬가 수놓아진 깃발이다. 『주례』「춘관종백春官宗伯·사상司常」에서 "교룡交龍이 기旂다"⁹라고 한 것이 바로 이것이다. 『예기』「악기」에서도 "용기龍旂에 구류九旒(아홉 가닥의 술)를 늘어뜨린 것이 천자의 기다"¹⁰라고 했다. 이로써 보건대 용기는 천자의 기임을 알 수 있다. 천자의 기를 용기라 하고 천자의 옷은 용곤이라 한다. 『예기』「예기禮器」에서는 "천자의 옷은 용곤"¹¹이라고 했다. 용곤은 용무늬가 수놓아진 제복祭服이다. 『예기』「옥조玉藻」에서는 이렇게 말했다. "천자의 옥조¹²는 열두 가닥의 술을 앞뒤로 길게 늘어뜨리며, 용권龍卷을 입고 제사지낸다."¹³ '용권'이 바로 '용곤'이다. 용권에 대한 정현의 주에서는 "옷에 용이 그려진 것으로, '곤袞' 자를 쓰기도 한다"¹⁴고 했다. 청대에 이르기까지 천자의 기에는 용의 형태가 그려졌고 '용기'라고 칭했다. 천자의 옷에는 용무늬가 수놓아졌으며 용포龍袍라고 칭했다. 왕 앞에서 펄럭이던 용기와 왕의 옷 위에 수놓아진 용은 천자의 권위의 상징이었고 물론 토템 상징이기도 했다.

그런데 선진 시기 깃발의 용은, 후세의 용기와 용포에서처럼 이를 드러내고 발톱을 치켜세운 구불구불한 거대한 용이 아니라 꿰어진 구슬처럼 하늘에서 빛나는 용성龍星이었다. 『예기』「교특생郊特牲」에서는 왕이 하늘에 교사제郊祀祭를 올릴 때의 의장儀仗에 대하여 이렇게 말했다. "기旂에는 열두 가닥의 술을 달고 용무늬와 해와 달의 무늬를 넣음으로써 하늘을 본뜬다."15 천도天道를 상징하며 해와 달과 함께 빛나는 용기의 '용'은 하늘의 용일 수밖에 없다. 고대인은 황도黃道를 따라 펼쳐진 하늘의 별을 28개의 성좌星座로 나누었고, 천문을 관측할 때 이 28수를 참조 시스템으로 삼았다. 28수는 동서남북의 사방에 따라 네 개의 세트로 나뉘는데, 이것이 소위 '사상四象'이다. 즉 동방 창룡蒼龍, 남방 주조朱鳥(주작朱雀), 서방 백호白虎, 북방 현무玄武다. 「교특생」에서 용은 해와 달과 함께 언급되어 있는데, 이 용은 하늘의 용일 수밖에 없다. 즉 각角·항亢·저氐·방房·심心·미尾·기箕의 일곱 개의 별로 이루어진 동방 창룡이다.

왕의 기에 그려진 용이 용성이라는 것은, 선진 시기 다른 문헌에도 명백한 증거가 있다.

『의례』「근례覲禮」에서는 이렇게 말했다. "천자는 용16을 타고, 대패大旆17를 세운다. 대패에는 해와 달, 승룡升龍과 강룡降龍이 있다."18 여기에서의 용 역시 해와 달과 함께 언급되고 있으니, 물론 용성일 수밖에 없다. 주목할 만한 것은, 여기서는 용이 한 마리가 아니라 두 마리

용기. 『이아음도爾雅音圖』에 수록.

라는 사실이다. 즉 올라가는 용(승룡)과 내려오는 용(강룡)이다. 상고시대에 창룡성은 봄이면 황혼녘에 동쪽에서 떠오르고, 가을이면 서쪽으로 떨어진다. 용성이 뜨고 지는 것이 봄과 가을의 도래와 꼭 맞아떨어진다. 따라서 고대인은 용성이 뜨고 지는 것을 봄과 가을의 상징으로 여겼다. 용기의 승룡은 봄을 상징하는, 막 떠오르는 용성이다. 한편 용기의 강룡은 가을을 상징하는, 하강하는 용성이다. 이 두 마리의 용이 서로 마주하면서 해와 달과 함께 빛나는 것은, 두 마리의 용이 구슬을 갖고 노는 '이룡희주二龍戲珠'라는 도안의 처음 형태다. 앞에서 인용했던 『주례』「춘관종백·사상」에서는 "교룡이 기"라고 했는데, 교룡이란 올라가는 용과 내려오는 용이 교차하고 있는 것이다. 이러한 구도는 한나라 화상석畫像石과 백화帛畫에서 자주 볼 수 있는, 사람의 머리에 용의 몸을 하고 있는 복희와 여와의 '교미도交尾圖'를 연상하게 한다.

『주례』「고공기考工記」에는 왕이 타는 수레의 구조가 다음과 같이 상세하게 서술되어 있다. "진軫(수레 몸체)이 네모난 것은 땅을 본뜬 것이다. 개蓋(수레 지붕)가 둥근 것은 하늘을 본뜬 것이다. 윤복輪輻(바퀴살)이 30개인 것은 해와 달의 운행을 본뜬 것이다. 개궁蓋弓(수레의 지붕을 받치는 지지대)이 28개인 것은 별을 본뜬 것이다. 용기龍旂가 아홉 가닥의 술을 늘어뜨린 것은 대화성大火星을 본뜬 것이다. 조여鳥旟가 일곱 가닥의 술을 늘어뜨린 것은 순화성鶉火星을 본뜬 것이다. 웅기熊旗가 여섯 가닥의 술을 늘어뜨린 것은 벌성伐星을 본뜬 것이다. 거북과 뱀이 그려진 기에 네 가닥의 술을 늘어뜨린 것은 영실성營室星을 본뜬 것이다. 호정弧旌에 화살을 단 것은 호성弧星을 본뜬 것이다."[19]

수레의 각 부위는 하늘을 상징하는데, 수레 위에서 나부끼는 용기는 대화성을 본뜬 것이다. 대화(대화성)[20]는 창룡 칠수의 심수心宿이며, 이는 깃발의 용이 바로 용성임을 말해준다. 대화는 창룡의 일부로서, 대화로 기시紀時[21]하는 것은 용성으로 기시하는 것과 연관이 있다. 따라서 고대인은 절기에 대해 말할 때 종종 용성과 대화를 구분하지 않고 섞어서 지칭했다. 『역위통괘험易緯通卦驗』 권하에서는 "입하立夏 (…) 용이 승천한다"[22]고 했다. 이에 대한 정현의 주에서는 "용은 심성心星이다"[23]라고 했다. 이로써 보건대 고대인은 용성과 대화를 굳이 구분하지 않았음을 알 수 있다.

『예기』「곡례曲禮」에서는 천자가 행군할 때 네 개의 기를 세우는데, 이 네 개의 기는 각각 사방에 위치한다고 했다. "앞에는 주작, 뒤에는 현무, 좌에는 청룡, 우에는 백호 기를 세운다. 초요성招搖星을 깃발 위에 그려 군사의 전투 의욕을 고취시킨다."[24] 주작·현무·청룡·백호는 천문의 사상四象이다. 그리고 '초요' 역시 별의 이름이다. 정현의 주에서는 "초요성은 북두성 자루 끝에 있는 중요한 별이다"[25]라고 했다. 초요는 북두성 두병斗柄 가까이에 있는 별로, 북두성을 따라 돌면서 계절에 따라 다른 방위를 가리킨다. 고대인은 초요가 가리키는 별과 방위를 관찰함으로써 계절과 시간을 판단할 수 있었다. 「곡례」에 나오는 다섯 기 가운데 초요기는 중앙에 위치하고 나머지 넷은 사방에 위치한다. 이는 상고시대 천문학에서의 우주관을 상징한다. 「곡례」에서 사상의 하나인 청룡이 그려진 기는, 용기에 그려진 용이 동방 창룡성이라는 것에 대한 명확한 증거다.

결론적으로, 왕이 세우는 용기 그리고 용기에 그려진 용은 화하 선민이 자신의 족군과 권력의 표지로 삼았던 것이자 화하의 후손이 대대로 받들어온 용의 원형임에 틀림없다. 이 용은 후대인의 마음속의 용처럼 생생하게 이를 드러내고 발톱을 치켜세운 거대한 신수인 용이 아니라 밤하늘에 밝게 빛나는 용성이다.

3.
 하늘의 별은 아득히 멀어서 바라볼 수는 있지만 다가갈 수는 없다. 그것은 인문세계와 별 상관이 없는 듯한데, 어째서 화하 선민은 깃발에 별을 그려서 토템과 같은 성물聖物로 받들었을까? 그 안에 담긴 이치는 본래 이해하기 어려운 게 아니다. 하지만 더 이상 하늘을 우러러보지 않는 현대인에게는, 아무리 자세히 설명해봐야 공연한 말이 될 수밖에 없다.
 고대인은 농사에 힘썼다. 봄에는 밭 갈고 여름에는 김매고 가을에는 수확하고 겨울에는 저장했다. 그래서 고대인은 무엇보다도 절기를 중시했다. 반짝반짝 빛나는 뭇 별은 하늘을 돌며 1년 사시의 순환과 함께한다. 어떤 별은 사계절에 따라 방위가 다르다. 그 별의 방위에 근거해서 계절을 판단할 수 있기 때문에 별은 고대인이 때를 살피는 데 가장 직관적이고도 정확한 표지였다. 별은 민생의 일상과 밀접하게 관련되어 있었기 때문에 아득한 밤하늘에서 빛나는 뭇 별은 고대인에게 유달리 익숙하고 친근했다. 고염무顧炎武가 말하길 "삼대三代 이전에는 누구나 다 천문을 알았다"고 했는데, 이는 결코 과장된 말이 아니다. 하늘에서 도는 별은 사시에 따라 흘러가는 농사철과 밀접한 관계가 있다. 고대인에게 별은 하늘 높이 달려 있는 시계이자 역서曆書였다. 하늘에 떠 있는 것들 가운데 가장 주목을 끄는 것은 물론 해와 달이다. 태양의 강도는 여름과 겨울에 따라 달라지면서 계절의 흐름을 나타내며, 동쪽에서 뜨고 서쪽으로 지면서 낮과 밤의 밝음과 어두움을 가져온다. 달은 흐린 날과 맑은 날에 따라 밝기가 달라지는 한편 차고 이지러지면서 날짜가 변하는 것을 나타낸다. 해와 달 외에 가장 관심을 끄는 것은 동방의 창룡성이다. 해·달·용은 고대인에게 '삼신三辰'으로 칭해졌다.(『좌전』「환공桓公 2년」)[26] 왕의 용기에는 용성이 해와 달과 함께 빛났는데, 이 역시 용성의 중요성을 잘 말해준다.

고대인이 용성에 특별한 감정을 가졌던 것은, 상고시대에 오랜 시간 용성의 출몰 주기와 방위가 바로 농사철 주기와 함께했기 때문이다. 봄에 봄갈이를 시작할 때, 용성은 황혼녘에 밝은 용의 머리를 드러낸다. 여름에 농작물이 생장할 때, 찬란한 용성은 황혼녘 남쪽 밤하늘에 높이 떠 있다. 가을에 오곡을 수확할 때, 용성은 황혼녘 서쪽 지면을 향해 떨어지기 시작한다. 겨울에 만물이 모습을 감출 때, 용성 역시 북쪽 지평선 아래로 깊이 잠입해서 모습이 보이지 않는다. 이처럼 '하늘이 맺어준 인연'과 같은 용성과 농사철의 주기는 태양의 운행에 따라 더위와 추위가 변화하는 관계보다 훨씬 더 뚜렷하다. 고대인은 용성에 근거해서 절기를 판단했고, 용성을 농업 생산 및 일상생활의 시간 근거로 삼았다.

광범위하게 전해진 속담, "2월 2일, 용이 머리를 쳐든다"는 이 말이 의미하는 것은 바로 중춘仲春의 창룡성이다. 매년 중춘이 되면 황혼이 어둑어둑해질 무렵, 겨우내 보이지 않던 창룡성이 다시 동쪽 하늘

난양南陽의 한나라 화상석에 새겨진 창룡성.

가에서 그 찬란한 빛을 드러낸다. 마치 겨울 내내 칩복蟄伏해 있던 거대한 용이 다시 지면을 뚫고 올라와 고개를 쳐드는 것처럼 말이다.

한 해의 농사는 봄에 달려 있다. 중춘은 농사철에 있어서 아주 중요한 절기였으므로 용성이 떠오르는 천상天象은 고대 농경민의 특별한 관심을 받았다. 고대에 용성은 일련의 물후物候 현상과 세시 활동의 표지가 되었으며, 이로 인해 용과 관련된 일련의 전통 관념 및 민간의 신앙 관습이 생겨나 지금까지 전해졌다.

음력 2월은 창룡이 머리를 쳐드는 날로, 겨울잠을 자고 있던 벌레들이 깨어나는 때이기도 하다. 『예기』「월령」에서는 이렇게 말했다. "중춘 (…) 우레가 드디어 소리를 내며 비로소 번개가 치니, 칩복하던 벌레들이 모두 움직이며 구멍을 뚫고 비로소 밖으로 나온다."[27] 용성이 저녁에 나타나면 절기 경칩驚蟄의 표지로 여겨졌고, 오늘날에도 어떤 곳에서는 경칩을 용절龍節이라고 한다. 마치 하늘에서 사방으로 빛을 발하는 거대한 용이 천하의 모든 벌레를 호령하는 우두머리인 듯, 용성이 나타나면 벌레도 나타난다. 그래서 『설문해자』에서는 이렇게 말했다. "용은 인충鱗蟲[28]의 우두머리다. 능히 어두워질 수도 밝아질 수도 있고, 능히 작아질 수도 커질 수도 있으며, 능히 짧아질 수도 길어질 수도 있다. 춘분에 하늘에 오르고, 추분에 못에 잠긴다."[29] 봄이면 올라가고 겨울이면 내려오며 다양하게 변화하는 용은, 시간과 함께하는 용성일 수밖에 없다. 동방의 별들을 용성이라 하고 그것을 용의 형상으로 상상한 것은 그것을 경칩의 표지로 삼았던 것과 관계가 있을 것이다.

하늘에 가득한 별들은 복잡하고 모호하며 일정한 형태가 없는데 어떻게 성상星象을 이룰 수 있을까? 몇 개의 별을 어떻게 하나의 세트로 구분할까? 그리고 그것을 어떻게 명명할까? 원래는 객관적인 근거가 없다. 명명이란 의미에서 비롯되는 것이다. 따라서 고대인은 성상을 상상하고 명명할 때, 성상에 대한 그들의 관심과 이해에 따라서 그것에 의미를 부여하고 명명했다. 사람들이 천문을 관찰했던 것은 사계절의 변화를 살피기 위해서였다. 따라서 성상의 형상 및 명칭의 내력은 그것과 계절 흐름의 관계에서 찾아야 한다. 용성이 하늘에 뜨면 벌레가 나온다. 고대인은 벌레의 형상에 따라 그 별을 상상하고 명명했다. 그들은 벌레의 형상으로 상상한 그 별을 '용龍'이라고 명명했다. '용' 자는 본래 벌레의 모습을 본뜬 글자다.

용성이 하늘에 뜨면 벌레가 깨어나고, 봄누에도 꿈틀거리기 시작한다. 누에치기하는 여인들은 바로 이때 뽕을 따고 양잠하기 시작한다. 따라서 고대인은 용성을 누에치기의 징후로 여겼다. 『주례』 「하관夏官」의 정현의 주에서는 옛 『잠서蠶書』를 인용하여 이렇게 말했다. "누에는 용의 정령이다. 달이 대화와 만나면 누에씨를 씻는다."[30] 달이 대화와 만난다는 것은, 달이 대화 쪽에 자리한다는 말이다. 여기에서 '달'은 보름날의 만월이다. 보름날에는 해와 달이 하늘에서 멀리 서로를 바라보고 있다. 아침에 해가 동쪽에서 뜨면 달이 서쪽으로 진다. 그리고 황혼녘에 해가 서쪽으로 떨어지면 달이 동쪽에서 생겨난다. 중춘은 용성의 대화성이 처음으로 떠오를 때다. 따라서 중춘의 보름날 황혼녘에 석양이 서쪽으로 질 때, 밝고 둥근 달이 반짝이는 대화와 함께 동쪽 하늘가에 떠올라 달빛과 별빛이 서로를 비추며 빛난다. 저녁부터 새벽까지 대화는 보름달과 동행하며 밤하늘을 돌다가 새벽녘에 해가 뜰 때면 다시 서쪽으로 들어간다. 고대인은 '달이 대화와 만나는' 천상을 보고 이때가 바로 누에씨를 씻고 양잠할 때임을 알았다. 따라서 고대인의 관념 속에서 누에와 용이 연결되었고, 누에를 '용의 정령'으로 여겼다. 이로 인해 용이 누에로 변한다는 관념도 생겨났는데, 『관자』「수지水地」에서는 이렇게 말했다. "용은 물에서 나며 몸은 오색을 띠고 자유자재로 노니는 까닭에 신이다. 작아지고자 하면 누에처럼 작아질 수 있고, 커지고자 하면 천하를 품을 만큼 커질 수도 있다. 높이 오르고자 하면 구름 속으로 솟구칠 수 있고, 아래로 들어가고자 하면 심연으로 잠길 수도 있다. 변화에 정해진 때가 없고 위아래로 오르내리는 데 정해진 시간이 없으니, 이를 일러 신이라고 한다."[31]

밝은 봄날, 두렁의 뽕나무들 사이에서는 뽕잎을 따느라 바쁜 아름다운 여인들의 모습을 자주 볼 수 있었다. "봄날 햇살 따스하고 꾀꼬리 지저귀네. 여인네 광주리 들고 저 오솔길 따라가 부드러운 뽕잎을 따네. 봄날은 길고 길어, 캐낸 흰 쑥이 수북. 여심은 슬퍼, 공자公子와 함께 돌아갈 터이니."[32] (『시경』「빈풍豳風·칠월七月」) 부드러운 바람이 부는 중춘은 화창하고 아름다운 봄날이다. 바로 젊은이들의 춘심이 동하고 감상에 젖는 시절인 이때, 남녀가 밀회하면서 셀 수 없이 많은 인연이 만들어졌고 수많은 연애담이 전해졌다. 선왕은 천시天時와 인정에 순응하여 중춘이면 춘사春社를 거행했다. 이는 한편으로는 사직에 제사지내고 농업과 양잠을 권면하기 위함이었으며, 다른 한편으로는 고매高禖에게 제사지내고 남녀를 만나게 하기 위함이었다.[33] 『주례』「지관·매씨媒氏」에서는 이렇게 말했다. "중춘에는 남녀를 만나게 한다. 이때는 마음대로 정을 통하는 것을 금하지 않는다."[34] 청춘 남녀에

4장 용이라는 기이한 생물을 찾아서

게 공개적으로 사귀며 짝을 찾을 기회를 제공해주었던 것이다. 남녀가 뒤섞이고 예법에 구애받지 않는 춘사절春社節은 고대 중국의 카니발이자 밸런타인데이가 되었다.

 용성이 하늘에 뜨는 것은 연애의 계절이 시작되었음을 알리는 표지였다. 민간의 연가인 『시경』「당풍唐風·주무綢繆」에서는 다음과 같이 노래했다.

 얽어 묶은 땔나무 다발, 삼성三星은 하늘에在天.
 오늘 밤 어떤 밤이기에? 이런 양인良人을 보게 되었네요.
 그대여 그대여, 이 양인을 어찌해야 하나요?

 얽어 묶은 꼴풀 다발, 삼성은 동남쪽에在隅.
 오늘 밤 어떤 밤이기에? 이런 해후邂逅를 보게 되었네요.
 그대여 그대여, 이 해후를 어찌해야 하나요?

 얽어 묶은 가시나무 다발, 삼성은 지게문에在户.
 오늘 밤 어떤 밤이기에? 이런 미인을 보게 되었네요.
 그대여 그대여, 이 미인을 어찌해야 하나요?[35]

'삼성'은 바로 용성의 '심수心宿'다. 심수는 큰 별 하나와 작은 별 두 개로 이루어진 별이다. 그래서 삼성三星이라고도 한다. 정현은 하늘·동남쪽·지게문이라는 삼성의 위치가 바로 대화의 여러 방위를 가리키는 것으로, 각각 서로 다른 계절을 나타낸다고 했다.[36] 이 시에서 삼성이 하늘에 있을 때는 봄으로, 심성이 저녁에 동쪽 하늘가에서 나타난다. 삼성이 동남쪽에 있을 때는 봄과 여름이 교체되는 시기로, 심성이 저녁에 동남쪽 하늘에서 나타난다. 삼성이 지게문에 있을 때는 여름으로, 심성이 저녁에 정남쪽 밤하늘에 나타나 지게문과 마주한다. 한 쌍의 연인이 용성이 하늘에 떠오르는 봄에 만났는데, 봄에서 여름이 되며 별자리가 옮겨갔다는 것은 세월의 흐름을 나타낸다. 이는 남녀의 끈끈한 정을 증명한다.

춘사는 '용이 머리를 쳐드는' 날을 기준으로 삼기 때문에, 용은 춘사의 신이 되었다. 『좌전』「소공昭公 29년」에서는 "구룡句龍은 후토后土가 되었고 (…) 후토는 사社가 되었다"37고 했다. 춘사절은 봄갈이가 시작되는 때이자 연애의 시절이다. 따라서 세속의 신앙에서 후토는 이중의 성격을 얻게 되었다. 바로 농사와 풍작의 신, 그리고 모성과 생식의 신이다.

고대 신화와 민간 고사 및 민간 신앙에서 용은 늘 비와 연결되어 있다. 청말 민국 초에 이르기까지 가뭄이 들면 지방관이 지방 향신鄕紳과 백성을 이끌고 용왕 사당으로 가서 비를 기원했다. 심지어 이것은 관리의 어진 덕을 나타내는 정치적 치적으로 여겨져, 민중의 구비전승 혹은 용왕 사당 앞의 석비를 통해 대대로 전해 내려오며 칭송되었다. 사실 역사적으로 볼 때 용의 형상은 전장제도에서 왕권의 상징으로 간주되어 천자의 복식과 기장旗章에 나타났을 뿐만 아니라 야사 및 민간 신앙 속에서 종적이 묘연하고 변덕스러운 물짐승의 형상으로 출몰했다. 원래는 존재하지 않는 신이한 생물인 용이 어떻게 늘 비와 그토록 긴밀하게 연결되어 있을까? 이는 용성으로 기시紀時하던 전통

4장 용이라는 기이한 생물을 찾아서

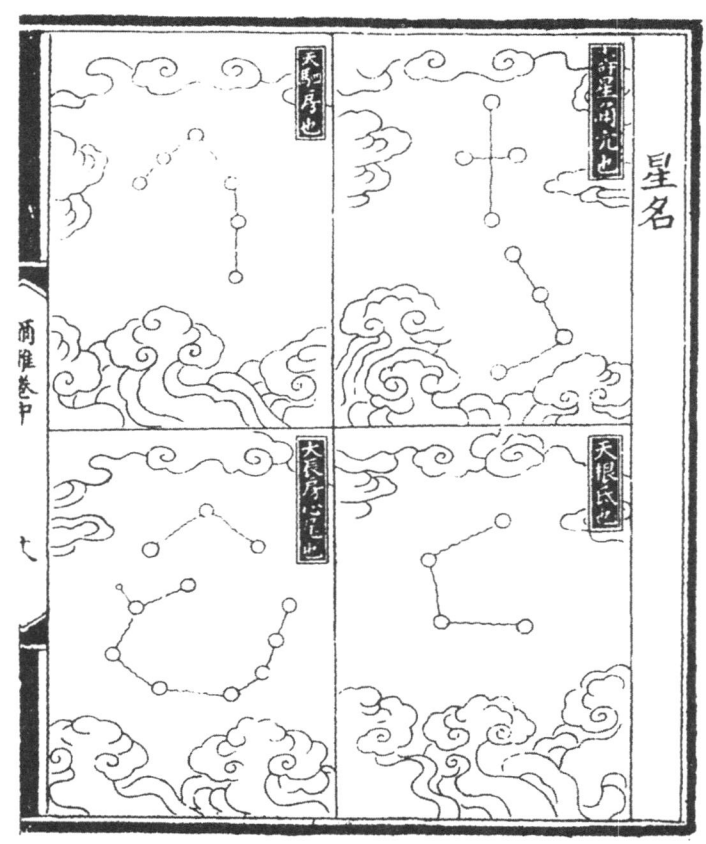

동방 창룡의 여러 별자리. 『이아음도』에 수록.

에서 답을 찾아야 한다.

용성은 봄에 모습을 나타내기 시작하는데, 용성 성상을 이루는 별들이 봄 하늘 황혼녘 동쪽 지평선에서 차례대로 떠오른다. 처음이 용의 뿔에 해당되는 각수이고, 그다음이 순서대로 항수·저수·방수·심수이며, 봄과 여름이 교차되는 음력 4월이면 용의 꼬리에 해당되는 미수가 떠오른다. 이때가 되면 찬란한 거대한 용이 비로소 대지의 굴레에서 완전히 벗어나 하늘 높이 올라 동남쪽 밤하늘에서 난다. 4월이면 중국 대부분 지역이 비가 많이 내리는 여름철로 접어드는 시기다. 농작물이 실하게 자라는 이때 바로 비가 필요하다. 만약 가뭄이 들면 반드시 '우제雩祭(기우제)'를 올려 비를 구해야 한다. 기우제는 상고시대에 4월이면 통상적으로 지내는 제사였는데, 4월은 바로 용성이 하늘 높이 떠오르는 때다. 따라서 날아오르는 이 거대한 용은 기우제를 거행하는 절기의 표지가 되었다. 『좌전』「환공 5년」에서는 "용성이 나타나면 기우제를 지낸다"38고 했다. 이에 대해 두예杜預의 주에서는 이렇게 말했다. "용성이 나타나면 건사월建巳月39이다. 창룡성 전체가 황혼녘 동쪽에서 나타난다. 만물이 왕성히 자라기 시작하므로 비가 많이 필요하기 때문에 하늘에 제사를 지내며 백곡을 위해 많은 비를 기원한다."40

용성이 하늘 높이 떠오르는 것은 우기가 시작되는 표지이고, 반대로 용성이 땅속으로 들어가면 우기가 끝나는 표지였다. 『국어』「주어周語」에서는 이렇게 말했다. "(아침에) 진각성辰角星이 나타나면 장마철이 끝나고, 천근성天根星이 나타나면 물이 마르고, 본성本星이 나타나면 초목이 조락하고, 사성駟星이 나타나면 서리가 내리고, 화성火星이 나타나면 서늘한 바람이 불어와 추위에 대비합니다."[41] 이는 늦가을과 초겨울의 자연 현상 및 새벽녘 하늘의 상태를 말한 것이다. 이때는 용성이 모습을 감추어, 황혼녘에는 보이지 않게 된다. 그리고 새벽녘에 용성의 여러 별이 동쪽에서 반짝이며 빛나긴 하지만 그것도 잠시일 뿐, 해가 동쪽에서 떠오르면 아침 햇살 아래 모습을 감춘다. 용성이 황혼녘에는 완전히 모습을 감추었다가 새벽녘에야 모습을 드러내는 것은, 계속해서 내리던 가을비가 끝나고 매섭게 추운 겨울이 시작됨을 나타낸다. "(아침에) 진각성이 나타나면 장마철이 끝난다"는 『국어』의 말은 바로 이것이다.

용성의 출몰 주기는 우기가 시작되고 끝나는 주기와 맞아떨어졌기 때문에 고대인의 마음속에서 용성은 비의 표지가 되었다. 용성이 하늘에 떠오르면 비가 세차게 내리고, 용성이 모습을 감추면 비가 그쳤다. 이렇게 해서 용은 비와 분리될 수 없이 하나로 연결되었다. 속설이 전해지면서 민중의 관념 속에서 용은 비와 가뭄과 풍년과 흉년을 주관하는 신이 되었고, 찬란한 용성은 결국 구름과 안개를 타고 하늘을 나는 거대한 등사螣蛇로 변신했다.

결론적으로, 예로부터 지금까지 용과 관련된 일련의 전통 관념과 습속과 서사는 용성으로 기시하던 오래된 제도에 그 뿌리가 있다. 용성으로 기시하던 습속은 농경민이 광범위하게 준행했던 시간 제도로서, 고대인의 경험과 지식에 깊은 영향을 주었다. 칸트는 시간에 대해 말하길, 인간의 경험보다 선행하며 경험을 가능하게 해주는 '선험先驗 형식'이라고 했다. 모든 경험은 시간 속에서 발생하고 소실되며, 시간과의 관계가 다름으로 인해서 서로 다른 관계가 발생한다. 예를 들면 앞뒤로 이어지는 것은 인因(원인)과 과果(결과)이고, 동시에 생멸하는 것은 반드시 인因(직접 원인)과 연緣(간접 원인)이 있으며, 고정불변하는 것은 동일성을 지니고 있다. 시간은 현상現象의 관계에 대한 인간의 깨달음을 인도하기 때문에 인간이 세계의 질서를 어떻게 이해하고 구축할 것인지를 결정한다. 시간이 인간 지식에 필수적 요소라는 칸트의 게시는 물론 통찰력 있는 견해이지만, 그가 시간을 선험적인 것으로 간주한 것은 아무래도 독단적이라고 하지 않을 수 없다. 논리학 내지 형태학의 의미에서는 시간을 선험적이라고 할 수 있겠지만, 인간학의 의미에서 시간은 인간의 모든 '지식 양태'와 마찬가지로 비선험적이며 인간의 문화가 만드는 것이다. 다른 시대, 다른 지역, 다른 문화의 사람들은 서로 다른 시간관을 지니고 있으므로, 아주 다른 시간의 리듬·척도·맥락·주기에 따라 사물의 관계와 경과를 연결짓고 조직하게 마련이다. 그리고 이로 인해 동일한 사물이나 현상에 대해 아주 다른 지위와 의미를 부여하게 마련이다. 따라서 다른 시대 다른 문화 사람들이 세계와 운명을 어떻게 생각했는지 이해하기 위해서는 먼저 그 시간관을 이해해야 한다. 특히 시간관의 성립 근거가 가장 중요하다. 용성으로 기시하던 것은, 상고시대 화하의 세계에서 광범위하게 준행되고 오랫동안 전해 내려온 시간제도다. 용성은 고대인이 절기를 파악하는 기본 근거였다. 하늘에서 빛나던 용성은 시간과 세월에 대한 고대인의 이해를 인도했다. 따라서 용성은 세계의 질서에 대한 이해 및 생활 경험에 대한 서술에 필연적으로 깊은 영향을 주었다. 성상·벌레·누에치기·비·혼인 등 현대인이 보기에 아무런 관계도 없는 것 같은 이런 현상들이, 고대인의 의식과 서사 속에서는 용성 기시제도라는 시간적 유대에 의해 긴밀하게 하나로 연결되었다.

시간 지식 및 역법제도의 정확성 여부는 세계의 질서와 의미에 대한 인간의 이해를 근본적으로 결정했으며, 인간 세상의 삶의 리듬과 논리와 법도를 인도하고 규범화했다. 역서의 타당성 여부는 농사의 풍흉과 경제의 성패에 더욱 직접적으로 영향을 주었으며, 국가의 성쇠 및 천하의 흥망과도 관련되어 있었다. 따라서 고대인에게는 역법을 명확히 하는 데 목적을 둔 천문관측 활동이 엄숙한 종교적·정치적 의미를 지니고 있었다. 『주역』에서는 이렇게 말했다. "천문을 관찰하여 때의 변화를 살피고, 인문을 관찰하여 천하에 교화를 이룬다."[42] 천문과 인문, 하늘의 '자연율'과 인간 마음속의 '도덕률'은 본래 밀접하게 관련되어 있다. 이런 의미에서 하늘의 용성은 밤하늘에 높이 떠 있는, 인간과 아무 관계도 없는 자연현상이 아니다. 그것은 인간 생활과 밀접히 관련되어 있고 인문 교화의 일부분이며, 자연스럽게 신성한 색채를 부여받았다. 용성을 살펴 때를 알아내는 활동은, 단순한 천문관측 활동에서 장엄한 정치 의례와 종교 전례로 변화했다.

선진 시기 문헌에서 칭송한, 하늘을 공경하고 천명을 떠받드는 교천郊天 대전大典은 원시의 천문관측 활동에서 나온 것이다. 『예기』 「교특생」에서는 "하늘이 상象을 드리우고, 성인聖人은 그것을 본받는다. 교사郊祀는 천도를 밝히는 바다"[43]라고 했다. 교사가 천도를 밝힌다는 것은 교사 의례와 천문관측의 연원 관계를 말해주는 것이다. '천도'란 천체 운행과 시간 변화의 규율을 가리키는 것으로, 해와 달의 순환 및 별의 위치 변화는 천도의 구체적 구현이다. 『여씨춘추』 「당상當賞」에서는 "백성은 하늘에 대해 알 수 있는 다른 방법이 없다. 백성은

「운룡도雲龍圖」, 송宋나라 진용陳容.

사시의 한서寒暑와 일월성신의 운행을 통해 하늘을 이해할 수 있다"[44]고 했다. 천도가 운행하므로 비로소 사시가 흘러가고 천지 만물이 왕성하게 자라고 변화할 수 있다. 따라서 해와 달의 순환과 별의 회전은, 대자연의 조화造化의 힘을 구현한 것으로서 하늘의 신성함이 바로 여기에 깃들어 있었다. 그래서 『순자』 「천론」에서는 이렇게 말했다. "별들은 서로 따라서 선회하고, 해와 달은 갈마들며 빛을 비추고, 사시는 교대로 나타나고, 음과 양은 만물을 화육하고, 바람과 비는 만물에 두루 베풀어진다. 만물은 각각 이에 힘입어 화생하고 자라난다. 이러한 과정을 보지 못하고 그 결과만 보고서 이를 일러 '신神'이라고 한다."[45]

교천 대전에서 높이 펄럭이던 용기는 교사 의례에서 용성이 얼마나 숭고한 지위를 지니고 있었는지를 잘 보여준다. 하늘에서 빛나는 용성은 천도의 상징으로서 자연스럽게 인간 세상의 질서와 왕도의 권위의 근거가 되었다. 또한 사람들의 숭배와 제사의 대상이 되었다. 이로써 용성 관측 활동 역시 왕이 하늘의 뜻을 받들고 신령과 소통하는 종교 전례가 되었다.

용성은 화하 선민의 숭배와 제사의 대상이 되었다. 찬란하게 빛나는 별빛과 구불구불한 성상은 단순히 밤하늘에 빛나는 자연현상에 그치지 않고 공동체의 깃발 위에 눈에 띄도록 그려졌다. 또한 화하 선민의 공동 기억과 자아 정체성의 신성한 상징이 되었으며, 대대로 전해지는 상서로운 징조로 여겨졌고, 지워버릴 수 없는 흔적을 전통 문화에 남겼다.

상전벽해의 시간이 흐르면서, 천문학상의 세차歲差로 인해 한 해 가운데 용성이 떠오르는 시기가 점점 늦어졌다. 용성의 출몰 주기는 1년 사시의 농사철 주기와 점점 어긋나게 되었고, 이로써 절기의 표지로서의 기능도 점차 잃었다. 용성은 사람들의 시야에서 천천히 사라져 갔다. 더군다나 후세에는 천문학이 발달하여 제도화된 역법과 성문화된 역서가 생겨나 '노황력老黃曆'[46]이 민간에 유통되었다. 이는 민중이 절기와 농사철을 파악하는 데 문서상의 근거가 되었다. 위로는 관리와 유생으로부터 아래로는 농부와 시골 늙은이에 이르기까지 이제 더 이상 '고개를 들어 머리 위의 별'에 기대어 '자연율'을 이해할 필요가 없어졌다. 바로 이러한 문화제도와 지식 배경의 변천으로 인해 하늘과 인간의 관계는 점차 소원해졌다. 인간의 생활이 펼쳐지는 토대였던 별이 총총한 하늘은 현묘하고 신비하며 아득히 먼 우주로 변하여 시인과 철학자가 앙망하며 사색하는 대상이 되었고, 천문학자가 관찰하고 탐색하고 연구하는 미지의 영역이 되었다. 이렇게 천문과 인문, 하늘의 '자연율'과 인간 세상의 '도덕률'은 점차 둘로 나뉘어 각자의 길을 가게 되었다. 하늘에서 눈부시게 찬란히 빛나던 거대한 용은 높이 올라간 하늘과 더불어 고요히 멀어져갔다. 땅 위의 중생은 비록 지난날과 다름없이 용을 숭배하고 칭송하지만, 용의 고사는 이미 모호하고 기이해졌다. 용의 형상 역시 사람들 마음속에서 점차 모호하고 신비해졌다. 원래는 똑똑히 볼 수 있고 똑똑히 셀 수 있었던 용성이 결국엔 구름 낀 산에 안개가 덮인 듯 종잡을 수 없고 신출귀몰하는 기이한 생물로 변했다.

[5장]

칠석 이야기의 내막

    7월 7일[1]은 1년 365일 가운데 아주 평범한 날에 불과했지만, 우랑牛郎[2]과 직녀織女의 이야기로 인해 애수가 어린 날이 되었다.

    밝은 달 환히 내 침상 비추고,
    은하수 서쪽으로 흘렀건만 밤은 아직 다하지 않았네.
    견우牽牛와 직녀는 멀리 서로 바라보고만 있으니,
    그대들 무슨 죄로 은하수 다리에 막혀 있는가?[3]

    칠월 칠석 장생전長生殿에서, 깊은 밤 은밀히 나눈 말.
    하늘에서는 비익조比翼鳥 되고, 땅에서는 연리지連理枝 되기를.[4]

제1부 증거를 찾는 버릇考據癖

아주 오랜 옛날부터 시인들은 칠월 칠석에 대해 끊임없이 읊어왔다. 덕분에 칠석날에는 애절한 시적 정취가 더해졌다. 이러한 시적 정취와 애상은, 아련하고 처연한 달빛처럼 지금까지도 끊이지 않고 이어지면서 칠석이라는 이 특수한 날과 모든 중국인의 마음속에 깊이 자리 잡고 있다. 중국인은 해마다 칠석날이 되면, 별이 총총한 하늘을 바라보며 지난 세월을 회상하면서 애수에 잠긴다.

중국인 대부분은 자신의 어린 시절 어느 칠석날에 어머니, 할머니, 외할머니, 혹은 벗으로부터 우랑과 직녀 이야기를 들었을 것이다. 이야기를 다 듣고 난 뒤에는 어른들이 가리키는 대로 밤하늘을 올려다보면서 찬란한 은하수에 가득한 별들 가운데 가장 밝게 빛나는 별을 찾았을 것이다. 그게 바로 직녀성이다. 그 곁에는 그보다 좀 어두운 별 두 개가 직녀성과 짝을 이루며 물레 모양을 하고 있다. 또 은하수 동쪽에는 하나의 큰 별과 두 개의 작은 별이 있는데, 가운데의 밝은 별이 바로 우랑성이다. 우랑 양쪽에 있는 어두운 별 두 개는 바로 우랑의 두 아이다. "궁전 돌계단에는 밤기운이 물처럼 차가운데, 가만히 앉아 견우성과 직녀성을 바라보네."[5] 대대로 중국인은 이렇게 우랑직녀 이야기를 통해 사랑의 귀중함과 인간 세상의 애처로움을 깨달았다.

우랑직녀 이야기는 매우 감동적이다. 이 이야기가 그토록 오랫동안 전해지고 사람들의 주목을 끄는 이유는, 인간 세상의 슬픔과 기쁨 그리고 이별과 만남을 하늘의 별과 연결지음으로써 다른 민간 설화에는 없는 신비한 분위기와 환상적인 색채를 띠고 있기 때문이다. 이로 인해 우랑직녀 이야기는 예로부터 학자들의 호기심을 불러일으켰으며, 근대 이후로는 더 많은 국내외 학자들이 이 이야기를 연구하고 많은 글을 썼다. 이 글들 가운데에는 중국 학계의 선배 학자의 것도 있고 국외의 유명 신화학자나 민속학자가 쓴 것도 있다. 하지만 늘 뭔가 아쉬운 느낌이 있었던 터라 직접 연구해보고 싶은 마음이 전부터 있어왔다.

특히 최근 들어서 서양의 밸런타인데이에 자극을 받아, 국가와 국민을 걱정하는 민속학자와 머리 회전이 빠른 상인들이 중국의 '정인절情人節(연인의 날)'을 만들려는 생각을 하게 되었다. 이로 인해 감동적이고 슬픈 우랑직녀 이야기를 지닌 칠석날에 주목하는 사람이 많아졌다. 문인들이 떠들어대고 상인의 선전까지 더해져, 오래도록 냉대받던 칠석이라는 절일節日이 갑자기 뜨겁게 달아오르기 시작했다. 그리고 칠석을 중국의 정인절로 만들자는 견해가 갈수록 사람들 마음속에 깊이 파고들고 있다. 요전에 민족적 풍치와 소부르주아적인 분위기로 세계적으로 유명해진 윈난雲南의 작은 도시 리장麗江이 아테네와 연합해야 한다는 명목을 내걸고 유럽의 사랑의 여신 비너스를 동방의 선녀 직녀와 자매로 엮어서 이 둘을 한꺼번에 동원해, 리장을 동방의 연인의 천당으로 만들지 않았던가! 한 해 동안 정인절을 몇 차례 지내는 게 물론 나쁜 일은 아니다. 이 세상에 부드럽고 달콤한 정이 더해지고 신선의 가족이 더 많아지는 게, 양립할 수 없는 원수와 일촉즉발의 적의가 도처에 있는 것보다는 훨씬 낫다. 하지만 칠석을 정인절로 삼는 것과 본래 칠석이 정인절인가 하는 것은 별개의 문제다. 세상을 즐기며 사랑에 빠진 남녀야 잘못된 것을 계속 밀고 나면서 즐겨도 괜찮겠지만, 학술의 유일한 종지는 진리 추구다. 이런 상황에서 칠석의 유래는 그야말로 절실히 해결할 필요가 있는 학술적인 문제다.

우랑과 직녀라는 이름은 일찍이 『시경詩經』 시대 시인들의 노래에 등장한다. 그 당시 우랑은, 우랑이 아니라 견우라고 불렸다. 『시경』「소아小雅·대동大東」은 출정한 병사의 노래다. 오래도록 고향을 떠나 있던 서주西周의 남자가 한밤중에 돌아다니다가 눈을 들어 사방을 둘러보니 하늘에는 은하수가 걸려 있고 뭇 별이 가득했다. 이 시는 우리에게 단숨에 여러 별의 이름을 알려준다.

> 하늘에는 은하수漢, 바라보니 역시 빛이 나네.
> 모퉁이의 저 직녀, 종일토록 일곱 번 옮겨가네.
> 일곱 번을 옮겨도, 무늬를 짜내지 못해.
> 밝은 저 견우, 수레를 끌지 못해.
> 동쪽에는 계명啓明, 서쪽에는 장경長庚.
> 천필天畢6은 그물처럼 길게 펼쳐져 있어.
> 남쪽의 기箕, 키질도 못 해.
> 북쪽의 두斗, 술도 뜨지 못해.7

시에 나오는 한漢은 은하수다. 그리고 직녀·견우·계명·장경·천필·기·두는 모두 별 이름이다. 이를 보면, 일찍이 서주 시기에 직녀와 견우라는 별 이름이 생겨났음을 알 수 있다. 그리고 시에서 직녀가 "무늬를 짜내지 못하고" 견우가 "수레를 끌지 못한다"고 한 것은, 민간에서 일찌감치 직녀를 베 짜는 여인으로 상상하고 견우를 소 치는 목동으로 상상했음을 암시한다. 또한 직녀와 견우를 함께 언급한 것은 양자가 은근히 서로를 마주보는 관계임을 은연중에 말해주는 것이다. 이 시가 글로 기록되기 전에 견우와 직녀를 연결지은 구비전설이 일 찌감치 민간에서 전해졌을 거라고 상상할 수 있다.

하지만 이 시에서는 견우·직녀와 칠석날이 연관되는 단서를 찾을 수가 없다. 칠월 칠석은 시간 개념인데, 성상星象에 대한 고대인의 관심은 주로 성상이 절기를 알려주는 역할을 한 데서 비롯되었다. 이는 화하華夏 선민先民의 시간 지식, 즉 세시에 관한 지식을 통해 칠월 칠석과 견우성·직녀성의 관련성을 찾아야 함을 의미한다. 『대대례기大戴禮記』 「하소정夏小正」은 화하의 시간 지식에 관한 가장 오래된 문헌으로, 여기에는 고대인의 농사철 지식이 체계적으로 적혀 있다. 하력夏曆 1년 열두 달 동안의 농사 활동 및 각 절기에 대응하는 물후物候·기상·성상이 상세하게 서술되어 있는 이 문헌의 내용과 역할은, 고대 그리스 시인 헤시오도스의 『일과 나날』에 견줄 수 있다. 「하소정」의 7월과 10월 기사記事에 직녀성이 나오는데, 10월은 지금 말하고 있는 주제와 관련이 없으므로 7월에 관한 기록만 보자.

7월. 갈대에 꽃이 핀다. 살쾡이가 멋대로 행동한다. 땅이 우묵하게 패어 빗물이 괸 곳에 부평이 생겨난다. 초목이 조락하며 죽는다. 평井[8]에 꽃이 핀다. 은하수漢가 지게문을 마주한다. 가을매미가 운다. 날이 막 어두워질 때 직녀성이 동쪽을 향한다. 자주 장마가 진다. 도茶[9]가 많이 자란다. 북두성斗의 자루가 아래로 걸리면 날이 밝는다.[10]

이상에서 동물과 식물의 물후를 제외하면 은하수·직녀성·북두성은 모두 성상이다.

"은하수漢가 지게문을 마주한다." '한漢'은 은하수다. 길게 이어져 하늘을 가로지르는 은하수는 회전하면서 1년 동안 방향이 달라진다. 고대인은 은하수의 방향에 근거해서 계절을 판단했다. 은하수가 남북으로 밤하늘을 가로지르는 때가 바로 은하수 하단이 지게문을 마주할 때이다. 고대인은 이를 보고서 7월이 되었으며 더위가 물러가고 서늘해지는 초가을임을 알았다.

"북두성斗의 자루가 아래로 걸리면 날이 밝는다." '두斗'는 북두성이다. 북두성은 북극 가까이에 있다. 먼 옛날, 찬란한 북두성은 하늘에서 돌며 마치 지침처럼 대지의 인간에게 세월의 흐름을 명시해주었다. 『사기史記』 「천관서天官書」에서는 이렇게 말했다. "북두성은 천제天帝의 수레로, 중앙에서 운행하며 사방을 감독하고 제어한다. 음과 양을 분별하고, 사시四時를 세우고, 오행五行을 고르게 하고, 천체 운행의 도수度數를 조정하고, 모든 기紀[11]를 확정하는 것이 다 북두성에 달려 있다."[12] 한편으로는 지구의 공전으로 인해 두병斗柄(북두성의 자루)이 한 해 동안 계절의 순환에 따라 밤하늘의 각기 다른 방향을 가리키기 때문에, 매일 밤 같은 시각에 두병이 가리키는 방향을 살펴보면 계절을 판단할 수 있다. 다른 한편으로는 지구의 자전으로 인해 하룻밤 동안에도 시간의 흐름에 따라 두병이 돌아가기 때문에, 특정 계절에 두병이 가리키는 방향을 관찰하면 시간을 판정할 수 있다. "두병이 아래로 걸리면 날이 밝는다"는 말은 바로 이에 해당된다. 7월이 되면, 북두성의 자루가 아래로 내려와 북쪽을 가리키는 것을 보고서 곧 날이 밝는다는 것을 알 수 있다. 혹은 새벽녘에 북두성의 자루가 아래로 내려와 북쪽을 가리키는 것을 보고서 7월 초가을이라는 것을 알 수 있다.

　7월은 여름과 가을의 교차 지점으로, 기후가 전환되는 길목이다. 그래서 「하소정」의 작자는 7월의 천상天象에 대해 특히 상세하게 말했다. 은하수가 흐르는 방향과 북두성이 가리키는 방향 외에도 직녀성에 대해서 언급했는데, 직녀성에 대한 「하소정」의 기록은 우랑직녀와 칠석의 관계에 관한 정보를 아주 분명하게 전해준다. "날이 막 어두워질 때 직녀성이 동쪽을 향한다"고 했는데, 직녀좌는 하나의 큰 별과 두 개의 작은 별로 이루어져 있으며 이 세 개의 별 가운데 직녀성은 0등성으로 겉보기 등급에서 모든 별 가운데 다섯 번째로 밝은 별이다. 게다가 직녀성은 위도가 높기 때문에 1년 중 대부분의 날에 볼 수 있다. 천정天頂에 높이 걸려 찬란히 빛나는 직녀성은 일찌감치 고대인의 주목을 끌었을 것이다. 또한 직녀성의 방위 변화는 고대인이 천문관측을 통해 절기를 판단하는 근거가 되었을 것이다. 천문학자의 추산에 따르면, 「하소정」 시대에 7월의 황혼이면, 직녀성이 마침 1년 중 가장 높은 지점으로 올라갔을 때이다. 즉 밤하늘에서 천정에 가까운 곳까지 도달했을 때이다. 바로 이때 이 휘황찬란한 밝은 별이 사람의 머리 위에 높이 걸리는 것이다. 직녀좌의 별 셋은 삼각형을 이룬다. "직녀성이 동쪽을 향한다"는 말은, 상대적으로 어두운 두 개의 별이 입을 벌리고 있는 부분이 동쪽을 향한다는 것이다. "7월……날이 막 어두워질 때 직녀성이 동쪽을 향한다"고 했는데, 「하소정」 시대의 농민들은 날이 어두워지면 머리 위의 밤하늘을 올려다보았다. 밝은 직녀성이 그윽한 하늘에 나타나 부드러운 별빛을 흩뿌리면서 동쪽을 향

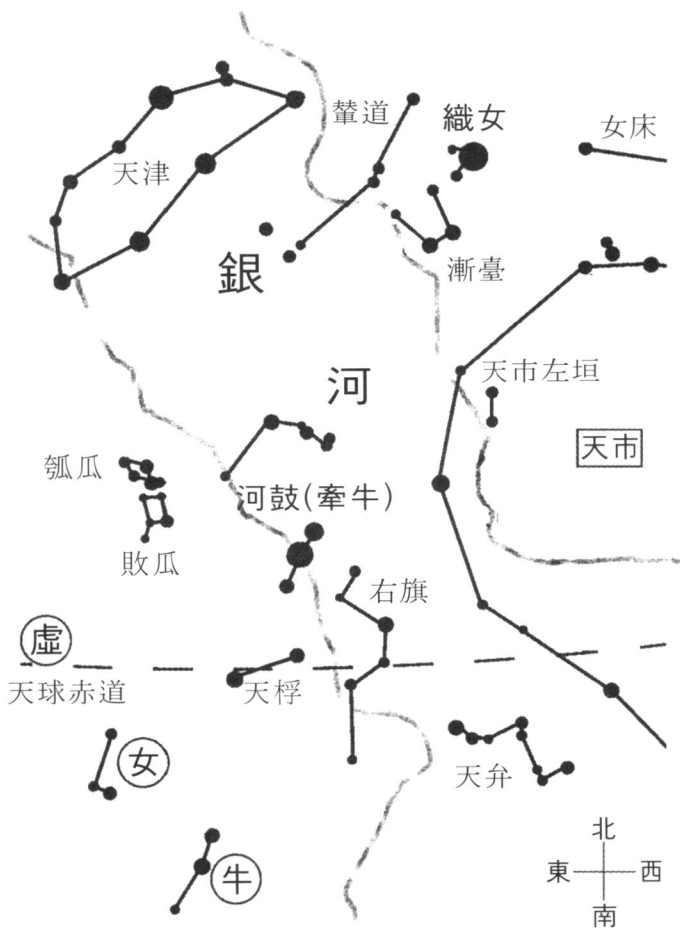

별이 총총한 하늘의 견우성과 직녀성.

한 것을 보고 그들은 7월이 왔음을, 가을이 왔음을, 수확을 준비해야 할 때임을 알았다.

"직녀성이 동쪽을 향한다"고 했는데, 동쪽은 무엇일까? 「하소정」에는 이에 대한 내용이 없지만, 옛날 사람들은 고개를 들어 하늘을 보기만 하면 한눈에 알 수 있었다. 황혼녘 하늘에 직녀가 있는 곳에서 약간 남쪽으로 기운 동쪽, 물결이 남실대는 맑은 은하수 동쪽 기슭에 있는 그것은 다른 게 아니라 바로 직녀가 늘 그리워하면서도 칠석에만 단 한 번 만날 수 있는 견우성이다. 견우와 직녀가 은하수를 사이에 두고 양쪽에 나뉘어 지내다가, 초가을 저녁이 되면 은하수가 남북 방향으로 하늘을 가로지르는 바로 이때 은하수 양쪽에 있는 견우와 직녀가 마침 동과 서로 은하를 사이에 두고 멀리서 서로를 바라보게 된다. 이렇게 말하니, 견우직녀 이야기가 무척 생동감 있지 않은가? 7월의 황혼녘, 밤하늘에는 은하수가 남북으로 길게 흐르고 직녀성은 천정에 높이 걸려 있고 견우성과 직녀성이 서로 마주하고서 빛나는 경관은 고대인에게 아주 깊은 인상을 남겼을 것이다. "멀고 먼 견우성, 밝은 직녀성 (…) 맑은 은하수 사이에 두고서 애틋하게 바라만 보며 아무 말도 할 수 없네."[13] 이 시의 이미지는 바로 이러한 천상天象에서 비롯되었을 것이다.

이야기는 여기서 끝나지 않는다. 고대인이 7월에 왜 견우와 직녀 두 별에 관심을 가졌으며 견우직녀 이야기를 왜 칠석과 연관지었는지 앞에서 설명했다. 그런데 까마득한 우주에는 무수한 별이 있고, 하늘에서 돌아가고 있는 별은 본래 이름이 없는데 이 두 별이 각각 견우와 직녀라고 명명된 것에는 어떤 내력이 있는 것일까?

난양南陽의 한나라 화상석畫像石에 새겨진 우랑직녀도.

명명은 의미에서 비롯된다. 사람들이 사물을 명명하는 것은 그 사물이 인간에게 갖는 의미에 토대를 두고 있다. 인간 세상에서 밤하늘에 빛나는 별이 지닌 의미는 주로 시간을 알려주는 기능에 있다. 별이 총총한 하늘은 까마득히 멀다. 인류가 그 하늘을 바라본 까닭은 무엇보다도 하늘에서 돌고 있는 뭇 별이 시간의 흐름과 계절의 순환을 나타내고, 절기의 전환과 농사철의 시기를 알려주기 때문이었다. 고대인에게 성상은 그것의 시간성 때문에 의미가 있었다. 『역전』에서 "천문을 보고서 때의 변화를 살핀다"[14]고 한 것이나 『상서』「요전」에서 "일월성신의 운행을 관측하여 백성에게 때를 알려준다"[15]고 한 것 모두 그런 맥락이다. 이 이치는 동서고금이 모두 같다. 히브리인의 구약성경 「창세기」에서는, 하나님이 하늘과 땅을 열고 만물을 창조한 뒤에 하늘에 뭇 별을 배치하여 날을 구분하는 근거로 삼았다고 한다. "하나님이 가라사대, 하늘의 궁창에 광명이 있어 주야를 나뉘게 하라. 또 그 광명으로 하여 징조와 사시와 일자와 연한이 이루라. 또 그 광명이 하늘의 궁창에 있어 땅에 비치라 하셨다." 이를 보면, 히브리인도 별이 뜬 하늘을 시간적 각도에서 인식하고 이해했음을 알 수 있다. 이름의 기초는 의미에 있다. 성상은 시간으로 인해 의미를 획득했기 때문에 역시 시간으로 인해 이름을 얻었다. 이러한 이치를 명확히 한다면, 성상과 농사철의 관계 속에서 견우와 직녀의 내력을 탐구해야 한다.

앞에서 언급했듯이, 「하소정」에서 말한 것처럼 직녀성이 동쪽을 향하며 은하를 사이에 두고서 견우와 마주보는 것은 7월이 도래한다는 표지다. 음력 7월은 여름과 가을이 교차하는 시기로, 이때가 되면 더위가 점차 가시며 시원한 바람이 갑자기 불면서 날씨가 서늘해진다.

이때 여자들은 바빠지기 시작한다. 곧 다가올 서늘한 가을과 추운 겨울을 맞이하기 위해 옷감을 짜서 겨울옷을 준비해야 하는 것이다.

『시경』「빈풍豳風·칠월」의 시작 부분에서는 이렇게 말했다. "7월이면 대화성大火星이 기울고, 9월이면 겨울옷을 준비한다. 동짓달엔 찬바람 불고 섣달엔 매섭게 추워진다. 털옷 없이 어찌 세밑을 넘기려나?"[16] "7월이면 대화성이 기운다"고 했는데, 황혼녘에 대화성이 서쪽 지평선으로 떨어지면 가을이 시작되었음을 알려주는 것이다. "9월이면 겨울옷을 준비한다"고 했는데, 9월은 만물이 조락하는 늦가을로 겨울옷을 입어야 하는 때이다. 9월에 겨울옷을 마련하려면 8월에 옷을 만들어야 한다. 그렇다면 7월은 여인들이 열심히 길쌈해야 하는 시기다. 전체적으로 시령時令에 대해 이야기하고 있는「칠월」은, 주周나라 때 빈豳 땅에서 전해지던 농사철 가요다. 시 처음에서 "7월이면 대화성이 기울고, 9월이면 겨울옷을 준비한다"고 한 뒤, "털옷 없이 어찌 세밑을 넘기려나?"라고 간곡하게 말한 것은 이 시가 바로 길쌈하는 여인들의 입에서 전해지던 가요임을 나타낸다.

「칠월」에서는 또 이렇게 말하고 있다. "여인네 광주리 들고 저 오솔길 따라가 부드러운 뽕잎을 따네. 봄날은 길고 길어, 캐낸 흰 쑥이 수북. 여심은 슬퍼, 공자公子와 함께 돌아갈 터이니."[17] "7월엔 때까치 울고, 8월에는 길쌈한다. 검정 노랑 물들여, 내 선명한 붉은 비단으로 공자님 옷을 만든다네."[18] 여인의 입에서 나오는 곡조가 귓가에 들리는 듯하다.

여성의 입에서 나온 이 시가 노래하는 것은 주로 1년 동안의 노동과 애환인데, 시의 전반부 3장은 모두 "7월이면 대화성이 기운다"로

131

5장 칠석 이야기의 내막

시작한다. 이는 고대에 길쌈하던 여인들이 7월에 반딧불이 깜빡이는 밤에 찬란한 별빛 아래에서 물레로 실을 잣고 베틀로 옷감을 짜며 반복해서 노래했던 것이다. 하늘에서는 직녀성이 빛나고 땅에서는 길쌈하는 여인들이 나직이 노래한다. 여인들의 노동을 비추어주는 밝은 별은 이로 인해 직녀라는 명칭을 얻었고 길쌈하는 여인들의 수호신이 되었다.

「칠월」에서는, 7월에 길쌈하는 여인들의 노랫소리에 이어서 가을벌레의 노래가 이어진다. "5월은 메뚜기(사종斯螽)가 다리를 비벼 소리 내고, 6월에는 여치(사계莎雞)가 날개를 비벼 소리 낸다. 7월에는 들에 있다가, 8월에는 처마 아래로, 9월에는 문 안으로, 10월이면 귀뚜라미(실솔蟋蟀) 나의 침상 아래로 들어온다."[19]

'사종'은 메뚜기다. '사계'는 닭이 아니라 여치인 방직낭紡織娘이다. '실솔'은 귀뚜라미인 촉직促織이다. 사람들은 종종 여치와 귀뚜라미를 구분하지 못하는데, 여기서도 그렇게 엄격히 구분할 필요는 없다. 풀과 흙 사이에 숨어 있던 이 작은 생명들, 특히 귀뚜라미는 여름 내내 잠자코 있어서 사람들은 그것의 존재를 거의 의식하지 않는다. 하지만 일단 가을이 되면 귀뚜라미가 자연의 소리를 울리고 이어서 날씨가 점점 추워진다. 귀뚜라미는 온기를 찾아 점점 인가에 접근한다. "7월에는 들"에서 자유롭게 노래하고, "8월에는 처마 아래"에서 야상곡을 노래하고, "9월에는 문 안"으로 들어와 은근히 노래한다. "10월이면 귀뚜라미 나의 침상 아래"로 들어와서 겨울잠을 자며 겨울을 보낸다.

가을벌레들은 길쌈하는 여인들과 함께하며, 그녀들의 밤 노래에 맞추어 다정하게 반주한다. 이렇게 해서 그것들은 촉직(길쌈을 재촉하다)

과 방직낭(길쌈하는 아가씨)이라는 별명을 갖게 되었다. 위서緯書『춘추고이유春秋考異郵』에서는 "입추立秋에 취직趣織(귀뚜라미)이 울며 여공女功[20]을 재촉한다"[21]고 했다. 『역위통괘험易緯通卦驗』에서는 이렇게 말했다. "귀뚜라미라는 벌레가 음지에서 햇볕을 향하고 벽에서 밖을 향하는 것은 여인들에게 길쌈을 비롯한 여공을 재촉하는 모양이다."[22] 이는 귀뚜라미가 촉직이라는 이름을 얻게 된 연유를 잘 말해준다. "촉직이 울면 게으른 여자가 깜짝 놀란다"는 속담이 민간에 전해진다. 가을밤 벌레의 노래는, 규방의 야간작업이나 하늘의 직녀성처럼 고대 시인의 끝없는 시름을 자아냈다. 탕혜휴湯惠休의 「백저무가시白紵舞歌詩」에서는 이렇게 노래했다. "가을바람 간들간들 내실로 들어오고, 휘장은 달빛에 젖어 상심에 잠기네. 귀뚜라미 밤에 울어대니 애간장 끊어지고, 긴 밤 그대 생각에 마음 날아가네."[23]

칠석날 걸교乞巧[24] 풍속은, 가을이 되면 야간에 길쌈하며 바느질하던 여인들의 노동에서 비롯된 것이 분명하다. 진晉나라 갈홍葛洪의 『서경잡기西京雜記』에서는 이렇게 말했다. "한漢나라 궁녀들은 늘 7월 7일이면 개금루開襟樓에서 칠공침七孔針[25]에 실을 꿰었고, 다들 이를 풍습으로 삼았다."[26] 양梁나라 종름宗懍의 『형초세시기荊楚歲時記』에서는 이렇게 말했다. "7월 7일은 견우와 직녀가 만나는 밤이다. (…) 이날 저녁에 인가의 부녀자들은 채색실을 엮어서 칠공침에 꿴다. 금·은·놋쇠로 바늘을 만든다. 과과瓜果[27]를 뜰에다 차려놓고 바느질을 잘하게 해달라고 비는데, 거미가 과과 위에 거미줄을 치면 부응한 것으로 여긴다."[28] 칠석 이후에 여인들은 길쌈하고 옷을 만들기 시작한다. 칠석에 바늘과 실을 내놓고서 손재주를 비는 것은, 그 일을 중시하는 의식이

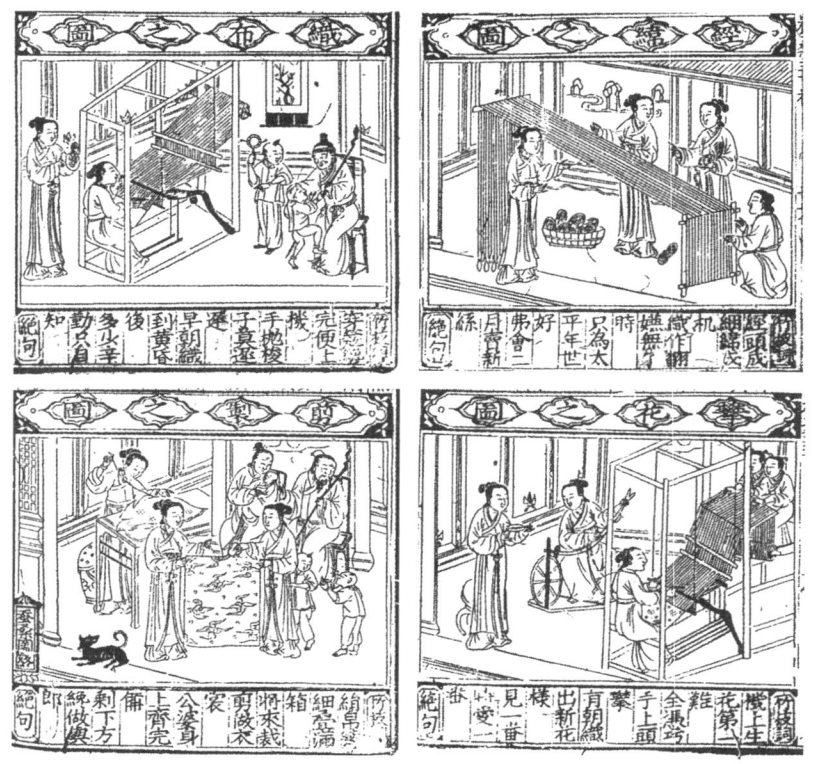

"모퉁이의 저 직녀, 종일토록 일곱 번 옮겨가네." 명각본明刻本 「경직도耕織圖」.

자 노동의 계절이 시작되기 전 마음의 준비이기도 한다. 이렇게 해마다 반복되는 걸교 의식을 통해서 우랑직녀 이야기도 대대로 전해지게 되었다.

『형초세시기』에서는 칠석날 걸교에 "과과를 뜰에다 차려놓고 바느질을 잘하게 해달라고 빈다"고 했다. 이밖에도 후한後漢 최식崔寔의 『사민월령四民月令』, 진晉나라 주처周處의 『풍토기風土記』, 오대五代 왕인유王仁裕의 『개원천보유사開元天寶遺事』, 송宋나라 맹원로孟元老의 『동경몽화록東京夢華錄』 등에 칠석날 걸교에 과과를 차려놓고 견우와 직녀에게 제사지내는 풍속이 기록되어 있다. 그런데 칠석날에 하필이면 왜 과과를 차리는 것일까? 어떤 학자들은 이것이 바로 "푸른 옥이 외를 깰 때 서로 사랑에 빠져 넘어졌네"[29]라는 시구를 연상시킨다고 한다. 즉 여성 숭배 혹은 생식 숭배를 상징하는 활동이라는 것이다. 이는 몹시 터무니없는 생각이다. 사실 이 풍속에 어떤 신비한 의미나 상징적 의미는 결코 없다. 칠석에 신경을 기울여 과과를 차려놓는 것은 7월이 바로 과과가 성숙할 때이기 때문이다. 「칠월」에서는 "7월엔 외를 먹고 8월엔 조롱박壺을 딴다"[30]고 했다. '호壺'는 '호瓠'와 통하는데 바로 조롱박을 가리킨다. 또 "8월에는 대추를 딴다"[31]고 했다. 농사철에 대해 이야기하고 있는 「칠월」에서 외를 먹고 대추 따는 일을 특별히 언급한 것으로 보아, 중국인은 예로부터 외와 대추가 성숙하는 때의 시간적 의미를 중시했음을 알 수 있다. 7월 이후면 과과가 향기를 풍길 때이다. 따라서 여인들은 칠석에 과과를 차려놓고 그것이 견우와 직녀를 제사지내는 제철 음식이라 생각했다. 형식상으로는 신에게 바치는 것이지만 결국엔 함께 모인 여인들 스스로 그것을 향유했다. 칠석과 외의 시간적 관계로 인해 한나라 때의 위서인『춘추합성도春秋合誠圖』에서는 "직녀는 천녀天女다. 과과를 주관한다"³²(『개원점경開元占經』에서 인용)고 했다. 고대인의 마음속에서 직녀는 과과의 상징이 되었다. 중국 전통 성상도星象圖에서는 직녀성 동쪽, 견우성 부근에 호과瓠瓜(서양의 돌고래자리에 해당)라는 성상이 있고 호과 곁에는 그보다 더 어두운 패과敗瓜라는 성상이 있는데, 이것들 역시 고대인이 과과가 성숙하는 시기의 표지로 삼았던 것이 분명하다. 고대인은 황혼녘에 이 성상이 머리 위로 떠오르는 것을 보고 조롱박과 대추를 딸 때임을 알았다. '패과'는 만약 제때에 따지 않으면 과과가 썩어버린다는 의미일 것이다.

견우라는 명칭이『대대례기』「하소정」에는 보이지 않지만, 화하 선민의 시간 지식에 관한 중요한 문헌인『월령月令』에서 찾아볼 수 있다. 『월령』은『여씨춘추呂氏春秋』『예기禮記』『회남자』등의 선진先秦과 양한兩漢 시기의 문헌에 실려 있다. 그 내용과 형식은「하소정」과 대동소이한데, 1년 열두 달의 순서에 따라서 각 달의 천상·물후·농사·의식儀式 등을 서술했다. 중국 전통 천문학 체계에서는 적도 부근의 별자리를 28수, 즉 28개의 성상으로 나누었다. 28수는 시간의 흐름에 따라 하늘을 돌기 때문에, 날마다 황혼녘이나 여명에 정남쪽에 나타나는 성상에 근거하여 시간의 추이를 알 수 있다.『월령』에서 혼중성昏中星과 단중성旦中星³³을 달마다 기록한 것이 바로 이것이다. 중추仲秋 8월 황혼녘에 나타나는 중성中星을 견우라고 한다. "중추에는 해가 각수角宿에 있으며, 저녁에는 견우가 남중하고 새벽에는 자휴觜觿가 남중한다."³⁴ 여기서 견우는 은하수 동쪽 가에서 직녀와 마주보고 있는 그 견우가 아니라 28수 가운데 우수牛宿를 가리킨다.

옛 책을 보면, 은하수 가에 있는 견우에게는 또 다른 이름이 있는데 바로 하고河鼓이다. 『사기』「천관서」에서는 "견우는 희생犧牲이다. 그 북쪽은 하고이다"35라고 했다. 여기서 말한 견우는 28수의 하나인 우수牛宿이고, 하고야말로 은하 가의 견우다. 그래서 『사기색은史記索隱』에서는 『이아爾雅』를 인용해 말하길, "하고를 일러 견우라 한다"36고 했다. 은하 가에 있는 견우가 하나의 별인데 어째서 두 개의 이름을 갖게 되어, 견우라고 하면서 또 하고라고도 했을까? 견우라는 하나의 이름이 어째서 두 개의 별이 되어, 은하 가의 하고를 가리키면서 또 28수의 우수를 가리키는 것일까? 이는 실로 의미심장한 문제로, 일찍이 중국 천문학사의 논의거리였다. 이 현상에 대한 각자의 해석이 제각기 장점을 지니고 있긴 한데, 한 가지 확실한 것은 바로 은하 가의 견우(즉 하고)야말로 진정한 견우이자 최초의 견우라는 사실이다. 고대인이 최초에 관심을 가졌던 것은 바로 이 견우다. 28수 가운데 우수의 광도는 아주 낮아서, 하늘의 무수한 별들 가운데 사람의 눈길을 끌지 못했으며 고대 농경민의 관심을 받지도 못했다. 따라서 애초에 우수는 고대 농경민이 시간을 판단하는 근거가 되지 못했다.

원래 견우(하고)의 위치는 비교적 북쪽에 가깝고 적도에서 멀리 떨어져 있다. 그런데 후에 28수 체계가 성립되면서, 관찰의 편의상 28수는 반드시 적도 부근에 위치해야 하므로 천관天官이 견우(하고) 남쪽에서 적도 가까이에 있는 다른 별자리를 찾아내 이를 견우라고 불렀다. 그리고 두 견우를 구별하기 위해서 원래의 견우에 하고라는 새로운 명칭을 부여했다.

그렇다면 은하 가의 별이 어째서 견우라고 명명되었을까? 『사기』 「천관서」에서 "견우는 희생이다"라고 했는데, 이는 견우가 희생을 상징한다는 의미다. 희생이란 신에게 제물로 바치는 소나 양 같은 짐승을 가리킨다. 『사기』 「천관서」의 '견우'가 지칭reference하는 것은 물론 28수의 우수이지만, 이는 견우라는 명칭의 의미sense가 희생에서 비롯되었음을 잘 말해준다. 이는 또한 은하 가의 견우 역시 희생에서 의미를 취했음을 뜻한다. 『월령』은 견우라는 명칭과 희생과의 시간적 관련성을 말해준다. 희생을 기르는 데에는 일정한 주기가 있다. 또한 단계마다 희생과 관련된 활동을 거행해야 한다. 『월령』에는 이와 관련된 내용이 명확하게 기록되어 있다. 만물이 번식하는 봄에는 가축도 번식한다. 늦봄 3월이 되면 어린 가축의 수를 합산해야 하므로, "희생으로 쓸 망아지와 송아지의 수를 모두 기록해둔다."[37] 6월은 여름과 가을이 교차하는 때이다. 초목이 무성해지고 꼴을 베야 하므로, "사감四監에게 명하여 전국 곳곳에서 정해진 수량에 따라 꼴을 거두어 모으게 하여 희생에게 먹인다."[38] 8월 중추는 동물이 포동포동 살이 오르는 때이므로, 천자는 "태재太宰와 태축太祝에게 명해 희생을 순시하도록 한다. 희생이 흠결 없이 모든 것을 제대로 갖추고 있는지 살피고 희생의 먹이를 살핀다. 살찌고 여윈 정도를 살피고 털빛을 살펴, 관례에 맞도록 구분해야 한다. 체구의 대소를 헤아리고 뿔의 장단을 살펴, 모든 것이 정도에 맞도록 해야 한다. 다섯 가지가 제대로 갖추어져야만 상제上帝가 흠향한다."[39] 희생을 순시하여 그 크기와 털빛을 살핌으로써 적합한 것만을 희생으로 사용한다. 각 제사에 필요한 희생의 털빛과 크기와 수는 다음처럼 『예기』에 분명히 나와 있다. "교제郊祭에는 소만 사용하고, 사직社稷에 대한 제사에는 대뢰大牢[40]를 사용한다." (「교특생郊特牲」) "천지에 제사지내는 데 사용하는 소의 뿔은 누에고치나 밤 크기이고, 종묘宗廟에 제사지내는 데 사용하는 소의 뿔은 4치다."[41] (「왕제王制」[42]) 9월 모추暮秋에는 희생이 이미 장성했기 때문에 "희생을 완벽히 갖추고 천자에게 고한다."[43] 섣달이 되면, 희생을 죽여 신에게 제사지내야 한다. 이때는 1년에 한 차례 천신에게 제사지내는 대전大典이 거행되는 시기다. 그래서 천자는 "태사太史에게 명하여 제후국의 크기에 따라 희생을 부과함으로써 황천상제皇天上帝와 사직이 흠향하도록 한다."[44] 모든 신이 강림하여 희생을 흠향하고 풍성한 복을 내려주어, 모든 생명에게 태평함과 길함이 찾아온다.

 8월에 "희생을 순시한다"는 『월령』의 기록은 고대인이 희생을 기르던 주기에서 8월이 중요한 때였음을 말해준다. 바로 이때 저녁에 남쪽에 나타나는 중성이 희생을 살피는 때의 표지로서 '견우'라 명명된 것은 아주 자연스러운 일이다. 즉 견우성의 이름이 '견우'인 까닭은 고대인이 그것을, 희생을 살피는 달의 시간적 표지로 삼았기 때문이다.

 여기서 짚고 넘어가야 할 것은, 앞의 분석에서 직녀가 7월의 별인 까닭은 가을의 도래와 여공의 시작을 알리는 표지이기 때문이며 견우가 8월의 별인 까닭은 희생을 살펴야 하는 때임을 알리는 표지이기 때문이라고 했는데, 양자의 시간과 내용이 각기 다르고 아무 상관도 없어 보인다는 사실이다. 그렇다면 이는 칠석 이야기가 민속과 밀접한 관련이 있는 것과는 모순되는 것이 아닌가? 7월이 되어 직녀성이 천정에 떠서 인간 세상의 여인들을 내려다볼 때 견우성은 사람들의 시야에 들어오고, 견우와 직녀는 맑은 은하수를 사이에 두고 가까이 있게 된다. 7월이 지나면서, 천정에 높이 걸려 있던 직녀가 천정을 떠나 서쪽으로 기울 무렵에 견우성이 그 뒤를 이어서 최고점으로 올라간다. 바로 이때 중추 8월로 접어든다. 다정한 견우는 이렇게 직녀 뒤를 바짝 쫓아가지만 하늘의 명령을 어길 수는 없다. 그래서 사랑하는 한 쌍의 연인은 지척의 시간과 공간이 마치 천 리라도 되는 듯 영원히 갈라져 있다. "내가 말한 그 사람, 강물 저쪽에 계셔. 물길 거슬러 올라가 그 사람 따르려 해도, 길은 험하고도 멀어라."[45]

 정리하자면, 칠석 이야기와 민속의 각 주요 내용은 세시와의 관계를 통해서 해석할 수 있다. 직녀가 직녀라 명명된 것은 길쌈하는 달의 표지이기 때문이고, 견우가 견우라 명명된 것은 희생을 살피는 달의 표지이기 때문이다. 여름과 가을이 교차될 때 직녀성과 견우성은 잇달아서 중천으로 올라가 은하수를 사이에 두고 서로를 바라본다. 견우와 직녀가 은하수에서 만나는 이야기는 여기서 유래되었다. 칠석날 칠공침에 실을 꿰며 걸교하는 풍속은 곧 다가올 길쌈의 계절을 맞이하기 위함이다. 걸교에 과과를 차려놓는 것은 마침 그때가 과과가 익는 계절이기 때문이다. 민간 전설에서는, 함께 좋은 밤을 보낸 우랑과 직녀가 이별을 아쉬워할 때, 직녀가 슬퍼서 흘린 눈물이 비가 된다고 한다. 그래서 매년 7월 7일이면 하늘에서 가랑비가 계속해서 떨어진다고 한다. 칠석의 비는 물론 직녀의 눈물샘에서 나오는 것이 아니다. 칠석에 비가 많이 내리는 것은, 초가을 7월이 바로 중국 대지에 가을비가 계속해서 내릴 때이기 때문이다. 「하소정」에서는 "7월 (…) 자주 장마가 진다"고 했다. 『월령』 7월에서는 "제방을 완비하고 수로가 막힌 곳은 없는지 신중하게 살펴 큰비에 대비한다"[46]고 했다. 일찌감치 고대인은 여름과 가을이 교차될 때 비가 많이 내리는 기후의 특징을 잘 알고 있었던 것이다.

어쨌든 칠석 이야기의 각 부분은 고대인의 시간감각 속에서 그 원천을 찾을 수 있다. 하늘의 별, 땅 위에서 우는 벌레, 인간 세상에서 길쌈하는 여인, 초가을의 장마, 성숙한 과과, 이 모든 것이 절기 속에서 동시에 나타나 연결되고 시간적으로 동일한 의미를 부여받고, 만남과 이별을 말하는 같은 이야기 속에서 엮어졌다. 이를 통해 인간의 지식과 서사敍事에 있어서 시간성이 토대로서 갖는 역할을 짐작할 수 있다. 대자연의 영구불변하고 순환하는 리듬으로서의 시간은, 생계와 일과 휴식을 결정할 뿐만 아니라 인간의 인식과 서사까지 인도한다. 존재론적인 의미에서 시간은, 인간의 인지와 측정의 대상이라기보다는 인간이 만물을 이해하고 측정할 수 있는 가능성의 조건이다. 시간은 끊임없이 흐르고, 만물은 그치지 않고 생장한다. 세상 만물은 모두 시간이라는 긴 강 속에서 뜨고 가라앉으면서 숨었다 나타났다 하며 인간의 생활과 시야 속으로 들어오거나 나가거나 한다. 시간이라는 거대한 리듬 속에서 각각 나타나는 때가 다르기 때문에, 서로 다른 의미를 부여받고 서로 다른 인식 범주에 속하게 되며 서로 다른 이야기 속으로 편입된다. "사시가 운행하고 만물이 생장한다."[47] 어떤 이는 시간이란 대자연의 리듬, 즉 대자연이 만물을 창조해내는 각본이라고 한다. "천지가 차고 비는 것도 때와 더불어 줄고 분다."[48](『역전』) 광대한 하늘과 넓은 대지가 바로 이 각본이 펼쳐지는 무대다. "하늘과 땅의 기운이 교합하여 만물이 변화하고 무르익는다."[49](『역전』) 만물이 생장하고 불어나는 것은 이 무대에서 계속해서 순환하며 상연되는 극이다. 매년 7월이면 견우와 직녀가 은하수에서 만난다는 것은, 이 극 가운데 슬프고 감상적인 한 토막일 뿐이다.

칠석 이야기 및 풍속의 시간성은, 그것이 본래 가을의 절일임을 말해주는 것이다. 칠석 이야기에 내포된 의미 역시 때가 바뀌어 가을이 시작됨을 알리는 것일 뿐이다. 가슴 아프고 구슬프며 감동적인 사랑 이야기도 있긴 하지만 칠석은 애정과 무관하다. 칠석은 가을의 첫 번째 절일로, 가을의 서막을 연다. 가을의 극은 영원히 사람을 슬프게 만드는 비극이다. 가을바람이 불면, 활짝 핀 꽃잎도 모두 떨어지고 만물이 스산해지며 사람은 슬픔과 침울함에 빠진다. 따라서 칠석은 연인의 절일이라기보다는 상심의 절일이며, 천하의 연인을 맺어주는 날이라기보다는 예로부터 이별에 상심하는 날이다. 칠석은 애정의 계절이 아니다. 따라서 고대인의 관념에서 칠석은 혼인하기에 길일이 아니었다. 우랑과 직녀의 애정 역시 원만한 의미를 지니고 있지 못하다. 후베이湖北성 운몽雲夢 수호지睡虎地에서 출토된 진대秦代의 점복占卜 간서簡書인 『일서갑종日書甲種』에는 다음과 같이 우랑직녀로 점을 치는 조목이 나온다. "정축丁丑 기축己丑에 아내를 얻으면 불길하다. 무신戊申 기유己酉에 견우가 직녀를 아내로 얻었는데, 좋은 결과를 얻지 못하고 3년 만에 끝나버렸다."50 "무신 기유에 견우가 직녀를 아내로 얻었는데, 좋은 결과를 얻지 못하고 3년을 넘기지 못한 채 끝나버렸다."51 이로써 볼 때, 고대인의 마음속에서 칠석 이야기는 애정과 혼인에 있어서 흉한 일은 많고 길한 일은 적은 '최하 등급의 점괘'로서 절대로 뽑으면 안 되는 것이었다.

지금 칠석이 정인절이라는 개념을 대대적으로 선전하는 이유 중 하나는 서양의 밸런타인데이에 맞서기 위함이다. 매우 고심한 것이긴 하지만, 칠석을 정인절로 삼는 것은 사물의 근원을 소홀히 한 것이다. 외래의 충격에 대응하고 전통을 '부흥'시키려는 본토 의식은, 외래문화를 참조하여 전통을 새롭게 해석하도록 만든다. 하지만 이 때문에 도리어 '전통'이 외래문화의 졸렬한 모방이 되어버릴 수 있다. 사실 중국에는 원래 나름대로의 정인절이 있다. 서양의 밸런타인데이처럼 중국의 정인절 역시 가을이 아닌 봄에 있다. 고대의 춘분春分·화조花朝·춘사春社·청명淸明·상사上巳 등 봄의 절일은, 농사나 제사와 관련된 의식이 행해지는 날이자 남녀의 사랑이 오가는 애정의 절일이었다. 예로부터 이들 봄의 절일에 노래한 시들에서 흘러 나오는 사랑 이야기는 말할 것도 없고, 송宋·명明 시기의 화본話本과 원元나라 때의 희문戲文을 펼쳐보면, 감정이 풍부한 재자가인들이 청명과 상사에 봄놀이를 하러 나왔다가 한눈에 반해 사랑에 빠진다. 본질적으로 말하자면, 만물이 활짝 피어나고 마음이 흔들리는 봄이야말로 애정이 싹터 자랄 수 있는 계절이다.

제2부

『산해경』의 기기묘묘한 세계

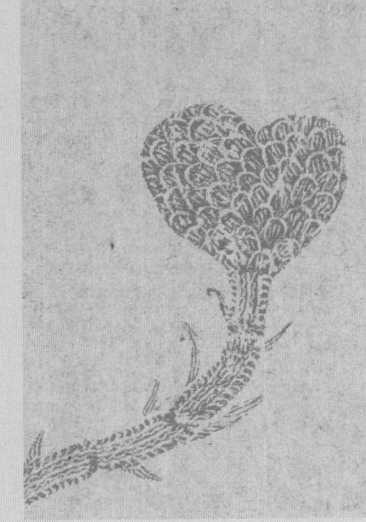

【 6장 】

촉룡이 눈 감으면 밤이 된다

1. 신괴한 '촉룡'

고대 전적에 기록된 촉룡燭龍은 신괴神怪한 색채를 상당히 많이 지니고 있다. 촉룡의 생김새는 사람의 얼굴에 뱀의 몸을 하고 있으며, 몸길이가 천 리에 달한다. 촉룡이 눈을 뜨면 낮이 되고 눈을 감으면 밤이 된다. 촉룡이 뜨거운 입김을 불면 여름이 되고 차가운 입김을 불면 겨울이 되며, 비바람을 부를 수 있다. 이는 확실히 비범한 신물神物이다. 따라서 일찍부터 학자들의 주목을 끌었다.

서북해의 밖, 적수赤水 북쪽에 장미산章尾山이 있다. 신이 있는데, 사람의 얼굴에 뱀의 몸이며 붉다. 눈이 기둥처럼 툭 튀어나와 있는데, 그 눈을 감으면 어두워지고 그 눈을 뜨면 밝아진다. 먹지도 잠자지도 숨 쉬지도 않으며 비바람을 부를 수 있다. 그는 구음九陰을 비춘다. 그를 일러 촉룡이라고 한다.[1] (『산해경』「대황북경大荒北經」)

종산鍾山의 신은 이름을 촉음燭陰이라고 한다. 눈을 뜨면 낮이 되고 눈을 감으면 밤이 된다. 입김을 세게 훅 불면 겨울이 되고 입김을 약하게 호 불면 여름이 된다. 마시지도 먹지도 않으며 숨 쉬지도 않는데, 숨을 쉬면 바람이 된다. 몸길이가 천 리다. (…) 그 생김새는 사람의 얼굴에 뱀의 몸을 하고 붉은빛이다. 종산의 기슭에 산다.[2] (『산해경』「해외북경海外北經」)

촉룡과 촉음은 확실히 동일한 것이다. 곽박郭璞은 '촉음'에 대해, "촉룡이다. 구음을 비추기 때문에 생겨난 이름이다"[3]라고 주를 달았다.
고대 전적 가운데 촉룡 신화는 『산해경』 외에 『초사』 『회남자』 그리고 위서緯書 등에도 보인다.

태양은 어찌 이르지 않고, 촉룡은 어찌 비추는가?[4] (『초사』「천문天問」)

촉룡은 안문雁門 북쪽에 있는데, 이곳은 위우지산委羽之山에 가려서 해가 보이지 않는다. 그 신은 사람의 얼굴에 용의 몸이며 발이 없다.[5] (『회남자』「지형훈」)

하늘이 서북쪽으로 기울어져 있어 그곳은 음양의 변화가 없다. 따라서 용이 화정火精을 머금고 천문天門을 비춘다.[6] (「대황북경」'촉룡'에 대한 곽박의 주에서 인용한 『시함신무詩含神霧』)

『만형경萬形經』에서 이르길 "태양은 사방의 기氣를 따른다"고 했다. 옛 성인이 이르길 "촉룡이 동쪽으로 갈 때 서늘해지고, 서쪽으로 갈 때 따뜻해지고, 남쪽으로 갈 때 뜨거워지고, 북쪽으로 갈 때 매서워진다"고 했다.7(『역위건곤착도易緯乾坤鑿度』 권상)

다들 비슷한 내용으로, 『산해경』에서 비롯된 것이 분명하다.

촉룡에 대한 역대의 해석을 쭉 살펴보면, 촉룡의 원형에 대해 대체로 다음과 같은 몇 가지 설이 있다.

첫째, 촉룡이 태양이라는 설. 이 설은 가장 오래된 것인데, 앞에서 인용한 『역위건곤착도』가 그 선하를 열었다. 청나라 사람 유정섭兪正燮이 『계사존고癸巳存稿』 「촉룡」에서 『역위건곤착도』의 구절을 인용하며 "촉룡은 바로 태양의 이름"이라면서 촉룡에 관한 설이 개천설蓋天說의 우주관에서 비롯되었다고 했다.

둘째, 촉룡이 화촉火燭이라는 설. 이 설을 주장한 장량푸姜亮夫의 『초사통고楚辭通故』 「촉룡」이 근거한 자료는 전부 유정섭으로부터 나온 것이다. 그런데 둘은 큰 차이가 있다. 장량푸는 '촉룡'이 '축융祝融'의 음전音轉(음이 변화한 것)이며, 촉룡 전설은 축융 전설에서 분화한 것이라고 했다. 또한 그는 이렇게 말했다. "고대인은 초목을 묶어서 횃불을 만들었는데, 기다랗고 빛과 열을 내면서 멀리까지 비추며 형태가 용과 비슷하다. 용은 고대의 신물이므로 신이라 이름하고 촉룡이라 한 것이다."

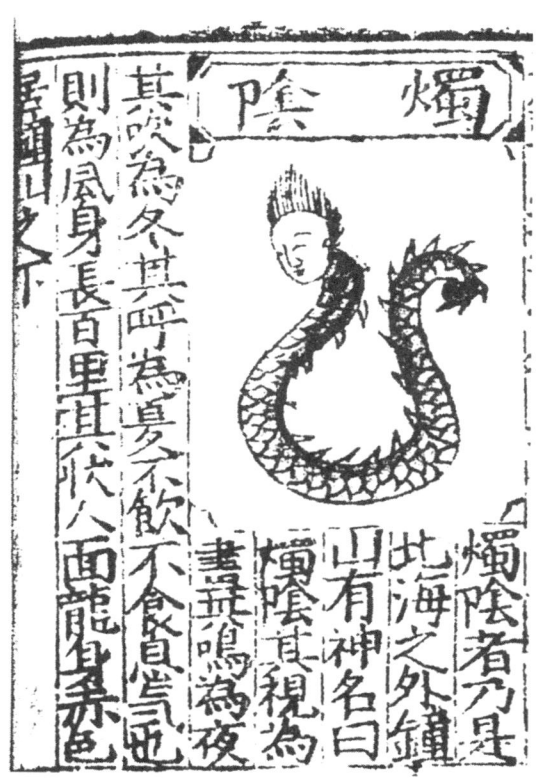

촉음. 명각본明刻本.

셋째, 촉룡이 개벽신이라는 설. 위안커袁珂는 『산해경교주山海經校注』에서 촉룡을 천지개벽의 주인공 반고盤古와 같다고 보았다. 그는 이렇게 말했다. "이 신(촉룡)이 바로 원시의 개벽신이라고 생각하는데, 다음과 같이 임방任昉의 『술이기述異記』에서 증거를 찾을 수 있다. '옛 유자儒者가 말하기를, 반고씨의 눈물은 강이 되고 기氣는 바람이 되었으며 소리는 우레가 되고 눈동자는 번개가 되었다고 한다. 옛말에 이르기를, 반고씨가 기쁘면 날씨가 맑아지고 노하면 흐려진다고 한다.' 『광박물지廣博物志』 권9에서 인용한 『오운역년기五運歷年紀』에서는 이렇게 말하고 있다. '반고지군盤古之君은 용의 머리에 뱀의 몸이다. 입김을 천천히 불면 비바람이 되고 세게 불면 천둥 번개가 되며, 눈을 뜨면 낮이 되고 눈을 감으면 밤이 되었다.' 확실히 이와 같다. 반고는 후대 전설의 개벽신이다."

이상의 설은 모두 일방적인 주장이라서 따를 수가 없다.

첫째, 촉룡이 "눈을 뜨면 낮이 되고 눈을 감으면 밤이 된다"는 「해외북경」의 말에서는 촉룡이 태양과 유사하지만, 「천문」에서는 "태양은 어찌 이르지 않고, 촉룡은 어찌 비추는가?"라고 했다. 또한 『회남자』 「지형훈」에서는 "촉룡은 안문 북쪽에 있는데, 이곳은 위우지산에 가려서 해가 보이지 않는다. 그 신은 사람의 얼굴에 용의 몸이며 발이 없다"고 했다. 그리고 『시함신무』에서는 "하늘이 서북쪽으로 기울어져 있어 그곳은 음양의 변화가 없다. 따라서 용이 화정을 머금고 천문을 비춘다"고 했다. 이는 촉룡이 있는 곳이 태양빛이 닿지 않는 어두컴컴한 영역임을 명백히 말해주는 것으로, 촉룡은 태양이 아님이 확실하다. 따라서 '태양설'은 따를 수 없다.

둘째, '촉룡'과 '축융'은 물론 음이 비슷하지만, 전적에 기록된 축융의 일은 앞에서 인용한 축융의 일과 전혀 관계가 없다. 그리고 '촉룡'의 이름이 "초목을 묶어서 횃불을 만든" 형태에서 비롯되었다는 것은 순전히 주관적인 판단이다. 촉룡이라는 신이 초목으로 만든 횃불과 무슨 관계가 있단 말인가? 따라서 장량푸의 '화촉설' 역시 따를 수 없다.

셋째, 반고가 개벽신이라는 것에 대해서는 『예문유취藝文類聚』 권1에서 인용한 『삼오력기三五歷紀』에 다음과 같이 나와 있다. "천지가 달걀처럼 혼돈의 상태일 때, 반고가 그 속에서 태어났다. 1만 8000년이 지나 하늘과 땅이 열렸는데, 가볍고 맑은 것은 하늘이 되고 무겁고 탁한 것은 땅이 되었다. 반고는 그 가운데 존재하며 하루에 아홉 번 변화했는데, 하늘보다 신비하고 땅보다 성스러웠다. 하늘은 날마다 한 길씩 높아졌고, 땅은 날마다 한 길씩 두터워졌으며, 반고는 날마다 한 길씩 자라났다. 이렇게 하기를 1만 8000년이 지나자, 하늘은 지극히 높아졌고 땅은 지극히 깊어졌으며 반고는 지극히 자랐다."[8] 여기서는 천지가 뒤섞여 있었는데, 반고가 하늘과 땅을 갈라놓았다고 했다.

청나라 마숙馬驌의 『역사繹史』 권1에서 인용한 『오운역년기』의 내용은 다음과 같다. "천기天氣가 혼돈한 데서 맹아가 싹트기 시작해 마침내 천지가 나뉘었다. 건곤乾坤이 시작되고 음陰이 열려 양陽에 감응하니, 원기元氣가 퍼져 중화中和를 잉태함에 인간이 생겨났다. 처음으로 반고가 태어났는데, 죽은 뒤 그 몸이 다른 것들로 변했다. 기는 바람과 구름이 되고, 소리는 우레가 되고, 왼쪽 눈은 태양이 되고, 오른쪽 눈은 달이 되고, 사지와 오체는 사극四極과 오악五岳이 되고, 피는 강이 되고, 근맥은 길이 되고, 피부와 살은 밭이 되고, 머리털과 수염은 별이 되고, 몸의 털은 초목이 되고, 치아와 뼈는 금속과 돌이 되고, 정수精髓는 주옥이 되고, 땀은 비와 이슬이 되고, 몸에 있는 여러 벌레는 바람에 감응하여 많은 백성이 되었다."9 여기서는 세상 만물이 모두 반고가 죽은 뒤 그 몸이 변화한 것이라고 했다.

임방의『술이기』에서는 이렇게 말하고 있다. "옛날에 반고가 죽자, 머리는 사악이 되고 눈은 해와 달이 되었으며 기름은 강과 바다가 되고 털은 초목이 되었다. 진·한 때의 속설에 의하면, 반고씨의 머리는 동악이 되고 배는 중악이 되었으며 왼팔은 남악이 되고 오른팔은 북악이 되었으며 발은 서악이 되었다고 한다. 옛 유자가 말하기를, 반고씨의 눈물은 강이 되고 기는 바람이 되었으며 소리는 우레가 되고 눈동자는 번개가 되었다고 한다. 옛말에 이르기를, 반고씨가 기쁘면 날씨가 맑아지고 노하면 흐려진다고 한다. 오吳·초楚 지역에서 말하기로는, 반고씨 부부가 음양의 시작이라고 한다. 지금 남해南海에는 반고씨의 묘가 있는데 300여 리에 달한다. 세간에서 말하기로는, 후세 사람들이 반고의 혼을 거두어 장사지냈다고 한다. 계림桂林에 반고씨의 사당이 있는데, 지금도 사람들이 제사를 지낸다."10

『삼오력기』와『오운역년기』의 작자인 서정徐整은 삼국三國시대 사람이고, 임방은 남북조南北朝시대 양나라 사람이다. 이전의 선진 및 진·한 시기의 문헌인『초사』「천문」이나『회남자』「원도훈原道訓」 등에서는 창세 시기를 서술하면서 반고를 언급하지 않았다. 따라서 반고의 창세 신화는 그 출현 시기가 비교적 늦다. 임방이 오·초 지역의 이야기를 인용하고 남해 반고씨의 묘와 계림 반고씨의 사당을 언급한 것에 근거한다면, 반고 신화는 위魏·진晉 시기에 남방 민족으로부터 전해진 것임을 알 수 있다.

반고의 주요 행적은 천지를 개벽한 것과 만물로 화생化生한 것이다. 그런데 여러 책에 보이는 촉룡에 대한 기록에는 개벽과 창세에 관한 내용이 전혀 보이지 않는다. "눈을 뜨면 낮이 되고 눈을 감으면 밤이 된다……"라는 「해외경」의 내용 역시 창세와는 무관하다. "반고지군은 용의 머리에 뱀의 몸이다. 입김을 천천히 불면 비바람이 되고 세게 불던 천둥 번개가 되며, 눈을 뜨면 낮이 되고 눈을 감으면 밤이 되었다." 『광박물지』 권9에서 인용한 『오운역년기』의 이 내용은, 반고와 촉룡을 억지로 한데 합친 것이 분명하다. 촉룡이 '개벽신'이라는 위안커의 설은 이상과 같은 이유로 인해 오류가 있다.

선진·양한 시기의 책에서 언급한 촉룡은 모두 『산해경』에서 나온 것이므로, 촉룡 신화의 내력을 고찰하려면 『산해경』부터 살펴봐야 한다. 촉룡에 대해 『산해경』에서 서술하고 있는 내용의 요점은 다음 세 가지다.

첫째, 촉룡의 방위. 「대황북경」에서는 촉룡이 '서북해의 밖' 장미산에 있다고 명백히 말했다. 즉 촉룡이 등장하는 장면은 '대황경大荒經' 판도의 서북쪽 귀퉁이다. 「해외북경」의 서사는 서북쪽 귀퉁이에서 시작해 동북쪽 귀퉁이에서 끝난다. 촉음이 「해외북경」 앞부분에 배치되어 있으므로, '해외경海外經' 판도에서 촉음 역시 서북쪽 귀퉁이에 자리하고 있는 것이다.

둘째, 촉룡의 형상. '대황경'에서는 "사람의 얼굴에 뱀의 몸이며 붉다. 눈이 기둥처럼 툭 튀어나와 있다"고 했다. '해외경'에서는 "몸길이가 천 리다" "그 생김새는 사람의 얼굴에 뱀의 몸을 하고 붉은빛이다"라고 했다.

셋째, 촉룡의 신괴함. '대황경'에서는 "그 눈을 감으면 어두워지고 그 눈을 뜨면 밝아진다. 먹지도 잠자지도 숨 쉬지도 않으며 비바람을 부를 수 있다"고 했다. '해외경'에서는 "눈을 뜨면 낮이 되고 눈을 감으면 밤이 된다. 입김을 세게 훅 불면 겨울이 되고 입김을 약하게 호 불면 여름이 된다. 마시지도 먹지도 않으며 숨 쉬지도 않는데, 숨을 쉬면 바람이 된다"고 했다. 촉룡이 눈을 뜨고 감는 것은 낮과 밤의 시간과 관련되어 있고, 촉룡이 입김을 내쉬는 것은 계절과 관련되어 있으며, 그 숨결은 바람과 비 같은 기상 현상과 관련되어 있다. 그렇다면 촉룡의 신이함은 죄다 시서時序[11]와 관계가 있는 것이다. 고대인이 촉룡에 관심을 가졌던 주된 이유도 바로 여기에 있다. 촉룡과 시서의 관계에 대해서 고대인이 많은 말을 했으니, 촉룡 신화의 맥락을 살피려면 우선 여기에 눈을 돌려야 할 것이다.

촉룡이 상징하는 것은 대체 어떤 자연현상일까? 대화大火로 기시紀時하던 고대 중국인의 습속을 이해한다면, 하늘의 용을 연상하는 것이 어렵지 않을 것이다. 즉 촉룡이 상징하는 것은, 하늘에 구불구불 이어진 창룡蒼龍 성상星象이다.

2. '촉룡'과 용성

나는 「비룡은 하늘에飛龍在天」라는 글에서 이미 다음과 같은 내용을 지적한 바 있다. 상고시대에 중국인에게는 용성龍星[12]으로 기시하던 원시 역법이 오랫동안 전해졌다. 즉 창룡 성상의 출몰 주기와 방위에 근거해 계절과 농사철을 판단했던 것이다. 용성의 출몰 주기와 방위는 한 해의 농사철 주기와 시종 함께했다. 봄에 봄갈이가 시작될 때, 용성은 황혼녘 동쪽에 떠오른다. 여름에 작물이 생장할 때, 반짝반짝 빛나는 용성은 황혼녘 남쪽 밤하늘에 높이 걸려 있다. 가을에 농작물을 수확할 때, 용성은 황혼녘 서남쪽 아래로 떨어지기 시작한다. 겨울에 만물이 칩복蟄伏할 때, 용성 역시 북방의 땅속으로 숨어들어가 보이지 않게 된다. 용성 성상과 농사철 주기의 완벽한 관계는, 고대인이 농사철을 판단하는 믿을 만한 근거로 기능했다. 고대인은 아주 오랫동안 용성의 출몰 주기에 근거해 농사철을 판단하고 역법을 제정함으로써 안녕을 추구하고 재앙을 피했다. 역법제도는 인류의 시간관과 공간관의 기초를 마련했다. 시간과 공간은, 인류의 인지와 실천에 있어서 기본적이고 직관적인 형식이다. 용성 기시제도는 고대 화하세계의 시간관과 공간관의 토대로 기능했고, 이로써 상고시대 화하세계의 행위·습속·의식儀式·지식·서사敍事를 빚어냈다. 화하세계의 용 숭배는 바로 용성 기시제도에서 기원했으며, 용의 원형은 바로 천상의 용성이다. 화하 신화에서는 사람의 얼굴에 용의 몸을 하고 있는 형상을 흔히 볼 수 있다. 복희·여와·공공共工·염제신농炎帝神農 등이 그 예다. 이는 바로 용성 기시제도가 상고시대 서사에 남긴 뚜렷한 흔적이다. 촉룡은 '용'이라는 이름을 지니고 있으며 '용'의 형상을 하고 있다. 그렇다면 촉룡 역시 용성 기시제도와 관계가 있지 않겠는가?

  앞에서 나는 '해외경'과 '대황경'에서 묘사한 촉룡의 특징을 세 가지로 설명했다. 용성 기시제도에 근거해서 이 세 가지 측면을 적절히 설명할 수 있다.

첫째, 촉룡이 서북쪽에 있다는 것은 시령時令과 관계있다. 촉룡이 서북쪽에 있는 것의 함의를 이해하기 위해서는 먼저 『산해경』 판도의 전체 구조와 그 의미를 밝힐 필요가 있다.

『산해경』의 '해외경'과 '대황경', 즉 『해경』은 그림을 서술한 것이다. 먼저 그림이 있었고 나중에 이를 문자로 기록한 것으로, 문자는 단지 그림에 대한 묘사일 뿐이다. 그런데 『산해경』이 근거한 그림은 금본今本 『산해경』에 보이는 이인異人과 괴물 삽도가 아니다. 현재 볼 수 있는 삽도들은 그저 후세의 호사가들이 『산해경』의 기록을 보고 견강부회하여 그린 것일 뿐이다. 『한서』 「예문지」에 저록된 『산해경』에는 그림이 언급되어 있지 않은 것으로 봐서 『산해경』의 옛 그림이 일찍감치 사라졌음을 알 수 있다. 비록 사라지긴 했지만 『산해경』의 구조와 내용을 통해서 옛 그림의 틀을 대략적으로 살필 수 있다. '해외경'과 '대황경'은 각각 남서북동과 동남서북의 방향에 따라 서술되어 있다. 그 내용은 주로 사방의 산천·풍속·인물·신괴다. 그런데 그 내용은 사람들이 상상하는 것처럼 단순히 지리나 공간하고만 관련된 것이 아니라, 천문역수天文曆數처럼 시간성과 관련된 기록도 도처에서 볼 수 있다. 특히 주목할 만한 것은, '해외경'에 나오는 구망句芒·축융祝融·욕수蓐收·현명玄冥의 사방신에 관한 기록이다. 이 사방의 신은 바로 월령 체계 속의 사시의 신이다. 이 네 신의 이름은 춘하추동 네 계절과 관련이 깊다. 또 주목할 것은, '대황경'의 사방풍四方風과 사방신이다. 이 사방풍과 사방신의 이름은 은허복사 및 『상서』 「요전」에 나오는 사방풍 및 사방신의 이름과 상호 인증할 수 있기 때문에 일찍부터 학자들의 관심을 끌었다. 후허우쉬안胡厚宣은 일찍이 1940년대에 사방풍이 사시풍四時風이며, 사방의 신이 바로 사시의 신으로서 춘하추동 사계절의 상징임을 지적한 바 있다. 사방신이 사시의 신이라는 것은, 『해경』의 옛 그림의 사방이 동서남북의 사방을 나타내는 것 이상으로 춘하추동의 사시를 나타내고 있었음을 잘 말해준다. 옛 그림의 전체 구조는 공간적 의미뿐만 아니라 그보다 더 중요한 의미를 지니고 있는데, 바로 시간의 흐름을 나타내고 있다. 즉 『해경』의 옛 그림의 구조는 공간 구조라기보다는 시간의 서열이며, 지도라기보다는 시서도時序圖다. 사실 그것은 그림 형식의 원시『월령』이다. 『해경』의 옛 그림의 시서 구조는, '해외경'과 '대황경'의 기록을 공간적 각도에서 이해할 수 있을 뿐만 아니라 무엇보다도 시서의 각도에서 이해해야 함을 말해준다. 즉 '해외경'과 '대황경'에 기록된 것들은, '해외'와 '대황'에 있는 해당 지역의 사물일 뿐만 아니라 시서의 추이와 세시의 순환에 나타나는 징후인 것이다.

촉룡은 '해외경'과 '대황경' 판도의 서북쪽 모퉁이에 자리하고 있다. 서방은 가을이고 북방은 겨울이므로, 서북은 가을과 겨울의 교차 지점에 해당된다. 즉 시간과 공간이 융합된 구조를 지닌 시서 도식 속에서, 촉룡이 '서북쪽 귀퉁이'에 있다는 것은 그것의 방위를 나타내는 동시에 가을과 겨울이 교차되는 절기임을 나타내는 것이다.

가을과 겨울이 교차되는 시기는 창룡이 절기를 나타내는 주기에서 아주 중요한 지점이다. 용성은 황도黃道를 따라 돌면서 봄에는 올라가고 가을이면 내려오는데, 가을과 겨울이 교차하는 황혼녘이 되면 창룡이 아래로 숨기 시작한다. 때문에 고대인은 창룡이 숨기 시작하는 때를, 가을이 끝나고 겨울이 시작하는 시령을 판단하는 근거로 삼았다. 『대대례기』「하소정夏小正」 '구월九月'에서는 이렇게 말했다. "화火가 들어간다: 화는 대화大火다. 대화는 심수心宿다."[13] "주로 하는 일은 나가서 불을 놓는 것이다: 주로 이때 사냥하러 나가서 불을 놓는다."[14] "화가 들어간다"는 것은 대화가 침잠해 들어간다는 의미다. 이때는 가을걷이가 이미 끝난 뒤이므로 들을 불살라도 된다. 중요한 이유는 생태를 파괴하지 않기 위해서다. 불을 놓는 때는 반드시 곤충이 칩복한 이후였다. 『예기』「왕제王制」에서는 "곤충이 칩복하기 전에는 들에 불을 지르고 사냥하면 안 된다"[15]고 했다. 『회남자』「주술훈主術訓」에서는 "곤충이 칩복하기 전에는 불을 놓아 들을 태우면 안 된다"[16]고 했다. 9월은 곤충이 칩복할 때로, 「하소정」에서 9월에 "주로 하는 일은 나가서 불을 놓는 것이다"라는 문장에 뒤이어 "칩蟄"[17]이라는 말이 나온다. 『월령』에서는 "계추季秋(음력 9월) (…) 칩복하는 벌레는 모두 땅속으로 숨어들어가 웅크리고 있으며, (겨울 한기를 피하기 위해) 구멍을 틀어막는다"[18]고 했다. 『좌전』「애공哀公 13년」에서는 "대화가 모습을 감춘 이후에는 칩복하는 벌레도 모두 땅속으로 숨는다"[19]고 했다. 대화가 모습을 감추어 보이지 않는 것이 바로 벌레가 칩복하는 표지였던 것이다.

대화가 모습을 감추면 벌레가 땅속으로 숨고, 벌레가 모두 칩복하면 들에 불을 놓았다. 따라서 대화가 모습을 감추어 보이지 않는 것은 고대 화전농업 시대에서 시서를 알려주는 중요한 표지였다. 고대 역법 월령도인 '해외경'과 '대황경'에서 촉룡을 가을과 겨울이 교차되는 서북쪽 귀퉁이에 대응시킨 것 역시 촉룡의 성상을 가을과 겨울이 교차되는 표지로 삼기 위함이었다.

　둘째, 촉룡이 사람의 얼굴에 뱀의 몸을 하고 있으며 붉은빛이고 몸 길이가 천 리에 달한다는 것은 고대인의 마음속에 있던 용성의 형상이기도 하다. 창룡은 각角·항亢·저氐·방房·심心·미尾·기箕로 이루어진 별자리로, 아주 장관을 이루며 하늘에 구불구불 이어져 있다. 고대인이 이것을 용이라 명명하고 뱀과 같은 형태에 비유한 것은 제대로 관찰한 것이다. 몸길이가 천 리에 달한다는 것은 과장된 말일까? 하늘에 걸쳐 있는 창룡의 길이를 광년으로 계산한다면 어찌 천 리에 그치겠는가! 촉룡이 붉은빛이라고 했는데, 바로 대화가 붉은빛이다. 현대 천문학 관측에 의해 심수(대화)의 분광이 붉은빛임이 증명되었다. 시안西安 자오퉁交通대학에서 출토된 전한 시기의 무덤에 그려진 28수 벽화에는 모든 별이 흰색인데 오로지 대화만 붉은색이다. 대화를 붉은빛으로 여겼던 것이 고대인의 보편적 관념이었음을 알 수 있다. 하지만 별빛은 날씨를 비롯한 여러 요소의 영향을 받아 일정하지 않고 애매한 경우가 많다. 하늘에 가득한 별을 보면 대부분 흰빛이다. 그 빛깔의 차이가 아주 미세하기 때문에 진지하게 관찰하지 않는다면 알아차리기 어렵다. 고대인이 대화를 붉은빛으로 생각했던 건, 대화의 별빛이 어렴풋하게 붉은빛을 띤 것에서 기인했다기보다는 대화가 불을 놓을 시기와 관련 있기 때문에 그것을 붉은빛으로 상상한 데서 기인했다고 보는 편이 낫겠다. 인간의 상상 그리고 심지어는 감각까지도 종종 관념의 제약을 받는다. 고대인은 대화의 출몰을 바로 들을 불사를 시기의 표지로 여겼기 때문에 불火로써 이 별을 명명했고 나아가서 불의 형상으로써 이 별을 상상하고 감지했다. 이렇게 해서 사람들의 관념 속에서 이 별의 빛깔은 마침내 불처럼 붉은 색채로 물들었던 것이다.

고대인이 용성에 관심을 가졌던 것은 바로 대화에 대한 관심에서 비롯되었다. 용성의 출몰은 바로 대화가 나오고 들어가는 표지였다. 따라서 대화의 빛깔에 대한 상상이 용성 전체로 확대되어 용성 역시 붉게 물들었다. 용성은 전체적으로 붉은빛의 커다란 용으로 보였고, 이로 인해 이 용이 '촉룡' 혹은 '촉음'으로 명명되었던 것이다. '촉燭'은 불火이다. 따라서 '촉룡'이란 '화룡火龍'을 가리킨다. 훗날 오행설이 유행하면서 봄과 동방은 오행 체계 속에서 '창蒼(푸른빛)'에 속하게 되었고, 이로 인해 봄(동방)의 성상인 용성 역시 창룡으로 변하게 된 것이다. 사실 그 근본을 탐구해보면, 붉은빛이야말로 그것의 본래 빛깔이다. 또한 창룡의 본래 이름이 '촉룡'이고 붉은빛이라는 것은 대화뿐 아니라 창룡 전체가 들을 불사를 시기의 표지로 간주되었음을 암시한다. 따라서 '화火'는 단독으로 심수(대화)를 가리키는 동시에 창룡의 통칭이기도 하다.

셋째, 촉룡의 신괴함을 보자면, 촉룡의 숨결과 눈의 개폐가 계절과 밤낮의 교체와 관련되어 있으며 비바람까지 부를 수 있으니 그야말로 신기하다고 할 수 있다. 하지만 촉룡이 바로 창룡이라는 것, 즉 고대인이 천상天象을 관측하고 시간을 확정하던 근거인 별자리였음을 명백히 안다면, 촉룡의 모든 신기함 역시 그다지 이해하기 어려운 게 아니다. "그것이 보이지 않으면瞑 어두워지고晦 그것이 보이면視 밝아진다明,"[20] 먹지도 잠자지도 숨 쉬지도 않으며 비바람을 부를 수 있다"는 「대황북경」의 기록, "보이면視 낮이 되고 보이지 않으면瞑 밤이 된다.[21]

입김을 세게 훅 불면 겨울이 되고 입김을 약하게 호 불면 여름이 된다. 마시지도 먹지도 않으며 숨 쉬지도 않는데, 숨을 쉬면 바람이 된다"는 「해외북경」의 기록은 용성으로 때를 판단하던 시기의 고대인이 1년 사시의 기상 현상과 용성의 운행 간의 관계를 어떻게 인식했는지 말해주는 것이다.

촉룡은 생물이 아니기 때문에 먹지도 잠자지도 숨 쉬지도 않는다. 물론 눈이 없어서 볼 수도 없고 입이 없어서 숨 쉴 수도 없다. 「대황북경」의 '시視'는 '시示(보이다)'와 통한다. 주준성朱駿聲의 『설문통훈정성說文通訓定聲』 「이부履部」에서는 "시視는 시示로 가차假借된다. (…) 『한서』에서는 시視로써 시示를 나타낸 경우가 많은데, 두 글자는 고대의 통용자다"22라고 했다. 『상서』 「낙고洛誥」에서는 "공께서 머물 곳(주나라의 도읍)을 정하시고 사자를 보내어, 아름답고 늘 길한 거처라는 점괘를 나에게 보여주셨소視"23라고 했다. 『시경』 「소아·녹명鹿鳴」에서는 "백성에게 진중함을 보이시니視, 군자가 그것을 본받네"24라고 했다. 이에 대해 정현의 전箋에서는 "시視는 옛 '시示' 자다"25라고 했다.

촉룡이 '보인다視'는 것은 하늘에 있는 용성이 뚜렷하게 보인다는 의미다. 『주역』 「건괘乾卦」에서 "드러난 용見龍은 밭에 있다"26 "나는 용飛龍은 하늘에 있다"27고 한 것이 바로 이것이다. 이와 반대로 촉룡이 '보이지 않는다瞑'는 것은 용성이 모습을 감추어 보이지 않는 것을 가리킨다. 『주역』 「건괘」에서 "잠긴 용潛龍이니 쓰지 말라"28고 한 것이 바로 이것이다. 촉룡의 모습이 보이지 않으면 어두워지고 보이면 밝아진다고 했는데, 고대인이 용성을 관찰한 것은 밤낮을 구별하기 위해서가 아니라 시간 흐름에 따른 계절의 변화를 구별하기 위해서였다. '회명晦明'은 하루의 낮과 밤을 가리키기도 하지만 날씨의 어둠과 밝음을 가리키기도 한다. 용성이 모습을 감추는 때는 바로 낮이 짧고 밤이 길며 만물이 깊숙이 숨는 겨울이다. 그리고 용성이 하늘 높이 뜨는 때는 바로 햇빛이 왕성하고 만물이 무성하게 자라는 여름이다. 따라서 용성의 출몰에 근거해 겨울과 여름에 따라 어두워지고 밝아지는 계절을 구별했음을 의미한다.

촉룡의 비바람과 입김은 용성의 운행과 사시에 따른 기상 관계를 말한 것이다. 기상은 계절과 관련이 있다. 사시에 따른 비바람의 변화로 사시의 풍경이 바뀐다. 고대에는 풍향을 관찰하는 제도가 있었다. 계절풍의 흐름의 변화를 관찰함으로써 계절과 농사철을 판단했던 것이다. 성상 역시 계절과 관련되어 있으므로 이에 근거해 기상을 예측했다. 『시경』「소아 · 점점지석漸漸之石」에서는 "달이 필성畢星 가까이에 있으니 큰비가 쏟아질 것이다"29라고 했다. 『상서』「홍범」에서는 "백성은 별과 같으니, 어떤 별은 바람을 좋아하고 어떤 별은 비를 좋아합니다"30라고 했다. 또 『국어』「주어」에서는 이렇게 말했다. "진각성이 나타나면 장마철이 끝나고, 천근성이 나타나면 물이 마르고, 본성이 나타나면 초목이 조락하고, 사성이 나타나면 서리가 내리고, 화성이 나타나면 서늘한 바람이 불어와 추위에 대비합니다."31

이상은 고대인이 성상을 통해 날씨를 예측했던 예다. 고대인은 용성을 관찰함으로써 계절을 알았고 기상도 알 수 있었다. 앞에서 인용한 「주어」의 내용은, 고대인이 용성에 근거해서 계절에 따른 기상을 예측했던 명백한 증거다. 이밖에도 『좌전』「환공 5년」에서는 "용성이 나타나면 기우제를 지낸다"32고 했다. 즉 봄과 여름이 교차되는 황혼

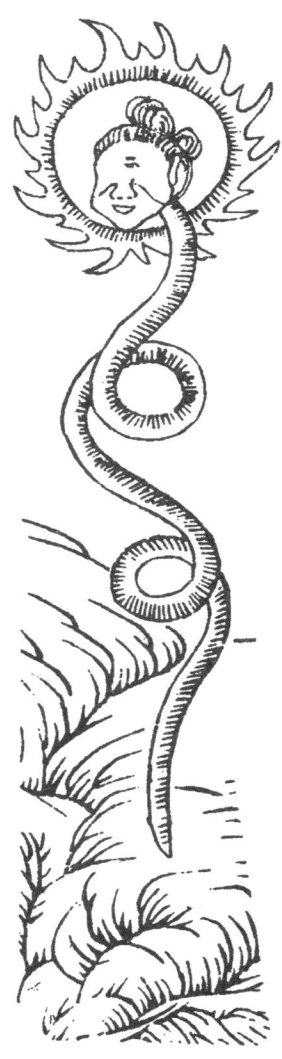

촉룡. 청나라 성혹인成或因이 그린 『산해경』 삽도.

녘에 용성이 뜰 때 기우제를 거행해야 한다는 것이다. 용성이 우기를 상징한다고 생각했음을 알 수 있다. 「대황북경」의 언급은 촉룡이 정말로 비바람을 부른다는 게 아니라 용성의 출몰이 사시에 따른 비바람의 변화와 서로 호응한다는 것을 의미한다. 질풍이 휘몰아치면 한겨울이고, 훈풍이 불면 한여름이다.

정리하자면, 촉룡의 방위와 형상과 신괴함에 관한 '해외경'과 '대황경'의 기록은 용성 기시제도에 근거해 보면 실제와 일일이 맞아떨어진다. 따라서 '촉룡'의 원형이 바로 용성이라고 단정할 만한 충분한 이유가 있는 것이다.

3. '촉룡'이라는 명칭의 내력

앞에서 말했듯이, 고대인이 들을 불사르던 시기와 관련하여 '대화'라는 명칭이 생겨났다. 그리고 '용성'의 출몰에 따라 벌레도 깨어나고 칩복했다. 대화와 용성이라는 명칭 모두 절기를 알려주던 역할에서 기인한 것이다. 용성을 '촉룡'이라고 한 것에서도 그러한 의미를 찾을 수 있다.

'촉燭'이라는 글자는 본래 아마도 대화 혹은 용성을 가리켰을 것이다. '촉燭'은 '화火'와 '촉蜀'으로 이루어진 회의會意 겸 형성形聲 글자다[33]. '촉蜀'의 본뜻은 누에蠶다.『설문해자』에서는 이렇게 말했다. "촉蜀은 해바라기에 있는 누에葵中蠶다. 뜻은 충虫을 따른다. 위쪽의 '目'은 촉蜀(누에)의 머리 모양이고, 가운데는 그것의 몸이 꿈틀거리는 것蜎蜎을 본떴다.『시경』에서 '꿈틀거리는蜎蜎 촉蠋(누에)'이라고 했다."[34] 이에 대해 단옥재段玉裁의 주에서는 이렇게 말했다. "규葵(해바라기)가 『이아석문』에는 '상桑(뽕나무)'으로 나와 있다.35 『시경』에서 '꿈틀거리는 누에, 오래도록 뽕나무 들판에 있누나'라고 한 것으로 보아 '상桑'으로 쓰는 것이 낫다."36 『경전석문經典釋文』과 단옥재의 주에 근거해 볼 때, 『설문해자』에서 "해바라기에 있는 누에"라고 한 것은 "뽕나무에 있는 누에"가 되어야 한다. 왕선겸王先謙 역시 『시삼가의집소詩三家義集疏』에서 '규葵'가 '상桑'의 오자라고 했는데, 그의 말이 맞다. 『설문해자』에서 인용한 『시경』의 내용은 「빈풍豳風·동산東山」에 나오는 것이다. 모전毛傳에서는 "꿈틀거린다蜎蜎는 것은 촉蠋의 모습이다. 촉蠋은 뽕나무벌레다桑蟲"라고 했다.37 뽕나무벌레는 바로 누에다. 『설문해자』에서는 '촉蜀' 자를 설명하면서 『시경』의 "연연자촉蜎蜎者蠋"38이라는 구절을 인용했는데, 여기서의 '촉蠋' 자는 본래 '촉蜀' 자다. 왕선겸 역시 '촉蜀' 자가 정자正字라고 했다. '촉蜀'의 본의는 누에를 가리키는 것이다.

'촉燭'은 용성을 가리킨다. '촉燭'에 '화火'가 들어 있는 것은, 화전을 경작할 때임을 알리는 표지임을 나타내기 위함이다. 또한 용성의 출몰은 바로 대화가 나오고 들어가는 표지였다. '촉燭'에 누에를 의미하는 '촉蜀'이 들어 있는 것은, 용성이 뜨는 시기를 누에치기할 때의 표지로 삼았기 때문이다. 이처럼 용성이 동쪽에 뜨면 중춘仲春과 경칩驚蟄의 표지다. 중춘에는 칩복하고 있던 벌레들이 모두 움직이고, 누에 역시 꿈틀꿈틀한다. 그리고 여자의 일손이 바빠진다. 『대대례기』「하소정」에서는 "3월 (…) 뽕나무를 끌어당긴다. (…) 계집종들과 부인이 누에치기를 시작한다"39고 했다. 『월령』에서는 이렇게 말했다. "계춘季春 (…) 야우野虞에게 명해 뽕나무와 산뽕나무를 베지 못하게 한다.

(…) 누에 채판을 갖춘다. 후비后妃는 재계齋戒하고 동향東鄕에서 친잠親蠶한다. 부녀자들의 장식을 금하는데, 이는 여인네의 일을 덜어 누에치기를 권장하기 위함이다."⁴⁰ 음력 3월에 뽕잎을 따서 누에를 치는데, 그 전달인 음력 2월에는 누에씨를 준비한다.『주례』「하관夏官」에서는 "마질馬質은 (…) 만잠晩蠶⁴¹을 금한다"⁴²고 했다. 이에 대해 정현의 주에서는 옛 『잠서蠶書』를 인용하여 이렇게 말했다. "누에는 용의 정령이다. 달이 대화와 만나면 누에씨를 씻는다."⁴³ 달이 대화와 만난다는 것은 보름날의 만월이 대화 쪽에 자리한다는 말이다. 황혼녘 대화와 만월이 동시에 동쪽에서 뜨는 이때가 바로 음력 2월로, 누에씨를 씻는 시기다. "누에는 용의 정령"이라는 옛『잠서』의 말은, 고대인이 용성을 누에치기의 표지로 삼았음을 증명한다. 용성은 고대인에게 누에치기할 시기를 알려주던 표지로서, 이와 관련하여 '촉燭'이라고 명명되었다. 이 때문에 용성을 나타내는 '촉燭'에 누에를 뜻하는 '촉蜀'이 들어 있는 것이다. '촉燭'의 '화火'는 화전 경작을 나타내고, '촉蜀'은 누에치기와 방직을 나타낸다. 하나의 말에 두 가지 의미가 들어 있는 '촉燭' 자는, 남자는 농사짓고 여자는 옷감 짜던 것의 생생한 묘사다. 고대인이 글자를 얼마나 절묘하게 만들었는지 이를 통해 짐작할 수 있다.

앞에서 인용한 「빈풍·동산」의 "연연자촉蜎蜎者蠋, 증재상야烝在桑野"라는 구절에 나오는 '촉蠋' 자는 별의 이름으로 해석해야 한다. 모전毛傳에서 이를 누에로 해석한 것은 글자만 보고 뜻을 대충 짐작한 것이다. 「동산」 전체의 내용은 다음과 같다.

동산으로 출정 갔던 나, 오래도록 돌아오지 못했노라.

동쪽에서 돌아올 적, 부슬비가 부슬부슬.

나 동쪽에 있을 적 돌아간다고 하기에, 마음으로 서쪽을 그리며 슬퍼했지.

일상복 지어 입고, 앞으로 다시는 군에 나가 하무를 물지 말아야지.

꿈틀거리는 누에, 오래도록 뽕나무 들판에 있누나.(구불구불한 촉성蠋虫로, 동방에서 떠오르는구나.)⁴⁴

웅크리고 홀로 잠들던 나, 수레 밑에 있었지.

동산으로 출정 갔던 나, 오래도록 돌아오지 못했노라.

동쪽에서 돌아올 적, 부슬비가 부슬부슬.

하눌타리 열매 열고, 넝쿨은 지붕까지.

방에는 쥐며느리, 문에는 갈거미.

마당은 사슴 놀이터, 반딧불이 번쩍번쩍.

두려울 것 없어라, 그리울 뿐이니.

동산으로 출정 갔던 나, 오래도록 돌아오지 못했노라.

동쪽에서 돌아올 적, 부슬비가 부슬부슬.

(비가 오면) 황새는 개밋둑 위에서 기뻐서 우는데, 아내는 (원정 나간 남편 걱정에) 방에서 탄식하누나.

물 뿌려 청소하고 쥐구멍 막으며 나를 기다리더니, 내가 마침내 돌아왔소.

덩굴에 매달린 쓴 박, 오래도록 장작더미 곁에 있었구나.

내가 보지 못한 지, 지금까지 세 해나 되었다니.

동산으로 출정 갔던 나, 오래도록 돌아오지 못했노라.
동쪽에서 돌아올 적, 부슬비가 부슬부슬.
꾀꼬리가 하늘에서 날고, 그 깃이 찬란히 빛났지.
내 아내 시집오던 날, 황부루와 월따말을 탔지.
장모님은 딸에게 폐슬을 둘러주셨고, 혼인의식은 얼마나 까다롭고 복잡했던지.
새색시일 때 너무도 고왔는데, 오랜 시간이 지난 지금은 어떤 모습일까?⁴⁵

출정 나갔던 남자가 고향을 그리며 노래한 시다. 전쟁터에서의 고달픔, 독수공방하고 있을 가련한 아내에 대한 그리움, 신혼에 대한 추억 등을 노래하고 있다. 1장과 2장의 내용에서, 하루를 묻는다거나 수레 밑에서 노숙한다거나 반딧불이 번쩍인다는 것으로 보아 틀림없이 밤이다. 그런데 어떻게 누에가 꿈틀거리는 모습까지 자세히 볼 수 있었단 말인가?⁴⁶ 이전 사람들이 '촉蠋'을 곧 누에로 생각했던 것은, 그다음에 나오는 '상야桑野'라는 두 글자 때문이다. 하지만 '상야桑野'는 뽕나무 들판을 가리킴과 동시에 동방의 들판 내지 교외의 들판을 가리키기도 한다. 『회남자』「지형훈」에서는 "동방을 극림棘林이라 하고 상야桑野라고도 한다"⁴⁷고 했다. 『하도괄지상河圖括地象』에서도 상야가 바로 동방이라고 했다. 「동산」의 '상야' 역시 마찬가지다.

「동산」에서 상야가 동방을 가리키는 것을 명확히 한다면, "연연자촉, 증재상야"라는 것은 바로 촉성燭星이 동쪽에서 떠오른다는 말임을 알 수 있다. '연연蜎蜎(꿈틀거린다)'은 바로 별이 길게 구불구불 이어져 있는 형태를 가리키는 말로, 용성의 모습을 묘사한 것이다. '증烝'에 대해서 모전에는 따로 설명이 없다. 이전 사람들은 '증烝'을 여러 가지로 해석했다. '치寘(오래되다)'⁴⁸ '중衆(많다)' '구久(오래)' '재在(있다)' 혹은 특별한 의미 없이 문장 앞에 쓰이는 발어사로 해석하기도 했다. 이것들 모두 멋대로 추측한 것이다. 『설문해자』에서는 이렇게 말했다. "증烝은 화기가 위로 올라가는 것이다. 뜻은 화火를 따르며, 소리는 증丞이다."⁴⁹ 『좌전』 「선공 16년」에서는 "원양공原襄公이 전례典禮를 주관했는데, 효殽(덩어리로 자른 고기)를 제기에 올렸다烝"⁵⁰고 했다. 이에 대한 두예의 주에서는 "증은 승升이다. 조俎(제기)에 효殽를 올렸다는 말이다"⁵¹라고 했다. 이상에서 볼 때 '증烝'의 본래 뜻은 '올라가다'이다. 그렇다면 「동산」의 "증재상야烝在桑野"는 촉성燭星이 막 동방에서 떠오르는 것을 의미한다.

용성을 '촉蠋' 혹은 '촉燭'이라고 한 것의 단서는 「동산」 외의 다른 여러 문헌에서도 찾을 수 있다.

『관자』 「수지」에서는 이렇게 말했다. "용은 물에서 나며 몸은 오색을 띠고 자유자재로 노니는 까닭에 신이다. 작아지고자 하면 누에蠶蠋처럼 작아질 수 있고, 커지고자 하면 천하를 품을 만큼 커질 수도 있다. 높이 오르고자 하면 구름 속으로 솟구칠 수 있고, 아래로 들어가고자 하면 심연으로 잠길 수도 있다. 변화에 정해진 때가 없고 위아래로 오르내리는 데 정해진 시간이 없으니, 이를 일러 신이라고 한다."⁵² 능히 커질 수도 작아질 수도 있고 하늘로 올라가고 땅속으로 들어가며 심연으로 침잠할 수도 있는 신룡은 오로지 별일 수밖에 없다. 용이 '누에'로 화할 수 있다는 말은, 용성과 누에의 관련성을 잘 보여주는 것이다. 이것이 첫 번째 단서다.

둘째, 『이아』 「석천釋天」에서는 이렇게 말했다. "봄을 청양青陽이라 하고, 여름을 주명朱明이라 하며, 가을을 백장白藏이라 하고, 겨울을 현영玄英이라 한다. 사기四氣가 조화로운 것을 일러 옥촉玉燭이라 한다."53 『시자尸子』 「인의仁意」에서는 이렇게 말했다. "옥촉을 밝히고 예천醴泉을 마시고 영풍永風을 잘 통하게 한다. 봄을 청양이라 하고, 여름을 주명이라 하며, 가을을 백장이라 하고, 겨울을 현영이라 한다. 사시가 조화롭고 빛이 밝은 것을 일러 옥촉이라고 한다."54 『예문유취』 권98에서 인용한 위魏나라 사람 하안何晏의 「서송瑞頌」에서는 이렇게 말했다. "칠정七政이 가지런함을 떨치고, 옥촉이 상서로움을 알리네. 화풍和風이 찬란함을 퍼뜨리고, 경성景星이 빛을 드날리네."55 이상에서 옥촉은 사시의 화창함과 관련되어 있다. 또한 옥촉이 별과 바람과 함께 언급되고 있다는 것은 '촉燭'이 별의 명칭임을 암시한다. '촉燭'성의 운행은 사시의 순환과 관련되어 있기 때문에 『이아』에서 "사기가 조화로운 것을 일러 옥촉이라고 한다"라고 한 것이다. 여기서 '옥玉'은 별빛이 찬란하게 빛난다는 의미다. 이것이 두 번째 단서다.

『사기』 「천관서」, 『한서』 「천문지」 등의 초기 천문학 저작에서는 용성을 '촉蠋'이나 '촉燭'이라고 기록한 것이 보이지 않는다. 하지만 후대의 『명사明史』 「천문지」에서 언급한, 명나라 숭정 연간 서광계徐光啓가 편찬한 역서56에서 관련 증거를 찾을 수 있다. 서광계가 작성한 28수 성표星表에는 대화에 '촉蜀'이라는 별이 있다. 서광계는 천문학에 정통

했던 만큼 그가 작성한 성표에는 분명 근거가 있을 것이다. 그 성표의 '촉蜀'이 대화 전체를 가리키는 것은 아니고 그 가운데 하나의 별만 가리키는데, 이는 대화가 일찍이 '촉蜀'이라는 이름을 지녔음을 충분히 암시한다. 부분 명칭이 전체 명칭으로 확대되거나, 전체 명칭이 부분 명칭으로 퇴화되는 것은 소위 '제유법'으로, 언어 변화에서 흔한 예다. '촉蜀'이 대화를 가리키는 명칭이 될 수 있는 것은, 대화가 심수를 가리키는 명칭뿐만 아니라 나아가 창룡 칠수 전체를 가리키는 명칭이 될 수 있는 것과 마찬가지다.[57] 이것이 세 번째 단서다.

 이상에서 논의한 바에 따르면, 용성의 본래 명칭은 '촉蜀' 혹은 '촉燭'이며 이는 고대인에게 화전 경작과 누에치기의 시기를 알려주는 표지로 기능한 데서 기원했음을 알 수 있다. 누에는 고대인이 흔히 보던 벌레이지만, 용은 구체적인 특정 생물을 가리키는 게 아니라 추상화되고 신격화된 것이다. 이에 근거해서 추측해보면, 이 별이 '촉蜀' 혹은 '촉燭'으로 명명된 것은 아마도 '용성龍星'이라는 명칭을 갖게 되기 이전일 것이다. 이 별의 이름이 '촉蜀' 혹은 '촉燭'이었고 또 '용龍'이기도 했으니, '촉룡燭龍'이라는 이름의 내력은 바로 여기에 있다.

【 7장 】

괴물지와 본초 수사학 그리고 푸코의 웃음소리

인간의 생활은 자연계와 아주 밀접한 관계가 있다. 우리는 자연계 안에서 살아가면서 자연 만물과 긴밀하게 얽혀 있다. 자연과 아주 가까이 있다고 할 수 있지만, 자연으로부터 멀리 떨어져 있다고도 할 수 있다. 여기서 말하는 자연과 우리의 거리는, 시끌벅적한 도시생활을 떠나서 대자연으로 돌아가려고 할 때 지나가야 하는 거리를 가리키는 건 물론 아니다. 여기서 거리란, 자연과 우리 사이에 문화가 설치해 둔 여러 겹의 장벽을 가리킨다. 우리가 알고 있고 소유하고 있는 자연이란, 늘 여러 가지가 뒤엉켜 복잡한 문화와 언어에 의해 매개되고 설치되고 드러나고 편집되고 편찬된 자연이다. 이는 오늘날 학자들이 입버릇삼아 이야기하는 거대한 이치다. 거대한 이치는 누구라도 말할 수 있다. 문제는, 이 거대한 이치로 어떻게 하면 우리 문화와 전통 속에 있는 구체적인 문제를 해결할 것인가이다. 이러한 인식 아래 『산해경』과 중국 고대 본초학本草學의 박물학적 지식의 성질을 대략적으로 분석해보고자 한다.

먼저 『산해경』부터 이야기해보겠다. 『잃어버린 천서天書: 『산해경』과 고대 화하의 세계관』이라는 책에서 나는 『산해경』을 화제로 삼긴 했지만, 주로 『산해경』의 『해경海經』 부분만 다루었고 『산경山經』 부분은 거의 언급하지 않았다. 왜냐하면 내가 보기에 『산경』과 『해경』은 아주 다른 두 책이므로 각각 별도로 다룰 필요가 있었기 때문이다. 『해경』에서 말하는 것은 천문지리로, 시간과 공간의 문제이자 우주관과 세계관의 문제다. 한편 『산경』에서 말하는 것은 산천만물로, 동물과 식물, 즉 풀·나무·날짐승·길짐승·벌레·물고기에 관한 박물학의 문제다. 듣자 하니 태초에 신이 세상을 창조할 때 먼저 하늘과 땅을 열고 만물을 창조했다고 하는데, 지금부터 날짐승·길짐승·벌레·물고기, 꽃·풀·나무에 대해 말해보기로 하겠다.

『산경』의 박물학적 성질은 한눈에 알 수 있을 정도로 분명하다. 다만 이전에는 사람들이 신화학의 기존 틀에 갇힌 상태에서 『산경』을 대했기 때문에 이를 보고도 알지 못했을 뿐이다. 박물학이라고 하면 관례상 현대생물학 이전의 생물학을 가리킨다. 즉 박물학은 자연만물에 대한 고대의 기록이다. 『산경』은 많은 편폭을 할애해서 형형색색의 기괴한 자연의 생물을 기록했다.

먼저 야수에 대한 기록을 보자.

- 이곳의 어떤 짐승은 그 생김새가 양 같은데, 아홉 개의 꼬리와 네 개

의 귀가 달려 있고 눈은 등 뒤에 있다. 그 이름을 박이猼訑라고 한다. 이것을 몸에 차면 두려움이 없어진다.¹

• 이곳의 어떤 짐승은 그 생김새가 돼지 같은데, 며느리발톱이 나 있다. 그 소리는 개가 짖는 것 같다. 그 이름을 이력貍力이라고 한다. 이것이 나타나면 그 고을에 토목공사가 많아진다.²

• 이곳의 어떤 짐승은 그 생김새가 긴꼬리원숭이 같은데, 귀가 넷이다. 그 이름은 장우長右다. 그 소리는 신음하는 듯하다. 이것이 나타나면 고을에 큰물이 진다.³

• 이곳의 어떤 짐승은 그 생김새가 사람 같은데, 돼지갈기가 있다. 동굴에 살며 겨울잠을 잔다. 그 이름을 활회猾褢라고 한다. 그 소리는 나무를 찍는 듯하다. 이것이 나타나면 고을에 큰 난리가 난다.⁴

• 이곳의 어떤 짐승은 그 생김새가 호랑이 같은데, 소의 꼬리가 달려 있다. 그 소리는 개가 짖는 것 같다. 그 이름을 체彘라고 한다. 이것은 사람을 잡아먹는다.⁵

• 이곳의 어떤 짐승은 그 생김새가 말의 몸에 새의 날개, 사람의 얼굴에 뱀의 꼬리를 하고 있다. 이것은 사람을 안아서 들기를 좋아한다. 이름을 숙호孰湖라고 한다.⁶

다음으로 새에 관한 기록을 보자.

• 이곳의 어떤 새는 그 생김새가 올빼미 같은데, 발은 사람의 손과 같다. 그 소리는 암메추라기 같다. 그 이름을 주鴸라고 하는데, 그 이름은 바로 자신을 부르는 소리다. 이것이 나타나면 그 고을에 추방되는 사람

이 많아진다.⁷

• 이곳의 어떤 새는 그 생김새가 해오라기 같은데, 머리는 희고 발은 셋이며 사람의 얼굴을 하고 있다. 그 이름을 구여瞿如라고 하는데, 그 울음은 자신의 이름을 부르는 소리다.⁸

• 이곳의 어떤 새는 그 생김새가 올빼미 같은데, 사람의 얼굴에 눈은 네 개이고 귀가 있다. 그 이름을 옹顒이라고 하는데, 그 울음은 자신의 이름을 부르는 소리다. 이것이 나타나면 천하에 큰 가뭄이 든다.⁹

• 이곳의 새는 민鶜이 많다. 그 생김새는 물총새 같은데 부리가 붉다. 이것으로 화재를 막을 수 있다.¹⁰

• 이곳의 어떤 새는 그 생김새가 메추라기 같은데, 몸은 누렇고 부리는 붉다. 그 이름을 비유肥遺라고 한다. 이것을 먹으면 문둥병을 낫게 하고 벌레를 죽일 수 있다.¹¹

이어서 물고기에 관한 기록을 보자.

• 영수英水 (…) 그 속에는 적유赤鱬가 많다. 그 생김새는 물고기 같은데, 사람 얼굴이다. 그 소리는 원앙 같다. 이것을 먹으면 옴에 걸리지 않는다.¹²

• 흑수黑水 (…) 그 속에는 단어鱄魚가 있다. 그 생김새는 붕어 같은데, 돼지털이 나 있다. 그 소리는 돼지 같다. 이것이 나타나면 천하에 큰 가뭄이 든다.¹³

• 관수觀水 (…) 이곳에는 문요어文鰩魚가 많다. 생김새는 잉어 같은데, 물고기의 몸에 새의 날개가 있으며, 푸른 무늬가 있고 머리는 희며 주

둥이는 붉다. 늘 서해를 다니고 동해에서 노닐며, 밤에 날아다닌다. 그 소리는 난새 같다. 그 맛은 시고 단데, 이것을 먹으면 미친 것을 낫게 할 수 있다. 이것이 나타나면 천하에 대풍년이 든다.[14]

• 함수濫水 (…) 여비지어剡鱿之魚가 많다. 그 생김새는 냄비를 엎어놓은 것 같은데, 새의 머리에 물고기의 날개와 꼬리를 하고 있다. 소리는 경석磬石 소리 같다. 이것은 주옥珠玉을 낳는다.[15]

• 팽수彭水 (…) 그 속에는 숙어儵魚가 많다. 그 생김새는 닭 같은데, 붉은 털에 세 개의 꼬리, 여섯 개의 발, 네 개의 머리가 있다. 그 소리는 까치 같다. 이것을 먹으면 근심을 낫게 할 수 있다.[16]

• 효수囂水 (…) 그 속에는 습습지어鰼鰼之魚가 많다. 그 생김새는 까치 같은데, 열 개의 날개가 있고 비늘은 모두 깃 끝에 있다. 그 소리는 까치 같다. 이것으로 화재를 막을 수 있다. 이것을 먹으면 황달에 걸리지 않는다.[17]

마지막으로 풀과 나무에 관한 기록을 보자.

• 이곳의 어떤 풀은 그 생김새가 부추 같은데, 꽃은 푸르다. 그 이름을 축여祝餘라고 한다. 이것을 먹으면 배가 고프지 않다.[18]

• 이곳의 풀에 비려萆荔라는 것이 있다. 생김새는 오구烏韭 같은데, 돌 위에서 살기도 하고 나무에 붙어서 살기도 한다. 이것을 먹으면 가슴통증을 낫게 할 수 있다.[19]

• 이곳의 풀은 조條가 많다. 그 생김새는 해바라기 같은데, 꽃은 붉고 열매가 노란 것이 젖먹이의 혀 같다. 이것을 먹으면 사람을 미혹되지 않게

해준다.[20]

• 이곳의 어떤 풀은 그 이름을 황관黃藋이라고 한다. 그 생김새는 가죽나무 같은데, 그 잎은 삼 같고 꽃은 희며 열매는 붉은 흙처럼 붉다. 이것으로 목욕을 하면 옴을 낫게 할 수 있고 부종도 낫게 할 수 있다.[21]

• 이곳의 어떤 풀은 그 잎이 혜초 같고 그 뿌리는 도라지 같으며, 꽃은 검고 열매를 맺지 않는다. 이름을 골용菁蓉이라고 한다. 이것을 먹으면 자식이 생기지 않게 해준다.[22]

• 이곳의 어떤 풀은 그 생김새가 해바라기 같고 그 냄새는 미무蘪蕪 같다. 이름을 두형杜衡이라고 한다. 이것으로 말을 잘 달리게 할 수 있다. 이것을 먹으면 목에 생긴 혹을 낫게 할 수 있다.[23]

• 이곳의 어떤 나무는 그 생김새가 닥나무 같은데, 나뭇결이 검고 그 꽃은 사방을 비춘다. 이름을 미곡迷穀이라고 한다. 이것을 몸에 차면 길을 잃지 않는다.[24]

• 이곳의 어떤 나무는 그 생김새가 닥나무 같은데, 나뭇결이 붉고 그 나무진은 옻 같으며 그 맛은 엿 같다. 이것을 먹으면 배가 고프지 않고 피로를 풀 수 있다. 그 이름을 백구白咎라고 한다. 이것으로 옥을 붉게 물들일 수 있다.[25]

• 이곳의 어떤 나무는 이름을 문경文莖이라고 한다. 그 열매는 대추 같다. 이것으로 귀머거리를 낫게 할 수 있다.[26]

『산경』에는 이런 종류의 기록이 아주 많다. 이것들을 본다면 어느 누구도 이 책의 박물학적 성격을 부인할 수 없을 것이다.

이상에서 인용한 것을 통해 볼 때, 풀과 나무와 날짐승과 길짐승에 관한 『산경』의 묘사가 매우 조리 있다는 것을 알 수 있다. 각 사물에 대해 일정한 순서에 따라서 구체적으로 묘사하고 있다. 짐승의 경우 일반적으로 다음과 같은 순서를 따른다. 그 짐승의 형태(머리, 몸통, 털가죽의 무늬, 꼬리 등의 생김새), 습성(낮에는 숨어 있다가 밤이 되면 나오는가? 사람을 잡아먹는가?), 울음소리(어린아이 같은 소리, 스스로를 부르는 소리), 명칭(동물의 명칭. 특히 새의 명칭은 주로 그 울음소리에 의해 이름이 생겨나는데 "그 이름은 스스로를 부르는 소리와 같다"라는 식으로 표현되어 있다), 효용(약으로 쓸 수 있는가? 그것으로 병을 치료할 수 있는가? 그것으로 사악한 것을 물리칠 수 있는가?). 이렇게 순서대로 묘사하고 있는데 매우 조리정연하다. 이는 『산경』의 작자가 이 책을 쓰기 전에 그의 마음속에 분류의 틀이 이미 존재하고 있었음을 말해준다.

『산경』은 양식 내지 데이터베이스와 같다. 즉 수백 개의 산에 나오는 수백 종류의 날짐승·길짐승·풀·나무를 순서에 따라 일일이 목록을 작성하여 책으로 만든 것이다. 『산경』은 고대의 자연조사 보고서다. 구제강의 고증에 따르면, 『산경』의 범위는 대략 전국시대 화하 지역을 포괄하고 있다. 즉 동쪽으로는 제齊와 노魯, 서쪽으로는 진秦, 남쪽으로는 초楚, 북쪽으로는 연燕과 조趙에 이르는 광대한 지역이다. 산 넘고 강을 건너 이 광대한 지역의 산천을 두루 다니면서 산속에 있는 자연 사물을 일일이 기록하는 일을 혼자 힘으로 한다는 것은 오늘날에도 어려운 일이다. 그래서 『산경』의 배후에는 계획적인 국가적 조사 활동이 있었을 것이라고 판단된다. 이를 유사 이래 최초의 '국정 조사 연구 활동'이라고 할 수 있을 것이다. 대체 전국시대 어느 나라 제후가, 국토지리와 자원에 대한 방대한 규모의 전면적인 조사 활동을 개시하고 지원했는지 오늘날의 우리로서는 알 수가 없다.

『산경』이 실증적인 고찰의 결과라고 말하는 것은, 기록의 체제와 짜임새가 상당히 갖추어져 있는 데다 산천과 여러 사물에 대한 묘사가 실증성과 실용성을 상당히 갖췄기 때문이다. 이에 대해서는 앞에서 인용한 내용을 보면 알 수 있다. 더 자세히 알아보기 위해서 두 단락을 인용해 간단히 설명해 보겠다.

> 남산의 처음은 작산鵲山이라는 곳이다. 그 처음은 초요지산招搖之山이라는 곳이다. 서해에 임해 있으며, 계수나무가 많고 금과 옥이 많다. 이곳의 어떤 풀은 그 생김새가 부추 같은데, 꽃은 푸르다. 그 이름을 축여祝餘라고 한다. 이것을 먹으면 배가 고프지 않다. 이곳의 어떤 나무는 그 생김새가 닥나무 같은데, 나뭇결이 검고 그 꽃은 사방을 비춘다. 이름을 미곡迷穀이라고 한다. 이것을 몸에 차면 길을 잃지 않는다. 이곳의 어떤 짐승은 그 생김새가 긴꼬리원숭이 같은데, 귀가 희다. 기어 다니기도 하고 사람처럼 달리기도 한다. 그 이름을 성성狌狌이라고 한다. 이것을 먹으면 달리기를 잘한다. 여궤지수麗𪊨之水가 여기에서 나와 서쪽으로 흘러 바다로 들어간다. 그 속에는 육패育沛가 많다. 이것을 몸에 차면 기생충병이 없어진다.[27] (「남산경南山經」)

> 다시 서쪽으로 80리를 가면 부우지산符禺之山이라는 곳이다. 그 남쪽에는 구리가 많고 그 북쪽에는 철이 많다. 그 위의 어떤 나무는 이름을 문경文莖이라고 한다. 그 열매는 대추 같다. 이것으로 귀머거리를 낫게 할 수 있다. 이곳의 풀은 조條가 많다. 그 생김새는 해바라기 같은데, 꽃은

붉고 열매가 노란 것이 젖먹이의 혀 같다. 이것을 먹으면 사람을 미혹되지 않게 해준다. 부우지수符禺之水가 여기에서 나와 북쪽으로 흘러 위수渭水로 들어간다. 이곳의 짐승은 총롱蔥聾이 많다. 그 생김새는 양 같은데, 붉은 갈기가 있다. 이곳의 새는 민鴖이 많다. 그 생김새는 물총새 같은데 부리가 붉다. 이것으로 화재를 막을 수 있다.[28] (「서산경西山經」)

『산경』은 수백 개의 산에 나오는 박물의 상황을 방위에 따라 순서대로 기록하고 있다. 일반적으로 다음과 같은 순서로 특정한 내용을 일일이 나열하고 있다.

1. 산의 방위
2. 산의 명칭
3. 산의 기본적인 상황: 식피植被, 매장 광물(금·옥·단사 등)
4. 산에 있는 특이한 것, 혹은 작자가 보기에 (특수한 용도가 있어서) 주목할 만한 생물
1) 풀이나 나무: 형태(꽃·잎·줄기 등), 명칭, 용도 등
2) 길짐승: 형태(신체 각 부위의 모양: 머리·몸통·꼬리·발톱 등), 습성(낮에는 숨어 있다가 밤이 되면 나오는가? 겨울잠을 자는가? 사람을 잡아먹는가?), 명칭, 울음소리, 효용(치병·벽사·징조 등)
3) 날짐승: 위와 동일한 순서
4) 뱀: 위와 동일한 순서로 기록하고 있지만 뱀에 대한 기록은 비교적 적다.
5. 산에 흐르는 물길: 물길의 발원지와 흘러가는 곳. 그 명칭.

6. 물속의 광물

7. 물속의 생물

1) 물고기: 기본적으로 앞의 짐승과 같은 체제로 묘사하고 있다.

2) 거북

이상과 같이 분석했는데도, 신화학이나 무속학의 관점으로 『산경』을 보면서 이를 기괴하고 오묘한 '기서奇書'로 여길 수 있겠는가? 박수무당이 환상과 망상에서 만들어낸 것이라거나 심심한 문인이 주위들은 말을 그러모은 것이라고 볼 수 있겠는가? 원시사유나 토템숭배의 산물이라 할 수 있겠는가? 요괴나 괴물에 관한 책으로 간주할 수 있겠는가?

박물학 저작으로서 『산경』이 지닌 과학성 내지 실증성은 제거할 필요가 없는 것이다.

하지만 『산경』의 기괴성 역시 말끔히 일소할 수 없는 것이다. 『산경』의 수많은 산에는 요괴가 출몰하고 신기한 것들이 감추어져 있다. 이는 『산경』을 읽은 사람이라면 누구나 다 알고 있다. 예를 들면 다음과 같은 기록들이다.

- 이곳의 어떤 짐승은 그 생김새가 여우 같은데, 아홉 개의 꼬리가 있다. 그 소리는 젖먹이 같다. 사람을 잘 잡아먹는다. 이것을 먹으면 요사스러운 기운에 당하지 않는다.[29]
- 이곳의 어떤 짐승은 그 생김새가 사람 같은데, 돼지갈기가 있다. 동굴에 살며 겨울잠을 잔다. 그 이름을 활회猾裹라고 한다. 그 소리는 나무

명각본明刻本『산해괴물도山海怪物圖』.

를 찍는 듯하다. 이것이 나타나면 고을에 큰 난리가 난다.

• 이곳의 어떤 짐승은 그 생김새가 말의 몸에 새의 날개, 사람의 얼굴에 뱀의 꼬리를 하고 있다. 이것은 사람을 안아서 들기를 좋아한다. 이름을 숙호孰湖라고 한다.

• 이곳의 어떤 새는 그 생김새가 해오라기 같은데, 머리는 희고 발은 셋이며 사람의 얼굴을 하고 있다. 그 이름을 구여瞿如라고 하는데, 그 울음은 자신의 이름을 부르는 소리다.

• 이곳의 어떤 새는 그 생김새가 올빼미 같은데, 사람의 얼굴에 눈은 네 개이고 귀가 있다. 그 이름을 옹顒이라고 하는데, 그 울음은 자신의 이름을 부르는 소리다. 이것이 나타나면 천하에 큰 가뭄이 든다.

사람을 잡아먹으며 꼬리가 아홉 개 달린 괴수, 돼지갈기가 난 사람 형상의 괴수, 말의 몸에 새의 날개와 뱀의 꼬리가 달린 괴수, 사람 얼굴에 발이 셋인 괴조 등이 있다. 게다가 사람 얼굴에 눈이 넷이며 올빼미처럼 생긴 괴조는 생김새만 기괴한 게 아니라 신통력도 비범하다. 이 새가 나타나면 천하에 큰 가뭄이 들어 땅이 황폐해지기 때문에 사람들을 공포에 떨게 만든다. 『산경』에는 신이한 능력을 지니고 있어 자연을 지배하며 혼란을 일으키는 짐승이 무척 많다.

• 이곳의 어떤 새는 그 생김새가 수탉 같은데, 사람의 얼굴을 하고 있다. 이름을 부혜鳧徯라고 한다. 그 울음은 자신의 이름을 부르는 소리다. 이것이 나타나면 전쟁이 일어난다.[30]

• 이곳의 어떤 짐승은 그 생김새가 원숭이 같은데, 머리는 희고 다리는

붉다. 이름을 주염朱厭이라고 한다. 이것이 나타나면 큰 전쟁이 일어난 다.³¹

• 위수渭水 (…) 그 속에는 소어鰠魚가 많다. 그 생김새는 두렁허리 같다. 이것이 팔딱거리면 그 고을에 큰 전쟁이 일어난다.³²

• 괵산虢山 (…) 이곳의 짐승은 낙타橐駝가 많다. 이곳의 새는 우寓가 많다. 그 생김새는 쥐 같고 새의 날개가 있다. 그 소리는 양 같다. 이것으로 무기를 막을 수 있다.³³

• 이곳의 어떤 새는 그 생김새가 물오리 같은데, 날개가 하나이고 눈이 하나라서 서로 합해져야만 날 수 있다. 이름을 만만蠻蠻이라고 한다. 이 것이 나타나면 천하에 큰물이 진다.³⁴

• 나어鸁魚는 물고기의 몸에 새의 날개가 있다. 소리는 원앙 같다. 이것이 나타나면 그 고을에 큰물이 진다.³⁵

• 이곳의 어떤 새는 그 생김새가 부엉이 같은데, 사람의 얼굴에 원숭이의 몸에 개의 꼬리가 달려 있다. 그 이름은 바로 자신을 부르는 소리다. 이것이 나타나면 그 고을에 큰 가뭄이 든다.³⁶

• 이곳의 어떤 새는 그 생김새가 학 같은데, 외다리이며 무늬는 붉고 몸바탕은 푸르며 부리는 희다. 이름을 필방畢方이라고 한다. 그 울음은 자신의 이름을 부르는 소리다. 이것이 나타나면 그 고을에 원인 모를 불이 난다.³⁷

• 이곳의 어떤 짐승은 그 생김새가 거북 같은데, 흰 몸에 붉은 머리다. 이름을 궤蚑라고 한다. 이것으로 화재를 막을 수 있다.³⁸

• 이곳에는 문요어文鰩魚가 많다. 생김새는 잉어 같은데, 물고기의 몸에 새의 날개가 있으며, 푸른 무늬가 있고 머리는 희며 주둥이는 붉다. 늘

서해를 다니고 동해에서 노닐며, 밤에 날아다닌다. 그 소리는 난새 같다. 그 맛은 시고 단데, 이것을 먹으면 미친 것을 낫게 할 수 있다. 이것이 나타나면 천하에 대풍년이 든다.

• 이곳의 어떤 짐승은 그 생김새가 돼지 같은데, 누런 몸에 흰 머리와 흰 꼬리가 달려 있다. 이름을 문린聞獜이라고 한다. 이것이 나타나면 천하에 큰 바람이 몰아친다.[39]

이상의 짐승들이 나타나면 대부분 좋을 게 없다. 홍수가 범람하거나 가뭄이 심각하게 들고, 광풍이 몰아치거나 들불이 산을 태운다. 심지어는 전쟁이 일어나 사람들이 떠돌아다니게 된다. 하지만 천하의 모든 것에는 대립물이 있는 법. 불을 일으키는 괴수가 있는가 하면 화재를 막는 서수瑞獸도 있고, 가뭄을 가져오는 괴수가 있는가 하면 천하에 풍작을 가져다주는 서조瑞鳥도 있고, 전란을 일으키는 괴어가 있는가 하면 무기를 막을 수 있는 새도 있다.

고대인은 이러한 지식을 『산경』이라는 박물지에 진지하게 기록했다. 이는 그들이 그 내용을 믿어 의심치 않았음을 말해준다. 어떤 새의 고기로는 병을 치료할 수 있고 어떤 야수의 털가죽으로는 사악한 것을 물리칠 수 있고 어떤 풀의 꽃을 먹으면 피임을 할 수 있다는 것처럼 이상의 내용도 굳게 믿었던 것이다. 즉 『산경』을 가득 채우고 있는 이런 내용이 오늘날 우리가 보기에는 황당무계하고 허튼소리이지만, 고대인에게는 과학성과 실증성을 구비한 박물학·본초학·약물학·광물학적 내용과 동등한 가치와 진리를 지니고 있었다. 오늘날 우리의 계몽주의적·과학주의적인 눈에는 결코 한데 뒤섞일 수 없는 이러한 지식과 신념이, 『산해경』과 그 시대의 지식체계 및 담론의 도가니 속에서는 한데 묶여 처리될 수 있었던 것이다.

지금 흥미로운 문제는, 오늘날 우리가 보기에 허튼소리에 불과한 것을 고대인이 어떻게 믿을 수 있었느냐가 아니라, 오늘날 과학의 기준으로 따져보면 하늘과 땅만큼 차이가 나고 경위가 분명한 '과학'과 '미신'이 어떻게 고대인한테서는 한데 뒤섞일 수 있었느냐는 것이다. 그들은 어떤 의미에서 그 지식 혹은 견해에 동등한 가치와 진리를 부여했을까? 즉 근거가 있는 조수와 초목을 황당무계한 요괴와 한데 묶어서 처리한 『산해경』은 대체 어떤 도가니인가? 어떤 담론의 장이 그들로 하여금 하늘과 땅처럼 전혀 다른 내용을 하나의 평면에 놓고 처리하도록 한 것일까? 어떤 논리가 그들로 하여금 아무 관련도 없는 것들을 서로 연관짓게 만든 것일까?

이는 사실 푸코가 『말과 사물』 서문에서 제기한 문제다. 푸코는 아르헨티나 국가도서관 관장이었던 보르헤스의 책을 우연히 읽게 되었는데, 바로 그 책에서 인용한 중국 고대 백과전서의 분류법으로 인해 야기된 웃음소리에서 푸코의 문제가 도출되었다.

보르헤스 작품의 한 단락이 바로 이 책의 탄생지다. 이 책은 그 단락을 읽었을 때 터져 나온 웃음소리에서 탄생했다. 이 웃음소리는 나(우리)의 사상이 익숙한 모든 것, 그 사상이 지니고 있는 우리 시대와 우리의 지리적 특성을 흔들어놓는다. 이 웃음소리는 우리가 각종 사물을 제어하는 데 익숙한, 정연하고 질서 있는 표면과 평면을 흔들어놓는다. 또한 이 웃음소리는 '동일한 것'과 '다른 것'에 관한 우리의 오래된 관행을 오랫동안 흔들어놓고 우리를 우려하게 만든다.

그 단락에서는 '중국의 어떤 백과전서'를 인용했는데, 이 백과전서에는 이렇게 적혀 있다. "동물은 다음과 같이 분류할 수 있다. 1. 황제에게 속하는 것 2. 향기로운 것 3. 온순한 것 4. 젖먹이 새끼돼지 5. 사이렌 6. 전설에 나오는 것 7. 멋대로 돌아다니는 개 8. 지금의 분류에 포함되는 것 9. 미친 듯이 조급해하며 불안해하는 것 10. 셀 수 없을 정도로 많은 것 11. 아주 세밀한 낙타털이 온몸에 난 것 12. 기타 등등 13. 방금 물항아리를 깬 것 14. 멀리서 보면 파리처럼 생긴 것"

사람을 놀랍게 만드는 이 분류에서 우리가 별안간 깨닫게 되는 것, 평범하지 않은 매력을 지닌 다른 종류의 사상을 우화를 통해 우리에게 보여주는 것, 그것은 바로 우리 자신의 사상적 한계다. 즉 우리가 그렇게 사고하는 것은 완전히 불가능하다는 것이다.

(…)

보르헤스의 열거를 관통하고 있는 기괴성은 다음과 같은 사실에서 비롯된다. 그것들의 만남을 가능하게 해주는 공통의 기초가 이미 파괴되었다는 사실이다. 불가능한 것은 열거된 사물의 인접이 아니라, 그것들의 인접이 성립될 수 있는 장소다. 그것들을 열거하고 있는 무형의 목소리 속에서가 아니라면, 그 목소리를 기록하고 있는 종이 위가 아니라면, "9. 미친 듯이 조급해하며 불안해하는 것 10. 셀 수 없을 정도로 많은 것 11. 아주 세밀한 낙타털이 온몸에 난 것"과 같은 동물들이 과연 다른 어디에서 서로 마주칠 수 있겠는가? 언어의 비非장소가 아니라면, 그것들이 다른 어느 곳에서 나란히 놓일 수 있겠는가?[40]

그렇다. 그것들이 어느 곳에서 서로 마주칠 수 있겠는가? 아무 관련도 없어 보이는 그 사물들을 서로 마주치게 만드는 언어 공간은 과연 어떤 것일까?

푸코는 아주 교활하다. 그는 자신이 중국어를 모른다는 것을 알기 때문에 중국 백과전서의 내용을 보고 웃은 뒤에, 자신의 빡빡 깎은 머리를 수건으로 닦아내며 고개를 돌려 프랑스의 종이더미를 뚫고 들어갔다. 그는 16세기 유럽의 박물학 전통으로 돌아가 이야기를 이어나갔다.

이제 이 프랑스 대머리 학자의 문제에 대답해보도록 하자. 『산경』을 펼치고, 그 곁에 놓인 본초서도 펼쳐보자. 예를 들면, 산실되었다가 나중에 다시 흩어진 내용을 모아서 책으로 만든 당나라 때의 일서佚書 『습유본초拾遺本草』를 펼쳐, 그 기괴한 것들이 어떻게 서로 마주치는지 들여다보자. 먹으면 병을 낫게 할 수 있는 짐승, 울면 홍수를 일으키는 짐승, 나타나면 전란이 발발하는 짐승 등을 『산경』의 작자(사실은 '편자'라고 하는 편이 맞다)가 한데 놓고 다룰 수 있었던 담론의 평면(혹은 곡면)의 넓이와 깊이를 충분히 헤아려보기 위해서, 그 평면(혹은 곡면)의 지형도의 윤곽을 대략적으로나마 그려내기 위해서, 우리는 『산경』에서 잠시 빠져나와 거리를 두고 멀리 떨어진 또 다른 관찰 지점에서 『산경』 주변의 '지형'을 봐야만 한다.

사실 더 넓은 또 다른 구역으로 우리를 안내해주는 실마리를 『산경』이 제공하고 있다. 앞에서 예를 들었던 『산경』의 내용을 보면, 평범하거나 기괴한 박물 기록의 마지막에는 대체로 그 날짐승·길짐승·풀·나무 등이 어떤 병을 낫게 해준다는 언급이 있다. 알아보기 편하도록 그 내용을 종류별로 묶어서 살펴보자.

• 이곳의 어떤 풀은 그 생김새가 부추 같은데, 꽃은 푸르다. 그 이름을 축여祝餘라고 한다. 이것을 먹으면 배가 고프지 않다.
• 이곳의 풀에 비려䕡荔라는 것이 있다. 생김새는 오구烏韭 같은데, 돌 위에서 살기도 하고 나무에 붙어서 살기도 한다. 이것을 먹으면 가슴통증을 낫게 할 수 있다.
• 이곳의 풀은 조條가 많다. 그 생김새는 해바라기 같은데, 꽃은 붉고 열매가 노란 것이 젖먹이의 혀 같다. 이것을 먹으면 사람을 미혹되지 않게 해준다.
• 이곳의 어떤 풀은 그 이름을 황관黃雚이라고 한다. 그 생김새는 가죽나무 같은데, 그 잎은 삼 같고 꽃은 희며 열매는 붉은 흙처럼 붉다. 이것으로 목욕을 하면 옴을 낫게 할 수 있고 부종도 낫게 할 수 있다.
• 이곳의 어떤 풀은 그 잎이 혜초 같고 그 뿌리는 도라지 같으며, 꽃은 검고 열매를 맺지 않는다. 이름을 골용䔄蓉이라고 한다. 이것을 먹으면 자식이 생기지 않게 해준다.
• 이곳의 어떤 풀은 그 생김새가 해바라기 같고 그 냄새는 미무蘪蕪 같다. 이름을 두형杜衡이라고 한다. 이것으로 말을 잘 달리게 할 수 있다. 이것을 먹으면 목에 생긴 혹을 낫게 할 수 있다.
• 이곳의 어떤 나무는 그 생김새가 닥나무 같은데, 나뭇결이 검고 그 꽃은 사방을 비춘다. 이름을 미곡迷穀이라고 한다. 이것을 몸에 차면 길을 잃지 않는다.
• 이곳의 어떤 나무는 그 생김새가 닥나무 같은데, 나뭇결이 붉고 그

나무진은 옻 같으며 그 맛은 엿 같다. 이것을 먹으면 배가 고프지 않고 피로를 풀 수 있다. 그 이름을 백구白咎라고 한다. 이것으로 옥을 붉게 물들일 수 있다.

- 이곳의 어떤 나무는 이름을 문경文莖이라고 한다. 그 열매는 대추 같다. 이것으로 귀머거리를 낫게 할 수 있다.

- 이곳의 어떤 짐승은 그 생김새가 긴꼬리원숭이 같은데, 귀가 희다. 기어다니기도 하고 사람처럼 달리기도 한다. 그 이름을 성성狌狌이라고 한다. 이것을 먹으면 달리기를 잘한다.

- 이곳의 어떤 짐승은 그 생김새가 말 같은데, 머리가 희며 그 무늬는 호랑이 같고 꼬리가 붉다. 그 소리는 노랫소리 같다. 그 이름을 녹촉鹿蜀이라고 한다. 이것을 몸에 차면 자손이 번성한다.[41]

- 이곳의 어떤 물고기는 그 생김새가 소 같은데, 언덕에서 산다. 뱀의 꼬리를 하고 날개가 있으며 그 깃은 옆구리 아래에 있다. 그 소리는 유우留牛와 같다. 그 이름을 육鯥이라고 한다. 겨울에 죽었다가 여름에 살아난다. 이것을 먹으면 부스럼이 없어진다.[42]

- 그 속에는 적유赤鱬가 많다. 그 생김새는 물고기 같은데, 사람 얼굴이다. 그 소리는 원앙 같다. 이것을 먹으면 옴에 걸리지 않는다.

- 호교虎蛟가 있는데, 그 생김새는 물고기 몸에 뱀의 꼬리를 하고 있다. 그 소리는 원앙과 같다. 이것을 먹으면 부스럼이 생기지 않고 치질을 낫게 할 수 있다.[43]

- 관수灌水 (…) 그 속에는 붉은 흙이 흘러다닌다. 이것을 소나 말에 바르면 병을 앓지 않게 된다.[44]

- 이곳의 어떤 새는 그 생김새가 메추라기 같은데, 몸은 누렇고 부리는

붉다. 그 이름을 비유肥遺라고 한다. 이것을 먹으면 문둥병을 낫게 하고 벌레를 죽일 수 있다.

• 이곳의 어떤 새는 그 생김새가 메추라기 같은데, 무늬는 검고 목털이 붉다. 이름을 역櫟이라고 한다. 이것을 먹으면 치질을 낫게 할 수 있다.[45]

• 이곳의 어떤 새는 그 생김새가 솔개 같은데 사람의 다리를 하고 있다. 이름을 수사數斯라고 한다. 이것을 먹으면 혹을 낫게 할 수 있다.[46]

온갖 종류의 풀과 나무와 날짐승과 길짐승과 물고기와 자라와 광물이 갖가지 병을 치료할 수 있다. 이것이 무엇인가? 이것은 바로 중국 전통 속에서 유구한 역사를 지닌 본초학이다.

중국의 전통문화에서 단절되지 않고 이어져 내려온 '자연과학'의 몇 가지 전통이 있다. 하나는 천문학이다. 천문학은 역법曆法 및 역서曆書와 관련이 있기 때문에 국가와 민생의 일상 시간을 다스리는 데 필수적인 것이었다. 또 하나는 농학이다. 백성은 양식을 하늘로 삼았고, 농업의 성공은 농학과 불가분의 관계였다. 그리고 또 하나는 본초학과 의학이다. 이는 병을 치료하여 사람을 구해주는 것이므로 백성의 생명 및 국운의 번창과 직접적인 관련이 있었다. 중국 고대의 천문학·농학·본초학은 선진 시기로부터 쭉 이어져오다가 현대 이후로 서구 학문, 특히 서구의 현대 자연과학이 중국으로 전해진 이후 현대과학의 의미 구조와 분과학문 체계를 받아들였다. 하지만 오래된 전통 학문과 현대과학이 만났을 때, 우리가 분과학문의 시야로 중국의 역사를 돌이켜볼 때, 우리가 보는 것이 과연 그 오래된 학문 고유의 지형과 판도일까?

지금 사람들은 본초학의 역사를 쓸 때 고의로든 무심결이든 앞에서 말한 『산경』의 내용을 빼버리지만, 어쨌든 그 내용이야말로 본초학의 시작이다.

『산경』이 어떻게 본초학의 전통을 열었는지 이상에서 살펴보았다. 이제 본초학이 『산경』의 전통을 어떻게 이어받았는지 살펴보자. 다음에 인용한 것은 당나라의 진장기陳藏器가 지은 『습유본초』[47]에 나오는 처방이다.

- **탁목조**啄木鳥(딱따구리): (기미氣味는) 평平하고 독이 없다. 치루 및 충치에 효과가 있다. 태워서 가루로 만들어 치아 구멍에 채워 넣되, 세 차례면 된다. 이 새는 큰 것도 있고 작은 것도 있으며, 갈색도 있고 얼룩덜룩한 것도 있다. 갈색은 암컷이고 얼룩덜룩한 것은 수컷이다. 나무에 구멍을 내서 벌레를 잡아먹는다. (…) 『형초세시기荊楚歲時記』에서는 "서민들은 5월 5일에 딱따구리를 구해 먹는데, 치통에 잘 듣는다"고 했다. 『고금이전古今異傳』에서는 "본래 뇌공雷公의 채약리采藥吏(약을 채집하는 관리)였는데 이 새가 되었다"고 했다. 『회남자』에서 "딱따구리는 충치를 낫게 한다"고 했는데, 믿을 만하다.[48]

- **백로**伯勞(때까치): (기미는) 평하고 독이 있다. 어린아이의 계병繼病[49]에 효과가 있다. (…) 때까치가 밟았던 나뭇가지로 어린아이를 채찍질하면 말문이 트이게 할 수 있다.[50]

- **교부조**巧婦鳥(뱁새): 부녀자의 손재주에 효과가 있으며, 그 알을 먹는다. 참새보다 작고 수풀 사이에 둥지를 튼다. 둥지는 작은 주머니 같다. 이 둥지를 가져다가 태우는데, 여자들 대부분 그 연기에 손을 쐬면 손

때까치 목각. 영국의 대글리시E. F. Daglish, 『근대목각선집』에 수록, 조화사朝花社, 1929.

재주가 좋아진다. 『이아』에서 "도충桃蟲, 뱁새鷦"라고 한 것에 대해 (곽박의) 주에서는 "도작桃雀이다. 속칭 '교부조'라 부른다"고 했다.[51]

• 교청鵁鶄(해오라기): 물새다. 집에서 그것을 기르면 화재를 누를 수 있다. 오리와 비슷하고 녹색 빛깔이다. 길들이면 떠나가지 않는다. 남방의 늪지에서 난다. 『이아』에서는 "견鳽, 교청이다. 이것을 기르면 화재를 누를 수 있다"고 했다.[52]

• 할조鶡鳥(멧닭): 맛은 달고 독이 없다. 그 고기를 먹으면 사람을 용감하고 강건하게 해준다. 상당上黨(노주潞州, 지금의 산시성山西省 창즈長治)에서 난다. 위魏나라 무제의 부賦[53]에서는 이렇게 말했다. "할계鶡鷄는 사나운 기세를 지니고 있어, 싸웠다 하면 반드시 죽을 때까지 끝내 지지 않고 싸운다. 오늘날 사람들이 (그 깃털을) 전투모에 꽂는 것은 이를 상징하는 것이다."[54]

• 백설조百舌鳥(검은지빠귀): 벌레 물린 데 효과가 있으며, 구워서 먹는다. 어린아이가 오래도록 말하지 않는 데에도 효과가 있다. 그 둥지와 똥을 가져다가 벌레에 물린 곳에다 바르기도 한다. 오늘날 앵鶯[55]이라고 하는 것으로, '반설反舌'이라고도 한다.[56]

• 포곡布穀(뻐꾸기)의 다리뼈와 대가리뼈: 부부가 서로 사랑하게 해준다. 5월 5일에 그것을 각자 하나씩 지니되, 남자는 왼쪽에 여자는 오른쪽에 둔다. 그것을 물에다 두면 자연스럽게 서로를 따르게 된다고 한다. (…) 『이아』에서 "시구鳲鳩"라고 한 것에 대해, (곽박의) 주에서는 "오늘날의 포곡이다"라고 했다. 암컷과 수컷이 날아다니며 울면서 서로 날개를 스친다. 『예기』에서 "명구鳴鳩[57]가 그 깃을 떨친다"고 한 것에 대해 정현의 주에서는 "날면서 날개가 서로 부딪친다"라고 했다.[58]

딱따구리를 태운 가루를 치아 구멍에 채워 넣어 충치를 치료할 수 있는 것은, 딱따구리가 단단한 부리를 가졌기 때문이다. 때까치가 밟았던 나뭇가지로 말 못 하는 어린아이를 채찍질하면 그것을 치료할 수 있다. 검은지빠귀 역시 때까치와 같은 효능을 지니고 있는데, 이는 잘 지저귀는 혓바닥을 갖고 있기 때문이다. 검은지빠귀의 '백설조'라는 이름 역시 여기서 비롯된 것이다. 검은지빠귀는 여러 종류의 새의 울음소리를 잘 흉내낸다. 때까치도 검은지빠귀와 같은 능력을 갖고 있다. 결혼한 여자가 손재주가 없을 때는, 뱁새의 둥지를 태워 손에 연기를 쐬면 손재주가 좋아질 수 있다. 무슨 일에서든 움츠러들기만 하는 변변치 못한 남자라면, 멧닭을 잡아다가 삶아 먹는 즉시 늠름하고 용감한 사내대장부가 될 수 있다. 부부 사이가 틀어져 있다면, 절대 접시를 깨뜨리거나 텔레비전을 부수지 말라. 그것으로는 문제를 해결할 수 없다. 5월 5일 단옷날에 뻐꾸기 한 쌍을 잡아다가 대가리뼈와 다리뼈를 몸에 지니면, 그 뒤로는 부부지간에 사랑이 넘쳐 백년해로하게 될 것이다. 왜냐하면 뻐꾸기는 파종할 시기를 알려줄 뿐만 아니라 애정에도 충실한 새라서, 늘 함께 가까이 붙어서 날아다닌다.[59] 집에서 새를 기르면 화재를 예방할 수 있으니, '119'에 전화를 걸지 않아도 될 것이다. 화재가 나지 않게 해주는 물새 덕분에. 이상의 처방은 그야말로 『산해경』스럽지 않은가?

　더더욱 '산해경'('산해경'은 민간에서 허튼소리로 통한다)스러운 것도 있다. 다음 역시 『습유본초』에 기록된 내용이다.[60]

• 두견杜鵑: 두견이 처음 우는 소리를 제일 먼저 듣게 되는 사람은 이별의 주인공이 된다. 그 소리를 흉내내면 피를 토하게 된다. 측간에서 그 소리를 들으면 불길하다. 이에 대한 액막이로는, 개 짖는 소리로 그것에 응답하면 된다는 속설이 있다. 크기는 작고 새매와 비슷하며, 끊임없이 운다. 『촉왕본기蜀王本紀』에서는 이렇게 말했다. "두우杜宇는 망제望帝가 된 뒤에 자신의 신하 별령鱉令의 아내와 사통했다가 (결국 별령에게 왕위를 물려주고) 달아나 숨었다. (두우가 떠났을 때 두견이 울었는데) 촉蜀나라 사람들은 그 새를 '망제'라고 부른다." 『이원異苑』에서는 이렇게 말했다. "(봄이 되어) 두견이 울기 시작하면 사람들은 감히 그 소리를 흉내내지 못한다. 어떤 사람이 산에 갔다가 두견의 무리를 보고 멋대로 그 소리를 흉내내고는 피를 토하며 바로 죽었다." 『초사』에서는 "두견이 울기 시작하면 초목이 곧 아름다움을 잃게 된다"고 했다. 사람들 말로는, 입에서 피가 나면 소리가 비로소 멈추기 때문에 피를 토하는 일이 있다고 한다.[61]

• 고획姑獲: 사람의 영혼을 거둘 수 있다. 지금 사람들은 이것을 유모조乳母鳥라고도 한다. 산모가 죽으면 이것으로 변해 다른 사람의 자식을 취해 자기 자식으로 삼는데, 가슴 앞에 젖 두 개가 있다고 한다. 『현중기玄中記』에서는 이렇게 말했다. "고획은 일명 천제소녀天帝少女라고도 하고 은비隱飛라고도 하며 야행유녀夜行遊女라고도 하는데, 다른 사람의 아이를 취해 기르기를 좋아한다. 어린아이가 있는 집이면, (고획이 그 어린아이를 자기 자식으로 삼기 위해) 그 옷에다 피를 묻혀서 표시를 해둔다. 지금 사람들이 어린아이의 옷을 밤에 밖에다 내놓으려 하지 않는 것은 이 때문이다. 지금 사람들은 이것을 귀조鬼鳥라고도 부른다."

『형초세시기』에서는 이렇게 말했다. "고획은 일명 구성鉤星이라고도 하는데, 깃털을 걸치면 새가 되고 깃털을 벗으면 여자가 된다."『좌전』에서 "새가 박毫에서 울었다"고 한 것에 대해, 두예의 주에서는 "(그 울음소리가 흡사) '희희'라고 하는 것 같았다"라고 했다.⁶² (『좌전』에서 말한 새는) 바로 이것(고획)이다.『주례』'정씨庭氏'에서는 "(요조妖鳥를 쏘는 것을 관장하는 정씨는) 구일救日의 활과 구월救月의 화살로 그것을 쏜다"⁶³고 했다. 바로 이 새(고획)다.⁶⁴

이런 종류의 기록은 신기한 전조를 띠고 있는 짐승들에 관한『산경』의 기록과 아주 비슷하다.

본초 저작에 나오는 이러한 기록이『산경』에서 비롯되었음을 증명하거나『산경』과 동일한 '원시사유'에서 비롯되었다고 말할 생각은 없다. 직접적인 단서가 빠져 있다는 전제 아래, 상술한 나열이 말해줄 수 있는 것은 다만 다음과 같다.『산경』의 박물 담론과 본초학은 동일한 사상 평면 혹은 담론 범주에서 나왔다. 동일한 담론 기제가 시간상 멀리 떨어져 있는 이 두 텍스트를 관통하고 있다고 말할 수도 있겠다. 아주 강한 매혹과 미혹의 힘을 지닌 담론의 정령精靈은,『산경』과 본초에서 빙빙 날고 있는 요상한 새처럼 시공의 경계를 초월하여 자유롭게 출몰한다. 이 담론의 정령은 전국시대의『산경』과 당나라 때의『습유본초』에 출몰했고 이시진李時珍이 집대성한『본초강목本草綱目』에도 출몰했다. 이 오래된 담론의 정령은 오늘날까지도 우리의 신체와 사상 속에서 출몰하고 있다. 그것은 중의中醫의 약장과 처방을 거쳐 우리 신체에서 출몰하고, 형형색색의 담론의 단편들에 힘입어

우리네 밤의 악몽과 낮의 환상 속에 나타난다.

　이상과 같은 본초학의 관점에 힘입어서 『산경』이 놓인 평면과 지형의 대체적 윤곽을 똑똑히 볼 수 있었다. 그것은 바로 고전 박물학의 드넓은 영토다. 이 박물학이 보여주는 것은, 현대 생물학적 의미에서의 순수하게 묘사적이고 양식화되고 실증적이고 과학적인 자연이 아니다. 오히려 그것은 서사적이고 어의적이고 수사학적이며, 오묘한 빛에 물들고 또 그렇게 오묘한 그림자에 감추어진 자연이다. 이 오묘한 것의 오묘한 까닭은, 그것이 어느 특정한 곳에서 유래한 것이 아니라 바로 끝없는 박물학 담론의 공간 속에서 잠복하고 번식하고 운행되기 때문이다. 어두컴컴함 속에서 기나긴 역사의 광대한 텍스트를 관통하며 휘감고 있는 이 담론의 기제가, 신기하거나 평범한 효능을 지닌 짐승·뱀·물고기·벌레·풀·꽃·나무·돌 등을 한데 모은다. 먹으면 병을 치료할 수 있는 새, 나타나면 큰물이 지는 새, 손재주가 서툰 여인을 치료할 수 있는 새 등을 한데 모으는 이 담론의 기제가 우리로 하여금 길을 잃게 만드는 담론의 숲을 형성하는 것이다. 그리고 푸코를 곤혹스럽게 만들었던 문제, 즉 "미친 듯이 조급해하며 불안해하는 것, 셀 수 없을 정도로 많은 것, 아주 세밀한 낙타털이 온몸에 난 것과 같은 동물들이 과연 다른 어디에서 서로 마주칠 수 있겠는가?"라는 문제의 답 역시 중국 고전 박물학의 수풀 속에 잠복해 있다. 바로 이 수풀 속에서 그것들은 서로 마주치게 된다. 이것은 자연의 수풀이 아니라 기호의 수풀이자 어의語義의 수풀이다. 박물학이란 서술되고 의미가 부여된 자연이다.

　이 기괴한 정령들이 숨어 있는 곳과 마주치는 곳이 어딘지 우리는

7장　괴물지와 본초 수사학 그리고 푸코의 웃음소리

알았다. 이제 문제는 담론의 수풀을 헤치고 나가는 사냥꾼으로서 우리가 또 알고 싶은 것이다. 이 기괴한 정령들은 과연 어떤 길(혹은 은밀한 길)을 따라가다가 서로 마주치게 되는가? 대체 어떤 신비가 교차되어 있는 오솔길들이기에, 원래는 털끝만큼도 관계가 없는 짐승과 초목을 동일한 곳으로 인도해 이 수풀에서 열리는 마법집회에 참가하도록 한 것일까?

'짐승들'의 길은 분명히 아주 복잡할 것이다. 우리 인간으로서는 그것을 알 방법이 없다. 하지만 적어도 그 길들 가운데 가장 뚜렷한 것을 살펴볼 수는 있을 것이다.

본초학에서 초목과 짐승은 종류에 따라 나뉘게 되는데, 그것들은 동일한 목적을 위해 사방팔방에서 모여든 것이다. 그 목적이란 바로 병을 치료하여 사람을 구하는 것이다. 그렇다면 그것들이 어떻게 그 효능을 발휘하는지 살펴보자. 즉 그 짐승과 초목이 질병과 관계를 맺게 되는 단서가 무엇인지 살펴보자.

탁목조(딱따구리)는 충치를 치료한다.
교부조(뱁새)는 손재주가 서툰 것을 치료한다.
백설조(검은지빠귀)는 말 못 하는 것을 치료한다.
할계(멧닭)는 남자의 용기 없고 나약한 것을 치료한다.
포곡(뻐꾸기)의 뼈는 부부의 불화를 치료한다.

이상의 처방을 보면 '약'(탁목조·교부조·백설조·할계·포곡)과 '병'(충치, 서툰 손재주, 서툰 말, 나약함, 불화)을 연결하는 '치治(치료하다)'라는 글자는 '지指(가리키다)'라는 글자로 바꿀 수 있다. 이렇게 바꾸어보면 이 신비한 처방의 배후에 있는 비밀이 즉시 명백해진다.

즉 본초학에서 약물과 질병을 연결하는 메커니즘은 현대 임상의학과 다르다. 현대 임상의학에서 주장하는 약물과 질병의 관계는 생화학 실험과 임상기기를 통해 증명할 수 있는 생물화학적 관계다. 그리고 이는 현대 임상의학의 성립 근거이기도 하다. 예를 들면, 어떤 약물을 먹으면 어떤 성분의 화학화합물이나 생물제제를 흡수함으로써 질병을 유발하는 병독을 제거하거나 질병을 유발하는 병변 조직의 번식을 억제할 수 있다는 식이다. 한편 본초학 담론에서 약물과 질병을 연결하는 것은, 과학으로 검증하고 증명할 수 있는 실증적이고 물질적인 인과관계가 아니라 일종의 어의적 관련 혹은 수사적 관계다. 어의적 관련은, 본초 약물의 형태에 의해 나타나는 것이자 본초 약물의 명칭에 의해 표징되는 것이다. 그리고 최후에는 병증으로 표징되는 중층적인 지칭 관계를 통해 구현되는 것이다.

'탁목조'는 탁목조의 기표記表이고, 탁목조는 충치의 기표다. 역으로, 탁목조는 '탁목조'의 기의記意이며 충치는 탁목조의 기의다. '탁목조'라는 명칭, 탁목조라는 동물, 충치라는 질병, 이 삼자가 연결되어 본초 처방을 이룬다. 그런데 이것은 실험이나 경험으로 검증된 생물화학 성분 및 과정이 존재함으로써 탁목조를 태운 가루를 치아 구멍에 채우면 충치를 치료할 수 있음을 증명하는 게 아니다. 탁목조는 벌레를 잡아먹을 수 있고 충치는 이빨 구멍 속에 있는 벌레라는 것이 본초 처방의 바탕이다. 따라서 본초의 약물과 질병을 연결하는 것은 실질적인 인과관계라기보다는 순수한 수사적 관계다. 언어와 단어가 지닌 의미의 유사성 혹은 상관성에 의해 연결되는 언어유희인 것이다.

본초 의생이 병세를 보고 듣고 묻고 맥을 짚어보는 망문문절望聞問切의 치료 활동은, 화학검사와 수술로 이루어지는 병원의 과학실험과 다르다. 그것은 어의적 관련의 평면 안에서 이뤄지는 해석학적 활동이다. 본초 의생의 임무는, 병자를 대했을 때 먼저 그의 병증을 판단한 뒤에 증세에 따라 처방하는 것이다. 본초 약전藥典 속에서 그 증세에 적합한 약물을 찾아야 하는데, 이때 병증은 역으로 약물을 가리키는 기표가 되며(기호의 기표와 기의는 본래 대등하게 교환되는 것이다), 증세에 따라 처방하는 것은 사실상 병증의 '기표'에 근거하여 약물의 '기의'를 찾는 것이다. 따라서 어떤 의미에서 보자면 병을 치료하는 것은 진정한 의미에서의 해석학적 활동이 된다. 병증은 본 적이 있는 듯한 단어(기표)인데, 이 단어의 의미(기의)는 자연의 커다란 화원에 이미 쓰여 있다.[65]

고대인은 기표와 기의를 연결하는 양자 간의 유사성을 믿었다. 『주역』「계사전繫辭傳」에서는 이렇게 말했다. "옛날에 포희씨包犧氏가 천하를 다스릴 때, 우러러 하늘의 상象을 관찰하고 숙여서 땅의 법法을 관찰했으며, 새와 짐승의 무늬文와 땅의 마땅함宜을 관찰했다. 가까이는 몸身에서 취하고, 멀리는 사물物에서 취했다. 이에 비로소 팔괘八卦를 만들었고, 이로써 신명神明의 덕에 통달하고 만물의 정황情을 분별했다."[66] 허신許愼은 「설문해자서」에서 이 말을 인용하면서 다음과 같이 문자의 기원을 설명했다. "옛날에 포희씨가 천하를 다스릴 때, 우러러 하늘의 상을 관찰하고 숙여서 땅의 법을 관찰했으며, 새와 짐승의 무늬와 땅의 마땅함을 관찰했다. 가까이는 몸에서 취하고, 멀리는 사물에서 취했다. 이에 비로소 역易 팔괘를 만들었고, 이로써 '법칙이 되는 상憲象'을 전했다. 신농씨神農氏에 이르러 결승結繩으로 다스리고 일을 통솔했는데, 많은 업무가 번거로워지고 거짓으로 꾸미는 일이 발생했다. 황제黃帝의 사관인 창힐蒼頡은 새와 짐승의 발자국을 보고서 형태가 서로 다름을 알고 처음으로 서계書契를 만들었다."67 선왕先王은 사물의 형상과 유사한 기호로 만물을 명명했는데, 이는 유사성으로 언어와 만물을 연결한 것이다.

앞에서 살펴본 처방에서 약물과 질병을 연계하는 것 역시 유사성이다. 탁목조가 나무를 쪼아 잡아먹는 벌레와 치아 구멍에 있는 벌레는 비슷하다. 교부조와 손재주가 뛰어난 여인은 비슷하다. 백설조와 말재주가 있는 아이는 비슷하다. 날개를 나란히 하고 나는 포곡과 금슬이 좋은 부부는 유사하다. 병적 상태는 모종의 의미의 결핍이다. 따라서 병을 치료하는 것은 그 의미가 풍부하게 함유되어 있는 약물을 병자에게 처방함으로써 그 의미를 보충해주는 것이다. 이러한 무소부재의 유사성이 짐승·초목과 질병 사이의 관계를 생성했다.

우리가 찾은 것은 형형색색의 자연물을 박물학의 수풀 속으로 모이게 하는 은밀한 길이다. 어의의 유사성에 입각한 수사야말로 이 숲길의 윤곽을 그려낸 보일락 말락 하는 이정표다. 푸코는 『말과 사물』에서, 서양 박물학에서 유사성이 지닌 의미에 대해 이렇게 말했다.

16세기 말까지 유사성은 서양 문화의 지식에 있어서 줄곧 창조자 역할을 했다. 유사성이야말로 텍스트의 주석과 해석을 대부분 이끌었다. 유사성이야말로 기호의 작용을 조직화했고, 가시적이고 비가시적인 허다

한 사물들을 이해하게 해주었으며, 사물을 표상하는 예술을 이끌었다. 우주는 접혀서 포개어졌다. 지구는 하늘과 겹쳐져, 사람의 얼굴은 별에 반영되었고, 식물은 인간에게 유용한 갖가지 비밀을 자신의 줄기에 감춰두었다. 유화油畫는 공간을 모방했다. 표상은 (흥겨움이든 지식이든 간에) 반복으로서 나타났다. 삶의 무대 혹은 세계의 거울로서 말이다. 표상은 모든 언어의 신분이자 언어가 자신의 발언권을 언명하고 표현하는 방식이었다.[68]

푸코는 유사성의 사유가 고대 문화에서 어떤 역할을 발휘했는지 우리에게 일깨워준다. 고대의 사상가는 유사성에 힘입어서 그들의 세계를 조직했고, 그들의 세계 속에서 질서를 세웠다. 그들이 보기에 유사성은 무소부재의 것이었다.[69] 고대 박물학은 유사성의 인도에 힘입어 하늘과 땅을 섬세하게 널리 휘젓고 다니면서, 종횡으로 뒤얽힌 유사성의 화음을 이용해 온 세계를 조화로운 천지만물의 대합창으로 조직해냈다.

현대과학은 실험과학으로 연단술과 점성술을 대체했고, 귀납법으로 연역법을 대체했으며, 어법학으로 수사학을 대체했고, 인과관계로 유사성과 상징성을 대체했으며, 분류학과 생물학으로 박물학과 본초학을 대체했고, 묘사로 서사를 대체했으며, 사회과학으로 해석학을 대체했다. 과학주의에 의해 다시 구성되고 후계몽주의적이며 산문화된 세계와 세계관 속에서 사는 우리로서는, 고대에 유사성이 지녔던 의미와 역할을 이해하기 어렵다. 이는 산문적 수사로 시적 수사를 해석하기 어려운 것과 마찬가지다.[70] 과학에 의해 다시 구성된 우리는 유사성을 발견할 수 있는 능력을 이미 잃었다. 우리로서는 유사성의 의미를 이해할 수 없다. 우리 세계는 과학에 의해 바람조차 통하지 않을 정도로 치밀하게 조직된 세계로, 유사성이 그 사이를 자유롭게 지나다니도록 허용하지 않는다. 바로 이런 시대에 인지認知와 학술 영역에서 누군가 덮어놓고 유사성에 깊이 빠져 있다면 그는 무당이거나 미치광이다.[71]

푸코는 고대 박물학에 무소부재했던 유사성을 드러내 보였을 뿐, 고대인이 유사성에 왜 그토록 깊은 감정을 지녔으며 유사성이 고대문화에서 왜 그토록 중요했는지에 대해서는 설명하지 않았다. 사실 고대 박물학이 사물의 유사성을 발견하고 표징하고 드러내는 데 그토록 집착했던 것은, 유사성을 발견해야만 그리고 유사성의 인도에 의지해야만 비로소 복잡하고 광대한 자연의 사물 속에서 실마리를 정리해 질서를 세우고 자연에 의미를 부여할 수 있었기 때문이다. 현대 자연과학의 각 학과가 대자연을 절단하고 분할하여 자연을 전면적이고 세밀하고 경위가 분명한 형태로 묘사하기 전, 그리고 계몽주의와 과학주의의 빛이 대자연을 밝게 비추기 전에는, 광대한 미지의 영역과 낯선 사물을 대면한 고대 박물학자가 자연만물 속에서 질서를 세우기 위해서는 어렴풋한 유사성의 인도에 의지하는 것 말고 더 나은 방법이 없었던 것이다. 고대 박물학자가 유사성의 인도에 의지해 자연만물 속에서 실마리를 정리해낸 것은, 참고할 지도 없이 낯선 수풀에 처음 발을 들여놓은 여행가가 자신이 나무에 새겨놓았던 흔적에 의지해 귀로를 찾는 것과 같은 이치였다.

실험설비와 화학실험과 임상수술의 도움이 없었던 고대의 의생으로서는, 낯선 초목이나 지금껏 들어본 적이 없는 병증을 대했을 때 유일하게 의지할 수 있고 증세에 맞는 약을 찾을 수 있도록 도와주는 것이 바로 유사성이었다. 유사성은 신체와 본초에 찍힌 표지標識이자 신체와 본초를 관통하는 기표와 기의 관계(기호)다. 고대의 의생은 이 기호의 명시적이거나 암시적인, 직접적이거나 우회적인 인도에 의지해 비로소 병증에 맞는 약물을 찾을 수 있었고 기표에 맞는 기의를 찾을 수 있었으며 기호에 의미를 부여할 수 있었다. 즉 본초학과 박물학은 유사성으로 연루되어 있는 어의 공간에서 운행되는 수사학 활동이었다.

사실 중국 고대의 본초학자는 그들이 유사성에 의지하고 있음을 기탄없이 말해왔다. 남송南宋 오증吳曾의 『능개재만록能改齋漫錄』에는 의술가가 약을 쓰는 이치에 대한 내용이 나온다.

> 내함內翰 왕숙문王原叔이 말했다. 의약醫藥으로 병을 치료할 때, 어떤 경우에는 (약의) 의미와 형태를 취하기도 한다. 예를 들면, 백합百合으로 병을 치료하는 것은 그 명칭을 취한 듯하다.[72] 토혈에 연지색의 홍화紅花(잇꽃)를 쓰는 것은 그 빛깔을 취한 듯하다. 임력淋瀝[73]과 체결滯結[74]에 등심灯心(골풀의 속)과 목통木通(으름덩굴)을 쓰는 것은 그 형태를 취한 듯하다.[75] 의미와 형태가 서로 의지하며 변화하고 감통感通하니, 그 뜻을 알지 못하면 안 된다.[76]

의생이 "의미와 형태가 서로 의지하며 변화하고 감통"한다는 원칙에 따른다면, 즉 약물의 형태 및 명칭이 지닌 의미에 따라 약을 배합하고 처방을 내린다면, 그는 대체 처방전을 쓰는 것일까 아니면 시를 짓는 것일까?

이시진의 『본초강목』 서례序例에 나오는 다음 내용 역시 그 증거다.

유완소劉完素가 말했다. (…) 대저 사물에는 각자 성질性이 있으니, 그것을 제약하여 사용하고 상황에 따라 변통해 약을 배합한다면 그 효용에 어찌 그침이 있겠는가! 따라서 그 성질에 따라 소용되는 것이 있고, 그 이기는 바所勝77로써 제약하는 것이 있다. 기가 서로 같기 때문에 서로를 찾는 것이 있고, 기가 상극相剋하기 때문에 서로를 제약하는 것이 있다. 기가 남음이 있기 때문에 부족함을 보충해주는 것이 있고, 기가 서로 감응하기 때문에 그 의미로써 사용하는 것이 있다. 질質은 같으나 성性이 다른 것이 있고, 명名은 다르나 실實이 같은 것이 있다.
따라서 뱀의 성질은 위로 올라가는 것이므로 약성藥性을 이끌고, 매미의 성질은 허물을 벗는 것이므로 이것으로 백태白苔를 제거한다. 등에는 피를 빨아먹으므로 이것으로 피를 다스리고, 쥐는 구멍을 잘 뚫으므로 이것으로 몸의 구멍을 다스린다. 소위 그 성질에 따라 소용된다는 것은 이와 같다. 쇠뇌의 노아弩牙78가 분만을 촉진하는 것은, (노아가 움직여 쇠뇌의) 발사장치가 작동되면 되돌릴 수 없기 때문이다. 절굿공이에 묻은 쌀겨가 목이 멘 것을 내려가게 하는 것은 절굿공이로 내려찧었기 때문이다. 소위 그 쓰임새에 따라 사용한다는 것은 이와 같다. 부평浮萍(개구리밥)은 물에 가라앉지 않으므로 술을 이길 수 있고, 독활獨活(멧두릅)은 바람에 흔들리지 않기 때문에 풍風을 다스릴 수 있다. 소위 그 이기는 바所勝로써 제약한다는 것은 이와 같다. 마麻는 목곡木穀이므로 풍을 다스리고, 두豆(콩·팥)는 수곡水穀이므로 수水를 다스린다. 소위 기가 서로 같기 때문에 서로를 찾는다는 것은 이와 같다. 소는 토축土畜이므로 그 젖으로 갈질渴疾(소갈증)을 멈추게 할 수 있고, 돼지는 수축水畜이므로 그 심장으로 황홀恍惚(정신불안증)을 누를 수 있다.[79] 소위 기가 상극하기 때문에 서로를 제약한다는 것은 이와 같다. 곰의 고기는 원기를 충만하게 해주고, 토끼의 간은 시력을 밝게 해준다. 소위 기가 남음이 있기 때문에 부족함을 보충해준다는 것은 이와 같다. 잉어는 수를 다스리고[80], 집오리는 소변을 잘 통하게 한다. 소위 기가 서로 감응하기 때문에 그 의미로써 사용한다는 것은 이와 같다. 꿀은 벌에서 생겨나는데, 꿀은 따뜻하고 벌은 차다. 기름은 마麻에서 생겨나는데, 마는 따뜻하고 기름은 차다. 이는 질質은 같으나 성性이 다른 것이다. 미무蘼蕪는 궁궁芎藭에서 나오고, 봉류蓬虆는 복분覆盆에서 나온다. 이는 명名은 다르나 실實이 같은 것이다. 이와 같은 종류는 이루 다 헤아릴 수 없을 정도다. 천지로부터 형체를 부여받은 것들은 음양을 벗어나지 않고, 형색과 자연에는 모두 법상法象(본보기)이 있다.[81]

뱀은 나무를 타고 위로 올라가기 때문에 약성을 이끄는 인경약引經藥으로 쓴다. 매미는 허물을 벗기 때문에 매미로 백내장을 제거한다. 등에는 사람의 피를 흡수하므로 지혈 효과가 있고, 쥐는 구멍을 잘 뚫기 때문에 누병漏病을 치료할 수 있다.[82] 쇠뇌의 발사장치는 순식간에 작동하기 때문에 노아(시위걸개)로 임부의 분만을 촉진한다. 쌀겨는 절굿공이로 절구질을 해서 벗겨낸 것이므로, 쌀겨로 목구멍에 막혀 있는 것을 내려가게 한다. 이상은 해당 사물과 병증의 어의 관계(유사

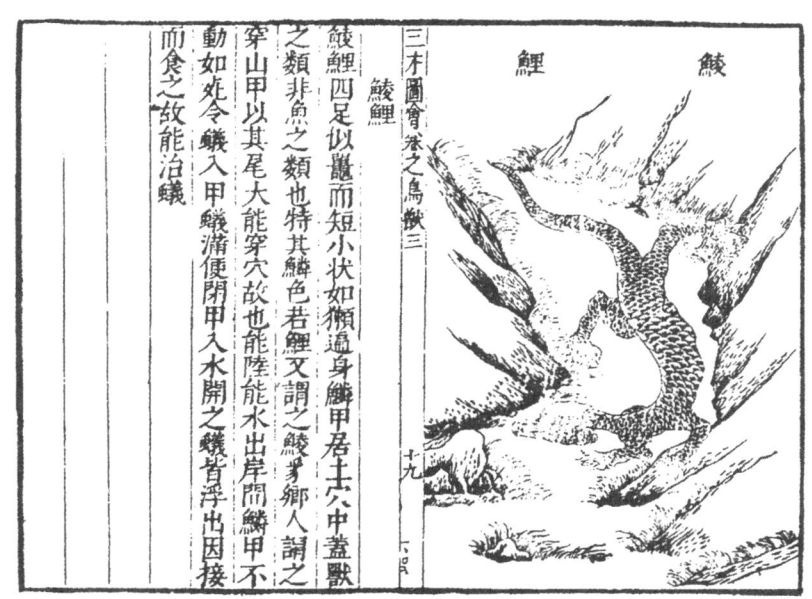

鯪鯉

鯪鯉四足似鼉而短小狀如獺遍身鱗甲居土穴中蓋獸之類非魚之類也特其鱗色若鯉又謂之鯪鯉鄉人謂之穿山甲以其尾大能穿穴故也能陸能水出岸閒縱甲不動如死令蟻入甲蟻滿便閉甲入水開之蟻皆浮出因接而食之故能治蟻

능리鯪鯉(천산갑).

성)로 인해서 그것이 증세에 맞는 약물이 된 경우다. 이러한 구체적인 실례가 없는 상태에서, 유완소가 표방한 성性·기氣·질質 등의 술어를 단지 현대적 언어와 지식이 이 술어들에 부여한 의미에 따라 이해한다면, 우리는 그가 말한 성·기·질이 사물의 물리화학적 성질이라고 생각하게 될 것이다. 실질적인 것으로 보이는 이들 술어의 배후에서 지향되고 있는 것은 사물의 유사성에 의해 정해진 기표-기의 관계, 즉 의미다. 이것이 소위 '법상法象'이다. 『역』의 점에서는 상象을 중시한다. 사실 모든 점복이 상을 중시한다. 점복은 자연의 기호 내지 인공의 기호에 대한 해독이다. 점복의 해독은 유사성의 원칙에 따라 이뤄지며, 고대 의학의 치료술은 인간의 길흉과 생사를 판단하는 점복술과 그다지 큰 차이가 없다.

『본초강목』에서는 각 약물이 효과를 일으키는 원리를 논술하면서 유사성을 자주 끌어다 설명한다. 예를 들면, 천산갑穿山甲(개미핥기의 일종)은 자주 사용되는 약물인데 『본초강목』에서는 그 약효에 대해 이렇게 설명했다. "의루蟻瘻(피부병의 일종), 어린아이가 헛것에 놀란 것, 여자가 귀신처럼 슬피 우는 것, 옴, 치루를 낫게 한다. (…) 담학痰瘧(학질의 일종)과 한열寒熱 및 풍비風痹로 인한 경직과 통증을 제거한다. 경맥經脈을 통하게 해주고 젖이 잘 나오게 한다. 옹종癰腫을 없애고 농혈膿血을 배출하며, 막힌 구멍을 뚫어주고 벌레를 죽인다."[83] 이시진은 뒤이어 '발명發明'에서 다음과 같이 말했다.

> 도홍경陶弘景이 말했다. 이것(천산갑)은 개미를 먹기 때문에 의루를 낫게 한다. 이시진이 말한다. 천산갑은 궐음경厥陰經과 양명경陽明經에 들

어가며, 예로부터 전해지는 처방에 따르면 생것으로 사용한다. 요즘에는 풍학風瘧(학질의 일종), 피부병, 월경이 잘 나오도록 하고 젖이 잘 나오도록 하는 데 요약要藥으로 쓴다. 이것(천산갑)은 산에 구멍을 파고 살며 물에 의지해 먹을 것을 구한다. 음(음맥)에서 나와 양(양맥)으로 들어가며, 경락을 뚫어주고, 병소病所에 직접 이른다. 유백온劉伯溫은 『다능비사多能鄙事』에서 말하길 "무릇 유롱油籠(기름통)이 샐 경우 천산갑 가죽을 벗겨서 안에 있는 고기를 그(유롱) 안에 넣으면, 새는 곳까지 저절로 가서 단단히 메워준다"고 했다. 또 「영주기永州記」에서는 "이것(천산갑)은 제방 위에서 죽이면 안 된다. 그 피가 흙으로 들어가면 제방이 새게 될까 염려해서다"라고 했다. 이 두 가지 이야기를 보건대, 이것은 산에 구멍을 낼 수 있고 제방을 새게 할 수 있으며, 새는 곳에 이를 수도 있다. 그 성질이 이곳저곳으로 잘 다니는 것임을 알 수 있다. 속담에 이르기를, "천산갑과 왕불류王不留(장구채)[84]를 부인이 먹으면 젖이 잘 나오게 된다"고 했다. 이 역시 그것의 신속함을 말한 것이다.[85]

천산갑은 구멍을 잘 판다. 산에도 구멍을 뚫을 수 있을 정도이니, 그것으로 경맥을 통하게 하고 치루를 낫게 하고 옴을 제거하고 산모의 젖이 잘 나오게 하는 것쯤이야 아주 쉬운 일이다.

본초학에서 약물과 병증을 연결하는 것은, 증명과 검증을 통한 생물화학적 반응이 결코 아니다. 그것은 단지 양자 사이의 외재적 형태의 유사성에 의한 기표-기의 관계에 근거한 것이다. 즉 약물과 병증을 연결하고 약물로 하여금 병을 낫게 하는 작용을 하도록 만든 것은, 실증적인 관계가 아니라 어의학적 관계다. 그렇다면 이것은 오랫동안 전해져온 신화, 즉 "신농이 온갖 풀을 맛보았다"는 신화를 충분히 뒤집을 만하다. 신농이 온갖 풀을 맛보았다는 이야기는 『회남자』「수무훈修務訓」에 처음 보인다. "옛날에 백성은 풀을 뜯어먹고 물을 마셨으며 나무열매를 따먹고 소라와 조개의 살을 먹었기 때문에 병이 나거나 독에 다치는 피해가 많았다. 그래서 신농이 처음으로 백성에게 오곡을 파종하는 법을 가르쳤다. 또한 건조함과 습함, 비옥함과 척박함, 높고 낮음 등 토지의 마땅함을 살폈다. 그리고 온갖 풀의 맛과 샘물의 단맛과 쓴맛을 직접 맛보아, 백성으로 하여금 피할 것과 가까이할 것을 알게 해주었다. 이때 그는 하루에 70가지의 독을 만났다."[86]

이 문장을 자세히 살펴보면, 이 이야기의 본뜻을 알 수 있다. 신농이 온갖 풀을 맛보았던 것은 병을 치료하는 약물을 찾기 위해서가 아니라 허기를 채워줄 오곡을 찾기 위한 것이었다. 그런데 이것이 변화되어 신농이 온갖 풀을 맛보아 백성을 질병에서 구해주었다는 이야기가 되었다. 진晉나라 황보밀皇甫謐이 편찬한 『제왕세기帝王世紀』에서는 이렇게 말했다. "염제炎帝 신농씨 (…) 처음으로 천하에 오곡을 경작하여 먹는 것을 가르침으로써 살생을 줄였다. 또한 초목을 맛보아 널리 질병을 치료하고 요절하는 생명을 구했다. 백성은 (그의 혜택을) 날마다 사용하면서도 (그것이 누구 덕분인지는) 알지 못한다. (염제 신농씨는) 『본초』 4권을 지었다."[87]

온갖 풀을 맛본 신농의 위대한 본보기가 전설에 있었기에, 역사상 손수 독을 시험하며 온갖 풀과 약을 맛본 명의가 끊임없이 이어졌다. 명대의 명의 장경악張景岳은 "나는 젊었을 때, 매번 약을 쓰기 전에 반드시 일일이 자세히 맛보았다. 그 즉시 약의 이치를 깨달았고 얻는 바가 무한했다."88고 말했다. 청대의 명의 석수당石壽棠 역시 말하길 "초목의 타고난 기는 편중되어 있긴 해도 그 맛은 순일純一하기 어렵다. 하나의 약은 여러 맛을 겸하고 있다. 먼저 쓴맛이 난 뒤에 매운맛이 나고 그다음에 단맛이 나는 것이 있는가 하면, 먼저 단맛이 난 뒤에 매운맛이 나고 그다음에 쓴맛이 나는 것도 있다. 결국 맛은 편중된 것이 주主이며, 나중에 오는 맛이 진眞이다. 하지만 모름지기 평소에 직접 맛을 봐야만 비로소 오류를 범하지 않을 수 있다."89 이시진 역시 자주 약을 맛보았다. 현재 중국 의약사醫藥史 교과서에서 의약의 기원과 약물의 발견을 언급한 부분에서는 여전히 이처럼 소박한 실증주의적 상상을 답습하고 있다. 베이징 중의학원中醫學院에서 편찬한 『중국의학사』(1978)에는 이렇게 나와 있다. "배가 고프면 먹을 것을 가리지 않기 때문에 사람들은 독이 있는 식물을 잘못 먹고서 구토하고 설사하고 혼수상태에 빠지거나 심지어는 사망하는 경우도 종종 있었다. 수많은 시도를 거쳐 사람들은 어떤 식물이 인체에 유익하고 어떤 식물이 인체에 유해하며, 또 어떤 식물이 병을 치료할 수 있는지 점차 인식하게 되었다. 이렇게 해서 식물 약에 관한 지식이 초보적으로 쌓이게 되었다."

고대 의생의 자아희생의 정신과 진리 추구의 정신과 무실역행務實力行의 정신에 대해서는 물론 의심할 필요가 없다. 또한 분명히 어떤 약물들은 경험의 결정체이자 시험의 결과임을 부인해서도 안 된다. 그런데 고대 의술가들이 확실히 직접 본초를 맛보았다 하더라도, 혀로 판별해낸 신맛·짠맛·단맛·쓴맛·매운맛과 병증 간의 약리학적 관계는 대체 어떻게 성립된 것일까? 어떤 맛의 풀이 어떤 병을 치료할 수 있는지, 고대의 의생들은 대체 무엇에 근거해서 그것을 알 수 있었을까? 사실 이 문제에 대해서는 옛사람들도 이미 생각했다. 원나라 왕리王履는 『의경소회집醫經溯洄集』에서 신농이 온갖 풀을 맛보았다는 이야기를 부정하면서 이렇게 질문했다. "신농에게 모든 병이 다 있어서 그것을 모두 시험해보았다는 것인가? 게다가 더러운 약은 맛볼 수 없는 것인데 그것 역시 맛보았다는 것인가? 비록 맛은 맛보아 알 수 있다 하더라도, 그 기氣·성性·행경行經·주치主治 및 외畏·오惡·반反·기忌 등의 종류에 대해서도 맛보아서 알 수 있단 말인가?"[90]

의학사 연구자들은 고대의 본초 저작에서 약효에 대한 인식의 기록이 약의 맛에 대한 판별의 기록보다 앞선다는 것을 발견했다. 초기의 본초 문헌에서는 약효에 대해서만 기록했지, 약의 맛에 대해서는 기록하지 않았다. 이는 애초에 본초의 약효에 대한 인식이 약의 맛을 시식하고 판별하고 분류하는 것에 기대지 않았음을 암시한다. 시고 짜고 달고 쓰고 매운 이 다섯 가지 맛의 체계는, 수많은 본초 약물을 분류하기 위해서 후대인이 오행설에 근거하여 발명한 체계화의 수단일 뿐이다. 고대 의생이 진단하고 치료하는 데 의지했던 것은 약의 맛과 질병 사이의 기능적 인과관계가 아니다. 왜냐하면 그러한 관계는 근본적으로 존재하지 않기 때문이다. 신맛·짠맛·단맛·쓴맛·매운맛의 배후에 숨겨져 있던 것은 그러한 관계보다 더욱 신비해 헤아릴 수 없고 복잡하게 얽힌 어의적 시스템이다. 따라서 소위 "신농이 온갖 풀을 맛보았다"는 것은, 고대 의생들이 자신의 기예에 과학성과 합법성의 외피를 걸치기 위하여 날조해낸 신화일 뿐이다. 또한 역대로 온갖 풀을 맛본 위대한 의생이 많았다 하더라도 본초의 유구한 전통이 시식에 기대어 성립했음을 증명하기에는 부족하다. 본초의 전통은 신농과 그 후계자의 미각을 통해 성립된 것이 아니라, 만물의 질서가 드러나고 확립되고 전해지도록 해주는 언어에 기초한 것이다. 미각과 언어 모두 사람의 혀를 떠날 수 없는 것이지만 말이다.

즉 신농은 애당초 온갖 풀을 맛볼 필요가 없었고 그럴 수도 없었다. 설령 고대의 의생이 정말 온갖 풀을 맛보았다 하더라도 그토록 많은 초목과 짐승의 약용 성분과 치료 효과를 알 수는 없었다. 본초가 약이 된 것은 결코 실험을 통해서가 아니다. 장기간 누적된 경험에 기댄 것도 아니다. 왜냐하면 본초학 가운데 많은 약물은 일상생활에서 접촉하기 드문 것들이기 때문이다. 그것들에 대해 의생이 증거로 삼을 만한 경험을 쌓는다는 것은 불가능했다. 본초가 본초로 되게 한 것, 수많은 짐승과 초목이 본초의 범주로 편입되어 병을 치료하는 약물이 되도록 한 것은 실증과 경험이라기보다는 관례와 어의학이다. 바로 무소부재하는 유사성의 견인 아래, 수많은 동식물이 본초학의 콘텍스트 속으로 들어와 풍부한 의미와 효과를 지닌 '단어'가 되었다.

하지만 본초학의 약물과 질병 사이의 관계가 단지 어의관계나 수사관계이고, 과학적 증명과 임상실험을 거친 인과관계가 아니라고 한다면, 그 약물들은 어떻게 치료 작용을 발휘할 수 있는 것일까? 전통의학이 세간의 사기술이나 무술巫術과 차이가 없는 것 아닌가? 전통의학이 과연 유효성을 지니고 있는 것인가?

본초학 혹은 전통의학은 분명히 효력이 있다. 역사상 온갖 질환과 전염병을 극복한 데 있어 전통의학의 공로가 없을 수 없다. 문제는 다음과 같은 것들이다. 우리는 유효성과 과학성을 어떤 의미와 어떤 평면에서 이해하고 있는가? 우리는 의학의 유효성 및 과학성과 밀접한 관련이 있는 신체·질병·건강 등의 개념을 어떤 의미에서 이해하고 있는가? 고전 의약학에서 약물이 문화 콘텍스트 속의 기호이고 치료가 문화 콘텍스트 속의 해석 활동이었듯, 고전 시대에 신체와 질병 역시 콘텍스트 속의 존재이자 어의의 편직물이었다. 고대인에게 신체란, 데카르트 시대(계몽 시대) 이후처럼 영성靈性을 상실한 채 영혼 및 정신과 분리된 단순한 육체가 아니었다. 신체는 세계만물과 마찬가지로 진술된 자연인 동시에, 언어와 문화에 의해 설치되고 편집된다. 또한 복잡한 어의 관계에 의해 관통되고 표징되고 쓰이며, 서사·해석·저주 등 일련의 기호학과 어의학의 실천에 의해 조작되고 조정된다. 본초의학의 실천과 콘텍스트 속에서 병의 치료는, 우리가 현대 병원제도에 근거해서 상상한 것처럼 단순히 "병증에 따라 약을 쓰는" 게 아니다. 앞에서 살펴본 처방전들에는 본초 약물 외에도 그 약물들과 함께 고려해야 하는 것들이 있다. 풍부한 암시와 매혹을 지닌 의미심장한 약의 이름, 그리고 그 이름의 배후와 관련되어 있는 기타 담론들이 그것이다. 예를 들면 신화·고사·해석·주문·금기 및 신앙과 민속 등이다. 이러한 요소들은 본초의학의 담론 실천적 성질을 명확히 보여준다. 담론은 그저 말하는 것에 그치는 것이 아니다. 그것은 병자의 마음에 직접적으로 작용해서 마음을 통해 그 사람의 신체에 작용하도록 한다.

다음은 『습유본초』에 나오는 불임증에 대한 처방이다.

- 정월正月의 빗물: 부부가 각자 한 잔씩 마시고 방으로 돌아와 시간에

맞추어 동침하면 자식이 생긴다. 신기한 효험이 있다.[91]

- 남편이 오줌을 눈 곳의 흙: 자식이 생기게 해준다. 임자일壬子日에 부인이 그것을 조금 가져다가 물과 섞어서 복용하고 이날 동침하면 바로 임신하게 된다.[92]
- 정월 보름날의 등잔: 자식을 생기게 해준다. 부부가 함께 부잣집의 모임 장소에서 이것을 몰래 훔치되, 다른 사람은 알지 못하게 한다. 침상 아래에서 편히 잠들면 그달에 임신하게 된다.[93]

이러한 처방의 과학성을 증명할 수 없는 건 분명하다. 검증할 필요도 없이 우리는 그것이 비과학적이라는 것을 안다. 하지만 그것의 유효성을 누가 감히 부인하겠는가?

이들 처방에서 제시한 구체적인 약물이 유효한 성분과 약리 기능을 지니고 있느냐는 중요하지 않다. 중요한 것은, 이들 약물과 명칭에 내포된 의미 그리고 그 의미를 통해 이끌려 나오는 실천적 활동이다. 정월의 빗물이 부부의 내분비 기능을 촉진하지는 못할 것이다. 하지만 '정월의 빗물'이 암시하는 것, 즉 만물의 소생과 생기왕성함의 어의는 그러한 역할을 지니고 있다. 사람의 분뇨는 비료로서 비옥과 번식과 생명의 의미를 지니고 있으며, 아내는 남편이 경작하고 비료를 주고 씨를 뿌려야 하는 토지다. 처방에서는 특별히 임자일에 복용할 것을 당부하고 있는데, 임자壬子는 바로 임자妊子(자식을 잉태하다)다. 정월 보름의 등잔이 불임증을 치료할 수 있는 관건은 등잔에 달려 있는 게 아니라, 사람과 달이 모두 둥글어지며 남녀가 환희에 빠지는 정월 보름이라는 특수한 날에 달려 있는 것이다. 정월 보름의 원소절元宵節

은 불교와 더불어 중국으로 전해진 인도의 명절이다. 인도의 전통 역법에서 정월 보름은 새해에 처음으로 달이 둥글어지는 밤으로, 낡은 것을 제거하고 새로운 것을 세우며 만물이 소생하는 날이다.

이들 처방의 유효성은 처방전에 나오는 사물의 이름이 구현해내는 어의에 전적으로 달려 있는 것이지, 그 사물 자체의 물리화학적 속성과는 아무런 관계도 없다. 즉 이들 처방의 유효성은 그대로의 자연에 달려 있는 게 아니라, 진술되고 어의가 부여된 자연에 달려 있는 것이며, 자연만물과 인간의 신체를 동시에 관통하는 '의미의 세계'에 달려 있는 것이다.

현대과학의 세례를 받은 현대인에게는 이들 약물이 아무 효과도 없을 게 분명하다. 그것은 바로 일찍이 이들에 의미와 유효성을 부여했던 의미의 세계가 완전히 와해되었기 때문이다. 의미와 매력을 잃은 정월의 봄물, 남편이 오줌을 눈 곳의 흙, 정월 보름날의 등잔, 이것들은 이제 적나라한 물질이 되었다. 그것은 더 이상 사람들의 상상을 끌어내지 못한다. 그래서 더 이상 신체의 반응과 생기를 유발할 수 없다. 의미의 세계라는 버팀목을 상실한 본초 의학 역시 예전의 그 효과적이었던 기예에서 사기술이나 사이비과학으로 변해버렸다. 변한 것은 우리 신체나 우리 신체가 거하고 있는 자연만물이 아니라, 바로 우리 마음이고 자연만물에 대한 우리 시각이다. 산과 강은 여전하고 풀과 나무도 여전한데, 인간의 마음은 옛날 같지 않다.

지금까지 한참을 돌아왔다. 먼저 『산해경』에서 출발하여 『산경』에 있는 박물학 기록을 살펴보았다. 거기서 본초학을 끌어냈고, 『산경』

과 본초학이 동일한 학문 전통과 어의 평면, 즉 박물학 담론에 속한다는 것을 설명하고자 했다. 이 담론 평면에는 오늘날 우리가 보기에 완전히 다른 두 가지 담론이 공존하고 있다. 하나는 매우 실증적인 박물학 담론이고, 다른 하나는 오늘날 학술 담론 속에서 무술과 환상에 편입된 기괴한 담론이다. 본래 이 양자는 동일한 박물학 담론 평면에 속하는 것이었다. 평범한 것과 신기한 것, 근거가 있는 것과 황당무계한 것이 그 평면에서는 서로 동등한 진리와 가치를 지니고 있었고, 서로 동등한 의미와 효과를 부여받았다. 한발 더 나아가 논증하기를, 박물학 담론이 그럴 수 있었던 것, 즉 오늘날 우리의 과학적 세계관으로 보기에는 아무 관계도 없는 것들을 한데 뒤섞을 수 있었던 것은 바로 고대 박물학이 사물들 간의 유사성을 주목한 데서 기인한다고 했다. 고대 박물학은 오로지 유사성의 인도에 의지해 사물을 관찰하고 명명하고 분류하고 사용했다. 서로 아득히 떨어져 있고 표면상 아무 관계도 없어 보이는 사물을 일일이 대응시키고 관통함으로써 사물과 사물 간에 순전히 어의학에 속하는 관계를 성립시켰고 복잡하게 뒤얽힌 어의 공간을 구축했다.

이제 우리는 이러한 유사성의 사유 방식이 『산경』의 박물학 속에서 어떻게 구현되었는지 살펴볼 것이다. 특히 그 박물학의 담론 기제는 『산경』의 기괴성을 설명하는 데 많은 도움을 줄 수 있을 것이다.

고전 박물학은 유사성을 통해 자연만물을 인식하고 이해했다. 유사성은 박물학이 사물을 분류하고 연결하도록 인도했을 뿐만 아니라 박물학이 사물을 관찰하고 묘사하도록 인도했다. 고대의 박물학자에게는 현대의 박물학자처럼 기존의 생물분류 체계가 있었던 게 아니다. 현대의 박물학자는 낯선 생물의 형태와 습성에 대한 분석과 표시에 근거해 그것을 생물분류 체계에 따라 분류할 수 있다. 낯선 생물을 종속과목강문계의 기준으로 나누고, 이 분류 체계에서 그것의 특정 위치에 근거해 적합한 명칭(두 단어의 라틴어로 명칭)을 부여할 수 있는 것이다. 한편 사람들은 이 명칭만 보면 그것이 생물분류 체계에서 자리하고 있는 위치를 알 수 있다. 그리고 그것과 자신이 이미 잘 알고 있는 어떤 생물과의 유사성을 알 수 있고, 이로써 그것의 생김새와 습성 등을 대략 알 수도 있다. 이 모든 것은 린네가 현대 생물분류 체계를 세운 뒤에야 가능해진 것이다. 그렇다면 린네 이전에는, 자연 만물을 통일된 분류 체계에 따라 명명할 수 있는 양식이 있기 전에는, 박물학자가 낯선 생물을 어떻게 명명해야 했을까? 그 지식 체계 속에서 그 생물이 자리하고 있는 위치와 의미를 어떻게 확정해야 했을까? 유사성이야말로 그에게 유일한 이정표였다. 그는 오로지 자신이 이미 알고 있는 사물 간의 유사성에 근거해서 그 사물을 추측하고 묘사하고 인식했다. 유사성이야말로 고대 박물학자가 오리무중에서 빠져나올 수 있도록 인도해주는 이정표였다. 유사성은 고대 박물학자가 사물을 관찰하고 묘사하고 명명할 수 있도록 인도했다.

 그런데 유사성은 차이성을 전제로 하기 마련이다. 하나의 사물이 다른 어떤 사물과 완전히 유사할 수는 없다. 만약 완전히 같다면 그것은 동일한 사물이다. 천차만별의 사물들 간에 유사관계를 세우기 위해서 그는 반드시 먼저 사물을 분해해야 한다. 동물을 예로 들자면, 편의에 따라서 머리·목·몸통·꼬리·발톱·뿔 등의 부위로 분해한 뒤에 그것의 머리는 어떻게 생겼고 목은 어떻게 생겼고 몸통은 어떻게 생겼고 꼬리는 어떻게 생겼는지 각각 나누어 설명할 것이다. 이렇게 해서 그는 한 사물을 묘사해내고 이로써 그 사물의 성질을 규명하고, 나아가 그 사물의 약용 가치와 징조로서의 의미까지 '발견'했던 것이다. 그리고 이렇게 묘사된 사물은 일련의 유사성이 집결하는 지점이 되었다. 아무 관계도 없는 수많은 익숙한 것이 한데 모여서 낯선 것을 만들어냈다. 만약 이 낯선 것이 생물이라면, 매우 많은 익숙한 생물이 섞인 하이브리드가 되는 것이다. 『산경』의 박물학이 우리에게 보여주는 것은 바로 이러한 경관이다.

- 이곳의 어떤 짐승은 그 생김새가 호랑이 같은데, 소의 꼬리가 달려 있다. 그 소리는 개가 짖는 것 같다. 그 이름을 체麂라고 한다. 이것은 사람을 잡아먹는다.

이것은 호랑이처럼 생겼으며 소와 같은 꼬리가 달려 있고 개가 짖는 듯한 소리를 내는 야수다.

- 이곳의 어떤 새는 그 생김새가 올빼미 같은데, 사람의 얼굴에 눈은 네 개이고 귀가 있다. 그 이름을 옹顒이라고 하는데, 그 울음은 자신의 이름을 부르는 소리다. 이것이 나타나면 천하에 큰 가뭄이 든다.

이것은 얼굴이 사람처럼 생겼으며(하지만 눈은 넷이다) 몸은 올빼미처럼 생긴 새다.

7장 괴물지와 본초 수사학 그리고 푸코의 웃음소리

•그 속에는 단어鱄魚가 있다. 그 생김새는 붕어 같은데, 돼지털이 나 있다. 그 소리는 돼지 같다. 이것이 나타나면 천하에 큰 가뭄이 든다.

이것은 몸의 형상이 붕어(흔한 어류다) 같고, 돼지털 같은 털(아마도 지느러미를 가리키는 듯하다)이 났으며, 돼지 소리를 내는 물고기다.

•이곳의 풀은 조條가 많다. 그 생김새는 해바라기 같은데, 꽃은 붉고 열매가 노란 것이 젖먹이의 혀 같다. 이것을 먹으면 사람을 미혹되지 않게 해준다.

이것은 줄기와 잎이 해바라기처럼 생겼고(일종의 채소다), 열매는 젖먹이의 혓바닥처럼 생긴(여기서의 유사성은 식물과 동물의 경계를 깨뜨렸다) 식물이다.

이처럼 유사성에 근거한 관찰법과 묘사법이야말로 『산경』 박물학으로 하여금 원래는 아무런 관계도 없고 생물학적 의미에서 그 어떤 친연 관계도 존재하지 않는 생물들을 한데 모으도록 했다. 여러 종류의 생물이 무리하게 모여서 창조된 것은 다른 게 아니라 바로 괴물이다. 이렇게 해서 『산경』의 산천은 요정이 출몰하고 괴수가 횡행하는 세계가 되었다.

『산경』의 괴물은 대부분 이러한 방법으로 만들어진 것이다. 이들 괴물의 탄생은 토템숭배·원시사유·신화사유와는 무관하며, 기호학·어의학·수사학과 관계가 있다. 따라서 『산경』과 같은 고대 박물학 저작에 있어서 의미 있는 작업은 그 배후에 혹시 있을지도 모르는 원시

사유·신화사유·토템숭배를 발굴하는 것이 아니다. 이런 것들은 마치 전국시대의 중국인이 여전히 프레이저와 타일러가 묘사한 원시민족이었던 것처럼 보이게 한다. 한편 『산경』에 나오는 괴물을 자연계의 생물과 일일이 대조하여 그것이 본래 가리키는 것이 어떤 생물인지 밝혀내는 것 역시 의미 있는 작업은 아니다. 『산경』에 묘사된 기괴한 표상을 통해서 그 배후에 감추어진 동물의 진상을 이해하는 것은 거의 불가능하기 때문이다.

『산경』 및 관련 박물학 텍스트를 분석함으로써 '기괴한' 기록들의 배후를 드러내야 한다. 즉 그 기록들이 그 시대에 성립되고 의미와 가치를 획득할 수 있었던 담론 공간과 '의미의 세계'를 드러내야 한다. 또한 이 '기괴한 담론'을 생산해낸 언어 메커니즘을 밝혀야 한다. 세상이 많이 변했고 산천도 크게 변했다. 우리는 이미 고대의 '자연세계'로 돌아갈 수 없게 되었다. 하지만 옛날 책이 아직 있고, 옛날 사람이 말한 이야기가 아직 있고, 옛날 사람이 내린 처방이 아직 있고, 옛날 사람이 기록한 명물 名物(사물의 명칭과 특징 등)이 아직 있다. 이것들은 고대인이 남긴 이정표다. 이 이정표가 인도하는 바에 따라 우리는 물길을 거슬러 올라가서 옛날의 '의미의 세계'로 돌아가 고대인이 그들의 세계를 어떻게 관찰하고 이해하고 진술했는지 이해할 수 있다.

사실 텍스트·서사·지식의 배후에 있는 '의미의 세계'를 드러내 보이는 것이야말로 (민속학을 포함한) 인문과학의 종지이자 푸코가 말한 '지식의 고고학'의 종지다.

【 8장 】

신화 · 상상 · 지리:
괴물 기호학에 대한 불편함

1.『산해경』의 괴물 기호학

저우즈창周志強(이하 '저우'):『잃어버린 천서失落的天書』(이하『천서』)를 읽고 관련 평론도 보았는데요. 기본적으로는 긍정적인 의견들이었지만, 제 생각에는 평론들이 주로 관심을 가졌던 건『산해경』의 '수수께끼'에 대한 해독이었지, 선생님 책의 학문적 가치를 진정으로 파악한 건 아니었던 것 같아요.『천서』가『산해경』에 대한 해독에서 시작되긴 했지만 선생님의 학문적 야심은『산해경』을 훨씬 뛰어넘는 것이지요. 선생님이 책의 결론 부분에서 중점적으로 논술하신 것은, 천문지식과 역법제도가 고대 우주관에 미친 영향 그리고 이로 인해 형성된 세계관이 중국 고대 정치지리학에 미친 영향인데요. 저는 이 책의 핵심이 바로 여기에 있다고 생각합니다. 일반 사람들이 보기에『산해경』이라는 책은, 단지 '괴력난신怪力亂神'으로 가득한 기이한 책에 불과하고 대아지당大雅之堂에 오를 수 없는 소설가의 말이잖아요. 신화연구자를 제외하고는 엄숙한 학자들이 말하기를 꺼려왔던 책이기도 하고요. 그런데 선생님은 뜻밖에도 이 책에서 우주관이나 세계관 같은 '미언대의微言大義'를 읽어내셨어요. 저는 이 점이 무척 흥미롭습니다. 그런데 선생님은 『산해경』에 가득한 기이한 기록들에 대해서는 어떻게 생각하시는지요? 물론 『천서』에 언급되어 있긴 하지만 충분하지 않은 탓에, 핵심을 놓친 듯한 느낌을 주거든요.

류쫑디劉宗迪(이하 '류'): 확실히 『산해경』은 일찍부터 괴물에 관한 책으로 여겨졌지요. 『산해경』에 대한 사람들의 관심은 무엇보다도 이 책에 나오는 형형색색의 다양한 괴물을 향한 것입니다. 『산해경』을 펼쳤을 때 가장 먼저 눈에 들어오는 건, 바로 눈이 휘둥그레지게 만드는 해외의 온갖 기이한 사람들이지요. 우민국羽民國·천흉국穿胸國·반설국反舌國·삼수국三首國·삼신국三身國·일비국一臂國·기굉국奇肱國·일목국一目國·장부국丈夫國·여자국女子國, 이름만 들어도 얼마나 기이한지 충분히 짐작이 갈 겁니다. 이도 저도 아니고 무시무시하게 생긴 형형색색의 괴수와 이조異鳥가 가득하지요. 예를 들면, 꼬리 아홉에 귀가 넷이나 달렸고 눈은 등에 붙은 짐승, 뒷다리는 말의 다리에 앞다리는 사람의 손이고 뿔이 넷인 짐승, 닭처럼 생겼는데 머리 셋에 눈은 여섯이고 다리 여섯에 날개가 셋 달린 새 등이 나옵니다. 온갖 기묘한 것이 다 있으니, 사람들은 『산해경』을 이상한 눈으로 보면서 "고금의 괴이한 언설의 원조古今語怪之祖"로 간주했지요. 이 책에 처음으로 주석을 달았던 진대晉代의 학자 곽박은 『산해경전山海經傳』 서언의 첫

머리에서 말하길, "세상에 『산해경』을 읽어본 이라면 다들 이 책이 황당무계하며 기괴하고 특이한 말이 많다고 생각한다"[1]고 했어요. 그러니까 진대에 이미 『산해경』은 황당함과 괴이함으로 이름을 날렸던 거죠. 루쉰의 유명한 산문 「아창과 산해경阿長和山海經」을 보면, 어린 시절의 루쉰은 그림이 있는 『산해경』을 간절히 갖고 싶어했어요. 사람 머리가 달린 짐승, 머리가 아홉인 뱀, 다리가 셋인 새, 날개가 달린 사람, 머리 없이 젖꼭지를 눈으로 삼은 괴물이 그 안에 가득했기 때문이지요. 어린 시절의 루쉰魯迅도 『산해경』을 괴물에 관한 책으로 생각했던 겁니다. 나중에 루쉰은 중국소설사를 집필하면서 『산해경』을 중국의 신화와 소설의 비조로 보았어요. 어린 시절 『산해경』에 대해 품고 있었던 호기심과 애틋함이 어른이 되어서도 여전했던 거죠. 「아창과 산해경」은 중고등학교 교과서에 수록되어 있지요. 사람들이 『산해경』이 괴이한 책이라는 선입견을 갖게 된 데는 그 글의 영향이 적지 않을 겁니다.

만약 우리가 어린 시절의 루쉰처럼 『산해경』에 나오는 괴물에만 집중한다면, 이 책은 뒤죽박죽 아무 두서도 없는 것이라고 생각하게 될 겁니다. 머리 셋에 팔 여섯인 괴물, 사람 머리에 새의 몸통을 지닌 괴물, 소도 아니고 말도 아닌 괴물, 절반은 사람이고 절반은 짐승인 괴물 같은 것들만 본다면, 이 책은 훗날의 패관稗官이나 소설가의 말과 별 차이가 없는 것으로 느껴질 겁니다. 또 그저 옛날 사람들이 심심풀이로 터무니없이 꾸며낸 오락거리에 불과한 데다 학술적 가치는 전혀 없기 때문에 대아지당에 오를 수 없는 것이라고 생각하겠지요. 하지만 도무지 종잡을 수 없는 그런 구체적인 내용에만 관심을 기울이지 말고, 『산해경』의 체제와 전체 구조에 시선을 돌려본다면 이 책에 대해 괄목상대한 안목을 갖게 될 겁니다. 어수선하고 황당무계한 겉모습 너머에 엄밀한 구조가 감추어져 있음을 발견할 수 있지요. 이 책의 서술이 매우 조리정연하고 체제가 굉장히 엄밀하고 구조가 상당히 완벽하다는 것을 발견할 수 있을 겁니다. 이 점에 있어서는 선진 시대 전적 가운데 그 어떤 것도 『산해경』에 필적할 수가 없어요. 그러니까 『산해경』은 야사野史나 일화를 잡다하게 긁어모은 게 아니라, 짜임새와 형식을 제대로 갖춘 심혈을 기울인 저작이라는 말이지요.

우리가 알고 있듯이, 『산해경』은 『산경』과 『해경』 두 부분으로 이루어져 있습니다. 이 두 부분은 서로 성격이 다르지만, 분명하고 엄밀한 체제를 갖추고 있다는 점은 일치합니다. 『산경』의 경우 「남산경」 「서산경」 「북산경」 「동산경」 「중산경」의 다섯 편인데, 방위에 따라서 각각 남·서·북·동·중앙 다섯 방위에 있는 산천지리와 그곳에 있는 동물과 식물과 광물에 대해 서술하고 있어요. 다섯 편의 체제는 매우 비슷한데, 산맥과 물길의 흐름에 따라 순서대로 산을 기록하고 있지요. 그리고 각 산을 서술할 때는, 해당 산과 그 이전 산과의 거리와 방위를 먼저 기록하고 해당 산의 명칭을 기록한 뒤에 또한 그 산의 식생植生과 광물에 대해 개술하고 있지요. 이어서 그 산 특유의 날짐승·길짐승·풀·나무를 구체적으로 묘사하고 있어요. 동물에 대해서는 명칭·형태·습성·효용(특히 약용으로서의 효능) 등에 대해 상세히 기록하고 있지요. 그리고 마지막으로는 그 산에서 발원하는 강에 대해 기술하고 있습니다. 이 강이 흘러가는 방향, 이 강에서 사는 물고기나 자라 같은 수생동물, 강바닥에 있는 광물자원 등에 대해 상세히 기록하고 있지요. 『산경』의 각 산이 이상의 모든 내용을 다 갖추고 있는 것은 물론 아닙니다. 하지만 『산경』을 쭉 훑어보면, 기본적으로 방금 말씀드린 체제대로 서술되어 있지요.

「남산경」에 나오는 네 번째 산이 어떻게 서술되어 있는지 보도록 합시다. "다시 동쪽으로 370리를 가면 유양지산杻陽之山이다. 그 남쪽에서는 적금赤金이 많이 나고 북쪽에서는 백금이 많이 난다. 이곳의 어떤 짐승은 생김새가 말 같고 머리가 희며, 무늬는 호랑이 같고 꼬리는 붉다. 그 소리는 사람이 노래하는 것 같다. 그 이름은 녹촉鹿蜀이라고 한다. 이것을 몸에 차면 자손이 번성한다. 괴수怪水가 여기에서 나와 동쪽으로 흘러 헌익지수憲翼之水로 들어간다. 그 속에는 현귀玄龜가 많이 산다. 그 생김새는 거북 같고 새의 머리를 하고 있으며 살무사 꼬리가 달려 있다. 그 이름은 선귀旋龜라고 한다. 그 소리는 나무를 쪼개는 듯하다. 이것을 몸에 차면 귀가 먹지 않고 이것으로 굳은살을 치료할 수 있다."[2]

유양지산에 대한 묘사는 아주 조리 있고 상당히 전면적입니다. 먼저 이 산의 방위와 거리가 그 앞의 원익지산猿翼之山에서 동쪽으로 370리에 있다는 것을 말한 뒤에, 유양지산의 남쪽에서는 적금이 많이 나고 북쪽에서는 백금이 많이 난다고 했지요. 이것은 산의 광물에 대한 개술입니다. 이어서 이 산에 있는 동물을 자세히 묘사하고 있어요. 먼저 이 동물의 생김새와 소리를 아주 상세히 기록하고, 명칭이 촉록이라고 한 뒤에 약용 가치를 설명하고 있어요. 이 동물의 일부(아마도 뼈나 가죽일 겁니다)를 몸에 차면 생식력이 증진된다는 거죠. 여기에는 물론 강한 주술적인 의미가 담겨 있습니다. 산에 대한 묘사가 끝난 뒤에는 물에 대해 서술하고 있지요. 유양지산에서 발원한 괴수가 동쪽으로 흘러가서 헌익지수로 들어간다는 건데, 여기서 '괴수'는 '헌익지수'와 마찬가지로 강물의 명칭이지, 신통력이 있다거나 괴이하다는 의미가 아닙니다. 그다음에는 이 강에서 사는 어떤 거북에 대해서 자세히 묘사합니다. 먼저 거북의 생김새를 묘사하고, 이 거북의 이름이 '선귀'라고 한 다음에, 이 거북이 나무를 쪼개는 것 같은 소리를 낸다고 했지요. 그리고 마지막으로 그 약용 가치에 대해서 이야기하고 있습니다. 선귀를 몸에 차면 귀가 먹은 것을 치료할 수 있고, 발바닥의 굳은살을 제거할 수 있다는 거죠. 이상을 보면 『산경』의 기술이 얼마나 조리정연하고 체계적인지 짐작할 수 있을 겁니다.

저우: 말씀을 듣고 보니, 예로부터 황당한 괴서로 일컬어지던 『산해경』을 정말 눈을 비비고 새로 보게 되는군요. 『산경』의 기술이 선생님 말씀처럼 그렇게 구성과 체제에 신경을 쓴 것이라고 한다면, 작자의 태도가 진지하고 실사구시적이었지, 결코 밑도 끝도 없이 멋대로 만들어내지 않았다는 것을 충분히 알겠습니다. 그런데 이토록 질서정연한 책에서, 그토록 혼란스럽고 괴이한 괴물은 어떻게 나온 걸까요? 한편은 질서이고 다른 한편은 혼란이라니요. 선생님께서 커다란 구멍을 파놓으셨으니, 직접 그걸 메워주시는 게 어떨까요.

류: 그야 당연하죠. 사실 푸코 이후로 '질서'와 '기괴'가 본래는 상보적이고 밀접하다는 것을 우리 모두 알고 있습니다. 관건은 그것이 어떤 질서냐, 그리고 황당한 것이 왜 황당해 보이는가를 똑바로 아는 데 있지요. 방금 살펴봤던 녹촉이라는 동물에 대한 묘사를 보면, 제 말의 의미를 아실 겁니다. 녹촉의 생김새가 어떤가요? 말처럼 생겼고 머

리는 희고, 호랑이 무늬에 꼬리는 붉지요. 그리고 사람이 노래하는 것 같은 소리를 내고요. 얼핏 보기엔 정말 기괴하죠. 말처럼 생겼는데 호랑이랑 닮은 데도 있고, 머리는 하얗고 꼬리는 붉고, 사람이 노래하는 것처럼 울부짖는 이상하게 생긴 괴수입니다.『산경』에 나오는 산들 중에는 이렇게 기괴하게 생긴 짐승이 수도 없이 많아요. 하지만 이런 괴물을 정말로 본 사람은 아무도 없을 겁니다. 바로 이 때문에 사람들은『산해경』이 철두철미하게 멋대로 꾸며낸 괴서라고 생각하는 것이지요.

하지만 생물학의 역사를 좀 안다면,『산해경』에서 말하는 것들이 결코 괴물이 아니라는 것을 이해할 겁니다. 대자연에는 온갖 동물이 있습니다. 생김새, 털의 빛깔, 신체 구조 등과 같은 동물 형태에 대한 묘사는 바로 동물형태학에 속하는 내용이지요. 그리고 동물형태학은 무엇보다도 언어학과 기호학의 문제입니다. 형태가 천차만별인 동물을 다른 사람이 알아들을 수 있도록 묘사하고 형용하려면, 일련의 효과적인 언어체계부터 반드시 갖추어야 하지요. 동물의 각 부위를 형용하는 술어와 그 술어들을 조합하는 규칙 등을 포함한 언어체계 말입니다. 성숙하고 전문적인 과학으로서의 현대생물학은, 동물 형태의 묘사와 분류에 대한 표준적이고 정확하고 체계적인 술어체계를 지니고 있어요. 연구자는 그 술어를 이용해서 동물을 묘사하면 되지요. 생물학 전공학자가 형태학 술어체계를 참조해서 그것에 따라 동물을 묘사한다면 그 동물의 형태를 정확하게 복원할 수 있을 겁니다. 린네의 동물분류 시스템도 사실은 일종의 동물 명명命名 시스템이지요. 그래서 동물 형태에 관한 묘사는 무엇보다도 먼저 언어학적이고 기호학적인 것입니다. 그런데 과학적 생물학이 형성되기 전까지는, 일반적으로 통용되었을 뿐 과학적인 형태학 술어체계가 아직 갖추어지지 않았지요. 그렇다면 그 시대의 학자들은 다른 사람들에게 낯선 동물의 형상을 어떤 방식으로 묘사해야 했을까요? 적절한 방법은 오직 하나, 바로 낯선 동물을 익숙한 동물에 비유하는 것이지요. 예를 들어, 지금껏 고양이를 본 적이 없는 사람에게 고양이의 생김새를 설명해줘야 한다면 어떻게 묘사해야 할까요? 아마도 이렇게 말하겠지요. 토끼만 한 크기에 털가죽은 호랑이와 비슷하고, 얼굴은 사람이랑 약간 비슷하며 갓난아이 울음소리를 낸다고 말이지요. 만약 그가 봤던 고양이의 꼬리가 검은색이었다면, 『산해경』식으로 표현하면 이렇게 되겠지요. "이곳의 어떤 짐승은 그 생김새가 토끼 같고 사람의 얼굴을 하고 있다. 그 무늬는 호랑이 같고 꼬리는 검다. 그 소리는 갓난아이의 울음소리 같다." 이렇게 형용했을 경우, 고양이를 본 적이 있는 사람은 이 말을 듣고 고양이라는 것을 알겠지만, 본 적이 없는 사람은 이 세상에 정말로 토끼만 한 크기에 털가죽은 호랑이와 비슷하고 얼굴은 사람이랑 약간 비슷하며 갓난아이 울음소리를 내는 괴물이 있다고 생각하겠지요! 『산경』에서 제멋대로 날아다니고 헤엄쳐 다니는 기괴한 생김새의 괴수·괴조·괴어·괴사怪蛇는 대부분 이렇게 유래한 겁니다. 세상에는 본래 기괴한 것이 없어요. 다만 우리가 고대인이 동물을 묘사할 때 사용한 담론 시스템을 이해하지 못하기 때문에 호기심 어린 눈빛으로 그 기록을 보는 겁니다. 견문이 좁으면 모든 게 신기해 보이는 것처럼 말이지요. 그래서 결국 우리가 보기에 『산해경』은 요괴가 출몰하는 세계이자 고금의 제일가는 기서奇書가 된 겁니다.

저우: 『산해경』에 관한 책들을 몇 권 봤는데요. 그 책들에서는 『산해경』에 나오는 괴물의 유래에 대해 주로 심리학적인 각도에서 해석하고 있더군요. 그런 괴물들은 순전히 고대인의 무지로 인해 공포와 상상과 허구에서 나온 것이라고 말이지요. 솔직히 말하자면, 이런 해석에는 진화론적인 냄새와 주관적이고 자의적인 억측이 묻어나서 사람들을 설득하기가 어렵습니다. 그런데 선생님은 『산해경』에 나오는 괴물의 기원을 심리학 문제가 아닌 기호학 문제로 보셨지요. 괴물이란 고대인이 순간적으로 퍼뜩 떠올리거나 이것저것 터무니없는 생각을 하다가 생겨난 게 아니라, 역사의 단열斷裂과 지식 패러다임의 전환의 결과라는 말씀이죠. 푸코의 '지식의 고고학'적인 의미가 농후한 견해인데, 저는 이런 식의 사고가 꽤 괜찮다고 생각합니다.

2. 『산해경』의 '상상의 지리학'

저우: 제 생각에는 『해경』의 지리학에 대한 선생님의 논술에서도 푸코주의 숨결이 농후하게 뿜어져 나옵니다. 비록 『천서』에서 선생님이 푸코의 이름을 언급하시지는 않았지만요. 『해경』에 나오는 많은 지명이 고대문헌과 지리 사료에 보이는데, 이 때문에 일반 사람들은 『해경』에 진실한 지리 지식이 담겨 있다고 생각합니다. 그리고 자연스럽게 그 지명에 대한 연구를 통해 『해경』이 생겨난 연대와 지역 그리고 『해경』에 언급된 지역 범위를 고증하게 되는데요. 그런데 선생님은 이런 일반적인 방법과는 완전히 상반된 입장을 취하셨지요. 선생님은 『해경』의 지명이 진실한 지명이라는 것을 부인하셨을 뿐만 아니

라 『해경』의 작자가 '천문세시도天文歲時圖'를 오독한 결과일 따름이라고 하셨어요. 그리고 고대문헌과 지리 사료에 보이는 지명들 가운데 『해경』과 맞아떨어지는 '진실한' 지명은, 『해경』의 지리적 진실성을 증명하지 못할 뿐만 아니라 도리어 그 지명들이 애초에 『해경』에서 비롯된 '허구'라고 하셨지요. 고대인은 『해경』의 진실성과 권위성을 믿었기 때문에 『해경』의 지리 모델에 근거해서 현실의 세계를 상상하고 명명하고 '점유'했고, 이렇게 해서 원래는 허구였던 신화적 지명을 진실한 세계에 구현하게 되었다고 보셨어요. 선생님의 이런 논술은 푸코가 말한 '지식의 고고학'에서 지식과 권력의 관계를 생각나게 하는데요.

류: 『산해경』의 지리학에 관한 저의 논술은 수입품이 아닙니다. 사실 제가 영향을 받은 사람은 푸코가 아니라, 중국에서 나고 자란 대학자 구제강顧頡剛 선생이지요. 구제강은 '누층적으로 만들어진 고사層累地造成的古史설'이라는 유명한 학설을 내놓았는데요, 이 학설이 중국 현대사학에 미친 영향에 대해서는 다들 아실 겁니다. 민간 문학과 민속학에서 암시를 얻은 이 학설은, 구제강이 전통 사학을 흔들어놓는 데 가장 중요한 사상적 무기였지요. 그리고 이 학설로 인해서 그 후 엄청난 영향을 끼치게 되는 '고사변古史辨' 운동[3]이 일어났습니다. 이 학설은 역사, 특히 상고사가 고사故事와 밀접하게 관련되어 있으며 그것이 결코 사실史實의 진실한 기록이 아니라는 겁니다. 즉 후대인이 자기 시대의 지식 배경과 정감의 필요에 근거해서 고사古史를 서술하고 상상해냈는데, 이 서술과 상상 역시 그 이전의 문헌 속 서술과 상상(즉 고사전설古史傳說)의 영향을 받았다는 것이지요. 이로 인해 원래는 전혀

실재하지 않았고 단지 전설적인 역사를 자신도 모르게 자기 시대의 역사와 세계에다 견강부회하게 된 것이지요. 이렇게 해서 원래는 존재하지 않았던 전설의 인물과 지명이 고대 역사와 현실 세계에 구현되었던 겁니다. 결국 나중에 나온 사료일수록, 거기에 나오는 고사古史 인물과 지명에 관한 기록이 더 풍부해지고 상세해지게 되었지요. 사실 그 기록들은 후대인이 고사전설을 잘못 믿어서 견강부회하거나 상상해낸 것으로, 절대 참이라고 믿어서는 안 되는 겁니다. '누층적으로 만들어진 고사설'이 의미하는 바를 구체적으로 지리학과 관련해서 말하자면, 역사상 진실로 존재하는 지명이 사실은 단지 고대인이 역사전설이나 신화고사故事를 오해하고 그것에 근거해서 세계를 상상하고 명명해낸 결과에 지나지 않는다는 겁니다. 이 학설이 의미하는 바를 구체적으로 『산해경』의 지리학에 적용해본다면, 『산해경』의 지명은 본래 그저 허구의 신화 지리였을 뿐이지요. 그러니까 그 뒤 지리 사료에 보이는 동일한 지명은 『산해경』 지리학의 진실성을 증명해주는 게 아닌 거죠. 오히려 이와 반대로 소위 '진실한 지명'이라는 것이, 사실은 그저 고대인이 『산해경』을 경솔하게 믿고서 그 신화적 지리에 근거하여 진실 세계를 상상하고 명명한 결과에 지나지 않는 거죠. 구제강 선생의 말에 빗대어서 이런 지리학 지식의 생산을 '누층적으로 만들어진 지리학'이라고 해도 괜찮겠군요.

저우: 선생님은 '누층적으로 만들어진 지리학'이라고 하셨는데, 저는 '상상의 지리학'이라고 부르는 게 더 좋을 것 같아요. 제가 『천서』를 읽었을 때 가장 흥미로웠던 것이 바로 그 부분이었습니다. 그런데 아쉽게도 곤륜산崑崙山을 비롯해서 몇 개 지명의 상상적 기원에 대해

서만 분석하셨기 때문에 그 중요한 관점에 대한 논의가 충분하지 않더군요. 그보다는 『해경』과 원시천문학의 연원에 관한 논의에 많은 힘을 쏟으셨는데요.

　류: '누층적으로 만들어진 지리학'은 민속학의 조사祖師로부터 빌려온 것이니까 한참 후배인 저로서는 더 많은 말을 할 필요 없이 그냥 가져다 쓰면 되는 거였죠. 하지만 천문학과 『산해경』의 관계는 아직 풀리지 않은 비밀입니다. 새로운 학설이기 때문에 다른 사람을 설득하기 위해서 많은 말을 할 수밖에 없었던 거죠. 게다가 이전 사람들이 『해경』의 지리가 허구에서 나온 것임을 인식하지 못했던 것은 바로 『해경』의 천문학적 연원을 이해하지 못했기 때문이에요. 『해경』의 공간 표상이 내포하고 있는 것이 천문학 도식이라는 것을 인식하기만 한다면, 그것을 진정한 지리서로 여기지는 않을 겁니다. 지금 문제는 『해경』에 나오는 지명의 진실성이나 그것들이 어느 곳인지를 고증하는 것이 아닙니다. 지금 물어야 하는 것은, 천문학에서 기원한 것이 어떻게 지명으로 오해되어 진실한 지리에 구현되었는가 하는 겁니다. 그래서 『해경』의 천문학 연원에 관한 내용이 자연스럽게 『천서』의 중점이 되었던 거죠.

　『해경』과 원시천문학 및 역법제도와의 관계는 아주 뚜렷합니다. 다만 이전 사람들 대부분이 천문학적 배경에 대한 이해가 결여되어 있었고 인류 문화사에서 천문학이 지니고 있는 중요한 의의를 알지 못했던 탓에, 그 사실에 관심을 갖지 않았던 것이지요.

　먼저 '해외경'을 살펴보면, 네 편으로 이루어진 '해외경' 각 편의 마지막에서는 모두 각 방위에 해당되는 신을 언급하고 있지요. "남방

축융祝融은 짐승의 몸에 사람의 얼굴이며, 두 마리의 용을 타고 있다"(「해외남경」), "서방 욕수蓐收는 왼쪽 귀에 뱀을 걸고 있으며, 두 마리의 용을 타고 있다"(「해외서경」), "북방 우강禺彊은 사람의 얼굴에 새의 몸이며, 두 마리의 푸른 뱀을 귀에 걸고 두 마리의 푸른 뱀을 발로 밟고 있다"(「해외북경」), "동방 구망句芒은 새의 몸에 사람의 얼굴이며, 두 마리의 용을 타고 있다."(「해외동경」)[4]

'해외경'에서 사방의 신으로 칭해지는 신들이 다른 옛 책에서는 사시四時의 신으로 나옵니다. 구망은 봄의 신, 축융은 여름의 신, 욕수는 가을의 신, 현명玄冥(우강)은 겨울의 신이지요. 고대의 시령서時令書(농사짓는 시기와 관련된 후대의 역서曆書에 상당한다)인 『월령』에 이 사시의 신이 기록되어 있습니다. 각 신의 명칭은 사시의 계절적 특징에서 유래한 것이지요. '구망'은 봄에 만물이 싹을 틔우며 나온다는 의미입니다. '축융'은 '주명朱明'이라고도 하는데, 여름에 햇빛이 밝고 열기가 무성하다는 의미지요. '욕수'는 가을에 만물이 성숙하고 수확한다는 의미이고, '현명'은 겨울에 빛이 부족해서 어두컴컴하다는 의미입니다. '해외경'의 옛 그림에는 사방에 각각 사시의 신이 묘사되어 있어요. 이 그림의 사방이 사시를 나타냄을 말해주는 것이지요. 동방은 봄, 남방은 여름, 서방은 가을, 북방은 겨울이지요. 그러니까 '해외경'의 옛 그림이 보여주는 것은 공간의 구조가 아니라 시간의 구조예요.

다음으로 '대황경'에 대해 알아보지요. '대황경'에는 수십 개의 산이 나오는데, 얼핏 봐서는 지리서인 것 같지만 이것 역시 천문역법서입니다. '대황경'의 동방에는 해와 달이 나오는 산이 일곱 개가 있어요. 대언大言·합허合虛·명성明星·국릉우천鞠陵于天·얼요군저孽揺頵羝·의천소문猗天蘇門·학명준질壑明俊疾이지요. 서방에는 해와 달이 들어가는 산이 일곱 개가 있어요. 풍저옥문豐沮玉門·용산龍山·일월산日月山·오오거鏖鏊鉅·상양지산常陽之山·대황지산大荒之山이지요. 그런데 왜 하필이면 일곱 개일까요? 우리가 알고 있듯이, 계절의 변화와 그 흐름은 지구가 태양 주위를 도는 공전에 의한 것이지요. 그런데 이게 지구에서는 마치 태양이 남북회귀선 사이를 오가는 것처럼 보여요. 그래서 북반구 사람이 보기에 여름에는 태양이 가장 북쪽에 있어서 여름이 덥고, 겨울에는 태양이 가장 남쪽에 있어서 겨울이 추운 거죠. 그리고 태양이 매일 아침 동쪽에서 떠오를 때의 방위와 황혼녘 서쪽으로 질 때의 방위에 근거해서, 계절과 월을 판단하고 시령과 농사철을 알 수 있었던 거죠. 이건 농부에게는 상식이었어요. '대황경'의 동방과 서방에 있는 일곱 쌍의 산, 해와 달이 드나드는 이 산들은 바로 고대인이 계절과 월을 판단하는 근거였습니다. 일곱 쌍의 산은 여섯 개의 구간을 만들어내는데 이게 바로 시간의 여섯 구간, 즉 여섯 달에 대응하는 것이지요. 그러니까 이 일곱 쌍의 산은 바로 역서曆書라고 할 수 있어요. 대지와 산들 사이에 구현된 자연의 역서인 것이지요. 『역전易傳』에서는 위를 우러러 천상天象을 관찰하고 아래를 굽어보며 지리를 관찰한다고 하면서, 천문과 지리를 함께 언급했어요. 양자는 분리될 수 없는 겁니다. '대황경'이 그것을 가장 잘 증명해주지요.

천문을 관찰하는 데 있어서 가장 중요한 전제는, 사방 방위의 기준을 바르게 잡아서 정확한 방위좌표를 세우는 것이지요. '대황경'에는 사방의 기준이 되는 사극의 산이 명확히 표시되어 있어요. 동쪽 끝의 산은 국릉우천, 서쪽 끝의 산은 일월산, 남쪽 끝의 산은 거치去痓, 북쪽 끝의 산은 천궤天樞입니다. 사극에 있는 이 산들이, 해와 달이 드나 드는 일곱 쌍의 산과 함께 완벽한 천문관측 시스템을 구성하고 있어 요. 그러니까 '대황경'의 판도는 산들 사이에 구현된 원시의 천문좌표 계라고 할 수 있지요.

『산해경』을 읽다보면 떨칠 수 없는 질문이 바로 "『산해경』의 지역적 범위가 대체 얼마나 되는 것일까?" 하는 겁니다. '해외경'과 '대황경'이 라는 이름을 놓고 보면, 그 범위가 아주 커서 사해와 까마득히 먼 지 역까지 포함해야만 '해외'니 '대황'이니 하는 이름에 걸맞을 것 같지 요. 그래서 사람들은 『산해경』의 지역이 아주 넓을 것이라고 상상했 습니다. 한나라 학자 유흠劉歆은 『산해경』에 기록된 것이 "사해의 바 깥, 아주 멀리 떨어진 나라, 다른 종류의 사람들"[4]이라고 했어요. 화하 세계 바깥의 이역에 관한 기록이라는 말이지요. 현대에 이르러서는 사람들의 지리적 시야가 확장되고 안목이 트이면서 『산해경』의 세계 가 더 확장되었어요. 서쪽으로는 티그리스와 유프라테스 강 유역, 동 쪽으로는 북아메리카의 그랜드캐니언과 남아메리카의 마야문명 지 역, 남쪽으로는 사하라 사막, 북쪽으로는 북극해에 이르기까지 지구 전체의 지리 경관이 죄다 『산해경』에서 일일이 그 자리를 차지하게 되 었지요.

하지만 사실 『산해경』의 천지는 원래 아주 작습니다. 아마 한 사람 의 육안으로 볼 수 있는 시야 범위를 벗어나지 못할 정도로 작을 겁 니다. '대황경'에 묘사된 것이, 산봉우리의 위치에 근거해서 태양의 방 위를 관측하여 역법曆法을 정하기 위한 '천문좌표계'였다고 말씀드렸 지요. 그렇다면 그 산봉우리들은 반드시 중앙에 있는 관측자가 볼 수

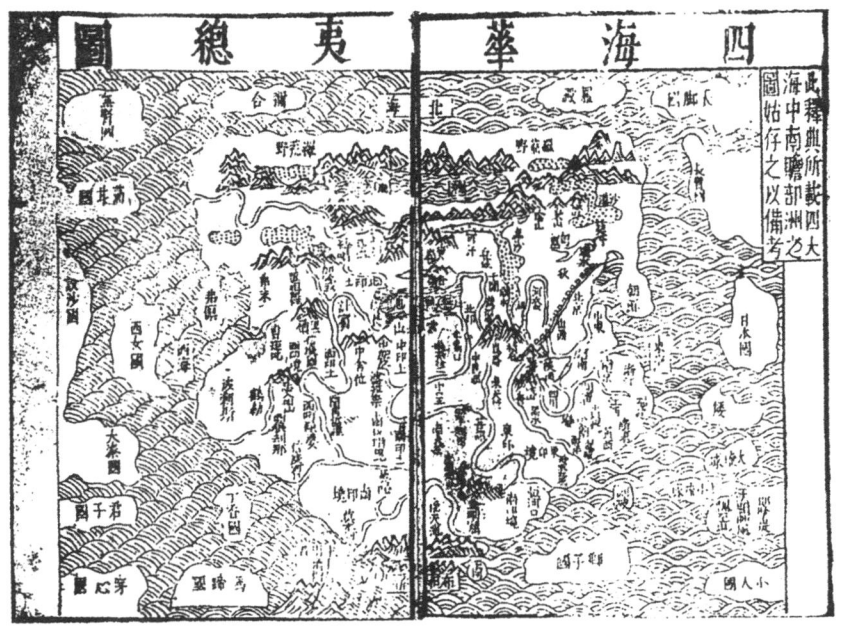

명나라 장황章潢의 『도서편圖書編』(만력萬曆 41년 간행)에 수록된 「사해화이도四海華夷圖」. 일본·류큐琉球·대진大秦(로마) 등 실제로 존재했던 나라도 있고, 무신국無腎國·군자국君子國·천심국穿心國·소인국小人國·장비국長臂國·장각국長脚國·서녀국西女國·마제국馬蹄國·정향국丁香國 등 전설 속의 나라도 있다. 이 가운데 대부분이 『산해경』에서 나온 것이다.

명나라 왕기王圻의 『삼재도회三才圖繪』(만력 31년 간행)에 수록된 「산해여지전도山海輿地全圖」. 이 그림은 마테오 리치의 세계지도에 근거해서 간략화한 것으로, 그 당시 세계지리에 대한 유럽인의 지식과 상상이 반영되어 있다.

있는 것이어야 합니다. 그렇기 때문에 '대황경' 세계의 범위는 그의 시야 범위를 벗어날 수가 없는 것이지요! 광야에 있다고 상상해보십시오. 시력이 미치는 데까지 사방을 둘러보세요. 하늘은 둥근 덮개처럼 땅을 덮고 있으니, 하늘과 땅이 맞붙어 있는 곳까지가 바로 시야에 들어오는 범위이지요. '대황경'의 지역은 바로 이 범위를 벗어나지 않습니다.

저우: 그러니까 원래는 대황大荒의 세계라는 것이 둘레가 몇 리에서 몇십 리에 지나지 않는 크기였다는 거군요. 이 손바닥만 한 땅이 나중에는 화하 민족이 사방의 윤곽을 그려내는 상상의 경계가 되었고요. 이러한 전환이 이루어지는 역사의 흐름이 정말 흥미롭군요. '대황경'이 최초에는 철두철미한 '지역적 지식'이었다고 할 수 있겠네요. 한 지역의 사람들이 천문을 관측하고 역법을 연구하던 시간-공간 도식이 바로 '대황경'이라는 거군요. 이 작은 규모의 지방적 지식이 나중에 사해를 두루 포괄하는 방대한 세계 도식으로 점차 확대되었다는 건데, 이 모든 일이 대체 어떻게 일어난 거죠?

류: 우리가 알고 있듯이, '대황경'은 그림이 먼저 있었고 나중에 문자로 기록되었지요. 그림은 아주 오래된 것일 겁니다. 책으로 만들어진 시기는 전국시대 중기보다 늦지는 않을 거라고 단정할 수 있어요. 그러니까 전국시대에 어떤 학자가 원시 천문역법 지식이 담긴 이 옛 그림을 우연히 보고 그것을 문자로 기술한 것이지요. 하지만 세월이 많이 지난 뒤라서, 전국시대 학자로서는 이 그림의 천문학적 함의를 알 수 없었던 탓에 이 옛 그림의 시간적 구조를 이해하지 못하고 그것을 으레 지도라고 여겼던 거죠. 그렇다면 그는 이 그림을 어떻게 해독

조선의 학자가 그린 「천하도天下圖」. 중국·조선·일본·류큐·서역을 제외한 해외의 모든 나라는 『산해경』에서 비롯된 것이다. 동쪽과 서쪽 끝에는 각각 해가 나오는 산과 해가 들어가는 산이 표시되어 있다. 이 지도는 명나라 때 조선 사람들도 『산해경』의 세계관에 근거해서 세계를 상상했음을 말해준다.

하고 서술했을까요?

그는 그 당시 지리 지식과 세계 상상에 근거했을 테고, 그의 눈에는 이 그림이 분명 기이한 것이었겠지요. 바로 이런 바탕 위에서 그는 이 그림을 해독하고 서술했을 겁니다. 전국시대는 제후가 할거하던 봉건시대에서 대일통大一統의 전제국가로 나아가던 과도기였습니다. 그 시대의 지식인과 각 제후국 통치자는 다들 천하를 통일하고픈 강렬한 욕망과 의지를 지니고 있었지요. 천하 통일의 이상을 진시황이 마침내 실현했고요. 그 시대 지식인의 사명 가운데 하나가 바로 대일통 국가를 위해 웅대한 청사진을 만드는 것이었어요. 통일된 국가에는 무엇보다도 통일된 국토가 버팀목이 되어주어야 하지요. 국가의 통일은 무엇보다도 천하의 통일이고 지리의 통일이니까요. "하늘 아래 왕의 땅이 아닌 곳이 없어야" 비로소 "모든 땅에 왕의 신하가 아닌 이가 없게" 되는 것이지요.⁶ 그래서 곧 도래할 통일된 천하를 위해 지리 청사진을 묘사하고 상상하고 설계하는 것이 바로 그 시대 지식인의 중요한 지식 프로젝트 가운데 하나였던 겁니다. 그런데 통일된 세계의 청사진을 묘사하고 상상하는 데 있어서 터무니없이 날조할 수는 없는 것이죠. 근거가 있다면 가장 좋은데, 고대로부터 전해져온 그 그림이야말로 이런 필요에 딱 들어맞는 것이었지요. 그림의 사방에 묘사되어 있는 희귀하고 기괴한 사람이나 동물과 장면은 본래 세시와 절기에 거행된 의식 및 계절의 변화상이었어요. 그런데 그 시간적 의미는 일찌감치 망각되었죠. 통일된 천하를 위한 청사진 마련에 일심전력을 다하며, 먼 세계에 대해서는 오로지 환상만 가득하던 지식인의 눈에 그 괴인들은 과연 어떻게 보였을까요? 아마도 그 괴인들은 당시 지식인들이 먼 세계의 존재에 대하여 마음속으로 상상하고 있었던 형상의 재현일 겁니다. 이렇게 해서 자연스럽게 천문세시도가 먼 곳의 이국도異國圖로 잘못 이해되었던 것이지요. 머릿속에 '이하지변夷夏之辨'의 사상이 가득했던 전국시대 문인이 보기에 이 그림에 나오는 희귀하고 기괴한 사람과 동물은, 바로 "나와 같은 족류가 아니면 그 마음이 반드시 다르다"[7]라는 말에 부합하는 야만스런 이민족이었지요.

예를 들면 화면에 비교적 크게 그려진 사람의 경우, 본래 그것은 단지 그의 지위를 두드러져 보이도록 하려는 것이었을 뿐인데 전국시대 학자는 그를 거인이라 생각하고 '대인국'이라고 묘사한 거죠. 그리고 대인국 주위에 있는 작은 사람의 형상은 자연스럽게 '주요국周饒國(주유국侏儒國)'이 된 거고요. 두 다리를 교차하고 있는 사람의 경우, 그것은 단지 특정한 동작을 나타내기 위한 것이었는데 전국시대 학자의 붓을 통해 '교경국交脛國'이 되었지요. 나중에 남월南粤 지역을 '교지交趾'라고 명명하게 된 건 여기서 유래한 것입니다. 또 팔이 유난히 길게 그려져 있는 사람의 경우, 그것은 단지 그 손의 동작을 나타내기 위한 것이었는데 전국시대 학자의 붓을 통해 '장비국長臂國'이 되었지요. 이처럼 여러 특이한 이들이 해외 먼 곳에 거주하며, 왕이 다스리는 화하세계 주변을 둘러싸고서 화하세계의 지리와 문화의 가장자리 지대를 구성했습니다. 이것이 마치 천연의 장벽처럼 '예의지방禮儀之邦'과 '화외지민化外之民', '문명'과 '야만', '아족我族'과 '타자'를 가르면서 화하세계의 통일성을 유지해주었던 겁니다. 그래서 '지도'에 대한 그 기록을 아주 당연하게 '해외경'이라고 명명했던 것이지요. 그들이 보기에 '해외경'의 그림보다 훨씬 더 기괴한 것은 당연히 해외의 바깥에 있고 그

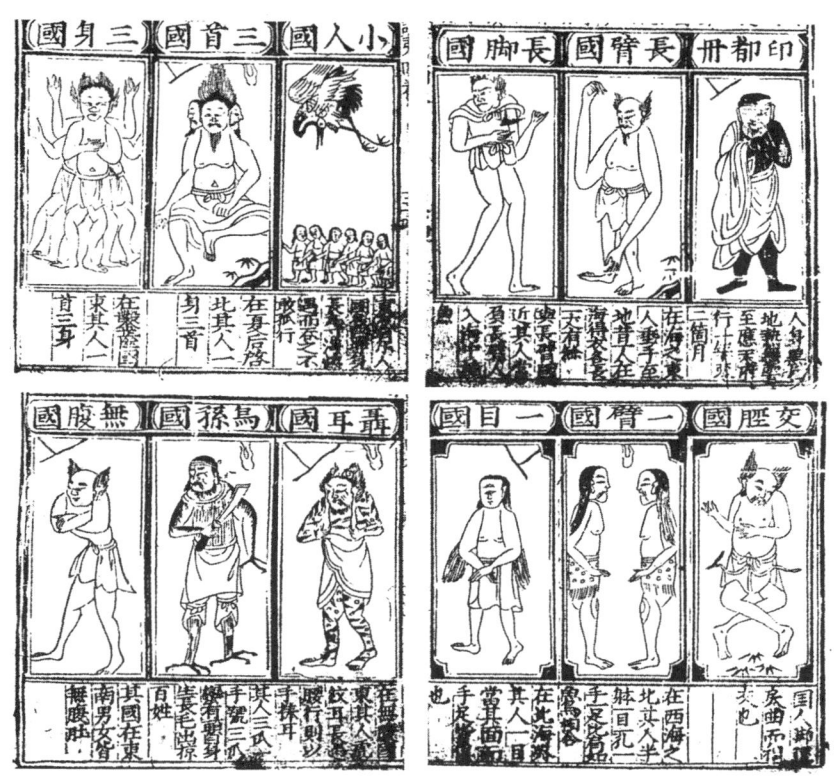

명각본明刻本 『사이잡지四夷雜誌』에 나오는 『산해경』의 기이한 사람들.

지역은 소위 '황복荒服'에 속하는 것이었지요. 이렇게 해서 그것을 '대황경'이라고 명명했던 겁니다. 이로써 『해경』은 화하 민족이 외부 세계를 상상하고 명명하던 방대한 도식이 되었지요.

저우: 전국시대의 학자가 대대로 전해오던 천문역법도를 세계지리도로 오해했던 것이, 지식 배경과 기호 시스템의 단열을 보여주는 문화 반응이라고 한다면 말이지요. 한나라 무제가 『산해경』에 근거해서 곤륜 등의 지명을 명명한 것에 관한 『천서』의 설명은, 지리학 지식을 생산하는 데 있어서 권력과 정복의 작용 및 지리학의 '지식권력'에 대한 절묘한 주석이라고 할 수 있겠군요.

류: 권력은 역사를 창조합니다. 그리고 지식은 여태껏 역사의 주석이었지요. 곤륜의 지리학은 확실히 의미심장합니다. 고대인에게 천지의 중앙이자 세계의 축으로 여겨졌던 이 신산은 중국 역사지리에서 중요한 지위를 차지하고 있지요. 곤륜의 구체적인 위치는 늘 일정하지 않고 변동이 자주 있었어요. 수많은 탐험가와 지리학자가 곤륜의 실제 위치를 확정하기 위해서 얼마나 애를 썼는지 모릅니다. 하지만 곤륜의 실제 위치에 대해서는 여전히 의견이 분분하지요. 그 원인은 바로 『산해경』에 대한 옛날 사람들의 오해와 상상에 있습니다.

옛날 책 가운데 곤륜에 관한 기록이 가장 먼저 보이는 게 바로 『산해경』이에요. 『산해경』의 여러 곳에 곤륜이 언급되어 있습니다. 『산해경』의 기록에 근거했을 때 곤륜의 전형적인 특징은, 황하黃河를 포함한 천하의 모든 물이 발원하는 곳이고 산 위에는 옥석玉石이 많지요. 하지만 『산해경』에서는 이 산이 어디에 있다고는 결코 말하지 않았어요. 그건 아마도 곤륜이 전설 속의 신산이기 때문이겠죠. 곤륜에 관한 기록이 한나라 이전의 다른 책에도 보이긴 하지만 그 책들에서도 구체적인 위치에 대해서는 말하고 있지 않아요. 그리고 그 책들에서도 역시 곤륜은 신화적 색채가 농후하지요. 곤륜의 위치를 처음으로 확정한 건 한나라 무제 때예요.『사기』「대원열전大宛列傳」의 기록에 따르면, 한나라 때 장건張騫이 서역을 개척하고 돌아온 뒤 그 당시 천자였던 무제에게 보고하길, 먼 서쪽 그러니까 현재의 신장新疆 서부에 해당되는 지역에 옥석이 많이 나는 커다란 산이 있다고 했지요. 많은 물길이 이 산에서 발원하는데, 산 서쪽의 물길은 모두 서쪽으로 흘러가고 산 동쪽의 물길은 모두 동쪽으로 흘러간다고 했어요. 그러면서 황하가 바로 이 산에서 발원한다고 했지요. 무제는 장건의 보고에 근거해 옛 책을 살펴보고 이 산을 곤륜이라고 명명했던 겁니다. 무제가 근거했던 옛 책은 틀림없이『산해경』일 거예요. 왜냐하면 곤륜을 가장 먼저 기록한 책이니까요. 무제가 그 산을 곤륜이라고 명명한 건, 장건이 묘사한 산이『산해경』에 나오는 곤륜의 기록과 맞아떨어졌기 때문인데요. 첫째로 그 산은 서쪽에 있는 큰 산이었지요. 둘째로『산해경』의 곤륜과 마찬가지로 옥석이 많이 나는 곳이었어요. 셋째로 천하의 물길, 특히 황하가 발원하는 곳이었습니다.

무제가 서쪽의 그 산을 곤륜이라고 명명한 것은 순전히 주관적인 생각이었어요. 완전히 그의 일방적인 바람으로『산해경』을 오해한 결과죠. 아까 말씀드린 것처럼『산해경』의 판도는, 화하 동쪽 어느 한 지역에 해당되는 아주 작은 지방의 지리 경관을 묘사한 겁니다. 따라서 그것을 화하 전체 지역으로 취급할 수는 없지요.『산해경』의 서쪽 지역에 곤륜이라는 큰 산이 있었던 건 분명합니다. 하지만『산해경』의 서방이 화하의 서방과 같은 건 아니지요. 『산해경』의 서방은, 화하 전체를 놓고 보면 동방에 해당되는 곳이에요. 『산해경』에서 "여기서 황하가 나온다河水出焉"고 한 것은 곤륜이라는 산이 황하의 발원지임을 의미하는 게 아닙니다. 그건 단지 『산해경』('대황경')이 근거한 옛 그림에서 황하는, 화면 바깥에서 시작해 서북쪽 귀퉁이에 곤륜이라고 표시된 커다란 산을 지나면서 화면 속으로 들어왔음을 말해주는 겁니다. 그러니까 곤륜이라고 표시된 그 산은 황하의 하류에 속하는 어떤 산인 거죠. 그리고 옥석이 나는 산은 세상에 흔합니다. 굳이 서방에 있어야 할 필요는 없지요. 무제가 『산해경』에 근거해서 곤륜의 위치를 독단적으로 정했던 건 물론 정치적인 의도에서였습니다. 왜냐하면 멀리 서역에 있는 곤륜이 만약 옛 책에 기록된 것처럼 우禹의 발길이 닿은 곳이라면 그곳은 일찌감치 화하 선조의 세력 범위였으니, 군사를 동원해 서역을 개척함으로써 영토를 확장하는 데 충분한 근거가 되는 것이었으니까요.

　무제가 그렇게 곤륜의 위치를 대강 정한 것이 결국 나중에 지리학의 일대 공안公案이 되어서 곤륜의 소재를 놓고 쟁론이 끊이지 않았어요. 무제가 곤륜의 위치를 확정할 때 주요 근거로 삼았던 건, 곤륜이 황하의 발원지라는 것이었지요. 나중에 서역 지리에 대한 중국인의 이해가 끊임없이 확장되면서, 그리고 그 지역에 대한 탐험과 군사 정복이 끊임없이 추진되면서, 황하의 발원지에 대한 이해 역시 끊임없이 변화했습니다. 사람들은 『산해경』의 진실성을 믿어 의심치 않았고 황하가 곤륜에서 발원한다는 신념을 고수하고 있었기 때문에, 황하의 발원지에 대한 새로운 인식은 결국 곤륜의 위치를 새롭게 정하도록 만들었지요. 무제 이후의 역사에서 중원 제국이 서부 지역의 통치를 강화했던 시기는, 영토의 확장과 국력의 강성이 두드러졌던 당나라·원나라·청나라 때였습니다. 그래서 역사적으로 곤륜의 위치에 대한 재인식 역시 주로 이 세 시기에 이루어졌던 것이지요. 곤륜의 위치 변화를 살펴보면, 한나라 무제는 곤륜의 위치를 우전于闐의 남쪽 산으로 확정했는데 이후 토번吐蕃에 가까운 민마려산悶磨黎山과 등걸리탑騰乞里塔으로 옮겨갔어요. 남북조南北朝 시기에는 불법佛法이 중원에 전파되고 불경을 가지러 갔던 승려들에 의해 인도의 지리를 알게 되면서, 불교의 신화지리에 나오는 아누달산阿耨達山이 곤륜으로 여겨졌지요. 현대에 이르러서는 중국인의 세계관이 더 확장되었고 무엇보다도 서구 신화학의 유입으로 학자들은 『산해경』에 기록된 곤륜의 신이성에 주목하게 되었습니다. 그 결과 곤륜은 또다시 서쪽으로 옮겨가게 되었지요. 쑤쉐린蘇雪林은 『곤륜의 수수께끼崑崙之謎』라는 책에서 중국 신화에 나오는 곤륜이 바로 티그리스와 유프라테스 강 유역의 고대 바빌론의 공중정원이라고 주장하기도 했어요. 우주여행이 가능한 시대에 살고 있는 지금 사람들은 광대한 우주로 시선을 돌리고 있지요. 사람들의 상상력은 지구 중력과 세속의 상식이라는 구속에서 더욱 벗어났고, 마침내 곤륜을 우주로 옮겨갔습니다. 달에 있는 환형산環形山이 바로 곤륜이라고 말하는 사람도 있어요.

세상사가 크게 변하고 시간과 공간도 변하면서, 『산해경』에 나오는 많은 지명이 이런 식으로 끊임없이 신화에서 현실로 구현되었습니다. 곤륜은 점점 더 먼 곳으로 옮겨갔고, 『산해경』의 판도 역시 시간의 흐름에 따라서 끊임없이 확장되었지요. 부단히 확장된 역사 시야와 세계관은 마치 강력한 투사 광선 같아요. 그것은 인간의 상상력이라는 신비한 역사의 원점에서 출발한 뒤, 어두컴컴한 역사의 시공을 뚫고 어슴푸레한 『산해경』의 그림을 뚫으며 끊임없이 확대되어, 부단히 이어지고 확장하는 역사의 단면 위에다 『산해경』의 판도를 투영했지요.

제3부

민초들이 만든 경전의 세계

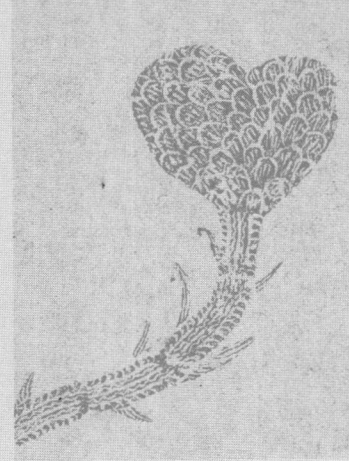

【 9장 】

금문경학의 풀뿌리

1.

한대漢代 사람은 훈고訓詁에서 성훈聲訓을 즐겼다. 즉 음音이 같거나 비슷한 단어로 의미를 풀었는데, 그 전제는 "음이 같으면 반드시 의미도 같다"는 관념이다. 반고班固의 『백호통의白虎通義』는 한대 금문경학今文經學을 집대성한 저작으로, 그 안에는 성훈이 많이 사용되었다. 12지지地支의 의미를 해석한 다음의 예를 보자.

소양少陽은 인寅에서 드러난다. 인이란 연演(부연하다)이다. (…) 소양은 묘卯에서 왕성해진다. 묘란 무茂(무성하다)다. (…) 소양은 진辰에서 쇠퇴한다. 진이란 진震(벼락 치다)이다. (…) 소양의 날은 갑을甲乙이다. 갑이란 만물의 껍질이다. 을이란 껍질 속에 웅크리고 있던 만물이 밖으로 나가려는 것이다.

태양太陽은 사巳에서 드러난다. 사에서는 만물이 모두 흥기한다. (…) 태양은 오午에서 장성한다. 오에서는 만물이 가득 자란다. (…) 태양은 미未에서 쇠퇴한다. 미는 미味(맛보다)다. (…) 태양의 날은 병정丙丁이다. 병이란 병명炳明(만물이 뚜렷해진다)이다. 정이란 강強(강성해진다)이다.

소음少陰은 신申에서 드러난다. 신이란 신身(꼴을 갖추다)이다. (…) 소음은 유酉에서 장성한다. 유란 노老(쇠하다)이며 만물이 쇠약해진다. (…) 소음은 술戌에서 쇠퇴한다. 술이란 멸滅(없어지다)이다. (…) 소음의 날은 경신庚辛이다. 경이란 경更(만물이 바뀐다)이다. 신이란 음이 비로소 틀을 갖춘다는 것이다.

태음太陰은 해亥에서 드러난다. 해란 해侅(씨)¹다. (…) 태음은 자子에서 장성한다. 자란 자孳(불어나다)다. (…) 태음은 축丑에서 쇠퇴한다. 축이란 유紐(묶다)다. (…) 태음의 날은 임계壬癸. 임壬이란 음이 비로소 '맡긴다任'는 것이다. 계癸란 규탁揆度(헤아리다)이다. (…)

토土는 중앙에 해당된다. 토의 날은 무기戊己다. 무란 무茂(무성하다)다. 기란 눌려서 구부러져 있던 것이 '일어난다起'는 것이다.(『백호통의』「오행五行」)²

한대 사람들의 훈고에는 이러한 예가 매우 많은데, 대부분 억지로 뜻을 갖다 붙이고 이것저것 무리하게 긁어모은 것으로, 때로는 전혀 이치에 맞지 않는다.

한대의 글이나 경전의 주注를 읽으면서 이런 것을 볼 때마다 늘 답답함을 느꼈다. 터무니없는 이런 식의 화두를 한대의 대가들이 즐겨 말했고 이를 글로 남겨서 후세에 전한 것이다. 경전은 대의大義가 담긴 곳이고, 문장은 나라를 다스리는 대사이거늘, 어찌 이처럼 농담할 수 있단 말인가! 역대로 많은 지식인이 이를 극도로 증오했다. 그런가 하면 이를 해명하려고 시도한 이들도 있었지만, 그 해석이라는 것 역시 대부분 엉성했다. 훈고학자들은 한대의 경사經師가 언어학을 잘 몰랐기 때문에 견강부회를 피할 수 없었다고 한다. 경학가들은 한대의 박사博士가 오로지 경세치용經世致用의 학문을 추구했기 때문에 곡학아세의 솜씨를 아낌없이 발휘해 견강부회했다고 한다. 그런데 이런 식의 말들은 말하지 않은 것과 마찬가지다.

나는 어느 날 우연히, 길함을 추구하고 재난을 피하고자 하는 민간의 풍속에 대해 읽게 되었다. 거기에 나오는 것들이 대부분 해음쌍관諧音雙關[3] 수사법과 관련이 있었다. 순간 깨달았다. 한대 사람이 경전에 주를 달면서 성훈을 사용한 것의 문화적 연원이 바로 여기에 있는 게 아닐까?

중국인은 명절이나 경사가 있을 때마다 말과 행동에 많은 신경을 쓰는데, 특히 상서로운 덕담을 중요시한다. 농촌에서는 새해를 맞이할 때 물고기가 그려진 연화年畫를 즐겨 붙인다. '어魚(물고기)'와 '여餘(넉넉하다)'가 해음이기 때문이다.[4] 물고기와 연꽃을 함께 그리는 것은 '연蓮(연꽃)'과 '연連(잇닿다)'이 해음이기 때문이다. 따라서 이 그림에는 '연년유여連(蓮)年有餘(魚)', 즉 '해마다 잇달아 넉넉하다'는 의미가 담겨 있다. 물고기와 닭을 함께 그리는 것은 '계鷄(닭)'가 '길吉(길하다)'과 해음이기 때문이다.[5] 따라서 이 그림에는 '길경유여吉(鷄)慶有餘(魚)', 즉 '길함과 경사스러움이 넉넉하다'는 의미가 담겨 있다. 연못에 금붕어가 무리를 이루고 있는 그림에는 '금옥만당金玉(金魚)滿堂(塘)', 즉 '금과 옥이 집 안에 가득하다'는 의미가 담겨 있다. 여기서 금어金魚(금붕어)는 금옥金玉과 해음이고⁶, 당塘(연못)은 당堂(집)과 해음이다. 오늘날에도 장사하는 사람들은 '8'이 들어간 전화번호와 자동차번호를 아주 선호하는데, 이는 '8'이 '발재發財(돈을 벌다)'의 '발發'과 해음이기 때문이다.⁷ 이와 같은 예는 헤아릴 수 없을 정도로 많다.

경사에 덕담을 신경 쓰듯, 위험한 일에는 말실수를 하지 않도록 애써야 한다. 종일토록 풍랑 속에서 생계를 꾸려나가는 뱃사공에게는 이러한 금기가 특히 많다. 천극川劇『추강秋江』에 마침 이와 관련된 절묘한 예가 나온다.

뱃사공: 아가씨 성씨가 어떻게 되오?
먀오창: 천陳씨예요.
뱃사공: 이런 (…) 그렇게 말하면 안 돼요!
먀오창: 정말로 천씨라니까요.
뱃사공: 지금 우리는 청룡靑龍의 등 위에 있으니 그런 말은 금물이라오.

천먀오창陳妙常은 그 지역의 풍속을 모르고 배 위에서의 금기를 범하고 말았다. 만약 한대 유학자가 경전에 주를 다는 말투로 이를 설명한다면 다음과 같을 것이다. "진陳은 침沈(가라앉다)이다. 뱃사공은 이 말을 금기시한다." 아무런 관계도 없는 별개의 일(성씨가 '천(진陳)'인 것과 배가 가라앉는 것)이 아무 관계도 없는 두 글자(진陳과 침沈)로 인해서, 발음이 같다는 이유 때문에 억지로 엮여 인과관계가 만들어진 것이다.⁸ 한대 유학자는 『추강』의 뱃사공보다 학문이 깊었을 테지만, 재이災異를 말함에 있어서는 뱃사공과 마찬가지로 막무가내의 '이치'를 따랐다. 그들이 했던 말을 보자.

1. 엄공嚴公(노魯나라 장공莊公) 17년 겨울, 큰사슴麋이 많았다. (…) 유향劉向은 큰사슴의 빛깔이 푸른빛이라서 재앙의 징조라고 생각했다. 미麋는 미迷(미혹하다)를 의미한다. 이는 암컷 가운데 음란한 것이다. 이때 엄공이 제齊나라의 음녀淫女⁹를 아내로 맞았는데, 그 조짐이 큰사슴으로 먼저 나타난 것이었다. 이는 하늘이 경계하길, "제나라 여인을 취하지 말 것이니, 음란하여 나라를 어지럽게 만들 것이다"라고 하는 것 같았다.¹⁰

2. 한나라 원제元帝 초원初元 4년, 황후의 증조부인 제남濟南 동평릉東平陵 왕백王伯의 묘문墓門 가래나무梓 기둥에 갑자기 나뭇가지와 잎이 생겨나더니 사방으로 무성히 자랐다. 유향은 왕씨가 고귀하고 창성해져서 한 왕실을 대신할 징조라고 생각했다. 나중에 왕망王莽이 왕위를 찬탈한 뒤 이 일에 대해 스스로 말했다. "초원 4년(기원전 45)은 짐이 태어난 해다. 한나라가 9대에 이르러 화덕火德이 재앙을 만남에, 이 같은 상서로움이 고조高祖考님의 묘문에서 일어났던 것이다. '문'이란 '연다'는 것이고 '재梓'는 '자子(자손)'이다. 이는 왕씨 집안에 어질고 재능 있는 자손이 나와서 조통祖統을 열 것임을 의미한 것으로, 기둥과 주춧돌 같은 대신大臣의 지위에서 흥기하여 천명天命을 받고 왕이 될 길조였다."¹¹

이상은 『한서漢書』 「오행지五行志」에 나오는 내용이다. 첫째에서는 '미麋'와 '미迷'가 해음이고, 둘째에서는 '재梓'와 '자子'가 해음이다. 둘째 이야기는 왕망이 한 왕실을 찬탈한 명분이 되기도 했다.

한대 경학에서 사용한 성훈은 민간에서 즐겨 쓰던 수사법과 약속이나 한 듯이 일치한다. 이는 한대의 성훈 및 경학의 깊은 의미를 꿰뚫기 위해서는 언어학이나 철학의 테두리에서만 맴돌면 안 된다는 것을 암시한다. 시야와 포부를 넓게 가지고 사물을 대해야 하는 법, 성훈이 한대에 한동안 성행했던 것은 경학가들이 일부러 날조한 것이 아니라 넓고 두터운 문화적 연원에서 비롯되었을 것이다. 즉 민간의 구두언어에 담긴 해음쌍관 수사법에서 기원한 것이다.

2.

시골 늙은이는 솔직하고 소박하다. 글을 읽을 줄도 쓸 줄도 모른다. 그가 자신의 뜻을 나타낼 수 있는 수단은 구두언어이지 문자가 아니다. 구두언어는 음으로 뜻을 나타낸다. 음이 바로 뜻인 것이다. 음이 같으면 뜻도 같다. 설령 본래는 같은 뜻을 지닌 것이 아니더라도 음이 같은 단어는 입과 귀를 통해서는 구분할 수 없기 때문에 동의어로 인식된다. 이는 표의문자인 중국어에 있어서 구두언어의 결함이지만 민중은 지혜롭게 이를 적극적으로 운용했다. 언어의 해음 관계를 이용하여 익살맞고 흥미로운 각종 민간 구비텍스트를 창조했으며, 해음쌍관 수사법 역시 여기에서 생겨났다.

이러한 수사법은 남조南朝의 악부樂府나 죽지사竹枝詞와 같은 민간 가요에서 가장 유행했는데, 가요는 특히 구두 표현과 소리의 조화를 중시하기 때문이다. 가장 유명한 것으로는 유우석劉禹錫의 다음 명구를 꼽을 수 있겠다. "동쪽엔 해 뜨고 서쪽엔 비 내리니, 무정無晴(궂은 날)이라 해야 할지 유정有晴(갠 날)이라 해야 할지."[12] 뒤 구절은 이렇게 들릴 수도 있다. "무정無情(정이 없다)이라 해야 할지 유정有情(정이 있다)이라 해야 할지."

해음雙關 수사는 가요에서 가장 중요하지만 가요에만 한정된 것은 아니다. 그것은 민간의 속담, 수수께끼, 덕담, 설창說唱 문예, 잰말놀이, 농담, 음담패설, 욕 등에 광범위하게 유행한다. 또한 구두언어뿐만 아니라 민간의 미술, 기물器物, 길상물吉祥物, 무술巫術, 의식儀式 등도 모두 해음雙關 수사와 밀접한 관련이 있다.

글자가 아닌 소리를 중시하는 것, 눈이 아닌 귀를 따르는 것, 문법이 아닌 음률에 따라서 말을 조직하는 것, 이는 민간 언어의 가장 기본적인 특징이며 민간의 사유와 지식과 신앙의 논리적 기초다. 하지만 중국 전통 지식인은 대부분 이러한 이치를 알지 못했다. 중국인은 습관적으로 지식인을 '문인文人'이라고 칭한다. 지식인이라면 글을 알고 주로 문자(소위 서면언어)를 통해 뜻을 나타내기 때문이다. 따라서 지식인에게 문자란 의미의 저장고로서, 문자로 기록된 것이야말로 이해할 필요가 있고 의미가 있는 것이다. 문자와 문헌은 문인의 시야를 규정하고 문인의 세계를 구축했다. 문헌(정통 문헌) 바깥의 세계는 완전히 그의 시야에서 벗어나 있었다. 민간세계에서 나오는 자연의 소리와 온갖 시끌벅적함을, 그는 귀를 막고 듣지 않았다. 민간세계의 온갖 꽃이 만발한 나무와 자욱하게 이는 먼지를, 그는 보고도 알지 못했다.

민간세계는 바로 눈앞에 있었지만 도리어 하늘가처럼 멀리 있었다. 문명의 부스러기인 문자가 구축한 세계는, 무사巫史가 먼저 기초를 잡은 뒤 성현聖賢이 공고히 했고 마지막으로 역대 유생과 경학가가 다듬은 세계다. 문인의 마음속에서 역사란 바로 이 세계에서 펼쳐지는 역사다. 즉 위대한 전적들, 경서·사서史書·자서子書에 서술된 역사다. 민간의 대지에서 펼쳐지는 비바람과 온갖 일이 그에겐 단지 눈앞에서 지나가는 구름이나 귓가를 스쳐지나가는 바람 소리일 뿐이었다.

이렇게 역사의 기억과 서술권을 독점한 문인의 붓 아래에서, 사상사는 지식인 몇 명이 심혈을 기울여 독보적인 경지에 올려놓은 것이 되었고, 문화사 역시 엘리트들이 대본을 쓰고 연출한 것이 되었다. 세계는 영웅들이 독차지하는 무대가 되었고, 초민草民 백성은 무대 아래 수많은 사람에 껴서 그것을 구경하며 호응하며 교육받는 역할을 맡았다. 민족의 절대다수를 차지하는 민중이 결국은 역사의 변두리를 떠돌면서 의지할 데 없는 외로운 넋이 되어버렸다.

물론 민중은 역사 밖에서 떠도는 유령이 아니다. 그들은 자신의 역사와 '역사학'을 지니고 있었다. 그것은 물론 휘황찬란한 25사史가 아니다. 그것은 역대로 정사正史에 끼지 못했던 야사野史와 패사稗史다. 초민 백성은 구란勾欄의 희대戱臺 위에서 펼쳐지던 역사극과 설창의 생생함을 통해 역사를 이해했다. 역사는 여태껏 '효과效果 역사'[13]였다. 민중은 주로 연극을 통해서 역사를 이해했으므로, 민중의 역사는 '연극 효과 역사'인 것이다. 민중의 마음속에서 역사란 공연처럼 와자지껄한 것이다. 정섭鄭燮이 쓴 희련戱聯[14]에 나오는 다음 말이 바로 이것이다.

제3부 민초들이 만든 경전의 세계

- 요堯와 순舜은 생生, 탕왕湯王과 무왕武王은 말末, 환공桓公과 문공文公은 정淨과 축丑. 예로부터 지금까지 얼마나 많은 배역이 있었나?
- 해와 달이 등이요, 강과 바다가 기름이요, 바람과 우레가 피리와 북이라네. 천지간이 커다란 무대라네.[15]

이러한 역사는 얼핏 보면 황당하다. 이것이 학식과 덕행이 뛰어난 군자의 눈에 들어가지 않으리라는 것은 분명하다. 그런데 뜻밖에도 역사의 긴 강에서 전개되는 역사란 본래 그에 대한 사람들의 이해와 떨어질 수 없는 것이다. 역사의 관중은 동시에 역사의 참여자이기도 하다. 역사는 사람들이 역사를 어떻게 이해할 것인지를 결정하며, 역사에 대한 사람들의 이해는 다시 사람들이 역사에 어떻게 참여하고 그것을 어떻게 만들 것인지를 결정한다. 연극을 역사로 간주하는 사람들이 역사를 연극으로 간주하지 않았으리라고 그 누가 감히 말할 수 있겠는가? 미국학자 저우시루이周錫瑞[16]는 『의화단운동의 기원』에서, 중국 화베이華北의 민간 희극 및 강신降神 새회賽會[17]가 의화권義和拳에 깊은 영향을 주었음을 밝혔다. 의화단운동에는 시종일관 농후한 연극적 요소가 침투해 있었다. 더군다나 연극을 보고 공연하던 인물이 어느 날 왕좌에 올라 역사의 '주인공'이 되지 않았던가! 유방劉邦이 그랬고, 주원장朱元璋도 그랬다. "희대는 작은 천지, 천지는 커다란 희대"[18], 인구에 회자하는 이 희대의 영련楹聯은 비록 농담이긴 하지만 그 안에 깊은 뜻이 담겨 있다.

3.

글의 처음에서 언급했던 한대 경학의 성훈법과 민간의 해음쌍관 수사법의 유사성을 민간 문화의 관점에서 다시 살펴보면, 양자의 유사성을 단순한 우연이라고만 볼 수는 없다.

성훈은 주로 한대 금문경학에서 유행했다. 왕선겸王先謙은 『석명소증보釋名疏證補』 「서序」에서 이렇게 말했다. "학자는 소리에서 뜻을 구한다. 번번이 소리가 비슷한 글자를 가지고 해석하되, 명백하고 쉽게 통하는 글자를 선택함으로써 소리와 뜻이 모두 정해진다. 유流를 구求, 이珥를 이貳로 푸는 예는 주공에서 시작되었다. 건乾을 건健, 곤坤을 순順으로 푸는 해설은 공자에서 펼쳐졌다. (…) 한대에 이르러 점차 확대되었고 위서緯書에 많이 등장했다. 한영韓嬰이 시를 해설하고 반고班固가 논論을 편찬할 때 이 체재를 썼다. 허신許愼과 정현鄭玄 같은 대가의 무리가 이 뜻을 널리 퍼뜨렸다. 유성국劉成國의 『석명釋名』이 나옴에 이르러서 소리로 책을 이루었으니, 마침내 경학의 집결지가 되었다. 이는 또한 실로 유가의 핵심이 담긴 관건이다."[19]

금문경학과 유흠劉歆이 제창한 고문경학古文經學의 차이점 가운데 하나는, 고문경학이 시작부터 문자에 기초한 반면 금문경학은 경사經師의 구비전승에 의지했다는 것이다. 이는 바로 유흠이 금문경학을 공격했던 주요 구실이기도 하다. 금문경학은 "근거 없이 제멋대로 말한 것으로서 기록에 위배되며, 천박한 학자의 말이지 예로부터 전해진 것이 아니다"[20](『한서』「유흠전」)라는 것이다.

구비전승에 입각한 학문은 눈으로 연구할 수 없고 오로지 귀에 의지해야 한다. 귀에 의지해야 하기 때문에 음으로 뜻을 취한 것이다. 그러한 음이 있기에 그러한 뜻이 있는 것이며, 음이 같으면 뜻도 같은 것으로 간주되었다. 이는 민간의 수사와 궤를 같이한다. 금문경학의 경사는 본래 진시황에 의해 학술이 끊겨 민간에 떠돌던 지식인으로, 나중에 한나라 조정의 태상박사太常博士로 들어갔다. 따라서 그들의 수사 방식은 민간 언어의 영향을 받았음이 분명하다. 성훈의 연원은 바로 여기서 찾을 수 있다.

해음쌍관 수사가 물론 민간 언어에서 비롯되긴 했지만, 그 방법만으로 경전을 해석하는 것은 이치에 맞지 않다. "고대인이 문자를 만들 때 뜻은 소리에 근거했다. 소리가 있기에 그것에 해당되는 의미가 있었다. 성음聲音과 훈고訓詁는 하나의 근원에서 나온 것이다." 류스페이劉師培의 이 말을 원시언어와 민간 언어에 적용한다면 옳다. 하지만 인신引申·가차假借·와변譌變으로 인해 여러 뜻이 갈라져 나온 언어 및 형태로 의미를 나타내는 서면언어에 적용한다면 그렇지 않다. 경전에 사용된 말과 민간 언어는 서로 다른 전통과 수사 법칙을 지닌 두 가지의 언어 시스템이다. 따라서 민간에서 기원한 언어 관례로 경전을 해석하면 도무지 맞지 않는 구석이 생기게 마련이기에, 억지를 쓰며 견강부회하는 일이 생겨난다.

이와 반대로, 『시경詩經』에 나오는 대다수의 시는 본래 민간 가요로서 민간 언어 시스템에 속하므로 소리의 관계를 중시한다. 그런데 한대 유학자는 이를 알지 못한 채 경전을 해석하는 방법으로 시를 해석했다. 소리를 버리고 오로지 문자 훈고만을 사용하면서, 애당초 이치와는 아무 관계도 없는 '흥興'[21] 구句에 대의大義가 담겨 있다고 여겨 고심하며 깊은 의미를 갖다 붙였다. 이렇게 해서 자연스러운 노래가 돌연히 노선생의 평범한 말로 변하고 말았다. 민간의 어법을 경전 해석에 사용해서는 안 된다. 경전의 어법 역시 시를 읽는 데 사용해서는 안 된다. "그 산에 가면 그 산의 노래를 부르라"는 속담이 있다. 그 고장에 가면 그 고장의 풍속을 따르듯, 뭐든 상황에 맞게 처리해야 한다. 이 이치는 독서에도 적용시킬 수 있다.

 금문경학과 참위讖緯의 관계, 그리고 참위와 참요讖謠의 관계에 주목한다면, 금문경학과 민간 수사의 연원을 확실히 알 수 있다. 이 글을 시작하면서 언급했던 『백호통의』의 내용은, 『시위추탁재詩緯推度災』에 나오는 다음 이야기의 복제라고 할 수 있다.

> 왕은 자子에서 덕을 펼치고, 축丑에서 다스림이 이루어지고, 인寅에서 운수가 흥기하고, 묘卯에서 교화를 베풀고, 진辰에서 기강을 이루고, 사巳에서 위엄을 떨치고, 오午에서 덕왕德王이 된다. 자는 자孶이니, 여기서 점차 만물이 불어난다. 축은 유紐이니, 만물의 생장이 끈으로 묶듯이미 정해진다. 인은 연演이니, 만물이 퍼지며 점차 확대되고 소양小陽의 기다. 묘는 무茂이니, 만물이 무성해지며 점차 이루어진다. (…) 임壬은 임任이니, 지극한 정미함에 맡긴다. 계癸는 규揆이니, 장차 그 생장의 이치를 가히 헤아린다는 의미다.[22]

 참위와 민간 문화의 관계에 대해서는 예로부터 많은 사람이 자주 언급했다. 그들의 논의는 대부분 음양오행·천지감응·방술·재이 등 사상적인 내용에서 나온 것으로, 지금 이것들을 되풀이할 필요는 없겠다. 하지만 거기에 사용된 말과 수사 형식을 통해서 그것의 연원 관계를 살펴본다면 설득력 있는 결과를 도출할 수 있을 것이다.

위서에는 3언·5언·7언의 운문이 많이 보인다. 어떤 것들은 소위 '참요'라는 것인데, 즉 민간에서 전해지거나 혹은 문인이 민간 가요의 운율을 모방하여 만든 정치 비판의 의미가 담긴 가요다. 서술성을 지닌 경우에도 이러한 운문의 형식을 많이 채택하고 있다. 몇 가지 예를 들면 다음과 같다.[23]

◎ 왕량책마, 낭호장, 돌저해, 혈장장王良策馬, 狼弧長, 咄咀害, 血將將.

: 왕량王良이 말을 채찍질하고 낭성狼星에서 빛이 번쩍인다네. 돌저咄咀가 다치고 (땅에서는 전쟁이 일어나) 피가 가득해진다네.[24](『상서고령요尙書考靈曜』)

◎ 동남분분주정기, 창광출진이도지東南紛紛注精起, 昌光出軫已圖之.

: 동남쪽이 분주해져 주성注星에서 빛이 일어나네. 서광瑞光이 진수軫宿에서 나오니 이미 (천명을) 도모했다네.[25](『상서제명험尙書帝命驗』)

◎ 순수명, 명협자. 걸무도, 하출패. 적류출, 고장하. 적기비, 묘생호舜受命, 蓂莢摰, 桀無道, 夏出霜. 賊類出, 高將下. 賊起蜚, 卯生虎.

: 순舜이 천명을 받으니 명협蓂莢[26]이 무성해졌네. 걸桀이 무도無道하니 하夏나라에 서리가 내렸네.[27] 도적의 종자가 나오니 '높은 이高'가 그 아래에 거하리니.[28] 도적이 활개를 치니 묘卯가 호虎를 낳으리.[29](『상서제명험』)

◎ 후급동, 차기발, 계삼호, 빙시반, 졸어축, 이성세候及東, 次氣發, 雞三號, 冰始泮, 卒於丑, 以成歲.

: 사시가 동東에서 시작하여 차례대로 그 기운이 발한다네. 닭이 세

번 울면 얼음이 녹기 시작한다네. 마침내 축丑에서 한 해가 끝이 난다네.³⁰(『시위범력추詩緯汎曆樞』)

◎ 백천비등중음진, 산총줄붕인무앙. 고안위곡현자퇴, 심곡위릉소림대 百川沸騰衆陰進, 山冢崒崩人無卬. 高岸爲谷賢者退, 深谷爲陵小臨大.

: 모든 냇물 솟구쳐 올라 모든 음기가 나아가고, 산봉우리 갑자기 무너져 내리니 사람들은 우러를 바가 없어라. 높은 언덕은 골짜기 되니 현자가 물러가고, 깊은 골짜기는 언덕이 되니 소인이 크게 되네.³¹(『시위추탁재』)

3언·5언·7언은 전형적인 민간 구두체다. 고대 문헌 텍스트가 주로 4언으로 되어 있음은 다들 알고 있다. 때로는 3언구를 써서 충분히 뜻을 나타낼 수 있다 하더라도, 서면어에서는 그것을 4언구로 고친 경우가 흔하다. 예를 들면『상서선기검尙書璇玑鈐』에는 다음과 같은 내용이 나온다. "인황씨구두, 가육우, 승운거, 출곡구, 분구주人皇氏九頭, 駕六羽, 乘雲車, 出谷口, 分九州: 인황씨人皇氏 아홉은 여섯 마리의 새를 몰아 운거雲車를 타고 출곡谷口에서 나와 구주九州를 나누었다." 이에 대해 정현은 다음과 같이 주를 달았다. "인황구두, 형제구인, 상상이별, 분장천하, 위구구호왈구주人皇九頭, 兄弟九人, 相象以別, 分長天下, 爲九區呼曰九州.: 인황 아홉은 형제 아홉 명이다. 이들이 각자 천하를 나누어 다스렸는데, 이 아홉 구역을 일러 구주라고 한다." 원문의 의미는 별 차이가 없지만 원래의 3언구가 4언구로 바뀌었다.

서면어는 정교하고 아름답고 가지런한 시각미를 추구하기 때문에 둘씩 대칭을 이루는 4언구를 중시한다. 하지만 구두언어는 소리의 높

낮이와 휴지와 변화의 운율미를 추구하기 때문에 호흡과 관련된 3음절을 중시한다. 3음절과 2음절을 섞으면 5언 혹은 7언이 된다. 문헌에 기록된 한대의 참요(소위 '시요詩妖'나 '와언訛言') 역시 대부분 3언·5언·7언이다.『한서』「오행지」에 기록된 전한前漢 시대의 다음 동요 세 수 역시 이러한 형식이다.

◎ 정수일, 멸조연, 관옥당, 유금문井水溢, 滅竈煙, 灌玉堂, 流金門.
: 우물물이 넘쳐 밥 짓는 연기가 꺼지며, 옥당玉堂에 흘러들어가고 금문金門에 흐르네.³²(원제元帝 때의 동요)

◎ 연연미연연, 장공자, 시상견, 목문창랑근, 연비래, 탁황손, 황손사, 연탁시燕燕尾涎涎, 張公子, 時相見, 木門倉琅根. 燕飛來, 啄皇孫, 皇孫死, 燕啄矢.
: 제비 꼬리에 흐르는 아름다운 윤기. 장공자張公子와 때마침 만나, 나무문에는 창랑근倉琅根. 제비가 날아와 황손을 쪼니, 황손은 죽고 제비는 화살을 쪼리라.³³(성제成帝 때의 동요)

◎ 사경패양전, 참구난선인, 계수화불실, 황작소기전. 고위인소선, 금위인소련邪徑敗良田, 讒口亂善人. 桂樹花不實, 黃爵巢其巓. 故爲人所羨, 今爲人所憐.
: 그릇된 지름길이 좋은 밭을 망치고, 참언이 선한 사람을 어지럽히네. 계수나무 꽃이 열매를 맺지 못하고, 황작黃雀이 그 꼭대기에 둥지를 트네. 전에는 사람들이 부러워했건만, 이제는 사람들이 불쌍히 여기네.³⁴(성제 때의 동요)

일찍이 진·한 교체기에 진승陳勝이 봉기를 일으켰을 때 만들어낸 예언 역시 3언이었다.

오광吳廣을 시켜 주둔지 곁 숲에 있는 신사神祠로 가서 밤에 모닥불을 피우고 여우 소리를 내서 "대초흥, 진승왕(대초大楚가 흥기하고, 진승이 왕이 된다)"이라고 말하게 했다.[35](『한서』「진승전陳勝傳」)

참요에서 자주 쓴 수사법 가운데 하나가 바로 해음쌍관법이었다. 『사기史記』「진시황본기」에는 "진나라를 멸망시킬 자는 호胡다"[36]라는 기록이 나온다. 이는 문헌에 가장 먼저 보이는 참요다. 이것의 유풍을 그 뒤로 흔히 찾아볼 수 있게 되었다. 남송南宋 엽소옹葉紹翁의 『사조문견록四朝聞見錄』「무집戊集」에는 영종寧宗 때 항주杭州에서 장漿[37]을 파는 자가 다음과 같이 소리친 기록이 나온다.

찬 것 한 잔 드세요, 찬 것 한 잔 드세요.(한주韓冑는 댕강 잘려라.)[38]

그리고 오징어 그림을 파는 자가 이렇게 외친 기록도 나온다.[39]

만조滿潮에 모두 오징어요, 만조滿潮에 모두 오징어요.(온 조정에 도적놈이 가득하네.)[40]

사실은 경전의 어구를 인용할 필요조차 없이 이런 종류의 정치 참요는 골목과 저잣거리에서 늘 끊이지 않고 이어지면서 암암리에 전해졌다. 오늘날 휴대전화를 통해 신속히 사방으로 퍼지는 정치 풍자와 블랙 유머에서는 이를 더욱 흔히 볼 수 있다. 참요는 전제 통치 아래서 지내던 중국 민중이 자신의 정치적 의분을 나타내던 독특한 방식이자 불가피한 방식이었다. 중국 역사에서 매번 난세를 맞아 정치가 부패하고 백성의 원망이 들끓을 때면, 언제나 이러한 유의 참요가 세상에 널리 전해졌다.

결론적으로, 한대 금문경학의 성훈법은 해음쌍관법이라는 민간의 수사법과 형식적으로 같을 뿐만 아니라 그 연원 역시 일맥상통한다. 역대로 한학 연구자는 오로지 음양오행, 천인감응, 탁고개제託古改制, 서응재이瑞應災異 등의 내용에만 눈을 돌렸다. 그런데 뜻밖에도 이러한 '억지스러운 사설邪說'이 한대 사람이 듣고 말하기에는 아주 분명하고 자연스러운 것이었다. 그들은 '미언대의微言大義'를 펼칠 수 있는 쌍관법에 힘입어서 세상으로부터 환영받았다. 민간의 미묘한 농담이 문인의 손에 들어가 마침내 치국평천하의 대의를 설명하는 날카로운 무기로 다듬어졌던 것이다. 한대 금문경학의 혁명성은 어쩌면 그것의 민간성에서 비롯된 것인지도 모른다.

【 10장 】

고사古史 · 고사故事 · 고사瞽史

1920년대 베이징에는 극장이 많았다. 고관 귀인과 문인 묵객 그리고 심부름꾼과 장사꾼 할 것 없이 심심풀이로 그곳을 찾았다. 베이징 대학의 학생이었던 구제강도 자주 그곳을 찾았다. 극장의 대다수 구경꾼은 그저 재미삼아 온 것이지만 구제강은 그곳에서 중요한 걸 보았다. 무대 위 생生·단旦·정淨·말末이 연기하면서 천 년의 흥망성쇠가 한 편의 극으로 연출되고 영웅호걸이 죄다 배우로 분하는 것을 보며, 젊은 사학자의 뇌리에 영감이 스쳐 지나갔다. 사서史書에 나오는 요·순, 탕왕·무왕, 오패·칠웅 역시 절묘한 극이 아니겠는가? 구제강은 바로 연극을 본 덕분에 "이런 영감이 떠올라 갑자기 새로운 안목을 얻게 되었고 고사古史에 대한 특별한 이해를 지니게 되었다." 새로운 안목이란 바로 "고사故事를 보는 관점으로 고사古史를 연구"하는 것이었다. 고사를 보는 관점으로 고사를 연구했기에 '누층적으로 만들어진 고사層累地造成的古史설'이 탄생할 수 있었다. 이 학설의 전승 계보를 학술사적으로 따져볼 수는 있을 것이다. 하지만 이 학설이 탄생하게 된 기회와 인연은 확실히 베이징의 극장에서 발동했던 영감에서 찾아야 한다. 그것은 결코 대가로부터 전수받은 게 아니었다. 바로 그때 발동한 구제강의 영감이 중국 전통 사학의 '사혈死穴'을 정확히 눌렀다. 그리고 이와 더불어 중국 현대 학술사 전체를 뒤흔들어놓은 '고사변古史辨' 학파가 다크호스처럼 등장하여 세상을 활보했다.

"고사를 보는 관점으로 고사를 연구하라." 이 말이 현대사학에 지니는 의의는, "백화白話로 글을 쓰라"는 구호가 현대문학에 지니는 의의에 비할 수 있다. 1928년 구제강은 중산中山대학 역사어언연구소歷史語言研究所에서 간행한 『민속民俗』 발간사에서, "우리는 성현을 중심으로 하는 역사를 타파하고 전 민중의 역사를 건립해야 한다"고 공언했다. 이는 천두슈陳獨秀의 「문학혁명론」과 개혁의 취지가 같다. 중국 현대 민속학의 기초를 다진 한 사람이자 민족학자인 양쿤楊堃은 민속학의 발전 역정을 회고하면서 이렇게 말했다. "그 발간사에 '민속'이라는 두 글자를 더하지 않거나 그 글을 『민속』 안에 싣지 않았다면, 우리는 그것이 신사학新史學운동의 선언이라고 추측했을 것이다." 역사를 고사故事로 보는 관점에 의해 전통 사관史官 사학의 마장魔障이 비로소 철저하게 허물어졌다. 중국 사학은 비로소 천 년 도통道統의 막다른 골목에서 벗어날 수 있게 되었고, 량치차오梁啓超가 발기한 신사학운동은 비로소 구불구불한 산길을 돌아 드넓은 새로운 경지로 들어설 수 있게 되었다. 수천 년 동안 불변의 진리로서 역사의 전당을 차지하고 있었던 성현과 선왕先王의 가면이 벗겨졌고, 장막 뒤에 내내 가려져 있었던 수많은 중생이 역사의 무대 앞으로 나오게 되었다. 엄숙하고 성스러운 경전은 전대미문의 힐난에 맞닥뜨렸고, 우아한 군자는 눈길조차 주지 않았던 속된 노래와 풍속이 생생한 사료로 여겨졌다. 글쓰기에 백화를 사용함으로써 신문학이 탄생한 것처럼, 학술에 민속을 받아들임으로써 신사학의 새로운 국면이 펼쳐진 것이다.

"고사를 보는 관점으로 고사를 연구"하는 '누층설'은 구제강과 그 추종자들에게 주로 사학 방법론으로 받아들여졌다. 하지만 이 학설은 단순한 방법론보다 훨씬 심오한 함의를 지니고 있다. 이 학설로 인해 사학과 문학의 경계를 새롭게 평가하게 되었고, 역사 텍스트와 문학 작품의 관계를 새롭게 정의하게 되었다. 이는 방법론의 층면을 뚫고 본체론의 층면으로 깊이 들어간 것이다. 그런데 이에 대해서 구제강 자신과 그의 추종자뿐만 아니라 반대자 역시 분명하게 인식하지 못했다.

일반 사람이 보기에 고사古史와 고사故事는 완전히 다른 두 텍스트다. 그렇기 때문에 이 양자를 각각 연구 대상으로 삼는 역사와 문학은 경계가 분명한 두 분야로 여겨진다. 고사故事는 오로지 사람을 즐겁게 하기 위한 것인 반면 역사는 실제 사건을 기록하는 데 그 취지가 있다. 따라서 흥미진진하고 감동적으로 보고 듣게 만들 수만 있다면 고사故事는 허구라 해도 괜찮지만, 역사 서사는 반드시 사실에 충실해야 한다. 진실성에 역사 서사의 생명이 달려 있는 것이다. 역사 서사와 고사를 동일시한 것은 사학을 문학과 뒤섞은 것이나 다름없다. 이는 사학의 명맥을 이어온 생명의 뿌리를 끊는 것과 마찬가지다. 왜냐하면 역사학의 성립은 문학의 허구 텍스트와는 딴판인 '진실한' 역사 텍스트가 존재한다는 믿음에 기초하기 때문이다. 역사학이 부지런히 추구해온 최고의 가치는 바로 문자로 기록된 역사의 '진실성'이다.

그렇다면 무엇이 역사학의 진실성인가? 역사학의 진실성이란 물론 역사 서술의 진실성이다. 즉 과거에 일어났던 역사 사실을 '진실하게 재현'한 역사 서술을 가리킨다. 하지만 무엇에 근거해서 역사 서술의 진실성을 검증할 것인가? 지나간 날은 붙잡아둘 수 없듯이, 역사 서술의 대상 역시 반복되지 않는다. 따라서 역사 서술의 진실성을 검증하는 것은, 실험실에서 반복된 실험을 통해 명제의 참과 거짓을 검증하는 자연과학과는 다르다. 역사 서술의 검증은 이전의 문헌 기록, 특히 그 당시 사람 혹은 당사자의 문자 기록에 근거할 수밖에 없다. 이처럼 역사 서술을 검증할 수 있고 이미 지나간 역사를 재건할 수 있는 문자 기록을 '사료史料'라고 한다. 사료는 역사 서술의 진실성의 기초이자, 역사학이라는 학문이 존재할 수 있는 바탕이기도 하다. 고고학이 탄생하여 발전하면서 출토물이 문헌보다 더 믿을 만한 사료로 간주되었고, 왕궈웨이는 그것이 바로 역사 서술의 진실 여부를 검증하는 '이중 증거二重證據'라고 했다.

역사의 진실성을 검증하는 근거 및 학과로서 역사학 성립의 근거가 되는 것이 바로 문자 사료다. 그래서 사람들은 문자의 탄생을 역사의 시작으로 여기며, 문자가 생겨난 이후의 역사를 '유사 이래'라고 한다. 그리고 문자 탄생 이전에는 인류에게 역사가 없고 과거에 대한 집단 기억도 없다는 듯이, 인류의 역사는 문자로 기록된 역사와 동일시된다. 이처럼 역사를 문자로 기록된 역사와 동일시하는 관념을 '문자

중심주의'라고 할 수 있을 것이다. '문자 중심주의'는 사관史官 제도에서 비롯되었다. 최초에 문자는 무사巫史 집단에서 대대로 전해지던 비전祕傳이었다. 이러한 비전의 뒷받침이 되었던 것은 역사 서술권을 독점하고 있던 왕조였다. 역사 서술권을 독점하는 것은, 최종적으로 역사 자체를 독점하기 위한 것이다. 사관만이 역사를 서술할 수 있는 권력을 지니고 있었으므로, 무엇이 진정한 역사 서술인지를 확정할 수 있는 권력 역시 사관이 지니고 있었다. 사관이 역사를 서술하는 데 있어서 유일한 수단은 문자였으므로, 그가 보기에는 기록된 역사만이 역사였다. '유사 이전' 민간에서 전해져온 구전 서사는 대아지당大雅之堂에 오를 수 없는 것으로, 나무꾼이나 무식하고 제멋대로인 사람의 비루한 말이거나 황당무계한 '소설'일 뿐이었다. 문자가 구축한 세계 바깥의 드넓은 천지, 그리고 문자가 전해지기 전의 긴긴 세월은 역사를 쓸 수 있는 권리를 잃었을 뿐만 아니라 역사를 소유할 자격마저 빼앗겼다.

  인류는 문자로 역사를 기록하기 전에 일찌감치 구두언어로 역사를 기억했다. 선민先民은 구두언어로 우주만물의 내력, 민족의 기원과 이주, 신들의 기적, 조상의 업적, 영웅의 훌륭한 일 등을 진술했다. 이는 그들의 신화이고 전설이고 고사故事이자 그들의 역사다. 이러한 역사는 문자 기록의 역사보다 훨씬 더 유구하다. 왜냐하면 인류가 언어를 사용한 역사가 문자를 사용한 역사보다 훨씬 더 오래되었기 때문이다. '낙후'한 민족 가운데 지금까지도 문자가 없는 민족이 역사를 남기는 방법은 여전히 구비전승이다.

  『장자』「대종사大宗師」에는 남백자규南伯子葵가 여우女偊에게 어디서

'도道'를 들었는지 묻는 내용이 나온다. 남백자규의 질문에 여우는 이렇게 대답한다. "부묵副墨의 아들한테서 들었소. 부묵의 아들은 낙송洛誦의 손자한테서 들었고, 낙송의 손자는 첨명瞻明한테서 들었고, 첨명은 섭허聶許한테서 들었고, 섭허는 수역需役한테서 들었고, 수역은 오구於謳한테서 들었고, 오구는 현명玄冥한테서 들었고, 현명은 참료參寥한테서 들었고, 참료는 의시疑始한테서 들었소."[1]

『장자』에 나오는 인명은 대부분 우언寓言(알레고리)이고 여우의 대답에 나오는 이들의 이름 역시 예외는 아니다. 그 가운데 이해할 수 없는 이름도 많긴 하지만, '부묵의 아들'은 글로 쓰는 것을 비유하고, '낙송의 손자'는 입으로 말하는 것을 비유하며, '오구'는 소리 높여 읊는 것을 가리킨다. 장자의 말은 문자 서사가 구비 서사에서 나왔다는 것이다. 유지기劉知幾의 『사통史通』 외편 「사관건치史官建置」에서는 "사관을 두게 된 유래는 오래되었다. 옛날에 헌원씨軒轅氏가 천명을 받았을 때 창힐倉頡과 저송沮誦이 그 직분을 맡았다"[2]고 했다. 이 말은 『세본世本』 「작편作篇」에서 "황제黃帝가 저송과 창힐로 하여금 글자를 만들게 했다. 저송과 창힐은 황제의 좌사左史와 우사右史다"[3]라고 한 데서 나온 것이 분명하다. 사관의 설치를 두고 근거도 없는 황제로까지 거슬러 올라간 것은 그것을 신비화하기 위해서지만, 이 전설에서 저송과 창힐을 나란히 언급한 것을 볼 때 구전 역사와 기록 역사가 원래는 어깨를 나란히 했음을 알 수 있다. 저송은 『장자』의 '낙송'과 마찬가지로 입으로 읊는다는 데서 생겨난 이름이 분명하다. 『세본』의 작자는 창힐과 마찬가지로 저송이 글자를 만들었다고 봤는데, 그는 '저송'의 참뜻을 이해하지 못했음이 틀림없다. 낙송과 창힐은 각각 읊는 일과

10장 고사古史·고사故事·고사瞽史

쓰는 일에 정통했다. 쓰는 이는 음송한 자가 말한 내용을 간책簡冊에 기록했다. 이것이 바로 좌사는 군주의 언言을 기록하고 우사는 군주의 행行을 기록하던 제도의 연원일 것이다.

말로 전해진 역사는 문자로 기록된 역사와 비교해볼 때 당연히 형식상 많이 다르다. 정통 역사학자라면 말로 전해진 역사는 근본적으로 역사라 불릴 자격이 없다고 생각할 것이다. 하지만 무엇이 역사인가? 역사의 본래 뜻은 모두가 인정하는, 과거 일에 대한 기억일 뿐이다. 대대로 전해져온 고사를 제동야인齊東野人[4]이 경건히 믿는다면, 그것이 바로 그들 민족과 선인의 역사다. 그들이 그 가르침과 계시와 본보기에 따라서 역사에 참여하고 역사를 만드는데, 일개 역사학자가 무슨 권리로 그것이 역사라 불릴 자격을 부인할 수 있겠는가? 역사학자는 선민이나 민간의 전설을 역사의 범주 바깥으로 배제한 뒤에 그것을 황당무계한 신화나 소설로 간주했다. 그들이 보기에 전설은 구비전승에 의지한 것으로, 문자 없이 말만으로는 증거가 되지 않는다. 즉 서면으로 된 '증서'나 '물증'이 없기 때문에 그것의 신뢰성과 진실성은 증명할 수 없는 것이고, 증명할 수 없는 서술은 신화이지 역사가 아닌 것이다. 문헌의 역사학은, 문헌 사료에 근거하여 역사 서술의 진실성을 판단한다는 진리관을 확립했으며, 이 진리관에 근거하여 구전 역사와 민간 역사의 진실성을 부인하고 역사 서사로서의 권리까지 부인했다. 이것이 바로 전형적인 지식 패권이다.

문자에 의지하지 않았고 감히 무덤을 파내 탄소 14를 이용하여 연대를 측정하지도 않았던 '선사시대' 인류와 '제동야인' 역시 우리와 마찬가지로 현명하고 신중한 생활을 추구했기 때문에, 그들 역시 오류를 제거하고 진리를 확립하고자 했음을 우리는 부인하지 않는다. 그렇다면 서사의 진실성과 행위의 정당성을 검증하고 판단하기 위한 그들 나름의 기준이 있었다는 것도 부인해서는 안 된다. 그들에게 그 기준이란, 증거로 삼을 만한 기록이 있는 문헌이나 사실史實이 아니라 대대로 전해져온 구비전승인 경우가 많았다. 고사 하나, 경험 한 가지, 조상의 가르침 한 단락, 신의 계시 한 마디가, 해마다 치러지는 신성한 의식과 장엄한 전례에서 그 민족의 제사장이나 장로에 의해 경건하고 정성스럽게 이야기되고 노래되고 상연되면서 집단 전체의 마음속으로 깊이 들어가 그들의 사회생활에 참된 영향을 주고 그들의 세계를 만들고 그들의 미래를 인도했다. 이것이 바로 구전으로 전해진 서사의 정당성과 진실성에 대한 가장 강력한 증명이다.

현대 역사학자는 고고학의 '이중 증거'의 도움을 받아 안개가 자욱하고 어슴푸레한 선사시대를 '신사信史(믿을 수 있는 역사)'로 중건할 수 있을지도 모른다. 또한 그렇게 중건된 신사로, 고대인이 근거 없이 만들어낸 신화인 '위사僞史(거짓으로 꾸민 역사)'를 대체할 수 있을지도 모른다. 하지만 만약 고대인의 영혼도 지하에서 발굴해낼 수 있는 것이라면, 후대인이 강요한 자신들의 역사를 마주한 그들은 정작 어떤 반응을 보일까? 그들은 분명 그것을 인정하지 않을 것이다. 채도彩陶와 청동과 벽돌과 와당을 그러모아서 만든 역사라는 것이 대체 그들과 무슨 상관이 있단 말인가? 그들에게는 이야기판과 무대, 버드나무 그늘과 원두막에서 대대로 전해져온 고사, "반고盤古가 천지개벽한 이후 삼황오제三皇五帝를 거쳐 지금에 이르렀다"는 상투적인 표현이야말로 자신들의 역사였다. 그것들은 문헌과 문물로 '증명'할 수 없는 것이지만, 고대인의 마음속 깊숙이 뚫고 들어가 그들의 생활에 오래도록 영향을 주었으며 행동하고자 하는 의지를 불러일으켰다. 이로써 그들은 역사를 만들었다. 이러한 역사가 비록 가공의 것이라 할지라도 그들의 피와 살과 연계되어 있었다. 유물로부터 그러모은 역사는 비록 손으로 만질 수는 있지만 그들과는 아무 관련이 없다. 대대로 전해 내려오며 이야기되면서 사람들 마음속 깊숙이 들어간 신화전설은 비록 근거가 없는 가공의 것일지라도, 역사 교과서와 박물관에 있는 믿을 만한 증거를 지닌 역사보다 더 역사답고 훨씬 더 역사의 '진실성'을 지니고 있다. 일찍이 그것이 진실한 역사 기억으로서, 역사의 흐름 속에서 한 민족과 함께했기 때문이다.

문헌의 역사학은, '증거로 삼을 만한 기록이 있는 것'을 역사 서사의 진실성의 기준으로 삼아 구두 서사의 역사 자격을 부인하고 그것을 고사故事로 치부해 역사학의 신성한 전당에서 몰아내 문학에 떠넘기려 했다. 하지만 역사학은 고사와의 혈통적 연계를 끊을 수 없고, 몸에 남은 문학성의 모반母斑을 지워버릴 수도 없다. 문헌학·편년학·전기학傳記學·고고학·목록학 등과 같은 문헌의 역사학이 사회학·인류학·인구학·통계학 등과 같은 현대 실증 사회과학의 도움을 받아 아무리 객관성과 과학성의 외피를 걸칠지라도, 문헌의 역사학이 정서화情緖化된 글쓰기와 경계를 명확히 구분하고자 온 힘을 쏟을지라도, 그것의 운명은 결국 일종의 서술이자 글쓰기다. 문헌의 역사학이 아무리 진실을 서술하는 유일한 방법임을 표방할지라도, 그것은 결국 문학 텍스트와 같은 종류의 글쓰기다.

역사가 과거 생활의 총화였던 적은 여태 없었다. 삶의 흐름은 밤낮을 가리지 않고 흘러가고, 세월의 강은 멈추지 않고 흘러간다. 오로지 진술자가 유의미하다고 판단해서 그의 시야에 들어온 일만이 기록되어 역사 기억으로 진입해 역사가 되는 것이다. 시야 밖에 있는 것들, 눈앞에서 그냥 지나가버린 채 주목받지 못한 것들은 역사에 그 어떤 흔적도 남기지 못한다. 역사 서사는 결국 역사가와의 인연에 달려 있는 것이고, 역사가의 "재능才·용기膽·안목識·필력力"에 달려 있는 것이다. 문학성과 주관성이 역사 서사의 진실성을 감쇄시키지 못하는 것과 마찬가지로, 과학성과 객관성이 역사 서사의 진실성을 충분히 담보하지는 못한다. 이런 의미에서 역사 연구의 본체와 문학 연구의 본체, 즉 고사古史와 고사故事에는 결코 본질적인 차이가 없다. 사학과 문학이 두 개의 학과가 된 것은, 역사 텍스트가 진실의 기록인 반면 문학 텍스트가 허구의 이야기 때문이라기보다는, 동일한 텍스트에 대한 양자의 태도가 다르기 때문이다. 사학은 텍스트를 통해 '세도世道'를 재현하려는 것이고, 문학은 텍스트를 통해 '인심人心'을 드러내려는 것이다. 세도와 인심이 한데 어우러져야만 변화무쌍한 세월의 완전한 경관을 그려낼 수 있다. 이 점을 명확히 한다면, 역사학과 문학 사이에는 본체론적 경계가 존재하지 않는다.

문자가 생겨나기 이전의 상고시대 역사와 문자가 아닌 마음과 입으로 전해져온 민간 역사는 더욱 그렇다. 그것은 역사이자 고사다. 당시 사람들과 후대인에 의해 선왕의 진실한 역사로 여겨져 모든 책에 당당하게 기록되어 그 내용을 볼 수 있다는 점에서 말하자면, 그것은 역사다. 여름날 나무그늘, 겨울날 난롯가에서 대대로 전해지고 온갖 놀이장소에서 재연되었다는 점에서 말하자면, 그것은 고사다. 과거

사건의 진실한 기억을 어느 정도 보존하고 있다는 점에서 말하자면, 그것은 역사학 연구의 대상이다. 이 기억들에 작자의 주관적 색채가 어느 정도 가미되어 있다는 점에서 말하자면, 그것은 문학 연구의 대상이다.

"고사를 보는 관점으로 고사를 해석하라"는 구제강의 주장이 통할 수 있는 것은 바로 고사故事와 고사古史, 문학과 역사가 본체와 본원에 있어서 서로 통하기 때문이다. 구제강의 '누층설' 역사 방법론에는 이러한 본체론적 전제가 내포되어 있다. '누층설'이 충분히 전개된다면 반드시 이러한 결론에 다다르게 되어 있다. 이 학설이 이론적으로 굳건히 서기 위해서는 최종적으로 본체론적인 증명이 필요하다. 하지만 구제강은 본래 역사학자이기 때문에 그의 학술적 흥미는 역사학, 특히 상고사에 있었다. 그가 필요로 했던 것은, 사료의 진위와 변동을 효과적으로 판별하고 해석할 수 있게 해주는 사학 인식론일 뿐이었다. 문학 텍스트와 역사 텍스트, 그리고 문학과 역사학 간의 본체론과 발생학적 관계를 탐구하는 것은 그의 관심사가 아니었다. 때문에 그는 고사와 연극에서 계발을 받아 그러한 인식론을 제기하고 응용하는 데 만족했을 뿐이다.

학술적으로 구제강의 추종자가 많았지만 나중에는 시대적 추세에 따라 상황이 달라졌다. 낡은 것을 타파하고 새 것을 세우려던 '5·4' 시대 학자의 기백과, 시공의 한계에 구속받지 않고 자유롭게 질주하던 학술 시야가 사라졌다. 구제강처럼 민간에 관심을 갖고 민속을 체험하려는 이들도 부족했다. 게다가 1949년 이후로 '고사변' 학파는 후스胡適와 얽힌 관계 및 유물사관과의 은원恩怨으로 인해 갑절로 고초를 겪었다. 고사변 학파의 학술사적 지위는 줄곧 빛과 그림자 사이에 놓여 있었다. 고사변 학파는 끝내 사학 본체론에 있어서 기반을 다지지 못했고, '누층설'은 시종일관 단지 방법론적 지침에 머물렀으며 정밀하고 심오한 역사철학으로 발전하지 못했다.

뚜렷한 본체론적 의식이 결핍된 방법론은, 입장이 확고하지 않음으로 인해서 시야가 동요될 수밖에 없기에 철저하게 관철될 수 없게 마련이다. 의고疑古에서 탈태하여 신고信古로 귀의한, 구제강의 후학들의 학문적 운명이 바로 이에 대한 확실한 증거다. 관점의 동요는 구제강 자신의 연구에서도 드러난다. 그는 고사로 고사를 연구하겠다는 뜻을 세웠지만, 구체적인 문제와 관련해서는 언행일치가 늘 이뤄졌던 건 아니다. 즉 고사로 보는 관점이 전통 사학의 편견이라는 가리개에 자주 가려졌다.

하나의 예를 들어보자. 구제강은 『사림잡지초편史林雜識初編』「좌구실명左丘失明」에서 "좌구명左丘明이 실명한 뒤『국어國語』가 있게 되었다"[5]는 사마천司馬遷의 말을 언급한 뒤 사적에 나오는 고사瞽史에 관한 기록을 고찰하면서 이렇게 말했다.

「주어周語 상」에는 소목공邵穆公이 여왕厲王에게 간한 내용이 다음과 같이 기록되어 있다. "천자는 청정聽政하면서, 공경公卿에서 상사上士에 이르기까지 시를 바치게 하고, 고瞽(악관樂官)에게는 곡曲을 바치게 하고, 사史(태사太史)에게는 사서를 바치게 해야 합니다. 사師(소사少史)는 잠언을 하고, 장님은 시를 읊고, 청맹과니는 암송하게 해야 합니다. 백관은 간언을 올리고, 서인庶人은 말을 전하게 해야 합니다. 근신은 힘껏 간하고, 왕실의 친척은 과실을 보완하며 시비를 살피게 해야 합니다. 고사瞽史는 가르쳐 일깨우고, 사부師傅는 모든 의견을 정리하게 해야 합니다. 그런 뒤에 왕께서 헤아려 행하신다면 모든 일이 순조롭게 행해지고 어긋남이 없을 것입니다." 여기서 "고사"는 "고에게는 곡을 바치게 하고, 사에게는 사서를 바치게 해야 합니다"라는 앞의 문장에서 온 것이다. 따라서 이는 두 종류의 사람임이 명확하므로, 고(장님)를 사로 삼은 것은 아니다.[6]

여기서 구제강은 '고사瞽史'를 억지로 둘로 나누어서 '고'와 '사'를 두 종류의 인물이라고 했지만 사실 그럴 필요는 없다. '고사'라는 것은 바로 '고(장님)를 사로 삼은' 인물이다. 장님은 볼 수 없으니 글자를 모르고, 글을 쓰는 건 더더욱 불가능하다. 그 시기에는 점자책이 없었음이 분명하다. 그러니 문자로 역사를 기술하는 것은 당연히 불가능했다. 하지만 역사를 기술하는 것이 굳이 문자를 사용해야만 하는 것인가? 문자가 있기 전에 인류는 일찌감치 구두언어로써 역사를 기억하고 전했다. 문자가 유통된 이후에야 인류는 비로소 보존이 더 편리한 문자라는 매체로 역사를 기록했다. 하지만 초기에는 문자 기록의 어려움과 서면언어의 미숙함 때문에, 그리고 구두언어를 사용한 서사가 훨씬 더 생동감이 넘쳤기 때문에 한동안은 여전히 '구술 역사'의 전통이 보존되었다. 장님은 소리에 대해 굉장히 민감하고 비범한 기억력을 가지고 있기에 조정에서는 역사를 낭송하는 직책을 대부분 그들에게 맡겼다. '고사瞽史'라는 것은 바로 이것이다. 장님은 선왕의 고사故事를 암송함으로써 왕을 일깨우고 간했다. 이는 『국어』『좌전』『예기禮記』

『대대기大戴記』『주례周禮』『회남자淮南子』『열녀전列女傳』 등 선진·양한 시기 전적에 두루 기록되어 있다.

'고사瞽史'라는 명칭은, 역사가 본래 입과 귀로 전해진 '고사故事'임을 말해준다. 나중에는 경위가 분명한 두 가지로 나뉜 고사故事와 고사古史가 고사瞽史의 몸에서 아주 자연스럽게 다시 하나로 합쳐졌다. 이는 그야말로 '누층설'의 절묘한 이론적 지렛목이자, "고사故事로 고사古史를 해석"하는 방법론의 유효성을 강력히 지지해주는 것이다. 하지만 구제강은 "세상에 어찌 책을 쓴 장님이 있겠는가?"라는 편견이 있었기 때문에 '고사瞽史'라는 존재를 보고도 알지 못했고, "좌구가 이미 실명했는데, 어찌 7만 수천 언에 달하는 『국어』와 19만여 언에 달하는 『좌전』을 지을 수 있었겠는가?"라며 그 사실을 믿지 못했다. 이로 인해 그는 발생학과 본체론의 시각에서 자신의 고사관古史觀을 증명할 절호의 기회를 놓치고 말다.

역사 서술이 고사전설故事傳說에서 탈태한 것처럼 역사학은 애초에 민속학과 갈라놓기 어려운 것이었다. '사료'의 상당 부분은, 선왕이 민심을 살피기 위해 민풍民風을 수집하고 기록한 데서 기원했다. 『주례』에 보면 '춘관春官'에 속한 것으로, 대사大史·소사小史·내사內史·외사外史 등 역사를 기록하는 여러 관직이 있었다. 이 가운데 외사는 "바깥으로 나가는 명령의 기록을 관장하고, 사방의 지誌를 관장하고 삼황오제의 서書를 관장하고, 사방으로 서명書名을 전달하는 일을 관장한다."7 '사방의 지'와 '삼황오제의 서'란, 사방 방국邦國의 풍속 기록과 대대로 전해져온 신화전설이다. 이밖에도 '하관夏官'에 속하는 '훈방씨訓方氏'는 "사방의 정사와 그곳 군신의 뜻을 진술하고 사방에 전해지는 이야기를 말하는 것을 관장한다.⁸ 훈방씨는 왕에게 사방 여러 나라의 풍속과 전설을 전문적으로 말해주던 관직이다. 민간 풍속을 수집하고 기록하는 것은 고대인이 정치 교화를 펼치는 데 중요한 근거였으며, 이를 전담하는 관직이 있었고 이를 전문적으로 기록한 책이 있었다. 그 책이 풍속지風俗志이고 고사편故事編이며 사지史志다.

애초에 사지는 민속지와 밀접하게 관련되어 있었다. 민속 문화와 민중 생활은 전통문화의 전체 구조에서 기층에 놓여 있다. 그러므로 역사학 연구에 있어서 민속학의 관점은, 때에 따라 취사선택할 수 있는 임시방편이 아니라 역사학의 기초 구조 속으로 근본적으로 녹아들어가야 하는 것이다. 민속학과 역사학의 시야가 융화되어야만 비로소 구제강이 『민속』 발간사에서 말한 것처럼, "수천 년 동안 매몰되어 있던 민중 예술과 민중 신앙과 민중 습속을 한 층씩 발굴해내" 역사가 진정으로 민중의 역사가 되게 할 수 있다.

【 11장 】

문자는 본디 거죽이다

1.
『장자』에는 윤편輪扁이 수레바퀴를 깎는 이야기가 나온다.

환공桓公이 궁전 대청 위에서 책書을 읽고 있을 때, 윤편이 대청 아래에서 수레바퀴를 깎고 있다가 망치와 끌을 놓고서 환공에게 물었다.
"감히 여쭈옵건대, 왕께서 읽고 계신 것은 어떤 말씀이옵니까?"
"성인의 말씀이다."
"그 성인께서는 지금 살아 계십니까?"
"이미 돌아가셨다."
"그렇다면 왕께서 읽고 계신 것은 옛사람의 지게미일 뿐이옵니다."
"과인이 책을 읽고 있는데 수레바퀴 깎는 놈 따위가 어찌 참견이냐. 제대로 된 이유가 있다면 괜찮겠지만 그렇지 않다면 죽음을 면치 못할 것이다!"

"저의 일을 통해 말씀드리겠습니다. 수레바퀴를 깎을 때 많이 깎으면 헐거워서 굴대를 견고하게 끼울 수가 없고, 덜 깎으면 몹시 빡빡해서 굴대를 끼워 넣을 수가 없습니다. 더도 덜도 아니게 깎는 것은, 손으로 터득하고 마음으로 깨닫는 것이지 입으로는 말할 수 없습니다. 그 중간에 꼭 알맞은 정도가 있을 것입니다. 하지만 저는 제 자식에게 그것을 가르쳐줄 수가 없고 제 자식 역시 저에게서 그것을 전수받을 수가 없습니다. 그래서 일흔 살이 되어 늙어서도 수레바퀴를 깎고 있는 것입니다. 옛사람도 이와 마찬가지로 핵심은 전하지 못한 채 세상을 떠났을 것입니다. 그러니 왕께서 읽고 계신 것은 옛사람의 지게미일 뿐이지요."[1]

선진 시기 제자諸子 가운데 장자는 가장 유명한 '이야기꾼'이라 할 수 있다. 장자의 보따리 속에는 흥미로운 이야기가 잔뜩 들어 있다. 그리고 각각의 이야기에는 심오한 이치가 숨겨져 있다. 윤편의 수레바퀴 깎는 이야기는, 수레바퀴를 어떻게 만드는지 알려주기 위한 것이 아니다. 장자는 윤편의 입을 빌려서 자신의 "터무니없는 이야기, 황당한 말, 끝없는 사설"[2]을 널리 알리고 싶었을 뿐이다. 장자의 이 이야기는 위魏·진晉 시대에 이르러 학술 논쟁을 일으켰는데, 그 유명한 '언의지변言意之辨'[3]이다. 변론의 주제는 "말로 뜻을 완전히 표현할 수 있는가?"였다. 왕필王弼을 대표로 하는 측에서는 말로 뜻을 완전히 표현할 수는 없다고 주장했다. 반면 구양건歐陽建을 대표로 하는 측에서는 말로 뜻을 완전히 표현할 수 있다고 주장했다. 구양건은 특별히 이 변론을 위해「언진의론言盡意論」을 지었으니, 이 변론의 깊이가 어느 정도였는지 짐작할 만하다. 위·진 시대 명사들의 입에 오르내리면서 '언의지변'은 역대 문인들, 특히 시인과 화가의 화젯거리가 되었다. 전통 시화詩話와 화론畫論 가운데 많은 명제가 바로 이 변론으로부터 파생되어 나온 것이다. "산 기운은 해질녘에 아름답고, 나는 새들은 짝지어 돌아오네. 여기에 참뜻이 있으니, 말로 표현하고자 하나 이미 말을 잊었네."⁴ 도연명의 이 시구는 오랜 세월 사람들이 즐겨 읊던 아름다운 글귀가 되었다.

그런데 장자의 이야기에는 두 가지 의미가 있다는 것을 사람들은 쉽게 놓친다. 하나는 성인의 '글'은 성인의 '말'을 모두 표현할 수 없다는 것이고, 다른 하나는 윤편의 '말'은 수레바퀴를 깎는 '뜻'을 전달할 수 없다는 것이다. 하나는 글과 말의 관계이고, 다른 하나는 말과 뜻의 관계다. 장자의 목적은 후자의 의미(말과 뜻)를 통해 전자의 의미(글과 말)를 설명하려는 것이었다. 따라서 전자의 의미야말로 그의 입각점이라고 할 수 있다.『주역周易』「계사전繫辭傳」의 다음 구절에서 이 두 의미를 한눈에 알아볼 수 있는데, 바로 "글로는 말을 다 전달할 수 없고 말로는 뜻을 다 표현하지 못한다"⁵는 것이다. 글과 말의 관계는 전국시대 학자들의 공통 관심사였다. 맹자는 이렇게 말했다. "그러므로 시를 설명하는 사람은, 글文로써 말辭을 해치면 안 되고 말로써 뜻志을 해쳐서도 안 된다. 마음으로 뜻을 받아들이면 시를 얻게 된다."⁶ 이것은 글書과 말言, 말과 뜻意이라는 이중의 차이를 내포하고 있다. 맹자가 언급한 '글文'은 장자의 이야기에 나오는 '책書'과 마찬가지다. 책이란 문자로 쓴 것이며, 글과 책은 모두 구두언어와 구별되는 문자텍스트를 가리키기 때문이다. '말'의 의미로서 맹자가 언급한 '사辭'는 장자가 언급한 '언言'이다. '사' 역시 본래는 구두언어를 가리킨다. 맹자가 "글로써 말을 해치면 안 된다"고 한 것은, 그 역시 "글로는 말을 다 전달할 수 없다"는 것을 인식했음을 보여준다. 문자와 언어의 차이를 인식해야만 비로소 "글로써 말을 해치면 안 된다"는 경계심을 지닐 수 있기 때문이다.

"글로는 말을 다 전달할 수 없고, 말로는 뜻을 다 표현하지 못한다." 선진 시기 사상가들에게 이 양자는 다른 가지에 따로 핀 두 꽃송이처럼 달리 인식되었다. 그런데 후대인은 "말로는 뜻을 다 표현하지 못한다"는 측면만 표명하면서, "글로는 말을 다 전달할 수 없다"는 화두를 내리눌렀다. 이렇게 해서 장자의 이야기에 담긴 심오한 이치를 덮어버렸을 뿐만 아니라 전국시대 학술에서 중대한 문제, 즉 문자와 언어 그리고 서면 전통과 구두 전통의 관계에 대한 문제가 결론을 맺지 못하게 만들었다.

글과 말의 은원과 갈등은 마치 한 줄기 암선暗線처럼, '축軸의 시대'를 겪은 위대한 문명을 보일락 말락 관통하고 있다. 이는 고대 그리스에서 시가(구두적인 것)와 철학(산문적인 것)의 관계에 대한 문제로 제기되었다. 플라톤의 이상국에서는 철학자가 통치자가 되고, 음유시인은 마치 속죄양처럼 온몸에 향유가 발라진 뒤 이상국의 성문에서 고분고분히 쫓겨난다. 그리스 역사상 처음으로 아카데미를 세운 이가 바로 플라톤이다. 아카데미가 생겨난 이후 지식인은 하나의 공동체로서 역사 무대에 등장하게 되었다. 음유시인은 비록 도시국가 밖으로 쫓겨나긴 했지만 멀리 가지는 않았다. 기회가 생길 때마다 그들은 발로 박자를 맞춰 노래하면서 다가왔고, 그들의 매혹적인 노랫소리는 아카데미 소년들의 마음을 뒤흔들어놓았다.

문자의 탄생은 인류 역사상 아주 중대한 변화의 국면을 야기했다. 하지만 이 거대한 변화가 인류의 운명에 끼친 영향에 대해서 아직까지 전면적이고 분명한 점검이 이뤄지지 않았다. 어떤 사람들은 단지 문자의 진보적 역할만을 이구동성으로 찬미했다. 문자의 탄생이 인류의 중대한 진보라는 것은 누구나 알고 있다. 문자가 있음으로 인해 인류는 문명 시대로 들어서게 되었고, 애초에 말로만 전해 내려오던 역사·지식·기술이 비로소 책에 기록되고 전적典籍을 이루어 오래도록 전해지고 사방으로 전파될 수 있었다. 인류 문명은 문자의 힘을 빌려 비로소 시간과 공간을 가로질러 오래도록 존재할 수 있게 되었다. 문자는 미개와 문명을 가르는 문턱과 같다. 문자 이전의 시대는 까마득하여 도저히 알 수 없는 선사시대이고, 문자가 생겨난 이후는 휘황찬란하게 빛나는 문명사다. 글의 쓰임은 신비롭다! 전설에 의하면, 창힐倉頡이 문자를 만들었을 때 하늘이 곡식을 비처럼 내리고 귀신이 밤새도록 울었다고 한다. 문자란 이처럼 천지와 귀신을 감동시키는 힘을 지니고 있다. 한편 현실에서도 문자는 확실히 이러한 힘을 지니고 있다. 사마천은 "하늘과 인간의 관계를 궁구하고, 예로부터 지금까지의 변화를 완벽히 이해하고, 일가一家의 말을 세우고자"[7] 했다. 그리고 장재張載는 "천지를 위해 마음을 세우고, 백성을 위해 명命을 세우고, 옛 성현을 위해 끊어진 학문을 잇고, 만세를 위해 태평시대를 연다"[8]고 했다. 마음이 아주 먼 옛날에서 자유롭게 노닐고 정신이 팔방의 아득히 먼 공간을 질주할 수 있는 그들의 능력은 바로 문자의 힘에서 비롯된 것이다. 문자에 대한 이 같은 찬가는 동양과 서양의 그 어떤 문명사 교과서를 펼쳐보더라도 찾아볼 수 있다. 서점에 들어갔을 때 종종 가장 먼저 눈에 들어오는 표어는 바로 이것이다. "책은 인류 진보의 계단이다."

하지만 이제 막 이 문명의 문턱을 넘어선 전국시대의 제자는, 후대의 지식인처럼 문자에 대해 결코 호탕하지 못했다. 문자 문명의 문턱을 넘어 서재로 들어가 바깥세상의 일에는 귀를 기울이지 않고 오로지 옛 책만을 파고들게 된 문인에게는, 창밖의 바람 소리와 빗소리 그리고 대지에서 대대로 바람소리처럼 전해지던 가요와 빗소리처럼 마음을 촉촉이 적셔주던 이야기가 귀에서 멀어져갔다. 진·한 시기를 거쳐 위·진 때에 이르면, 수레바퀴 폭이 통일되고 문자가 통일되고 유가의 학술과 경학의 세력에 힘입은 제도와 문헌이 천하를 통일하면서, 학자들은 문자가 구축한 세계로 나날이 빠져들었다. 문자와 언어의 차이는 일찌감치 잊혔고, 위·진 명사의 붓 아래에서 "글로는 말을 다 전달할 수 없고 말로는 뜻을 다 표현하지 못한다"는 대구 역시 절반만 남겨졌다. 하지만 이제 막 문자의 문턱에 들어섰던 전국시대의 사상가들은 고향에서 대대로 전해진 이야기를 마음속에서 여전히 그리워하고, 대지의 사방에서 은은히 들려오는 노랫소리가 귓가에 아직 울리고 있었다. 구비전승을 통해 대대로 전해져온 지식이 문자에 의해 완전히 계승될 수 없다는 것을 그들은 잘 알고 있었다. 역사를 단절시키는 대문이 그들 뒤에서 닫히고 나자, 다시는 과거로 돌아갈 수 없었다. 오래된 역사와 지혜를 기억하고 있는 노랫소리와 이야기는 점점 멀어져가고 결국 여음만 남았다. 맹자는 이렇게 말했다. "왕의 자취가 사라지자 『시』가 사라졌고, 『시』가 사라진 뒤에 『춘추』가 지어졌다."⁹ 먼 옛날부터 전해지던 시들이 본래는 선왕의 자취에 대한 기억이었는데, 산문화된 서면 역사가 대대로 구전되던 노래를 대체하자, 노래에 담긴 선왕의 뜻도 민족의 기억 속에서 사라졌다.

한자가 전국시대에 비롯된 것은 물론 아니지만, 문자와 기록이 가요와 전설과 신화를 대체하며 지식과 역사의 주요 전승 수단이 된 것은 분명 전국시대에 완성된 일이다. 대대로 관직을 세습하던 전통적인 세관世官제도의 와해는 구비전승이라는 지식 전통의 종결을 초래했다. 『사기』 「역서曆書」에서는 이렇게 말했다. "유왕幽王과 여왕厲王 이후로는 주 왕실의 세력이 쇠약해져서 열국의 대부들이 각 나라의 정권을 장악했고, 사관은 날짜를 기록하지 않았으며 군주는 고삭告朔¹⁰을 행하지 않았으므로, 주인疇人의 자제들이 뿔뿔이 흩어졌다. 어떤 이는 제하諸夏에 흩어졌고, 또 어떤 이는 이적夷狄의 땅으로 들어갔다. 이로써 복을 기원하는 제사가 무너져 통일되지 않았다."¹¹ 여순如淳은 '주인'에 대해 다음과 같이 말했다. "가업이 대대로 전해지는 것을 주疇라고 한다. 법률에 따르면 스물세 살이 되었을 때 주관疇官으로 부역하는데, 각자 그 아비한테서 배운다."¹² 주인이란 대대로 세습되던 세관지학이다. 대대로 전승한 까닭은, 이를 통해 기예가 더욱 훌륭해지는 것을 보증할 수 있었기 때문이다. 문자가 널리 유통되기 이전의 시대에는 대대로 부자간에 계승되어야만 기예와 지식이 부자지간의 말과 행동을 통한 가르침을 통해 오래도록 이어질 수 있었다. 즉 세관지학은 구두로 전해지던 지식 전통이다.

주관제도에 대한 상세한 기록이 『관자管子』에 나오는데, 관자는 환공에게 다음과 같은 계책을 올렸다. 사·농·공·상이 각자 직업에 따라서 집중적으로 모여 살도록 하여 대대로 본업을 익히며 아침저녁으로 각자의 기예를 익히게 하라는 것이었다. 장인의 경우 "일에 대해 서로 말하고 제작한 물건을 서로 보여주고 솜씨를 서로 겨루면서 앎을 서로 증진시킵니다. 아침저녁으로 일에 종사하며 자제를 가르치면, 어려서부터 습관이 되어 마음이 그 일에 편안해지니 다른 것을 보아도 그것으로 옮겨가지 않습니다. 그러므로 부형의 가르침이 엄격하지 않아도 가르침이 이루어지고, 자제들이 배우려고 애쓰지 않아도 능하게 됩니다."[13] 역사가 유구한 구비전승의 지식 전통은 이렇게 형성된 것이다. 춘추전국시대에는 사회가 급변하고 봉건제도가 와해되면서 예악이 붕괴되고 학술의 세습제도가 무너졌다. 이로써 "주인의 자제들이 뿔뿔이 흩어졌다." 학자들은 열국을 돌아다니면서 세관지학의 전통과는 유리된 '유사遊士'가 되었다. 전국시대의 제자는 이처럼 몰락한 주인 자제로부터 나왔다. 『한서』 「예문지」에서는 제자백가의 학문 내력을 세습 관학官學으로 거슬러 올라갔다. 유사들에게는 구학舊學의 기억이 어렴풋이 보존되어 있긴 했지만, 입과 귀로 오래도록 전해져온 학술 전통은 이미 끊어질 듯 위태로운 상태에 놓여 있었다.

『장자』에 나오는 윤편은 아마도 제나라에서 수레바퀴 깎는 일을 전문으로 담당하고 있던 목공 집안 출신일 것이다. 윤편의 성씨가 '윤輪'인 것은 그의 집안이 대대로 수레바퀴를 깎아왔으며, 그 직업으로써 종족을 나타낸 것임을 말해준다. 『세본世本』에서 "관官으로 성씨를 삼는다"[14]고 한 것이 바로 이것이다. 세관의 지식은 최초에 문자가 아닌 말과 행동을 통해서만 전해질 수 있었다. 사실 뛰어난 기예와 깊은 학문은 말로 전수할 수 없는 것이다. 윤편이 수레바퀴 깎는 일에 대해 말하길 "손으로 터득하고 마음으로 깨닫는 것이지 입으로는 말할 수 없습니다. 그 중간에 꼭 알맞은 정도가 있을 것입니다. 하지만 저는 제 자식에게 그것을 가르쳐줄 수가 없고 제 자식 역시 저에게서 그것을 전수받을 수가 없습니다"라고 한 것은 뛰어난 장인의 경험에서 나온 말이다. 뜻대로 되고 입신의 경지에 이르는 것은 오로지 마음속으로 깨달아서 되는 것이지 말로는 전해줄 수 없는 것이다. 그러니 문자는 더더욱 말할 것도 없지 않겠는가? 기예가 이와 같은데, 학문이 어찌 이와 같지 않겠는가? 노자와 장자가 말한 "무언의 가르침不言之教"은 결코 일부러 현묘한 척하는 게 아니다. 공자는 이렇게 말했다. "내가 공언空言(실질적이지 않은 말)에 기탁하고자 하는 것은, 행해진 모든 사실을 보여주는 것만큼 심각하고 뚜렷하지는 않다."[15] 선진 시기 제자는 모두 언어의 한계에 대해 절감했다.

2.

뜻대로 되는 경지는 "입으로는 말할 수 없기" 때문에, 말로 가르치는 것은 늘 행동으로 가르치는 것과 보완적으로 이루어져야 한다. 지식 담론은 그 구체적인 콘텍스트에서 떨어질 수 없는 것이다. '주인 자제'의 세습 지식은, 구체적인 콘텍스트 속에서 구체적인 기예의 실천과 더불어서 전수된 것이다. 목공은 제자에게 수레바퀴 깎는 방법을 몸소 가르쳐주는 동안 그 방법이 담긴 요언要言을 전수했다. 점성가는 천문관측대에서 제자와 함께 천상天象을 살피는 동안 보천가步天歌[16]

와 갑자표甲子表를 가만히 전수했다. 제사장은 종교 의식에서 동자童子를 이끌고 강신무를 추는 한편 신의 계보와 사시史詩를 노래하면서, 종족宗族에게 천지의 신과 선왕의 형상 및 공덕을 귀로 듣고 눈으로 보도록 했다.

 구비전승의 전통 속에서 '말로 전하는 것'은 늘 '행동으로 가르치는 것'과 밀접하게 관련되어 떨어질 수 없었다. 입으로는 말하고 몸으로는 행동하며, 언어와 콘텍스트는 떨어질 수 없이 밀접한 관계에 있다. 구두언어의 유효성 역시 바로 여기에 있다. 말을 나누는 쌍방은 동일한 담화 콘텍스트에 있으면서, "일에 대해 서로 말하고" "제작한 물건을 서로 보여준다." 언어란 콘텍스트의 진실한 표현이고, 콘텍스트는 언어의 구체적인 구현이다. 언어와 콘텍스트는 조화롭게 융화되어 서로의 흥취를 돋워준다. 대화하는 쌍방은 이로 인해 서로를 바라보고 웃으며 마음의 벽이 사라지게 된다. 생기 가득한 언어 교류는 순환하면서 막힘이 없다. 언어와 콘텍스트는 밀접히 관련되어 있기 때문에 언어 행위가 끝나면, 언어 역시 콘텍스트와 더불어서 사라진다. 이렇게 되면 빛이 번뜩이던 것 같던 흥취 역시 흔적도 없이 사라지고 만다. "여기에 참뜻이 있으니, 말로 표현하고자 하나 이미 말을 잊었네."

 신화·전설·사시 등 고정된 양식을 지닌 구비텍스트의 경우, 이야기와 노래 행위가 끝날 때마다 흔적 없이 사라지는 것은 아니다. 그것은 시공을 초월하여 전해진다. 하지만 신화·전설·사시·가요 역시 일정한 콘텍스트 속에서 노래되거나 이야기되어야만 의미를 지니게 된다. 예를 들자면, 신화는 장엄한 제사의식에서 영신迎神과 송신送神 의례에 맞추어 제사장이 노래한다. 조상의 전설은 춘사春祠나 추상秋嘗[17]

과 같은 조상에 대한 제사에서 제사 활동과 더불어서 가족의 장로가 강술한다. 가요 역시 봄과 가을에 거행된 새사賽社[18]의 환희의 모임에서, 즐거움에 취한 젊은 남녀의 춤과 노래 속에서 불려진다. 이처럼 의례화된 콘텍스트 속에서 절일의 축전과 제사의식이 주기적으로 반복 재현됨으로써 신화·전설·가요·사시 등 구비텍스트가 해마다 되풀이된다. 이렇게 되풀이됨으로써 구비텍스트가 사람들의 기억과 생활 속에 각인되어 대대로 전해지는 것이다. 그런데 시간이 지나고 상황이 바뀌면서, 신성과 환락의 그 시절은 다시 돌아오지 않게 되었다. 구비텍스트를 지탱하던 콘텍스트가 재현되지 않게 됨에 따라, 그것에 의지해 있던 신화와 전설과 사시와 가요 역시 설 자리를 잃었다. 그것들은 의례의 소실과 더불어 사라졌다. 와해되어 범속한 고사故事나 동화로 변했으며, 그 원초적인 의미를 이제 아무도 기억하지 않는다. 인간의 숭배를 받던 신과 성현 역시 오래된 사당의 폐허에 지내는 외로운 넋으로 몰락한 채, 외할머니의 화로 곁이나 어린아이의 악몽 속에서 어쩌다 한번 나타날 뿐이다.

춘추시대에서 전국시대로 넘어가면서 천하가 크게 어지러워지고 예악이 붕괴됨에 따라, 예악제도에 의지하여 입으로 전해지던 세관지학 역시 맥이 끊겼다. 다행히 사관의 기록을 통해 단편적으로 기록된 것이 있긴 하지만, 원래의 콘텍스트에서 분리되었기 때문에, 즉 그것과 공생하던 의식과 제도로부터 분리되었기 때문에 영문을 알 수 없는 것으로 변해버렸다. 『좌전』에는 초나라 왕이 좌사 의상倚相을 '양사良史'라고 칭찬한 기록이 나오는데[19], 칭찬한 이유는 의상이 "『삼분三墳』『오전五典』『팔색八索』『구구九丘』"를 읽을 수 있었기 때문이다. 주

注에서는 이 책이 삼황오제의 책[20]이라고 했다. 이를 보면, 춘추시대에 이미 신화 전적은 절학絶學이 되었음을 알 수 있다.

오늘날 민간의 도사와 박수에게는 제사와 무술 의식을 행할 때 참조하는 과의본科儀本[21]이 있게 마련인데, 과의본에는 신들의 이름과 내력과 덕행 및 신을 청하는 주문과 노래와 예법 등이 기록되어 있다. 고대의 제사장과 무격巫覡에게는 이와 같은 과의본이 있었을 것이다. 『국어』「초어」에서는 이렇게 말했다. 제사를 지낼 때 '무격'으로 하여금 "신의 제위祭位와 서열을 정하고 희생과 제기와 사시에 맞는 복식을 규정하게 했다."[22] 그리고 선왕의 후손 가운데 "산천의 명칭, 고조의 신주, 종묘의 일, 소목昭穆의 세계世系, 경건의 성실함, 예절의 마땅함, 위의威儀의 준칙, 용모의 단정함, 충신忠信의 성실함, 제복祭服의 정결함을 알며 신명神明을 공경하는"[23] 자를 축祝으로 삼았다. 또한 명망 있는 성씨의 후손 가운데 "사계절의 생물, 희생의 종류, 옥백玉帛의 종류, 채복采服의 예법, 제기의 수량, 존비의 순서, 제사의 위치, 제단의 설치 장소, 천지의 신명, 성씨의 내원 등을 알면서 마음으로 옛 법도를 따르는"[24] 자를 종宗으로 삼았다.

종교 실천과 관련된 이처럼 번잡한 지식이 물론 구두로만 전승되지는 않았을 것이고 오늘날의 과의본처럼 기억을 보조해주는 문헌이 반드시 있었을 것이다. 신들의 계보와 덕행이 기록되어 있는 그러한 과의본이야말로 최초의 신화 전적이었다. 예악제도가 붕괴된 이후, 과의본은 보존되었고 이는 후세 문인이 상고시대 학술을 이해할 수 있는 유일한 근거가 되었다. 하지만 의례가 사라지고 애초의 콘텍스트가 와해되었으므로, 후세의 지식인은 오로지 완전하지 못한 글에만 의지할 수밖에 없고 그 배후의 비의祕義를 깨닫기 어려워졌다. 이로 인해 글자만 보고 대충 뜻을 짐작하거나 터무니없는 억측을 하면서 이성에 입각한 이해와 해석이 이루어졌다. 이렇게 해서 오래된 종교 의례와 신화 텍스트는 역사 문헌과 전장典章제도로 오해되었다. 천신과 지기地祇는 선공先公[25]과 선왕으로 변했고, 종교 의례는 예제와 법도로 변했다. 또한 신이 천지를 개벽하고 만물을 만들어낸 신기한 이야기 역시 삼황오제가 나라와 천하를 다스린 빛나는 역사로 변했다. 예를 들면, 『상서尙書』 「요전堯典」은 화하華夏 역사에 있어서 선왕이 나라를 잘 다스려 백성을 편안하게 해준 일이 기록된 역사 문헌이라고 역대로 인식되어왔다. 유가에서는 이를 만세의 법도로 내내 떠받들었으며, 현대의 의고학파疑古學派에 이르러서야 그것의 신화적 내막이 드러났다. 필자는 「요전」이 사실은 오래된 '나희儺戱'의 텍스트임을 증명한 바 있다. 「요전」에서 순이 사흉四凶을 추방한 고사姑事는, 흉신·악신·이매망량魑魅魍魎을 쫓아냄으로써 생활공간을 정화하기 위한 구나驅儺 의식의 서술이지, 역사적 사실의 반영이 아니다. 오늘날에도 산간벽지에서는 이러한 의식의 유풍을 쉽게 찾아볼 수 있다.

고대인이 글자를 만든 최초의 목적은 선왕을 위해 절학을 계승하려는 게 아니었다. 하지만 문자는 천성적으로 구비전승의 전통 및 원래의 콘텍스트와 소원해질 수밖에 없으므로 도리어 문맥을 끊어놓는 장벽이 되었다. 문자를 투과한 선사시대 문명은 마치 안개 속에서 꽃을 보듯이 어렴풋하게 제대로 보이지 않게 되었다. 고전학의 목적은 바로 고전 텍스트에 뒤덮인 역사의 짙은 안개를 걷어내고 그 배후에 있는 역사의 진상을 재현하며 고전 텍스트 속의 진실한 함의를 드러내 보이는 데 있다. 이를 위해서는 반드시 먼저 고전 텍스트의 구비 전승 원형과 본래의 콘텍스트를 회복해야 한다. 비록 초기의 문헌이 모두 불완전하고 단편적이며 글로는 말을 다 전달할 수 없지만, 구비 텍스트로서의 그것의 원형을 그대로 생생하게 그려내는 것이 불가능하지만, 신화와 전설과 사시와 강창講唱 등 고정된 수사 양식을 지닌 구비텍스트는 문자로 기록될 때 그것의 구비 양식 역시 어렴풋이 알아볼 수 있는 흔적으로 문자텍스트 속에 남았다. 서구의 구비 양식 이론은 애초에 고전학 가운데 호머의 서사시에 관한 연구에서 시작되었다. 이 이론을 빌려서 고전 텍스트 가운데 구비 양식의 흔적을 실마리로 삼고 여기에다 민속학·인류학·민족학의 필드워크 성과를 참조한다면, 초기 문헌의 구비 원형 및 의례의 배경을 복원할 수 있을 것이다. 또한 오래도록 인멸되어 있던 비의를 발굴할 수 있으리라 기대한다. 이러한 연구 방식은 전통 문헌을 해독하는 데 또 다른 세계를 열어줄 것이다. 중국의 민간 문학 연구자는 이미 이러한 이론을 민족 사시 연구에서 약간이나마 운용해보았다. 하지만 고전학 연구자와 이 이론 사이에는 여전히 장벽이 있는 듯하다. 고전학 연구자는 대부분 여전히 전통적인 경학이나 문자 훈고의 방법을 고수하며 문법에 갇힌 채 한사코 문구에 얽매여 책만 파고든다. "예가 사라지면 민간에서 구하라"[26]는 공자의 유훈을 잊은 듯하다. 이로 인해 문헌의 원래 콘텍스트를 회복하지 못하고, 문자 배후에 있는 진상을 깨닫기 어려운 것이다. 문자가 콘텍스트에서 분리되면, 물고기가 물을 떠난 것처럼 『장자』에서 말한 '지게미'가 된다.

최근에 읽은 나시족納西族의 고사故事가 갑자기 생각난다. 리장麗江

지역의 나시족에게는 문자가 있는 반면 융닝永寧 지역의 나시족에게는 문자가 없는 이유를 설명한 고사다. 내용은 이렇다. 두 사람이 길동무가 되어 먼 곳으로 떠났다. 그리고 학식이 있는 노인으로부터 고대 악보와 규율과 예절을 배웠다. 한 사람은 배운 지식을 마음속에 단단히 기억해두었고, 다른 한 사람은 그 지식을 돼지껍데기 위에 문자로 적어두었다. 돌아오는 길에 두 사람 모두 배가 고파졌고, 어쩔 수 없이 돼지껍데기를 구워 먹었다. 그 이후 지식을 돼지껍데기 위에 문자로 적어두었던 사람은 문자와 지식을 모두 잊었다. 이렇게 해서 융닝의 나시족에게는 계속 문자가 없게 되었다. 마음속에 지식을 기억해둔 사람은 고대 악보와 규율에 대해 알고 있었고, 사람들은 무슨 일이 생기면 그에게 가르침을 청했다. 그는 배운 것들을 기억에 의지해서 일일이 암송했고, 이렇게 해서 그는 다바達巴가 되었다. 다바는 나시족의 사제로, 문자를 아는 다바를 둥바東巴라고 한다. 둥바 문자는 세계적으로 유명한 상형문자다. 둥바 상형문자와 그 경전은 이미 오래전에 매스미디어의 뜨거운 이슈가 되었다. 사람들 마음속에서 나시족 문화는 둥바 문화나 마찬가지다. 그런데 뜻밖에도 정작 나시족의 마음속에서 둥바 문자는 단지 돼지껍데기 위의 학문에 불과하며 문자를 아는 학자 역시 돼지껍데기를 먹을 자격밖에 없는 것이다.

 나시족은 문자란 돼지껍데기 위에 적힌 것이고 돼지껍데기는 문자를 아는 사람이 먹었기 때문에 오래된 지식은 문자를 통해 전해질 수 없다고 생각한다. 흥미롭게도 장자 역시 문자를 껍데기에 비유했다. 그는 책이란 선왕의 '지게미'에 불과하다고 했는데, 지게미는 곡식의 껍데기다. 이뿐만이 아니다. 서양에서도 고대에는 양가죽 위에 문자

299

11장 문자는 본디 거죽이다

를 적었다. 서로 다른 민족이 모두 문자를 문화의 거죽으로 생각했음을 알 수 있다. 동물의 고기와 피를 먹는 유목민족은 그것을 '수피獸皮'에 비유했고, 곡식을 먹는 농경민족은 그것을 '곡피穀皮'에 비유했다. 동물과 곡식의 거죽을 먹는 지식인은 아무리 잘났다 해도 그저 거죽에 불과하다. 영혼이 사라진 뒤 남겨진 '박魄(찌꺼기)'[27], 즉 거죽에 불과하다. 그러고 보면 지식인의 학문이라는 것은 '입씨름하는扯皮'[28] 게 아닌가? 장자는 알고 있었다. 문자가 생겨난 뒤로, 대도가 사라지고 문인은 피상적인 논의만 일삼으며 도술은 여러 학파에 의해 갈가리 찢어지고 혜시惠施와 같은 총명한 무리가 끝없이 입씨름을 벌이게 되었음을 말이다. 장자는 입씨름을 싫어했다. 그는 앉아서 도를 논하기보다는 강가에 가서 물고기가 노니는 것을 바라보는 게 낫다고 생각했다. 또한 그는 입씨름하는 것보다는 이야기를 들려주는 것이 더 흥미롭다고 생각했다. 그는 시골의 특별한 사람한테서 들은 생기 넘치는 이야기를 하고자 했다. 어쩌면 천 년 뒤 사람들이 그 이야기 속에서 신비한 자연의 소리를 들을 수 있을는지도.

[12장]

유씨 할멈, 배우와 지식인

1.

『홍루몽紅樓夢』은 대작이다. 이 대작에 유劉씨 할멈이라는 소인물이 등장하는데, 소인물이 대작에 들어감으로써 커다란 이치를 지니게 되었다.

유씨 할멈은 단순하지 않다. 일개 촌부로 일자무식이며 하는 말은 죄다 상스럽다. 그런데도 삼엄한 가부賈府를 세 차례나 드나들면서 대관원大觀園의 귀빈으로 초대받는데, 이는 비장의 능력이 없으면 불가능한 일이다.

유씨 할멈의 능력은 고대의 배우와 매우 유사하다. 동방삭東方朔이나 매고枚皋 같은 일개 포의布衣가 아무런 공로도 없이 우뚝 솟은 궁궐에서 고관들 주위에 있으려면, 사회적 지위의 엄청난 차이로 인해 정신적 스트레스가 생겨났을 것이다. 이러한 정신적 스트레스를 풀려면 낯가죽 두꺼운 자조와 재치 있는 익살스러움에 전적으로 기댈 수밖에 없었다. 가부에서 유씨 할멈의 처지 역시 이와 비슷하기 때문에 그녀의 처신술 역시 그들과 일치한다. 동방삭 등과 마찬가지로 유씨 할멈 역시 이야기를 아주 잘한다. 재미가 있을 뿐만 아니라 이야기 속 인물이 결국 어떻게 되는지 궁금하게 만드는 재주가 있다. 그녀가 멋대로 만들어낸, 눈 내린 날 여자아이의 이야기는 여자를 아끼는 가보옥賈寶玉의 마음을 애타게 만들었다.[1] 이는 민간의 서사 솜씨를 잘 말해준다.

유씨 할멈은 이야기를 잘 만들어낼 뿐만 아니라 즉흥적인 순발력도 뛰어나다. 사태군史太君이 대관원에서 연회를 두 번 베푸는 회[2]에서, 본래는 봉저鳳姐가 유씨 할멈을 망신주려고 했는데 결과적으로는 유씨 할멈이 재치 있게 상황을 압도한다. 유씨 할멈은 대관원의 여인들이 쳐놓은 덫에 고분고분 들어가서 해학적이고도 적절하게 그것에 대처하면서 연회를 한바탕 유쾌한 웃음으로 물들인다. 『홍루몽』에는 가부에서 열린 수많은 연회가 묘사되어 있는데, 바로 이 장면에서 가장 정열이 넘쳐난다. 이는 전적으로 유씨 할멈의 익살에 기대고 있다. 가부의 여인들은 그저 유씨 할멈을 따라서 부산스러움을 떠는 역할을 할 뿐이다. 유씨 할멈의 온몸에는 유쾌함의 세포가 가득하다. 그녀는 암담하고 음울한 대관원에 시골의 웃음소리를 가져왔다. 그 웃음소리에는 생활의 열정이 넘쳐나고 생명의 활력이 발산된다.

흥미진진한 이야기로 곤경을 제거하고 익살스러움으로 분위기를 돋우는 능력 역시 동방삭 등이 지닌 비장의 솜씨다. 궁정 연회에서 배

한나라 화상석畫像石에 새겨진 민간 예인藝人.

우는 핵심 인물이었다. 흥을 돋우어 왁자지껄하게 만들고 술을 권하며 주령酒令을 시행하는 것은 배우의 장기였다. 그들은 놀림을 당하면서 다른 사람을 놀리기도 하고 웃음거리가 되면서 다른 사람을 웃음거리로 만들었다. 이렇게 그들은 연회의 분위기를 긴장되게 조였다가 풀었다가 활기차게 만들면서 군신의 모략과 관리사회의 알력을 화기和氣 속에 덮어버림으로써 모두가 즐기도록 했다.

그런데 유씨 할멈은 대관원에서 그저 히죽거리는 어릿광대가 결코 아니다. 마치 배우들이 조정에서 단지 비위를 맞추며 아양을 떨던 농신弄臣이 아니었듯이 말이다.

배우는 종종 많은 인재 가운데 유일하게 각성한 사람이었다. 천자天子의 위엄에 비위를 맞추기 위한 말들만 넘쳐나던 속에서 유일하게 "아닙니다"라고 감히 말할 수 있는 이가 바로 배우였다. 이는 물론 그들의 익살스런 능력 덕분이었다. 그것은 진실을 담고 있으면서도 역설적으로 표현하고, 속으로는 거스르면서도 겉으로는 복종하고, 속에는 바늘이 감추어져 있으나 겉으로는 부드럽게 보이도록 하는 능력이다. "왕을 모시는 것은 호랑이를 모시는 것과 같다"[3]는 속담이 있지만, 배우에게는 먼저 호랑이를 잠들게 한 뒤에 호랑이의 궁둥이를 어루만지고 호랑이의 수염을 쓰다듬는 방법이 있었다. 배우가 "아닙니다"라고 말할 수 있었던 동력은 주류 문화와 대립되는 주변성 및 엘리트 문화와 대립되는 민간성에서 비롯된 것이다.

동방삭 등은 모두 민간 지식인이었다. 그들은 인재들의 일원으로 탈바꿈하고 싶었을 테지만, 그들 몸에 흐르던 속된 기를 씻어내고 환골탈태할 수 있는 방법은 영원히 없었다. 다른 사람이 보지 못하는 것을 그들이 볼 수 있었던 것은 민간의 안목 덕분이었고, 다른 사람이 말하지 못하는 것을 그들이 말할 수 있었던 것은 민간의 말 덕분이었다. 그들은 민간의 싱그러운 향기에 익숙했기 때문에 주류 문화에 가득한 썩은 냄새를 민감하게 알아챘다. 반면 주류 지식인은 오랫동안 그 안에 머물렀기 때문에 그 악취를 알아채지 못할 뿐만 아니라 도리어 그것을 난초처럼 향기롭다고 느꼈다.

어떤 의미에서 보자면, 한부漢賦는 배우 정신의 묘사라고 할 수 있다. 한부의 '권백풍일勸百諷一(백 가지를 권하고 한 가지를 풍자하다)'은 배우의 책략이다. '백 가지를 권하는 것'은 '한 가지를 풍자'하기 위한 바탕으로서, 떠들썩하게 즐기는 것은 찬물을 끼얹기 위한 도입부다. 확실히 잡기 위해서 일부러 놓아주는 이러한 기술은 조상 대대로 전해진 비기祕技이자 인지상정에서 나온 삶의 상식이었다. 한부는 왕실의 기상, 제국의 수도의 호화로움, 이역의 경치를 과장되게 늘어놓았는데, 이는 유씨 할멈이 대관원에 처음 들어갔을 때나 포의인 유생이 갓 서울에 올라왔을 때 목도한 것과 같은 상황이다. 즉 무엇을 보든 새롭고, 모든 것이 놀랍고 신기하여 감탄을 그치지 못한 채 어떤 말로 형언해야 할지 몰라서 생각해낼 수 있는 말을 죄다 동원한 것이다. 역대로 한부는 귀족문학으로 여겨졌지만 사실 이것은 오해다. 한부는 귀족에게 보여주기 위한 민간의 문학작품이다. 겉보기에는 귀족의 것이지만 관점은 민간의 것이다. 게다가 한부에서 늘어놓은 화려하고 복잡한 말, 있는 힘을 다해 쏟아 부은 풍부한 상상력, 왕성한 생명욕구는 엄정한 주류 문화 정신과 완전히 상반된다. 한부는 본래 민간의 문체로, 한나라 때 배우들은 이것만으로도 문화사에서 일정한 지위를 차지할 수 있었다. 한번 생각해보자. 만약 한부를 삭제하고 나면 그 대단한 한나라의 정신세계에 무엇이 남겠는가?

유씨 할멈은 대관원의 외부인으로, 가부의 봉건 교화의 측면에서 볼 때도 그녀는 주변인이다. 유씨 할멈이 봉건 주류 문화의 비판자라고는 할 수 없다. 만약 그렇게 말한다면 임의로 치켜세운 혐의가 있을 뿐더러 유씨 할멈도 그런 말을 감당할 수 없을 것이다. 그런데 조설근曹雪芹이 유씨 할멈이라는 배역을 무대에 등장시킨 것이 장난처럼 보이나 사실은 의미심장하다는 것을 부인할 수는 없다. 조설근이 『홍루몽』의 정밀한 화면 위에 더한 투박하고 강건한 필치는, 섬세하고 곱게 자란 보寶이니, 옥玉이니, 차釵이니, 봉鳳이니 하는 이들과 비교하면 마치 공중에서 날아든 벌판의 돌멩이처럼 거칠긴 해도 강인하다. '보'이니 '옥'이니 하는 이들이 모두 사라진 뒤에도 이 돌멩이는 오래도록 남는데, 가부의 후손 역시 이 유씨 할멈이 지키게 된다. 조설근이 유씨 할멈을 빚어낸 것은, 왕희봉王熙鳳이 세상을 떠나기 전에 자신의 딸을 유씨 할멈에게 부탁하도록 하기 위한 것만은 결코 아니다. 거칠지만 밝은, 심혈을 기울인 이 필치는 전체 화면과 전혀 어울리지 않는다. 이는 가부의 깊은 정원의 어두컴컴하고 우울함을 더 두드러지게 나타냄으로써 사람들의 비판적 안목을 일깨운다. 이것은 산만하고 거친 민간의 역사가 정통 역사에 딴죽을 거는 것과 같다. 가보옥과 유씨 할멈은 각각 엘리트와 평민이다. 한 명은 정통의 힘을 지닌 내부에서 비롯된 반역자이고, 한 명은 민간에서 비롯된 이단이다. 두 사람은 각각 문文과 야野, 안과 밖이다. 두 사람은 안팎에서 호응하는 효력을 발생시키면서, 가부의 호화스러운 겉모습에 의문을 던진다. 두 힘이 결국 하나로 합쳐지는지는 이어지는 이야기를 봐야 할 테지만, 80회 이후로는 그다음 이야기가 없다.⁴ 유씨 할멈의 이야기가 가보옥을 애타게 만들었듯이, 조설근 역시 독자들에게 궁금증을 남겼다.

사실 이것은 역사적 궁금증이다. 이러한 궁금증은 일찍이 사마천이 『사기』에서 깔아놓은 복선이다. 『사기』에서는 「골계열전滑稽列傳」을 별도로 마련하여 배우를 강렬하고 생생하게 묘사했다. 하지만 『사기』 이후의 정사는 더 이상 배우를 위해 전문적으로 전기를 쓰지 않았고, 방대한 역사책을 두루 살펴보아도 배우의 이상야릇한 모습은 더 이상 볼 수 없게 되었다. 이는 배우가 역사 무대에서 물러났기 때문이 아니다. 또한 배우가 난쟁이나 농신弄臣으로 몰락했기 때문에 이야깃거리로 적당하지 않아서가 아니다. 사실 배우는 줄곧 중국 봉건시대의 역사와 함께했다. 그들은 와사瓦舍 구란勾欄에서 시끌벅적하게 공연을 펼친 동시에 정치무대에서도 왕성하게 활동하면서, 아주 즐겁고도 세상을 깜짝 놀라게 하는 역사 활극을 잇달아 펼쳤다. 다만 『사기』 이후로는 정통 지식인과 정치 권위자가 공모하여 역사를 서술하는 권력을 독점했기 때문에, 정통 지식인이 보기에 배우는 역사에 끼지 못할 부류였고 이로 인해 배우가 역사에 진입할 자격을 박탈당한 것이다. 이로부터 단지 야사와 소설과 희곡에서만 간신히 배우의 역사에 대한 실마리를 찾을 수 있게 되었다. 역사는 역사의 편견을 만들었고, 역사의 편견은 다시 역사에 영향을 미쳤다. 오늘날에 이르기까지도 중국 지식인은 배우의 역사적 지위와 문화적 의미에 대해 공감적인 이해를 결여하고 있다. 이로 인해 배우는 여전히 황야를 떠도는 외로운 넋으로 역사의 변두리를 혼자서 거닐고 있다. 배우의 역사적 운명

12장 유씨 할멈, 배우와 지식인

은 여전히 해결되지 않은 채로 남아 있다.

최근 이 주제가 다시금 부각되었다. 1990년대 '인문정신' 토론에서, '숭고 회피파' 지식인과 '이상 고수파' 지식인(편의상 이렇게 부르기로 한다)의 논쟁이 벌어졌다.[5] 문화적 의미에서 보자면, 배우 지식인과 도통 지식인의 논쟁이 현대에 재연된 것이라 하겠다. '숭고 회피파'는 글쓰기 스타일에서부터 언어책략과 정신풍격에 이르기까지 고대 배우의 유풍을 지니고 있다. 반면에 '이상 고수파'는 도통의 명맥을 다시 잇는 데 힘을 쏟았다. 이 논쟁에서는 전자가 역부족이었는데, 심지어 '지식인 명부'에서 제명될 우려까지 있었다. 이는 마치 배우가 '역사책'에서 제거된 것과 마찬가지였다.

사실은 조설근조차도 유씨 할멈의 능력을 온전히 드러내지 않았다. 유씨 할멈은 입에서 나온 말이 그대로 문장이 될 정도였고, 조설근의 말대로 "견문이 있었다." 그녀의 서사 능력은 수많은 책을 읽은 문인한테도 전혀 뒤지지 않았다. 하지만 조설근은 그녀의 익살스러운 모습만을 드러냈다. 유씨 할멈이라는 인물은 민간에 대한 조설근의 남다른 감정을 나타내지만 이와 동시에 조설근이 문인의 긍지를 벗어버리지 못했음을 말해준다. 이 긍지가 유씨 할멈이라는 인물이 지니고 있는 깊은 이치를 덮어버렸고, 이로 인해 대부분의 독자는 유씨 할멈을 단지 '익살꾼'으로만 여기게 되었다. 마치 역사 속에서 배우가 어릿광대로만 여겨졌던 것처럼 말이다.

2.

지식인이 배우를 역사 바깥으로 쫓아낸 일은 근원을 망각한 것이다. 실제로 지식인의 족보에서 가장 먼저 기록되어 있는 이는 바로 배우다. 배우의 전신은 무사巫史인데, 무사는 상고시대에 정치·경제·정신생활에 있어서 숭고한 지위를 점하고 있었다. 무사는 신의 대변인, 역사의 서술자, 지식의 전파자, 권력의 수호자, 민족 운명의 예언자였으며 모든 중대한 예의禮儀 활동의 주재자였다. 그들이 신과 소통하고 역사를 보존하고 지식을 전승한 주요 수단은 춤과 시가였다. 원시의 예의 활동은 일련의 춤과 노래로 이루어졌다. 춘추전국시대에 예악이 붕괴되고 제후 열강이 예악을 제정하는 권력을 빼앗아간 뒤로, 무사는 예악체제의 바깥으로 내쳐졌다. 이로써 무사는 그들의 신성성과 신비함을 잃었다. 그리고 노래와 춤의 기예에는 약간의 무술巫術적 효용만 남은 채 그저 오락적 기능만을 지니게 되었다. 이런 의미에서 무사는 배우로 변했다. 예악체제의 바깥으로 내쳐진 뒤, 전통을 전승하고 해석하는 역사적 사명을 독립적으로 담당했던 측면에서 보자면, 그들은 자유 지식인의 선구자였다. 그들은 기예로 사람을 섬기는 공연인이자 학술로 백성을 교화하는 학자였다. 배우와 지자智者, 한 몸에 두 가지 임무를 지니고 있었던 그들이 바로 최초의 지식인이다.

위잉스余英時는 『사와 중국문화士與中國文化』 「중국 지식인의 고대 전통中國知識分子的古代傳統」에서 최근 수십 년 동안 지식인 문제에 관한 서양 학자들의 논의에 나타나는 견해차에 대해 언급했다. 위잉스는 이를 두 가지로 개괄했다. "초기의 토론에서는 지식인의 현대적 성격을 비교적 강조했다. 즉 지식인은 고정적인 사회나 단체가 되지 않았기 때문에 자유로운 비판적 정신이 발전할 수 있었다." 한편 최근의 논의에서는 지식인이 대표하는 '전통'의 문제를 강조한다는 것이다. 즉 지식인이 주로 종교적 가치 혹은 신성한 전통에 근거해서 현실을 비판했다는 주장이다. 독일학자 다렌도르프Ralf Dahrendorf는 전자의 관점을 지니고 있으며, 그는 중고 시대 궁정의 '배우'를 현대 자유 지식인의 전신으로 보았다. 한편 위잉스는 중국 고대의 '사대부'를 도통 지식인의 전형으로 보았다.

지식인의 본성에 대한 이러한 논쟁은, 지식인의 뿌리를 확인함으로써 지식인의 문화적 본분과 사회적 지위를 판정하고자 하는 것이다. 그런데 사실대로 말하자면, 이상 두 종류 지식인의 근본은 같다. 둘 모두 원시 무사의 후예다. 다만 한쪽에는 배우의 유전자가 더 많이 유전되었고, 다른 한쪽에는 군자의 유전자가 더 많이 유전되었을 뿐이다. 그런데 이러한 분화와 변이는 지식인의 자유로운 선택이었다기보다는 당시의 형세 때문이었다. 사방을 떠돌던 이들은 비천한 일들에 능할 수밖에 없었고, 민간 문화의 잡스러움과 익살과 투박한 활력에 물들었기 때문에 특정한 격식에 구애받지 않고 풍자와 욕설을 흘리는 배우가 되었다. 묘당廟堂을 고수하고 있던 이들은 도통을 견지하며 경전을 손에 쥔 엄숙한 군자가 되었다. 역사는 두 종류의 지식인을 빚어냈다. 이로부터 양자는 각자의 문호門戶를 세웠고 정통을 다투며 원수지간이 되었다. 군자는 배우를 역사의 전당에서 몰아냈고, 배우는 연극과 소설에서 가난뱅이 문인을 조롱하고 희롱하는 재주를 한껏 발휘했다.

사마천은 역사를 편찬할 때 「골계열전」을 「굴원가생열전屈原賈生列

傳과 공존하게 하면서 배우의 따뜻한 마음을 칭찬했다. 이는 사마천의 시대에는 지식인의 옛 신분에 대한 기억이 아직 보존되어 있음을 말해주는 것이다. 배우 지식인은 그저 권세 있는 이에게 빌붙어서 웃음이나 제공하며 기분 전환을 해주던 존재가 아니었다.[6] 하지만 단독으로 배우들에 관한 전기를 마련했다는 사실 자체가 배우의 역사적 위기를 보여주는 것이다. 이는 정통 지식인과 배우 지식인이 사마천의 시대에 각자의 길을 갔음을 말해준다. 전국시대에 관방 지식인에게는 '박사博士'라는 칭호가 있었다. 제나라의 '직하선생稷下先生', 그리고 각국의 공자公子가 인재를 배양하던 양사養士는 바로 박사제도의 최초 형태다. 그런데 한나라 이전의 박사에는 온갖 유파가 다 있었다. 학식이 풍부하고 나라와 백성을 걱정하는 이가 있는가 하면, 해몽과 점술에 능하거나 잔재주를 가진 이도 있었다. 그러다가 한나라 무제武帝에 이르러서 동중서董仲舒의 건의에 따라 백가百家를 물리치고 유가의 학술만 존중하면서 관방의 학술기구에는 오로지 '오경五經' 박사만 두었다. 선왕의 도와 성현의 책을 연구하는 지식인만 그 안에 편입되고, 방사方士나 사부辭賦를 읊는 이들은 박사에서 배척되어 내정內廷에서 "말로 시종을 드는 신하"[7]가 되었다. 도통 지식인과 배우 지식인은 이렇게 해서 뚜렷하게 나뉘었다.

시운時運이 전환되는 고비의 강렬한 위기감이 사마천으로 하여금 자기 집안의 내력과 운명을 돌아보게 했다. 그는 「보임안서報任安書」에서 이렇게 말했다. "저의 선조께서는 부절符節이나 단서丹書를 받은 공적이 없습니다. 사적史籍과 역법曆法을 관장하셨는데, 점쟁이나 무당에 가까운 일입니다. 이는 본래 황제께서 재미로 가지고 노시던 바로, 배우처럼 양성되던 것이라 세상 사람들이 경멸하는 바였습니다."[8] 마침내 그는 굳게 결심하고 「골계열전」을 저술했다. 이는 배우를 위한 것이자 자신을 위한 것으로, 자신을 확인하는 일이었다. 이는 사마천이 굴원과 가의賈誼를 위해서 전기를 썼던 의도와 마찬가지로 자신의 응어리를 표출한 것이다. 사마천이 배우의 「골계열전」을 「유협혈전遊俠列傳」과 「일자열전日者列傳」「귀책열전龜策列傳」 사이에 배치한 것은 그가 어쩔 수 없이 역사가 정해준 배우의 지위를 받아들였음을 말해준다. 이로부터 배우는 기예지사伎藝之士와 마찬가지로 사방을 유랑하며 하층민으로 몰락한 채 역사의 정식 기록에서 쫓겨났다.

『사기』에는 「굴원가생열전」과 「골계열전」 외에 「유협혈전」도 있는데, 사마천이 협객을 위한 전기를 마련한 것은 물론 단순한 호기심의 발로가 아니다. 이는 중국 지식인에게 고대로부터 흐르고 있던 영웅의 피가 자연스럽게 드러난 것이다. 이와 더불어서 볼 때 흥미로운 것은, 『홍루몽』에는 정통의 반역자 가보옥과 민간의 이인異人 유씨 할멈, 또 용감하고 두려움이 없는 유상련柳湘蓮과 굳은 기개와 부드러운 마음을 지닌 우삼저尤三姐가 있다는 사실이다.[9] 이는 정말 공교롭게 맞아떨어지지 않으면 '책'이 이뤄지지 않는다는 말에 딱 들어맞는다. 공교롭게 맞아떨어지지 않는다면 '역사'가 이뤄지지 않는다고 해야 더 적절하겠다. 『사기』와 『홍루몽』은 유구한 역사의 양끝에서 멀리 떨어져 서로 호응하며 서로를 비춘다. 이는 물론 우연의 일치가 아니라 사마천과 조설근이 역사의 명맥을 정확히 짚은 것이다. 그들의 심장은 동일한 맥박으로 고동쳤다. 『사기』가 역사를 위해 마음먹은 것이라 한다면, 『홍루몽』은 마음을 위해 역사를 쓴 것이다.

"저의 선조께는 부절이나 단서를 받은 공적이 없습니다." 사마천의 이 말은 중국 지식인의 말 못 할 괴로움을 한마디로 표현한 것이다. 중국 지식인의 역사적 운명은 이로 인해 필연적으로 비극적일 수밖에 없었다. 아무 공적도 없고 가진 것도 없는 지식인이 강대한 국가기구와 권세를 멋대로 휘두르는 전제군주 앞에서 비판자로서의 역사적 사명을 실천하기 위해서는 도를 자신의 임무로 삼을 수밖에 없었다. 즉 선왕의 명과 성인의 도에 의지하여, 진리의 목격자 내지 신성의 대변인을 자처함으로써 정의의 힘으로 상대방을 압도할 수밖에 없었다. 서양이었다면 이것은 현명한 선택이었다고 할 수 있을 것이다. 왜냐하면 서양의 정의와 진리, 즉 '도'는 강력한 교회에 의지하고 있었기 때문이다. 교회 지식인에게 도통에 의지한다는 것은 교회에 의지하는 것과 마찬가지였다. 교회는 충분한 경제력과 치밀한 사회조직을 보유하고 있었으므로 교회 지식인의 든든한 배경이 되어주었다. 덕분에 세속의 정치권위 앞에서 교회 지식인은 당당할 수 있었다. 하지만 중국의 도통 지식인에게는 이러한 우위가 없었다.[10] 중국의 사대부가 의지할 수 있었던 것은 겨우 성현의 책뿐이었다. 하지만 이마저도 진시황의 분서로 많은 간책(簡冊)이 사라지고 말았다. 따라서 그들이 최후에 의지할 수 있었던 것은 오로지 자신의 인격 역량뿐이었다. 즉 중국 도통 지식인에게 '도'의 마지막 보루는 오로지 그의 강단뿐이었다. 하지만 아무리 강단이 있다 한들, 무엇이든 부술 수 있는 국가기구와 어찌 맞설 수 있었겠는가? 진시황이 파놓은 구덩이에서 수많은 유생의 앙상한 뼈가 흙먼지로 변했다. 이렇게 해서 중국의 도통 지식인의 최종 운명은 종종 '도'와 더불어 세상을 마치는 것이었다. 즉 "목숨을 바

12장 유씨 할멈, 배우와 지식인

쳐 도를 지키고"[11](맹자), "자신을 희생하여 인仁을 이루는"[12](공자) 것이었다. 하지만 몸이 죽임을 당한 뒤에 '인'은 무엇에 기대어 이룰 수 있단 말인가? 서양에는 지칠 줄 모르고 열심히 교리를 전파는 전도사가 있지만, 중국에서는 도를 지키는 이가 제명에 죽도록 놔두지 않았다. 중국 지식인을 곤혹스럽게 했던 문제는 줄곧 이것이었다. "강대한 전제기구 앞에서 지식인이 된다는 것은 어떻게 가능할까?" 도통 지식인의 선택이 이에 대한 대답일 수도 있겠지만, 이런 대답은 실제로 아무것도 대답하지 않은 것이나 마찬가지다. 왜냐하면 이 질문의 내용은 다음과 같은 것이기 때문이다. "강대한 전제기구 앞에서 고립무원의 지식인이 어떻게 하면 자신의 인격 역량을 견지할 수 있을까? 어떻게 하면 강골함을 견지할 수 있을까?" 맹자는 호탕하게 말했다. "고정된 생활기반이 없어도 항심恒心을 갖는 것은 오직 사士만이 가능합니다!"[13] 그런데 과연 사라면 가능할까?

  이 문제에 대해 배우형 지식인은 다른 선택을 했다. 배우는 일부러 멍청한 척하고, 과장되게 행동하고, 왁자지껄 웃으며 농지거리하고, 경망스럽게 지껄여댔다. 이는 처세술에 능한 교활함이라기보다는 인성의 약점에 대한 깊이 있는 관찰에 기초한 현명한 선택이라고 해야 할 것이다. 배우의 재주는 바로 좋은 약에 당의를 입혀서 그것을 입에 쓰지 않도록 만드는 것이었다. 배우는 충언에 돋은 가시를 부드럽게 만들어서 귀에 거슬리지 않도록 하거나, 아예 가시를 안쪽으로 굽은 갈고리처럼 만들어서 황제가 고분고분 삼키게 한 뒤 뱉고 싶어도 뱉지 못하게 했다. 이런 의미에서 보자면, 배우가 되는 것이 아마도 더 어려웠을 것이다. 배우에게는 세상을 구하고자 하는 뜨거운 피 외에도 임기응변할 수 있는 두꺼운 낯가죽이 필요했기 때문이다. 어쨌든 도통 지식인과 비교해볼 때 배우 지식인에게는 살길이 하나 더 있었다. 바로 민간이 그들이 의지할 수 있는 후방이었다. 그래서 정말로 버틸 방법이 없으면 그들은 차라리 세간으로 회귀했다. 광활한 천지에는 할 일이 많았다. 광장에서 기예를 팔거나 패거리를 만들어 본격적으로 공연하면서, 끊임없이 늘어놓는 말 가운데 심오한 이치를 드러내고 불교와 도교를 헐뜯으며 역사를 재미있게 풀어냈다. 서천西天(인도)에는 갈 수 없고 하늘궁전에는 들어갈 수 없을 바에야, 아예 하늘도 땅도 어쩌지 못하는 세계의 '가장자리'에서 곤봉을 휘두르며 멋대로 장난치고 말썽피우며 기세등등한 제천대성齊天大聖(손오공)이 되고자 했다. 그들은 "천하에 제일가는 낭군郞君, 세상에 으뜸가는 낭자浪子"14인 관한경關漢卿15처럼 "호미로도 자르지 못하고 도끼로도 쪼개지 못하고, 풀 수도 없고 벗어날 수도 없는, 부드러운 천 겹의 아름다운 올가미"16를 뚫고 나와 "쪄도 흐물흐물해지지 않고, 삶아도 익지 않고, 두드려도 납작해지지 않고, 볶아도 볶이지 않고, '땅땅' 맑게 울리는"17 '구리완두銅豌豆'가 되었다.

고악高顎이 가보옥을 출가시켜 승려가 되게 한 것이 조설근의 본래 의도였는지를 막론하고, 어쨌든 조설근 자신은 그 길을 가지 않았다. 그는 유씨 할멈을 따라 황엽촌黃葉村으로 갔다.18 그리고 셋집에 살면서 외상술을 마시며 책을 썼다. "10년 동안 읽고 교정을 보면서 다섯 차례를 첨삭하며"19, 한 줌의 피눈물을 돌 위에 새겼다.20 아니, 돌보다도 영구할 백성의 마음에 새겼다. 그가 걸어간 길은 바로 배우 문인들이 수천 년 동안 걸어온 길이다.

【 13장 】

신화학을 둘러싼 세 가지 문제

1. 신화와 신화학

'신화'라는 말은 경우에 따라 여러 의미를 지닌다. 일반적으로 신화라 하면 황당무계한 이야기를 뜻한다. 문학에서 신화는 신·반신半神·영웅의 신기한 이야기인 환상적 성격의 서사문학이다. 문화비평에서 신화란 정치신화나 국가신화처럼 사회공동체의 역사 및 의의와 관련하여 사회공동체가 공인한 웅대한 서사 내지 이데올로기다. 인류학과 민속학에서 신화는 세계와 인간과 자연만물과 문화 등의 유래 및 의의와 관련하여 집단에서 대대로 전해져온 전통 서사를 가리킨다. '신화학'은 인류학과 민속학에서 신화를 연구하는 분과 학문이다.

'신화'라는 말은 그리스어의 '미토스mythos'에서 유래한 것이다. 미토스는 '로고스logos'와 상대적인 것으로, 헤시오도스와 호메로스의 서사시에 양자의 대립성이 나타나 있다. 그들의 서사시에서 미토스는 권위성과 진리성이 풍부한, 강자의 지배담론이다. 반면 로고스는 사기와 유혹이 가득한, 약자의 감언이설이다. 시로 글을 짓던 소크라테스 이전 철학자들을 통해 이러한 개념이 이어지면서 의미가 한층 더 확대되었다. 즉 미토스란 신(시의 신 뮤즈)이 영감과 권위를 부여한 말을 가리켰으며, 의심의 여지가 없는 진리와 거스를 수 없는 힘을 지니고 있는 것이었다. 반면 로고스는 설득과 논증의 방법으로 사람들을 수긍시켜야 하는 세속적인 것이었다. 로고스의 진리성과 권위성은 사실과 진리를 통해 증명되어야 하는 것이었다. 미토스는 통상적으로 시를 가리키고, 로고스는 주로 산문을 가리켰다. 어쨌든 소크라테스 이전 시대에 미토스는 로고스보다 더 높은 범주의 말이었다.

그런데 소크라테스 이후에 미토스와 로고스의 지위는 역전되었다. 플라톤이 묘사한 소크라테스는 미토스에 대한 불경함을 자주 드러냈다. 또한 플라톤은 미토스를 새롭게 정의함으로써 미토스와 로고스의 등급관계를 완전히 뒤엎었다. 그가 보기에 '로고스'만이 진리의 원천이었으며 '미토스'는 허위적인 속임수였다. 또한 호메로스와 같은 시인들이 말한 신에 관한 이야기는 합리적인 사상과 도시국가의 도덕규범에 전혀 부합하지 않는 것으로, 어린이와 여자와 저급한 인간에게나 유용한 것이었다.

미토스에 대한 플라톤의 질책은 시인과 시에 대한 질책과 동시에 이뤄졌다. 그는 『국가』에서 시인의 죄상들을 나열한 뒤 시인을 '철학왕'이 통치하는 '이상국가'에서 추방하기로 결정한다. 플라톤의 시인 추방은 단순히 두 가지 가치관의 투쟁이 아니다. 그것은 단순히 시인과 철학자 간의 권력과 이익 투쟁이 아니라, 두 가지 문화 전통의 투쟁을 반영하는 것이다. 하나는 호메로스의 서사시 전통을 대표로 하는 오래된 구어 전통이고, 다른 하나는 새롭게 일어나는 문화 엘리트인 '애지자愛智者(철학자)'를 대표로 하는 기록 전통이다. 소크라테스 이전 시대의 저술(철학자의 저술도 포함하여)은 모두 서사시 형식의 시와 운문으로 쓰였다. 이는 이들 저작이 원래는 입으로 음송하는 것이었음을 말해주는 것으로, 음유 서사시의 전통과 일맥상통한다. 소크라테스는 어떤 저술도 남기지 않았으며, 단지 공개적·비공개적인 연설과 변론을 가르침의 수단으로 삼았다. 한편 플라톤은 산문 기록의 전통을 열었다. 하지만 그의 작품 역시 대부분 구어로 된 대화록이다. 이는 플라톤이 구어 전통에서 기록 전통으로 넘어가던 전환점에 있었음을 보여준다.

  문자와 구어는 현저한 차이를 지닌 표현 매체로, 기록 전통과 구어 전통은 수사·표현·작문·서사敍事 등의 모든 측면에서 차이가 있다. 문자와 구어는 진리와 권위 등에 대한 판단 기준과 가치 기준에 있어서도 서로 다른 두 전통을 형성했다. 기록 전통의 표현 방식에 비추어 볼 때, 구어 전통의 표현은 불합리하고 상식선을 벗어나며 이해하기 어려웠다. 따라서 구어 전통은 진리와 권위의 원천으로서의 정통적 지위를 상실하게 되었다. 구어 전통 가운데 대대로 전해지던, 신에 관한 이야기는 플라톤에 의해 '허구'와 '거짓말'로 간주되었다. 플라톤에게 '미토스'란, 기록 전통의 진리관과 가치관에 입각하여 구어 전통을 새롭게 평가한 것이었다. 그것은 구어 문명에 대한 기록 문명의 편견, 그리고 전통 지식에 대한 새로운 지식의 편견으로 가득한 것이었다.

미토스와 시에 대한 플라톤의 비난은, 서양의 학술사와 사상사에서 처음으로 신화를 학술적 화제로 삼은 것이다. 그 당시 신화학은 아직 독립적인 학과는 아니었지만, 신화에 대한 편의로 가득한 플라톤의 정의는 후세 서양 신화학에 큰 영향을 끼쳤다. 즉 신화를 규정하는 인식론적 시야와 신화를 대하는 가치관의 방향을 설정해놓은 것이다.

'신화'의 함의에 대한 완전히 대립적이고 뒤엉킨 두 가지 해석은 여기서 비롯되었다. 본체론의 각도에서 보면, 신화는 문화 전통 속에서 대대로 전해진 진리와 지혜와 역사기억이다. 그것은 한 민족이 우주와 역사와 운명을 이해하는 근본적 근거이자 의미의 원천이다. 그것은 한 문명의 정신의 핵심이자 웅장한 서사다. 한편 학자의 인식론이라는 각도에서 보자면, 신화는 이미 지나간 것이고 존재의 근거를 상실한 것이다. 또한 이성과 논리에 부합하지 않고, 증명할 수 없는 터무니없는 말이자 거짓 지식이다. 그래서 신화를 인류의 지식에서 제거해야 하며, 이성적이고 실증적인 지식으로 그 자리를 대신해야 한다. '신화'라는 말에 담긴 이러한 내재적 장력張力으로 인해 신화학 내부에서는 모순이 생겨나고 유파의 분기가 초래되었다. 계몽주의적 신화학과 낭만주의적 신화학이 바로 그것이다.

서양의 계몽운동 이후 과학이 지식의 준거가 되었고, 실증성과 합리성이 진리와 권위를 판단하는 기준이 되었다. 모든 지식과 서사는 경험과 이성의 검증을 받아들여야 했다. 그런데 증명되지 않고 설명되지 않은 것이 바로 미신과 신화였다. 미신과 신화의 내력을 연구하고 이를 타파하는 것이 계몽주의 신화학의 가장 중요한 임무였다. 신화와 미신은 원시인의 결함 있는 인성과 병적인 상태의 사유에서 비롯된 것이라 여겨졌다. 식민운동에 따라 '원시' 민족과 낙후된 사회가 발견되었는데, 서양의 이성적 지식과 실증적 과학의 궤도에 올라설 수 없었던 이들 민족과 사회의 토착적 지식과 서사와 실천에도 '신화'에는 '미신' '무술巫術'이라는 꼬리표가 붙었다. '신화'라는 말과 신화학은 현대와 전통, 문명과 야만, 서양과 비서양을 구분하는 서양중심주의 담론에 이용되었다.

이와 더불어 서양의 민족국가가 흥기하는 과정에서, 본토의 풀뿌리 사회에서 대대로 전해져온 신화는 민족주의자에 의해 본토의 전통을 발양하고 민족 정체성을 강화하는 근거가 되었다. 이로써 신화 자체의 진리, 교화 기능, 심미적 매력이 새로이 발견되면서 독일의 신화학파를 대표로 하는 낭만주의 신화학이 형성되었다. 신화의 황당무계한 표면 아래에 있는 진리와 지혜 그리고 그것의 오래된 연원을 밝힘으로써 계몽적 이성과 실증적 과학을 비판하고자 했던 것이 바로 낭만주의 신화학의 취지다.

청말 민국 초, 계몽주의 사상과 서학동점西學東漸에 따라 신화학이라는 학문이 중국에 들어왔다. 막 들어온 신화학은 그것이 애초에 없었던 중국 학문 전통에서 '신화를 발견'해야 하는 임무를 띠게 되었다. 중국에서 신화를 발견해야만 신화학이 중국에서 발을 붙일 수 있었기 때문이다. 고대의 전적들, 특히 고사古史 전설 속에 있는 천지개벽 및 문화 창조와 관련된 황당무계한 이야기들이 신화로 간주되었다. 그것들은 사료로 증명할 수도 없고 이성적인 논리로 설명할 수도 없기 때문에 자연스럽게 신화로 여겨졌던 것이다. 구제강과 양콴楊寬을 대표로 하는 '고사변古史辨' 학파, 마오둔茅盾을 대표로 하는 인류학파, 위안커袁珂를 대표로 하는 문학파의 노력에 의해서 신화에 부합하는 문헌자료들이 중국의 전적들 속에서 추출되어 나왔고, 그 결과 중국 고대신화의 자료집이 구축되었다. 이렇게 해서 신화학이라는 외래학문이 중국 현대학문 속에서 뿌리를 내리게 되었다.

1930년대 이후, 민족학과 인류학 조사가 전개되면서 중국 경내의 소수민족 구비전승 가운데 천지개벽, 인류의 탄생, 홍수의 재난, 민족의 이주 등과 관련된 내용 역시 '유동적인 형태活態'[1]의 신화로 간주되어 신화학 연구 범주에 편입되었다.

결론적으로 말하자면, 단순한 학술용어처럼 보이는 '신화'가 사실은 그다지 간단하지 않으며 해석이 분분한 용어라는 것이다. 이렇게 분분한 해석의 배후에는 심원한 역사적·문화적 배경 및 은밀히 작동하는 권력의 메커니즘이 존재한다.

민속학과 민간문학에서 '신화'는 사시史詩·민요·속담·전설·고사故事·소화笑話와 함께 논의되며 특정 장르로 분류되기도 한다. 하지만 신화는 사시나 민요 등과 함께 논의될 수 있는 특정한 체제와 제재 및 작품집을 지닌 텍스트가 결코 아니다. 심지어 신화는 모호한 경계선을 지닌 문학 장르도 아니다. 신화는 그저 담론의 범주일 뿐이다. 그리고 이 담론의 범주에도 정해진 특징과 경계선이 없다. 신화라는 담론의 범주를 기타 담론과 구분하는 경계는 '신화학'이라는 학문 분야에 종사하는 이들이 갈라놓은 것이다. 플라톤은 기록 전통과 다르고 이해할 수 없는 구어 전통을 신화라고 명명했다. 중세 기독교 신부는 이교의 역사와 서사를 신화라고 명명했다. 계몽주의 신화학은 과학적 이성으로 이해하고 증명할 수 없는, 비서양의 비현대적인 말과 지식을 신화라고 명명했다. 중국의 현대 신화학은 고대 전적들 가운데 서양의 신화 기준에 부합하는 기록과 소수민족의 구어 전통을 신화라고 명명했다. '신화'는 신화학이 예단해놓은 진리와 지식의 기준에 입각하여 경계가 구분되고 명명된 것이다. 따라서 먼저 신화자료집이 존재하고, 신화를 논하는 신화학이 그다음에 생겨난 것이 아니다. 오히려 먼저 신화학이 존재한 뒤에, 신화학의 각각의 담론 속에서 규정한 '신화'라는 기준에 부합하는 말들을 연구 대상으로 삼은 것이다. 즉 신화학이 있기 전에는 다른 것들과 확실히 구별되는 신화라는 것이 결코 '객관적으로 존재'하지 않았다. 따라서 신화는 신화학이 구축한 것이라고 할 수 있다. 신화의 탄생은 신화학의 탄생과 불가분의 관계다. 그래서 '미솔로지'라는 단어는 신화학을 가리키는 동시에 신화집을 가리킨다. '신화'를 '신화학'과 한자리에 놓고서 분석하고 정의해야 하는 것도 바로 이 때문이다.

2. 중국의 현대 신화학: 사상과 학술 사이

중국의 현대 신화학은 이미 100년에 가까운 역사를 지닌다. 청말 민국 초의 기타 여러 현대 학과와 마찬가지로, 중국 현대 신화학 역시 계몽운동, 국가의 생존을 위한 도모, 서학동점이라는 전체적인 흐름 속에서 탄생한 것이다. 이 독특한 역사적 배경이 신화학의 사상 풍격과 패러다임에 깊은 영향을 주었다. 이렇게 형성된 전통이 오늘날까지도 여전히 신화연구자의 활동을 크게 제약하고 있다. 즉 이러한 전통이 연구자들의 연구 취지를 안내하고, 문제의식을 계발하고, 심지어는 연구의 관점과 대상까지도 미리 결정해놓은 셈이다. 중국 신화학의 온갖 고질병은 대부분 이러한 전통에 그 뿌리가 있다. 탄생한 지 100년이 지난 지금, 신화학의 학문적 독립과 학술적 자각을 증진하기 위해서는 신화학 연구의 토착화와 패러다임 전환이 필요하다. 또한 학술사의 각도에서 전면적이고도 철저하게 검토할 필요가 있다.

신화학은 외부로부터 들어온 분과 학문이다. 서양의 신화학이 들어오기 전에는 중국 전통 학술 가운데 '신화'라는 개념이 없었고 신화학의 연구 대상인 신화 소재도 없었다. 루쉰·마오둔·구제강·중징원鍾敬文 등의 선구자들이 서양 신화학의 개념과 범주를 빌려, 중국 문헌 가운데 신화로 간주할 수 있는 소재들을 찾아냈다. 고대 문헌에서 '추출'되어 나온 그것들은 서양 신화의 분류 체계에 따라 새롭게 조직되어 신화학 이론으로 설명되었다. 이렇게 해서 명확한 연구 대상과 독특한 연구 방법을 지닌 신화학이 생겨난 것이다. 현대 신화학은 전통 학술이 자체적인 논리에 따라 발전하면서 자연스럽게 나온 결과가 아니다. 그것은 본토의 학술 전통이 비정상적으로 단절되고 서양의 외래 학술이 억지로 주입되어 생겨난 것이다. 귤이 회수를 넘으면 탱자가 되듯이, 100년의 중국 현대 신화학이 맺은 것은 달콤한 열매가 아니라 설익은 쓴 열매다.

1920~1930년대 고사변 학파에 의해 고사古史 전설에 대한 신화학 연구가 이루어졌다. 이는 중국 현대 계몽운동의 일환이었다. 구제강은 『고사변』의 자서에서 "고사故事를 보는 시각으로 고사古史를 볼 것"을 힘껏 부르짖었다. 그는 역대로 유가학자들에 의해 신사信史로 여겨지고 근거 있는 선왕의 역사로 받아들여졌던 선진 전적의 내용들이, 그

저 전국시대에서 양한에 걸친 지식 계층의 '탁고개제'에 의해 날조된 고사故事이지 진실한 역사 기록이 아니라고 주장했다. 이로써 삼황오제를 비롯한 고대 성왕과 선왕의 역사적 진실성을 근본적으로 무너뜨렸다. 그는 전통의 역사 서사의 신뢰도를 무너뜨림으로써 썩은 나무를 꺾는 기세로, 왕통王統(정통 역사), 도통道統(전통 윤리), 학통學統(경학)의 토대를 철저히 파괴했다. 이런 의미에서, 중국 신화학의 건립과 발전은 단지 학술사의 문제가 아니라 사상사적 사건이라고 할 수 있다. 이는 신화학이라는 분야를 넘어 인문학과 사상의 영역에 두루 영향을 주었다.

 1930년대 중반부터 1940년대는 중국이 가장 위험했던 시기로, 신화학 연구 역시 '구국'이라는 시대적 흐름 속으로 끌려들어갔다. 이에 따라 구제강과 '고사변파'는 사료를 분석하고 고사古史를 의심하던 기존 연구에서 방향을 전환하여 중국의 지리 연혁과 변강의 역사를 연구했다. 그들은 지리 연혁의 연구를 통해 화하 세계의 종족 아이덴티티와 역사의 연속성을 증명했다. 영토의 합법성과 강역의 아이덴티티를 증명하는 것은 민족과 종족의 신화를 구성하는 중요한 부분이다. 따라서 구제강과 그의 제자들이 고사 변증에서 지리 연혁 연구로 전환한 것은 학술적 취지에 있어서 180도의 대전환이라고 말할 수 있다. 파괴에서 건설로, 반역에서 합작으로, 즉 왕도의 정통 신화를 파괴하는 것에서 민족국가의 신화를 건설하는 것으로 전향했다. 구제강의 이러한 전향에 뚜렷한 자각이 있었다 하더라도 그 역시 시대 상황의 영향을 받을 수밖에 없었다. 리쩌허우李澤厚의 말을 빌리자면, "구망救亡이 계몽을 압도"한 것이다.

이와 동시에 학술기관이 서남 지역으로 옮겨가면서 서남 변강의 소수민족 문화와 풍속과 신화가 학자들의 관심을 끌었다. 원이둬聞—多·루이이푸芮逸夫·마창서우馬長壽·마쉐량馬學良·링춘성淩純聲 등의 학자들이 서남과 동북 변강 지역에 사는 민족의 신화를 연구했다. 이로써 신화학에 현지조사라는 새로운 영역을 개척했다. 또한 그들의 연구를 통해 신화학은 현대 중국 각 민족 정체성의 연결고리로 변환되었다. 루이이푸·원이둬·링춘성은 문화의 영향 관계에 대해 충분히 논증하지 않은 채, 남방 소수민족의 홍수신화에 나오는 오누이 및 나희儺戲의 나공儺公과 나모儺母를 한족漢族의 고대 전적에 나오는 복희伏羲와 여와女媧에 비정했다. 그들은 고대 전적에 나오는 신화전설 및 관련 기록에 근거하여 소수민족의 풍속과 신화를 해석했다. 이로써 신화 연구는 중국의 민족 일체성과 문화 연속성을 증명하는 유력한 수단이 되었다. 1920년대 초 구제강은 『고사변』 자서에서, 중국 민족이 고대로부터 하나였고 중국의 강역이 늘 한 덩어리였다는 전통적 편견을 타파할 것을 힘껏 주장했다. 그런데 1930년대 중반 이후로는 고사변파가 앞문으로 몰아낸 신들이 한 바퀴를 돌아서 마침내 뒷문으로 초대받아 되돌아왔다. 이러한 기현상의 배후에는 물론 구국이라는 시대적 요구가 있었다. 하지만 더 중요한 것은 그 배후에 깔린 유가 경학의 대일통大一統 관념이었다. 유구한 대일통 관념의 역사는 그 뿌리가 워낙 깊고 만연된 탓에 일찍감치 무의식이 되어버렸다. 따라서 학술도 대일통 관념의 지배로부터 벗어나기 어려웠다.

 이상에서 알 수 있듯 중국 현대 신화학의 두 가지 기본 방향은, 고사古史 기록들 가운데 신화 자료를 대상으로 한 고사변 학파의 문헌학 연구, 그리고 변강 민족의 구비신화를 대상으로 한 민족학자들의 현지조사 연구였다. 이 둘은 연구 대상과 취지에 있어서 완전히 상반된다. 하지만 학술 패러다임에서는 매우 유사하다. 양자가 신화를 이해하는 방식은 모두 서양의 인류학과 신화학에 기초하고 있다. 즉 서양중심주의에 입각하여 성립된 진화론과 인류학을 자신의 학술적 자원으로 삼았다. 1920~1930년대 중국 신화학의 탄생기에는 서양 신화학계를 휘어잡고 있던 진화론과 인류학을 따라가기 바빴다. 마오둔·황스黃石·셰류이謝六逸 등의 연구자는 바로 그 시기에 서양의 학설을 들여왔다. 이로써 야만인·원시사유·토템제도·감염주술·씨족사회·애니미즘 등의 인류학 개념은 중국 학자들이 고사古史의 기록과 변강의 풍속을 연구하는 데 효과적인 도구가 되었다.

한편으로는 고사변파가 서양 인류학의 씨족사회·토템숭배·원시사유 등의 개념에 계발을 받아 고사古史의 서사와 유가 신앙을 인류학적으로 해석했다. 그 결과 그들은 고사 서사에서 지고무상의 성인과 선왕으로 나오는 '삼황'과 '오제'가 원래는 고대의 서로 다른 부족이 신봉하던 토템이며, 역사 기록을 찬란하게 장식하고 있는 선왕의 고사故事는 고대인이 꾸며낸 토템신화에 불과하다고 여겼다. 이로써 "반고盤古의 천지개벽 이후 삼황오제를 거쳐 지금에 이르는" 역사의 연속성은 단절되고, 각각의 이야기는 서로 다른 원시 종족의 지역적 서사로 전환되었다. 구제강이 관심을 가졌던 것은, 애초에 그렇게 터무니없던 고사故事가 전국시대 이후로 어떻게 경학가와 사학가에 의해 시간적 순서에 따라 나란히 엮여서 정통 역사가 되었느냐다. 고사변 학자들은 인류학의 관점을 이용하여 전통 고사古史와 도그마의 권위성을

제3부 민초들이 만든 경전의 세계

전복시켰다. 이는 마치 프레이저가 홍수신화 및 죽음-재생의 신화를 『구약성서』의 기록과 비교함으로써 기독교 신학의 권위를 전복시킨 것과 같다.

다른 한편으로는 민족학자들이 서양 인류학의 진화론에 영향을 받아, 변강 민족의 구비전승 속에서 한족의 고대제도 및 서사의 원형이나 흔적을 찾고자 했다. 화하/오랑캐, 중심/주변, 문명/야만의 대비가 생생한 현지조사 자료를 통해 다시 한번 강화되었다. 이하지변夷夏之辨의 전통 관념이 현대적 담론에 의해 포장되어 외형을 바꾼 것이다. 이는 서양 인류학이 야만 민족의 민속과 신화를 서양문명의 흔적이나 원형으로 삼아 서양문명과 공업문명의 진보성을 증명하고자 했던 것과 동일하다.

서양의 진화론과 인류학은 중국 신화학이 계몽주의와 민족주의라는 시대적 대합창에 참여하는 데 강력한 사상적 무기가 되었다. 또한 중국 신화학의 학술적 품격을 깎아내리기도 했다. 학술의 취지는 진리 탐구에 있다. 그런데 부득이하게 중국의 자료(문헌 및 현지조사 자료)를 서양 중심의 분류 틀과 담론 체계 속에 집어넣은 연구는, 연구 대상을 원래의 언어 환경으로부터 떼어내는 것을 연구의 기본 출발점으로 삼을 수밖에 없다. 상고신화에 대한 문헌학적 연구는 결국 고사 전설을 고전문헌의 맥락으로부터 떼어냈고, 변강 민족의 구비전승에 대한 현지조사 연구는 구비전승을 본토의 구어 전통과 의례의 장소로부터 떼어냈다. 그리고 양자 모두 그렇게 떼어낸 연구 대상을 서양 중심의 분류체계와 진화론의 서술전략 속에 집어넣었다. 전통 텍스트의 맥락과 본토의 콘텍스트를 소홀히 하는 이러한 해석은, 불가피하게 연구 대상의 원래 의미를 잃게 하고 연구 대상에 대한 오해를 초래한다. 이는 결국 연구의 학술적 가치를 근본적으로 약화시키는 것이다. 이처럼 본토의 콘텍스트를 소홀히 하면서 서양 이론을 그대로 가져다 쓰는 것이 중국 현대 신화학의 고질병이었다. 연구 대상을 원래의 콘텍스트로부터 떼어냄으로써 신화학자들은 비로소 각자의 세계관과 가치관에 따라 그것에 대해 마음대로 말할 수 있었다. 이로써 시대정신, 이데올로기, 정치적 의도, 심지어는 개인의 망상까지도 신화 연구라는 작업 속으로 잠입할 수 있었다. 또한 신화 연구자는 여기저기 흩어져 있는 자료들을 거대한 서사 및 유행하는 이론의 유희에 맞게 엮어냈다. 이로써 신화 연구는 객관적으로 이데올로기 및 유행하는 이론의 확성기가 되었다. 이는 중국 현대 신화학에 중요한 사상사적 의의를 부여하는 한편, 신화학의 학술적 품위를 상당히 약화시켰다. 또한 신화학 연구의 지식 축적, 이론적 성숙, 학문적 독립에 걸림돌이 되었다.

 학문하는 데 있어서 시대 요구에 대응하는 것도 당연하지만 그렇다고 거기에 지나치게 얽매여서도 안 된다. 하나의 학문 분야가 학술적 독립을 결여한 채 덮어놓고 시류만 따른다면 비록 한 시대를 풍미할 수는 있겠지만, 풍조가 바뀌면 그에 따라서 흔적도 없이 사라지게 마련이다. 중국 신화학은 갑자기 흥기했다가 돌연 쇠락하는 부침을 거듭 경험했다. 중국 신화학이 지금까지도 독립적인 학술 풍격과 성숙한 학술 패러다임을 갖춘 학문 분야로 성장하지 못한 원인은 바로 여기에 있을 것이다.

3. 인류학과 신화의례학파의 쇠락

　기술이 주술에서 벗어나고 과학이 형이상학의 악몽을 제거하면서, 과학기술은 마치 조조의 진영에서 벗어난 관운장처럼 폭풍과 같이 전진했다. 과학기술은 막을 수 없는 기세로 크게 변화하면서 인간 정신세계의 모습까지 바꾸어놓았다. 과학은 인간이 세계와 자신을 이해하는 기본적인 시각을 빚어냈다. 그리고 과학성은 학술이 지식에 부합하는지를 판단하는 최종적 기준이 되었다. 철학·역사학·시학처럼 과거에 빛났던 학문 분야들도 과학의 검증을 받아야만 했다. 과학성을 갖춰야만 지식의 전당에 들어갈 자격이 있었다. 과학이 천하에 군림하게 되면서 인문학은 무의식적인 충동에 의해 과학을 추구하고 과학화를 실현하고자 했다. 인문학이 과학화를 추구하는 데 있어서 최선봉에 섰던 것은 인류학이다.

　자연과학의 과학성은 경험성과 실증성에 달려 있다. 인류학은 실증성을 지닌 '현지조사'에 기초한 덕에 태생적으로 과학성을 구비하고 있었으며, 인류의 지식이 될 수 있는 합법적 조건을 구비하고 있었다. 바로 이 때문에 인류학은, 세상에서 오로지 인류학만이 어떠한 검증도 두려워하지 않는다는 식으로 인문학의 다른 분야를 오만하게 내려다보았다. 철학은 벽을 마주한 채 심오한 도리를 논하고, 역사학은 종이 위에서 전쟁을 논하고, 시학은 꿈같은 이야기나 한다. 이처럼 문인이 마음대로 지껄여대는 학문은 검증을 견뎌낼 수 없으며, 검증할 방법조차 없다. 이는 아무 도움도 되지 않는 '허황된 말'에 불과하며, 이것을 지식의 신성한 전당에 놓아두어서는 절대 안 된다.

　인류학이 과학성의 후광에 힘입어 빛을 발하면서, 신화학·민속학·

문화사학·예술사학·언어학·역사학 등 인류학과 인접한 전통 인문학은 인류학의 깃발 아래로 잇달아 귀의했다. 인류학의 현지조사를 찬양하고 이론적인 측면에서도 인류학으로부터 겸허하게 배우고자 했다.

사실 인류학의 근원을 거슬러 올라가보면, 그것이 철학·사학·시학보다 더 '과학'적인 것은 결코 아니다. 인류학은 서양의 문화사학에서 나온 것이다. 문화사학은 문헌의 사료에 근거하여 문화 발전의 노정을 재건하는 데 진력했다. 하지만 문헌 부족으로 늘 당혹스런 상황에 맞닥뜨렸다. 19세기에 식민지로부터 '야만인'에 관한 보도가 끊임없이 전해지면서 문화사학자의 눈이 번쩍 뜨였다. 유럽 민족의 과거는 어슴푸레하지만, 오늘날의 야만인이야말로 문명인의 과거가 아니겠는가? 현대 야만인의 문화를 연구함으로써 인류 문명 기원의 비밀을 밝힐 수 있을 것이다. 이렇게 해서 서양의 문화사학자는 문헌을 파고드는 동시에 동서남북을 오가는 모험가와 선교사가 제공하는 야만인에 관한 보고를 연구 범위에 포함시켰다. 타일러Edward Burnett Tylor(1832~1917)의 유명한 '문화잔여'설은 문화사 연구의 맥락에서 나온 것이다. 그는 문명사회의 농촌에 전해지는 기이한 관습들이 실제로는 아주 먼 옛날에 풍부한 의미를 담고 있었던 사회적 습속과 제의의 잔존물이라고 생각했다. 그것들은 시간이 지나면서 그러한 습속의 사회적 의의가 망각된 탓에 아무 의의도 없는 기이한 습속으로 변했지만 현존하는 미개사회에 보존되어 있는 유사한 풍속과의 검증을 통해 그 고유의 의미를 밝힐 수 있으며, 이로써 인류 문명의 기원을 엿볼 수 있다고 생각했다. 타일러가 문화진화론을 주장한 것은, 그가 본질적으로 문화사학자임을 말해주는 것이다.

타일러 이후로 『황금가지』라는 대작을 지은 프레이저James George Frazer(1854~1941) 역시 문화사학자이자 인류학자였다. 『황금가지』에는 세계 각지의 인류학 자료가 두루 담겨 있다. 그리스의 디아나 신화를 연구하고자 했던 이 책의 자료는 인류학적이지만 프레이저의 연구 방법은 여전히 고전학적이다. 그는 평생 서재에서 연구했으며, 현지조사는 해본 적이 없다. 그의 자료는 대부분 전해들은 말이었고, 그의 학설은 전부 머릿속 추측에서 나온 것이었다. 그래서 그는 '안락의자 위의 인류학자'로 통한다. 인류학 전공 학생들을 가르치는 이들은 절대로 프레이저처럼 하지 말라고 그들을 간곡히 타이른다.

고전인류학의 양대 학파는 진화론 학파와 전파론 학파다. 대표 인물은 모두 역사학자 출신으로, 이들은 역사학의 관점으로 인류학 자료를 연구했다. 진화를 주장하는 이들은 문화의 시간적 전승사를 재건하고자 했고, 전파를 주장하는 이들은 문화의 공간적 궤적을 재현하고자 했다. 이렇게 해서 역사는 시간과 공간의 두 차원에서 전개되었다. 이들은 역사학자 출신이었던 만큼 문화제도의 기원을 캐는 데 힘썼다. 이들 고전인류학자들은 일반적인 역사학자들보다 더 '옛날 것'을 좋아했다. 역사학자의 관심이 유사 이래의 역사라면, 인류학자의 관심은 유사 이전의 역사, 즉 역사의 원천이다. 고전인류학자들이 사용한 방법 역시 역사학적이었다. 그들은 민족지 자료 외에 문헌학·역사언어학·고기물학古器物學 등 전통적인 방법으로부터도 많은 도움을 받았다.

말리노프스키B. Malinowski(1884~1942)에 이르러 인류학은 문화사학과 철저히 갈라서 각자의 길을 가게 되었다. 말리노프스키는 서재에서 나와 현장으로 갔던 인류학의 대가다. 태평양 제도의 뜨거운 햇빛 속으로 들어간 현대 인류학자는 어두운 서재에 우두커니 앉아 있던 고전인류학자들을 청산했다. 이는 전통적 인문주의 인류학에 대한 과학주의 인류학의 전면적인 비판이었다고 할 수 있다. 이로부터 인류학은 실증주의의 '탄탄대로'를 걷게 되었다. 인류학에 있어서 말리노프스키의 가장 위대한 변혁은 까마득한 먼 옛날을 향해 있던 시야를 현실로 향하게 한 것이다. 인류학은 더 이상 역사의 잔여물을 통해 문화의 기원을 탐구하는 데 힘쓰지 않게 되었다. 대신 현재의 삶 속에서 문화가 어떻게 '기능'하는지에 관심을 가졌다. 이로써 인류학의 시야는 통시적 차원에서 공시적 차원으로 전환되었다. 20세기 초에는 언어학 역시 소쉬르를 통해 역사언어학에서 일반언어학, 즉 공시언어학으로 전환되었다. 이는 우연한 일치가 아니다. 그 내면에는 과학화의 조류에 합류하고픈 동일한 충동이 자리하고 있었다. 말리노프스키는 문화제도의 '현재 기능'을 조사함으로써 그 기원도 밝힐 수 있다고 주장했다. 이는 지질학의 '동일과정설'로부터 계발받은 것이다.

 통시성에서 공시성으로의 전환은 학자 개인의 독창성과 기지가 발휘된 결과가 아니다. 그것은 인문학이 과학주의 담론에 압력을 받아 전략적으로 변화한 것이다. 자연과학은 자연을 대상으로 한다. 자연에는 역사가 없기 때문에, 자연과학에서 비롯된 실증적 방법은 애초부터 역사적 관통력을 결여하고 있다. 따라서 실증적 방법은 역사 현상 앞에서 어찌할 바를 모른다. 역사의 깊이감이 실증 인류학 앞에서는 공시적인 횡단면으로 획일화될 수밖에 없다. 역사학자는 횡단면의 나이테로부터 사회의 성쇠와 세월의 순환을 읽어내지만, 실증주의자는 점점 커져가는 동심원만을 볼 뿐이다.

나이테를 세월의 순환으로 보는 것과 동심원으로 보는 것, 이 두 시각 모두 각자의 근거를 지니고 있다. 또한 이 두 시각은 합일점을 찾을 수 있으며 융합할 수도 있다. 문제는 기술상의 연이은 승리로 인해 과학이 갈수록 패권을 휘두른다는 것이다. 과학은 전방위적으로 인간의 물질적 욕망에 영합하는 동시에, 인간의 진리와 가치 세계를 전면적으로 빚어냈다. 과학은 현대세계의 '의미'가 존재하는 기초가 되었다. 과학적 방법에 의해 증명되어야만, 즉 경험적으로 증명되어야만 유의미한 것이자 학술적으로 논의할 수 있는 것이 되었다. 인류학은 과학주의 담론에 가입한 때부터 과학의 기세에 물들었다. 인류학의 관점에서 보자면, 문화제도의 기원·발생·원형原型·전파 등과 같이 현지조사를 통해 증명할 수 없는 것들은 무의미한 문제이며 학술 담론에서 몰아내야만 하는 것이다. "인간과 문화 주체와 사회를 '현지조사'의 대상으로 삼는 것은 경악스러운 일"(『붓을 깃발 삼아以筆爲旗』)이라고 장청즈張承志는 말했다. 현지조사라는 말 자체가 문화에 대한 과학의 오만과 무지와 편견을 드러내는 것이다. 말로 형언할 수 없이 심오한 인간 세상이, 외부인이 매뉴얼대로 조사하고 측량하러 오길 기다리고 있는 '현지'일 수 있단 말인가?

인류학에서 과학주의의 득세로 인해 케임브리지 제의학파는 쇠락할 수밖에 없었다. 신화와 제의의 연원 관계는 20세기 전반기 신화학계의 쟁점이었다. 프레이저는 『황금가지』에서 풍부한 주술적 제의를 신화 자료와 비교하며 신화와 제의의 연원 관계를 암시했다. 해리슨Jane Ellen Harrison(1850~1928), 머레이Gilbert Murray(1866~1957), 콘퍼드Francis Macdonald Cornford(1874~1943) 등 케임브리지 고전학자들은 프레이저의 암시에서 출발하여 바빌론·이집트·그리스·히브리의 문헌과 문물에 기록된 신화와 제의를 상세히 고찰한 결과, 제의가 신화에 선행하며 신화는 제의가 언어로 표현된 것이라는 결론을 내렸다. 이것이 바로 그 유명한 "신화는 제의의 구술적 상관물"이라는 명제다. 해리슨은 『그리스 종교 연구 서설Prolegomena to the Study of Greek Religion』, 『테미스: 그리스 종교의 사회적 기원Themis: A Study of the Social Origins of Greek Religion』, 『그리스 종교 연구 결말Epilegomena to the Study of Greek Religion』 등의 저작을 통해 고대문헌과 고고발견과 민족지 자료를 결합하여 그리스의 종교와 신화를 전면적이고 깊이 있게 고찰했다. 그 결과 그녀는 신화와 제의의 관계에 대해 중요한 시사점을 지닌 이론을 도출해냈다. 그녀는 모든 신화가 민속제의에 대한 서술과 설명에서 비롯되었다고 주장했다. 또한 모든 원시제의는 행위의 측면과 서사로서의 언어적 측면을 모두 포함하고 있다고 주장했다. 행위가 언어보다 먼저이며, 서사는 제의에서 비롯된다. 서사는 제의를 서술하고 설명하기 위한 것으로, 종교 제사의 제의와 관련된 서사가 바로 신화다. 신은 이전의 학자들이 생각했던 것처럼 무지와 두려움에서 나온 고대인의 근거 없는 상상이 아니라, 제의를 주관하는 제사장으로부터 비롯된 것이다. 즉 제의를 주관하거나 연기하는 이의 육신을 통해 제의의 정신적 함의가 의인화되고 구체화된 것이 바로 신의 원형이다. 주술의 마력과 종교의 장엄함이 제거된 뒤, 원시제의의 행위적 측면은 희곡으로 변했다. 고대 그리스 비극은 농작물의 풍작을 기원하는 봄의 축제(디오니소스 제의)에서 비롯되었다. 해리슨은 신화와 희곡의 기원을 원시제의까지 거슬러 올라감으로써 신과 신화의 기원, 예술과 종교의 기원을 참신하게 해석했다. 이는 고전학·인류학·신화학·민속학·문학사·희곡학 등의 여러 인문학에 심원하고도 광범위한 영향을 미쳤다. 또한 20세기 전반기 서양 학계에서 한동안 유행함으로써 많은 연구 성과를 이끌어냈다. 이상이 바로 신화학사에서 명성이 자자한 케임브리지 학파에 관한 내용이다.

케임브리지 학파는 20세기 초 신화 연구 영역을 휩쓸었다. 하지만 세월이 지나면서 1950년대 이후로는 현지조사 위주의 인류학과 기능주의 신화학이 흥기하면서 케임브리지 학파의 지위가 추락했다. 케임브리지 학파를 향한 미국의 인류학자 클럭혼Clyde Kluchholn(1905~1960)의 비판은 인류학의 실증주의적 내막을 여실히 보여준다. 클럭혼은 현지조사를 통해, 제의와 신화가 서로 상응하며 존재하긴 하지만 신화가 없는 제의나 제의가 없는 신화도 있음을 발견했다. 따라서 그는 제의와 신화의 선후를 가리는 것은 어려우며, 양자는 연관되어 있으면서도 독자적이라고 했다. 그가 보기에 케임브리지 학파가 주장한 제의와 신화의 선후 문제는 닭이 먼저냐 달걀이 먼저냐 하는 문제처럼 의미가 없는 것이었다. 그것은 이성을 지닌 사람이라면 멀리해야 하는 문제였다.

사실 제의와 신화의 관계는 '닭과 달걀'의 문제가 아니다. 역사적 식견을 조금이라도 갖춘 이라면 이 문제를 판단하는 게 어렵지 않을 것이다. 역사적 식견을 결여한 인류학자의 눈에만 '닭과 달걀'의 문제인 것이다. 제의와 신화의 표현매체가 양자의 발생 선후를 결정한다. 제의와 신화는 모두 신성한 서사로, 양자가 사용하는 표현매체가 다를 뿐이다. 제의는 신체 동작과 자세 등의 행위로 표현되고, 신화는 언어로 표현된다. 발생학의 측면에서 보자면, 인간의 신체언어는 구두언어보다 앞선다. 인간이 손발로 의사를 전달하는 것은 언어로 의사를 전달하는 것보다 더 직접적이다. 인간은 최초에 제의를 통해 경험을 재현하고 지식을 보존하고 기예를 전수했을 것이다. 언어가 생겨난 이후에야 기존에 제의를 통해 표현했던 일들을 언어라는 더 편리한 방식으로 기록하고 복제했다. 이는 책에 기록된 지식을 컴퓨터라는 보다 편리한 매체에 담는 것과 같다. 제의라는 신성한 행위가 언어로 표현된 것이 바로 신성한 언어인 신화다.

케임브리지 제의학파의 이론은 훌륭하다. 이렇게 말하는 건, 제의학파의 이론이 이론적으로 주도면밀할 뿐만 아니라 기타 신화학 이론보다 더 실질적이기 때문이다. 신화의 인물·사건·시공 구조가 기이하여 사람들이 이해할 수 없기 때문에, 이를 설명하기 위해 신화'학'이 존재한다. 신화학은 찬란한 신화 서사를 세상의 평범한 이야기로 만들어준다. 신화학은 평범한 생활 속에 존재하는 신화의 문화적 원형을 드러내 보이며, 평범한 세속의 사건이 찬란한 신의 세계의 사건으로 변천하는 과정을 재건한다. 제의학파는 신화 서사와 제의 행위를 상호 인증했다. 제의학파의 이론에 따르면 신들의 괴이한 형상, 초월적인 이야기, 신화세계의 광활한 시공 구조는 제의적 행위를 통해 적절하게 실현된다. 신화와 제의에 대한 제의학파의 탁월한 해석은 기타 신화학 이론에서는 달성할 수 없는 것으로, 가장 앞서가는 이론인 구조주의에서도 그렇다.

그런데 이처럼 일리가 있고 유효한 이론이 최종적으로는 이론의 경쟁에서 패배했다. 이는 이론 자체가 아닌 다른 이유 때문이다. 솔직히 말하면 운이 나빴던 것이다. 1930~1940년대의 문화 연구는 과학주의 조류에 휩싸여서, 통시적 패러다임에서 공시적 패러다임으로 전환되었다. 변화한 학술 풍조 탓에 기원과 역사를 캐는 것은 이미 시대에 뒤처져버렸다. 신화의 기원을 부지런히 탐구한 케임브리지 학파는 시류에 적합하지 않았다. 그들이 사람들로부터 경멸을 받았던 건, 이치상 필연적이진 않았더라도 정세상 당연했다. 일리가 있다고 해서 명확히 다 말할 수 있는 건 아니고, 정의로운 이라고 해서 악당을 꼭 이기는 건 아니다. 학술의 성쇠에는 비밀스러운 '병법'이 있게 마련이다.

　이로부터 신화의 기원 문제는 역사의 발생 문제와 더불어서 인류학에 의해 '닭과 달걀' 같은 종류의 문제로 간주되었다. 인류학에서는 신화의 기원 문제를 경험으로는 대답할 수 없는 문제로 간주했고, 의식적·무의식적으로 회피하며 논의하지 않았다. 인류학을 전공하는 신참이 이런 종류의 문제를 무턱대고 건드렸다가는 스승으로부터 따끔한 경고를 받게 마련이다. "이놈아! 이게 네가 물어봐야 할 문제냐?" 이런 문제는 인류학의 금기가 되었다. 마치 성과 생식 같은 '발생학' 문제가 어린아이에게는 금기인 것처럼 말이다. 세월이 흐르면서 이 문제는 인류학의 시야에서 사라져버렸다. 인류학자는 더 이상 이 문제를 캐물을 생각조차 하지 않는다. 근본적인 문제가 처음에는 무의미한 문제로 변했고, 최후에는 '문제조차 되지 않게' 변해버렸다. 문제를 문제가 되지 않게 만들 수 있는 학문이 영원토록 정확한 것은 당연하다. 그런 학문은 영원히 '과학'—과학의 의미 가운데 하나는 '정확'이다—이겠지만, 정확하다고 해서 반드시 진리인 것은 아니다.

13장　신화학을 둘러싼 세 가지 문제

과학적인 현지조사 인류학이 고전인류학을 이길 수 있었던 것은, 적어도 신화학 영역에 있어서는 전자가 후자보다 문제를 더 잘 해결해서가 아니라 문제를 더 잘 덮어버렸기 때문이다. 이는 과학정신이라기보다는 폭력적 담론의 '눈가리개'다. 학문 종사자로 하여금 보아야 할 것만 보게 하고, 학문에 위협이 되는 미지의 영역은 병풍을 둘러 시야 밖으로 내몰았다. 어쩌면 이런 눈가리개야말로 과학정신의 비의祕義인지도 모른다. 통제와 실험 등의 책략에 기대어, 과학은 통제할 수 없는 것들을 경험의 바깥으로 배제했다. 과학의 경험이라는 것은, 실험이라는 '새로운 도구'(베이컨)에 의해 통제된 경험이다. 현대세계는 과학의 빛이 두루 비치는 세계다. 과학의 빛이 인간의 시야를 인도한 결과, 인간이 볼 수 있는 것은 오로지 과학이 비추는 밝은 면뿐이다. 어두운 부분은 보이지 않는 모퉁이에 영원히 팽개쳐져 있다. 과학과 마술은 종종 분리하기가 어렵다.

이러한 눈가리개는 과학이 새롭게 발명한 것은 아니다. 이는 권력과 마찬가지로 오래된 것이다. 공자가 제자들에게 말하길, 예가 아니면 보지도 말고 듣지도 말고 말하지도 말고 행동하지도 말라고 했다. 그는 '예'를 눈가리개로 만든 것이다. 예는 육체를 구속할 뿐만 아니라 시야까지 인도했다. 이러한 인도 아래서는, 눈이 보는 건 모두 예이고 귀가 듣는 것도 모두 예이다. 이로써 예는 불변의 진리로 변했고, 천리天理로 변했다.

과학의 눈가리개로 인해 인류학은 역사적 안목을 잃었다. 인간이 인간인 이유는 역사적이기 때문이다. 역사가 변천하면서 인간은 늘 역사를 되돌아보게 마련이다. 인문학이 영원히 사라지지 않는 것도

"나는 누구인가? 나는 어디로부터 왔는가? 나는 어디로 가는가?"와 같은 종류의 문제를 늘 새롭게 질문하기 때문이다. 인류학의 모든 분야는 본질적으로 역사적이다. 인류학이 역사 문제에 더 이상 관여하지 않고, 심지어는 이런 종류의 문제를 제기할 능력마저 잃는다면 그것이 '인류'학일 수 있는가? 그러한 인류학은 포스트모던 시대에 무턱대고 업그레이드만을 추구하는 신인류로 하여금 역사를 시대에 뒤떨어진 '버전'으로 간주하여 '휴지통'에 내던지고 갈수록 감각만을 따르게 만드는 게 아닐까? 이는 현대 인류학을 생생하게 증명하는 것인지도 모른다. 어쩌면 신인류란, 현대 인류학을 포함한 현대과학이 자아를 증명하기 위해 만들어낸 '인류 버전'에 불과한 것인지도 모른다.

후기

 이 책에 수록된 것은 지금까지 내가 쓴 학술적인 글들 가운데 비교적 흥미롭게 읽을 만한 것들이다. 이렇게 책으로 엮으면서, 기본적으로는 각 글을 처음 발표했을 당시의 면모를 유지하되 일부 글자만 수정했다. 책 전반에 흐르는 핵심 내용에는 내가 일관되게 추구해온 학문이 구현되어 있다. 즉 민속학의 관점으로 고전 문헌과 고전 전통을 이해하는 것이다. 공자의 말을 빌리자면, "예가 사라지면 민간에서 구하라"는 것이다.
 원고를 모두 읽어주고 서문까지 써준 류샤오펑 선생께 감사드린다. 부족한 내가 여러 글을 책으로 엮을 수 있도록 해주고 '독서서계讀書書系' 시리즈의 하나로 이 책을 넣은 싼롄三聯서점의 우빈吳彬 선생께도 감사드린다. 이 기회가 아니었다면, 여기저기 흩어져 있던 글들이 얼마 지나지 않아서 세월의 먼지와 더불어 아득한 망각의 강 속으로 흩어져 사라졌을 것이다.

류쫑디
2010년 5월, 베이징 후이룽관回龍觀에서

주

서문

1) "文之思也, 其神遠矣. 故寂然凝慮, 思接千載, 悄焉動容, 視通萬里."

1장

1) "禮, 履也, 所以事神致福也. 示从豊."
2) "豊, 行禮之器也. 从豆, 象形."
3) 조자繅藉는 옥을 올려놓는 받침이다.―옮긴이
4) "王晉大圭, 執鎭圭, 繅藉五采五就, 以朝日."
5) "繅有五采文, 所以薦玉, 木爲中幹, 用韋衣而畫之."
6) "上公之禮, 執桓圭九寸, 繅藉九寸."
7) "設業設虡, 崇牙樹羽. 應田縣鼓, 鞀磬柷圉."
8) "虡, 鍾鼓之柎也."
9) "有鍾磬而無簨虡."
10) "橫曰簨, 植曰虡."
11) "上飾卷然, 可以懸也"
12) "鴻漸于陸, 其羽可用爲儀."
13) 괵숙려虢叔旅가 돌아가신 아버지 혜숙惠叔을 기리며 만든 편종의 명문銘文이다. 이 편종의 정식 명칭은 '괵숙려종虢叔旅鍾'이며 현재 베이징 구궁박물원故宮博物院에 소장되어 있다.―옮긴이
14) "皇考嚴在上, 翼在下, 歔歔溥溥, 降旅多福."
15) 『궈모뤄전집郭沫若全集』 「역사편歷史編」, 제1권, 339쪽, 런민출판사人民出版社, 1982년.
16) 박사鏄師는 종을 두드리는 일을 지휘한다.―옮긴이
17) "鏄, 如鍾而大."
18) 실제로는 이 양자를 구분할 수 없기 때문에, 문자학 연구에서 글자만 보고 뜻을 대강 짐작하거나 고사학古史學과 고전학 연구에서 옛 글자를 통해 옛 일을 증명하려는 식의 견

강부회가 초래된다.
19) "夫赫胥氏之時, 民居不知所爲, 行不知所之, 含哺而熙, 鼓腹而遊."
20) "雷澤有神, 龍身人頭, 鼓其腹而熙."
21) "鼓, 擊也. 熙, 戱也."
22) "昔葛天氏之樂, 三人操牛尾, 投足以歌八闋."
23) "投足猶蹀足."
24) "登降揖讓, 貴賤有等, 親疏之禮, 謂之禮."
25) "立於禮"
26) "凡人之所以爲人者, 禮義也. 禮義之始, 在於正容體, 齊顔色, 順辭令, (…) 而後禮義備, 以正君臣, 親父子, 和長幼." 『예기』 「관의冠義」에 쓰인 '예의'에 해당하는 한자만 '禮義'이고, 나머지 부분에서는 모두 '禮儀'다. 禮義는 사람이 마땅히 지켜야 할 예절과 의리를 뜻하고, 禮儀는 예로써 나타내는 말투나 몸가짐을 뜻한다.—옮긴이
27) 언어는 교류를 통해서 촉진되는 것이다.
28) "遊, 友也, 交游也."
29) "干戚之音在人之遊." 간척의 음악이란, 방패춤과 도끼춤에 사용되는 음악으로 은殷나라의 궁정 음악을 의미한다. 이 문장의 맥락은, 은나라가 주周나라에 멸망당한 뒤 은나라의 음악이 더 이상 종묘宗廟에서 쓰이지 못하고 그저 사람들의 유희에서나 사용되게 되었다는 것이다.—옮긴이
30) "樊遲問仁, 子曰愛人."
31) 여기서 사용된 동정의 의미는 공감·동감에 가까운 것이다.—옮긴이
32) "祖廟所以本仁也, (…) 禮行於祖廟, 而孝慈服焉."
33) "本仁以聚之, 播樂以安之."
34) "樂在宗廟之中, 君臣上下同聽之, 則莫不和敬. 在族長鄕里之中, 長幼同聽之, 則莫不和順. 在閨門之內, 父子兄弟同聽之, 則莫不和親. 故樂者 (…) 所以合和父子君臣, 附親萬民也."
35) "人而不仁, 如禮何? 人而不仁, 如樂何?"
36) "樂合同, 禮別異."
37) "鍾磬竽瑟以和之, 干戚旄狄以舞之, 此所以祭先王之廟也, 所以獻酬酳酢也, 所以官序貴賤各得其宜也, 所以示後世有尊卑長幼之序也."
38) "親親, 仁也."
39) "仁之實, 事親是也."
40) "老吾老以及人之老, 幼吾幼以及人之幼."
41) "汎愛衆, 而親仁."
42) "禮不下庶人."
43) 런반탕任半塘, 『당희롱唐戱弄』, 상하이고적출판사上海古籍出版社, 1984. 이상의 희곡 형식에 사용된 '농弄'은 '희롱하다'의 의미다. 참군희參軍戱는 참군을 희롱하는 내용으로 '농참군弄參軍'이라고도 한다. 농가관弄假官은 거짓 관리를 희롱하는 내용으로 '농가관희'라고도 한다. 농공자弄孔子는 공자를 희롱하는 내용으로 '농공자희'라고도 한다. 농바라문弄婆羅門은 불교도를 희롱하는 내용으로 '농바라문희'라고도 한다.—옮긴이

44) "禮失而求諸野."
45) 문文은 북을 가리키고 무武는 징을 가리킨다.―옮긴이
46) 상相은 부拊, 즉 박부搏拊이다. 아雅는 칠통漆桶처럼 생긴 악기로 오늘날의 요고腰鼓와 비슷하다.―옮긴이
47) "進旅退旅, 和正以廣, 弦匏笙簧, 會守拊鼓. 始奏以文, 復亂以武, 治亂以相, 訊疾以雅. 君子於是語, 於是道古, 修身及家, 平均天下."
48) "進俯退俯, 姦聲以濫, 溺而不止, 及優侏儒, 獶雜子女, 不知父子."
49) "少也賤, 故多能鄙事."
50) "鄉人儺, 朝服而立於阼階."
51) "浴乎沂, 風乎舞雩, 詠而歸."
52) "吾與點也."
53) "賜也, 樂乎?"
54) "一國之人皆若狂, 賜未知其樂也."
55) "百日之蜡, 一日之澤, 非爾所知也. 張而不弛, 文武弗能也. 弛而不張, 文武弗爲也. 一張一弛, 文武之道也."
56) 관관觀이란 종묘의 문 바깥 양쪽에 있는 높은 건축물을 말하며, 궐궐闕이라고도 한다.―옮긴이
57) 昔者仲尼與於蜡賓, 事畢, 出遊於觀之上, 喟然而歎, (…) 曰: "大道之行也, 與三代之英, 丘未之逮也, 而有志焉. 大道之行也, 天下爲公. 選賢與能, 講信修睦. 故人不獨親其親, 不獨子其子, (…) 是謂大同. 今大道既隱, 天下爲家, 各親其親, 各子其子, (…) 禹湯文武成王周公, 由此其選也. 此六君子者, 未有不謹於禮者也. (…) 是謂小康."(『예기』「예운」)-출전은 옮긴이가 찾아 밝힘
58) "禮之用, 和爲貴, 先王之道斯爲美."(『논어』「학이」)-출전은 옮긴이가 찾아 밝힘
59) "禮云禮云, 玉帛云乎哉! 樂云樂云, 鍾鼓云乎哉!"
60) "樂著太始, 禮居成物." 이 문장의 일반적인 해석은 "음악은 하늘을 드러내고 예는 땅을 드러낸다" 혹은 "음악은 하늘을 본받고 예는 땅을 본받는다"이다. 이는 태시太始를 하늘로 보고, 성물成物 즉 만물을 형성하는 것을 땅으로 본 것이다. 또한 저著와 거居는 서로 같은 의미로 풀이된다. 그런데 유월俞樾은 『군경평의群經平議』 권21에서 이렇게 말했다. "거居는 변변辨(구별하다)이다. '악저태시, 예거성물'이란, 음악은 태시를 드러내는 바이고 예는 만물을 구별하는 바임을 말한다(居猶辨也. '樂著太始, 禮居成物', 謂樂所以著明太始, 禮所以辨別成物.)" 이 글에서 저자가 어떤 해석을 따랐는지는 명백히 현대 중국어로 풀지 않았기 때문에 확실하지 않다. 글의 전후맥락을 고려하여 유월의 견해를 따라 옮겼음을 밝혀둔다.―옮긴이

2장

1) "五行, 一曰水, 二曰火, 三曰木, 四曰金, 五曰土."
2) 자사子思와 맹자孟子를 대표로 하는 유가학파를 사맹思孟학파라고 한다.―옮긴이

3) 희중羲仲·희숙羲叔·화중和仲·화숙和叔을 가리킨다.—옮긴이
4) "敬授人時", "定四時成歲"
5) 중성中星이란 28수宿 중 해가 돋을 때 정남쪽에 보이는 단중성旦中星과 해가 질 때 정남쪽에 보이는 혼중성昏中星을 가리킨다. 절기에 따라 정남쪽에 보이는 별의 종류가 달라지므로, 중성을 살핌으로써 절기를 판단하는 것이다. 같은 문장에 나오는 혼단昏旦은 해질녘과 동틀 무렵을 의미하고, 시기時氣는 기후, 구각晷刻은 시간을 의미한다.—옮긴이
6) "作曆之法必先定方隅, 驗昏旦, 測時氣, 齊晷刻, 候中星."
7) "壬午冬至, 甲子受制, 木用事, 火煙青. 七十二日, 丙子受制, 火用事, 火煙赤, 七十二日, 戊子受制, 土用事, 火煙黃. 七十二日, 庚子受制, 金用事, 火煙白. 七十二日, 壬子受制, 水用事, 火煙黑, 七十二日而歲終."
8) "木者, 春生之性 (…) 火者, 夏成長 (…) 土者, 夏中成熟 (…) 金者, 秋殺氣之始也. (…) 水者, 冬藏至陰也."
9) "水位在北方. 北方者, 陰氣在黃泉之下, 任養萬物. (…) 木在東方. 東方者, 陽氣始動, 萬物始生. (…) 火在南方. 南方者, 陽在上, 萬物垂枝. (…) 金在西方. 西方者, 陰始起, 萬物禁止."
10) "初一日五行, 次二日敬用五事, 次三日農用八政, 次四日協用五紀, 次五日建用皇極, 次六日乂用三德, 次七日明用稽疑, 次八日念用庶徵, 次九日嚮用五福, 威用六極." 팔정八政은 식식食(양식), 화貨(재화), 사祀(제사), 사공司空(국토), 사도司徒(교육), 사구司寇(치안), 빈賓(외교), 사師(군사)를 관리하는 것이다. 오기五紀는 세歲, 월月, 일日, 성신星辰, 역수曆數이다. 황극皇極은 왕이 마땅히 세워야 하는 최고의 법칙이다. 삼덕三德은 정직正直, 강극剛克(강함), 유극柔克(부드러움)이다. 계의稽疑는 점을 쳐서 의혹을 없애는 것이다. 서징庶徵은 우雨(비가 내림), 양暘(날이 맑음), 욱燠(따뜻함), 한寒(차가움), 풍風(바람이 붊)이다. 오복五福은 수壽(장수), 부富, 강녕康寧, 유호덕攸好德(덕을 즐겨 닦는 것), 고종명考終命(천수를 다하고 죽는 것)이다. 육극六極은 단명하는 흉凶·단短·절折을 비롯하여 질疾(질병), 우憂(근심), 빈貧(가난), 악惡, 약弱(나약)이다.—옮긴이
11) "一日水, 二日火, 三日木, 四日金, 五日土. 水日潤下, 火日炎上, 木日曲直, 金日從革, 土爰稼穡. 潤下作鹹, 炎上作苦, 曲直作酸, 從革作辛, 稼穡作甘."
12) "有扈氏威侮五行, 怠棄三正."
13) '삼정'이라고 하면, 하·상·주의 정삭을 가리키는데 이는 삼통설三統說에 근거한 개념이다. 구제강이 「감서」가 후대에 만들어진 글이라고 주장했던 것도 바로 이 때문이다.—옮긴이
14) "五行, 四時盛德所行之政也."
15) "天地之氣, 合而爲一, 分爲陰陽, 判爲四時, 列爲五行. 行者, 行也, 其行不同, 故謂之五行. 五行者, 五官也, 比相生而間相勝也."
16) "自齊威·宣之時, 騶子之徒論著終始五德之運, 及秦帝而齊人奏之, 故始皇采用之."
17) 주운主運이란 오시五時를 주관하는 오운五運의 기운氣運을 의미하며 오행 상생의 순서대로 목에서 시작해 수에서 끝난다.—옮긴이
18) "騶衍以陰陽主運顯於諸侯."
19) "余讀諜記, 黃帝以來皆有年數. 稽其曆譜諜終始五德之傳, 古文咸不同乖異."

20) "獨有鄒衍明於五德之傳, 而散消息之分, 以顯諸侯."
21) "凡「十二紀」者, 所以紀治亂存亡也, 所以知壽夭吉凶也."
22) "司爟掌行火之政令, 四時變國火, 以救時疾."
23) "春取榆柳之火, 夏取棗杏之火, 季夏取桑柘之火, 秋取柞楢之火, 冬取槐檀之火."
24) "東方曰星, 其時曰春, 其氣曰風, 風生木與骨, 其德喜嬴. (…) 此謂星德. (…) 南方曰日, 其時曰夏, 其氣曰陽, 陽生火與氣, 其德施舍修樂. (…) 此謂日德. 中央曰土, 土德實輔四時入出, 以風雨節土益力. (…) 其德和平用均. (…) 此謂歲德. (…) 西方曰辰, 其時曰秋, 其氣曰陰, 陰生金與甲, 其德憂哀. (…) 此謂辰德. (…) 北方曰月, 其時曰冬, 其氣曰寒, 寒生水與血, 其德淒越·溫恕·周密. (…) 此謂月德."
25) "其序四時之大順不可失也."
26) "陰陽家者流, 蓋出於羲和之官, 敬順昊天, 歷象日月星辰, 敬授民時."
27) 사실, 추연의 철학은 우주와 역사의 내력을 해석하는 데 목적을 둔 '거대 담론' 혹은 이론 신화다.
28) "呂不韋以秦之彊, (…) 亦招致士, 厚遇之, 至食客三千人. (…) 呂不韋乃使其客人人著所聞, 集論以爲「八覽」·「六論」·「十二紀」二十餘萬言, 以爲備天地萬物古今之事, 號曰『呂氏春秋』."
29) 중국문명 서래설이란, 중국문명이 서아시아 바빌론에서 비롯되었다는 설이다. 이는 중국인의 시조인 황제黃帝가 원래는 서아시아 바빌론과 엘람 일대에 거주하던 바크족의 우두머리였다는 라쿠페리의 주장에서 나온 것이다. 만청 지식인들은 황제가 서아시아에서 왔다는 설을 반겼는데, 이는 당시의 진화론과 인종론 때문이었다.—옮긴이
30) 이하동서설은 푸쓰녠傅斯年이 주장한 것으로, 고대 중국이 동쪽 이夷와 서쪽 하夏의 대치 관계를 통해 부락에서 왕국 그리고 제국으로 나아갔다는 가설이다.—옮긴이

3장

1) 始建漢家之封, 而太史公留滯周南, 不得與從事, 故發憤且卒. 而子遷適使反, 見父於河洛之間. 太史公執遷手而泣曰: "余先周室之太史也. 自上世嘗顯功名於虞夏, 典天官事. 後世中衰, 絕於予乎? 汝復爲太史, 則續吾祖矣. 今天子接千歲之統, 封泰山, 而余不得從行, 是命也夫, 命也夫!"
2) "王者易姓而起, 必升封泰山何? 報告之義也. 始受命之日, 改制應天, 天下太平, 功成封禪, 以告太平也."
3) 『논어論語』「양화陽貨」에 나오는 구절이다.—옮긴이
4) "傳曰: '三年不爲禮, 禮必廢, 三年不爲樂, 樂必壞.' 每世之隆, 則封禪答焉, 及衰而息. 厥曠遠者, 千有餘載, 近者數百載, 故其儀闕然堙滅, 其詳不可得而記聞云."
5) "自得寶鼎, 上與公卿諸生議封禪. 封禪用希曠絕, 莫知其儀禮."
6) "上念諸儒及方士言封禪人人殊, 不經, 難施行."
7) 원서에는 「요전堯典」으로 나와 있으나 오류이므로 「순전舜典」으로 바로잡았다. 이후의 같은 오류도 마찬가지로 바로잡았음을 밝혀둔다.—옮긴이

8) "산천을 차례대로 멀리서 바라보며 머물면서 동후를 보았다望秩于山川, 肆觀東后"는 문장의 일반적인 해석은 "산천의 등급에 따라 망제望祭를 지내고 마침내 동방의 제후들을 만났다"이다. 이 문장에서 망望·사肆·동후東后에 대한 저자의 견해는 일반적인 해석과 다른데, 글의 논지 전개상 저자의 견해를 따라 옮겼음을 밝혀둔다.—옮긴이
9) 오례五禮란 공公·후侯·백伯·자子·남男이 천자를 알현하는 예를 가리킨다.—옮긴이
10) "歲二月, 東巡守, 至于岱宗, 柴, 望秩于山川, 肆觀東后, 協時·月, 正日, 同律·度·量·衡. 修五禮·五玉·三帛·二生·一死贄. 如五器, 卒乃復."
11) "以閏月定四時成歲."
12) "日之甲乙"
13) 양보쥔楊伯峻의 『춘추좌전주春秋左傳注』 「소공昭公 5년」의 주를 참고할 것.
14) "東海之外, 大荒之中, 有山名曰大言, 日月所出."
15) "大荒之中, 有山名曰合虛, 日月所出."
16) "大荒中有山名曰明星, 日月所出."
17) 국릉우천鞠陵于天·동극東極·이무離瞀를 각각 산으로 보는 견해도 있고, 국릉우천만 산으로 간주하고 동극과 이무는 국릉우천이 위치하고 있는 장소로 해석하는 견해도 있다.—옮긴이
18) "大荒之中, 有山名曰鞠陵于天·東極·離瞀, 日月所出."
19) "大荒之中, 有山名曰蘖搖頵羝, 上有扶木, 柱三百里, 其葉如芥. 有谷曰溫源谷. 湯谷上有扶木, 一日方至, 一日方出, 皆載于烏."
20) "大荒之中, 有山名猗天蘇門, 日月所生."
21) "東荒之中, 有山名壑明俊疾, 日月所出."
22) "出"은 쓸데없이 들어간 글자로 보인다.
23) "西海之外, 大荒之中, 有方山者, 上有青樹, 名曰柜格之松, 日月所出入也."
24) "大荒之中, 有山名曰豐沮玉門, 日月所入."
25) "大荒之中, 有龍山, 日月所入."
26) "大荒之中, 有山名曰日月山, 天樞也. 吳姖天門, 日月所入."
27) "大荒之中, 有山名曰鏖鏊鉅, 日月所入者."
28) "大荒之中, 有山名曰常陽之山, 日月所入."
29) "大荒之中, 有山名曰大荒之山, 日月所入."
30) "日出于暘谷, 浴于咸池, 拂于扶桑, 是謂晨明. 登于扶桑, 爰始將行, 是謂朏明. 至于曲阿, 是謂旦明. 至于曾泉, 是謂蚤食. 至于桑野, 是謂晏食. 至于衡陽, 是謂隅中. 至于昆吾, 是謂正中. 至于鳥次, 是謂小還. 至于悲谷, 是謂餔時. 至于女紀, 是謂大還. 至于淵虞, 是謂高舂. 至于連石, 是謂下舂. 至于悲泉, 爰止其女, 爰息其馬, 是謂縣車. 至于虞淵, 是謂黃昏. 至于蒙谷, 是謂定昏."
31) "Poetically, Man Dwells" 하이데거가 인용한 휠덜린의 시구로 널리 알려져 있다.—옮긴이
32) "秩, 次也."
33) "寅賓出日, 平秩東作."
34) "秩, 序也."

35) "遂見東方之國君."
36) "遂見東方君長."
37) "遂見東后, 東后者, 諸侯也."
38) "后, 君也."
39) "肆, 次也." 사실『옥편』에서는 사肆를 차次 외에도 다음과 같이 다양한 뜻으로 풀었다. "次也, 陳也, 緩也, 放也, 列也, 遂也, 恣也, 踞也, 量也." 그리고『옥편』에서 사용한 '次'의 의미가 이 글에서 사용하고자 하는 '次'의 의미와 동일한 것인지도 의심스럽다. 맥락을 보면, 저자는 '次'의 여러 뜻 가운데 '머물다'라는 뜻을 선택한 듯하다. 저자의 뜻대로 풀기에는 무리가 있다고 판단하여 '次'의 의미를 풀어서 옮기지 않았음을 밝혀둔다.—옮긴이
40) "跂彼織女, 終日七襄."
41) "肆, 謂止舍處也."『시경』「대동」의 '양襄' 자를 "머물 곳肆을 옮기다"로 해석한 구절(言更其肆者)에 나오는 '사肆'자에 대한 풀이다.—옮긴이
42) 형석衡石은 무게를 재는 데 사용하는 것으로, 형은 저울대이고 석은 무게의 단위로서 120근斤이 1석이다. 두용斗甬은 부피를 재는 데 사용하는 것으로, 두는 말이고 용은 휘斛(10말)이다.—옮긴이
43) "日夜分, 則同度量, 鈞衡石, 角斗甬, 正權概."
44) 중월仲月이란 각 계절의 가운데 달로, 중춘·중하·중추·중동을 가리키며 각각 음력 2월·5월·8월·11월에 해당된다.—옮긴이
45) "巡狩 (…) 以夏之仲月者, 同律度當得其中也."
46) "名山大川如其秩次望祭之, 謂五岳牲禮視三公, 四瀆視諸侯, 其余視伯子男."
47) "列星隨旋, 日月遞炤, 四時代御, 陰陽大化, 風雨博施, 萬物各得其和以生, 各得其養以成, 不見其事, 而見其功, 夫是之謂神."
48) "咨! 爾舜, 天之曆數在爾躬, 允執其中, 四海困窮, 天祿永終."
49) "昔在顓頊, 命南正重以司天, 北正黎以司地. 唐虞之際, 紹重黎之後, 使復典之, 至于夏商, 故重黎氏世序天地. 其在周, 程伯休甫其後也. 當周宣王時, 失其守而爲司馬氏. 司馬氏世典周史."
50) "天無二日, 土無二王."(『예기』「방기坊記」)-출전은 옮긴이가 찾아 밝힘
51) 사적史籍과 역법을 의미한다.—옮긴이
52) "主上所戲弄"
53) "秋風吹渭水, 落葉滿長安."(가도賈島,「억강상오처사憶江上吳處士」)-출전은 옮긴이가 찾아 밝힘

4장

1) "二月二, 龍擡頭. 大倉滿, 小倉流."
2) 집 밖(특히 우물가나 물가)에서부터 재를 뿌려서 용의 모양이 구불구불 부엌까지 이어지도록 하는, 음력 2월 초이튿날의 풍속이다.—옮긴이
3) 용선맞이 의식으로, 단오에 있을 용선 경기의 준비 작업이다. 용선은 오래도록 전해지면

서 사용되는데, 건조하게 되면 배가 망가진다. 따라서 못에 묻어두었다가 사월 초파일에 파 낸다. 용선을 묻어두었던 못을 '장룡당藏龍塘'이라고 한다. 용선맞이 의식에서는 먼저 제 사를 올린 다음 용선을 파내어 씻어내고 보수하고 기름칠을 한다. 용선 경기가 끝난 뒤에 는 다시 못에다 묻는데, 이를 '송룡送龍'이라고 한다.—옮긴이

4) 음력 5월 20일의 절기를 '분룡절分龍節'이라고 하는데, 여러 용이 각자의 관할 지역으 로 각각 나뉘어 가는 날이라고 한다. 이날에는 소방 관련 활동을 비롯하여 기우제와 용선 경기가 펼쳐진다.—옮긴이

5) "載見辟王, 曰求厥章, 龍旂陽陽, 和鈴央央."

6) "周公之孫, 莊公之子, 龍旂承祀, 六轡耳耳."

7) "天命玄鳥, 降而生商. (…) 武丁孫子, 武王靡不勝, 龍旂十乘, 大糦是承."

8) 송나라는 상나라의 후예다.—옮긴이

9) "交龍爲旂"

10) "龍旂九旒, 天子之旌也."

11) "天子龍袞"

12) 면류관에 늘어뜨린 옥 장식을 말한다.—옮긴이

13) "天子玉藻, 十有二旒, 前後邃延, 龍卷以祭."

14) "畫龍於衣, 字或作袞"

15) "旂十有二旒, 龍章而設日月, 以象天也."

16) 『주례』 「하관사마夏官司馬·유인庾人」에서는 "8척 이상의 말을 용이라 한다馬八尺以 上爲龍"고 했다.—옮긴이

17) 왕의 전기戰旗인 태상太常을 가리킨다. 태상의 해와 달은 지극히 높고 밝음을 상징한 다.—옮긴이

18) "天子乘龍, 載大旆, 象日月, 升龍·降龍."

19) "軫之方也, 以象地也. 蓋之圜也, 以象天也. 輪輻三十, 以象日月也. 蓋弓二十有八, 以象 星也. 龍旂九斿, 以象大火也. 鳥旟七斿, 以象鶉火也. 熊旗六斿, 以象伐也. 龜蛇四斿, 以象 營室也. 弧旌枉矢, 以象弧也." 조여鳥旟는 새가 그려진 기이고, 웅기熊旗는 곰과 호랑이가 그려진 기이다. 대화성·순화성·벌성·영실성은 각각 창룡·주작·백호·현무에 속하는 별 이다.—옮긴이

20) 28수宿에서 동방 창룡蒼龍 칠수七宿 가운데 다섯 번째에 해당하는 심수心宿의 두 번 째 별이 바로 대화大火다. 대화는 '대화성'이라고도 하는데, 전갈자리에서 가장 밝은 별인 안타레스Antares가 바로 이것이다. 불처럼 붉은빛을 띠기 때문에 '대화大火'라 이름 지은 것이다.—옮긴이

21) 고대인은 28수를 좌표로 삼아 절기를 측정하고 시간을 표시했는데, '기시紀時'는 이를 의미한다.—옮긴이

22) "立夏 (…) 龍昇天."

23) "龍, 心星也."

24) "前朱鳥而後玄武, 左青龍而右白虎. 招搖在上, 急繕其怒."

25) "招搖星, 在北斗杓端主指者."

26) 삼신三辰은 해·달·별이다. 필자는 용성을 별의 대표로 간주하여 삼신을 해·달·용이

라고 한 듯하다. 하지만 『좌전』 「환공 2년」에는 삼신과 관련하여 용이나 용성을 언급한 부분은 없으며, "삼신이 그려진 기가 그 밝음을 밝혀준다三辰旂旗, 昭其明也"라고만 했다.—옮긴이
27) "仲春之月 (…) 雷乃發聲, 始電, 蟄蟲咸動, 啓戶始出."
28) 인충鱗蟲은 일반적으로 비늘 있는 동물을 가리킨다. 그런데 이 글의 전후 맥락을 보면, 필자는 이를 비늘 있는 동물과 벌레로 나누어서 본 듯하다.—옮긴이
29) "龍, 鱗蟲之長, 能幽能明, 能細能巨, 能短能長, 春分而登天, 秋分而潛淵."
30) "蠶爲龍精. 月值大火, 則浴其種."
31) "龍生於水, 被五色而游, 故神. 欲小則化如蠶蠋, 欲大則藏於天下, 欲向則淩於雲氣, 欲下則入於深泉, 變化無日, 上下無時, 謂之神."
32) "春日載陽, 有鳴倉庚. 女執懿筐, 遵彼微行, 爰求柔桑. 春日遲遲, 采蘩祁祁. 女心傷悲, 殆及公子同歸." 여기서 "女心傷悲, 殆及公子同歸"에 대해서는 다양한 해석이 존재한다. 봄날에 춘심이 동하여 공자공자에게 시집가고 싶은 마음에 슬프다는 설이 있는가 하면, 이와 반대로 곧 시집가게 되어서 슬프다는 설도 있다. 또한 공자를 귀족의 딸로 보아서, 자신의 상전이 시집을 가면 자신도 타향으로 따라가야 하므로 슬프다는 설도 있다.—옮긴이
33) 사社와 직稷은 각각 토지의 신과 오곡의 신이고, 고매高禖는 혼인과 생육의 신이다.—옮긴이
34) "中春之月令會男女. 於是時也奔者不禁."
35) "綢繆束薪, 三星在天. 今夕何夕? 見此良人. 子兮子兮, 如此良人何.; 綢繆束芻, 三星在隅. 今夕何夕? 見此邂逅. 子兮子兮, 如此邂逅何.; 綢繆束楚, 三星在戶. 今夕何夕? 見此粲者. 子兮子兮, 如此粲者何."
36) 하룻밤 동안의 별의 이동으로 보는 해석도 있다.—옮긴이
37) "句龍爲后土, (…) 后土爲社."
38) "龍見而雩"
39) 하력夏曆으로 4월을 가리킨다.—옮긴이
40) "龍見建巳之月, 蒼龍宿之體昏見東方, 萬物始盛, 待雨而大, 故祭天遠爲百穀祈膏雨."
41) "夫辰角見而雨畢, 天根見而水涸, 本見而草木節解, 駟見而隕霜, 火見而淸風戒寒." 진각성·천근성·본성·사성·화성은 차례대로 창룡의 각·항·저·방·심에 해당된다.—옮긴이
42) "觀乎天文, 以察時變, 觀乎人文, 以化成天下."
43) "天垂象, 聖人則之, 郊所以明天道也."
44) "民無道知天, 民以四時寒暑日月星辰之行知天."
45) "列星隨旋, 日月遞炤, 四時代御, 陰陽大化, 風雨博施, 萬物各得其和以生, 各得其養以成, 不見其事, 而見其功, 夫是之謂神."
46) 태음력을 기초로 하고 태양력을 절충한 태음 태양력으로, 대부분 그날의 길흉이 표시되어 있다.—옮긴이

5장

1) 음력 7월 7일을 가리킨다. 이후에 언급한 날짜 역시 모두 음력이다.—옮긴이
2) 우랑牛郎은 견우牽牛와 같지만, 원서에서 사용하고 있는 용어 그대로 번역했다.—옮긴이
3) "明月皎皎照我床, 星漢西流夜未央. 牽牛織女遙相望, 爾獨何辜限河梁."(조비曹조,「연가행燕歌行」)-출전은 옮긴이가 찾아 밝힘
4) "七月七日長生殿, 夜半無人私語時. 在天願作比翼鳥, 在地願爲連理枝."(백거이白居易,「장한가長恨歌」)-출전은 옮긴이가 찾아 밝힘. 비익조는 암수의 눈과 날개가 각각 하나씩이라서 짝을 지어야만 날 수 있는 전설상의 새다. 연리지는 뿌리가 다른 두 그루의 나뭇가지가 맞닿아서 결이 통하게 된 것을 가리킨다.—옮긴이
5) "天際夜色涼如水, 坐看牽牛織女星."(두목杜牧,「추석秋夕」)-출전은 옮긴이가 찾아 밝힘
6) 필성畢星을 가리킨다.—옮긴이
7) "維天有漢, 監亦有光. 跂彼織女, 終日七襄. 雖則七襄, 不成報章. 睆彼牽牛, 不以服箱. 東有啓明, 西有長庚. 有捄天畢, 載施之行. 維南有箕, 不可以簸揚. 維北有斗, 不可以挹酒漿."
8) 평뷔은 비수리 혹은 마린馬繭(꽃창포)을 가리킨다.—옮긴이
9) 도茶에 대해서는 씀바귀, 갈대의 꽃, 띠의 꽃 등 여러 가지 설이 있다.—옮긴이
10) "七月. 秀葽葦. 狸子肇肆. 湟潦生苹. 爽死. 荓秀. 漢案戶. 寒蟬鳴. 初昏, 織女正東鄉. 時有霖雨. 灌荼. 斗柄縣在下則旦."
11) 모든 기紀란 연·월·일·시와 역수曆數를 가리킨다.—옮긴이
12) "斗爲帝車, 運於中央, 臨制四鄉. 分陰陽, 建四時, 均五行, 移節度, 定諸紀, 皆繫於斗."
13) "迢迢牽牛星, 皎皎河漢女 (…) 盈盈一水間, 脈脈不得語."『고시십구수古詩十九首』의 제10수로, 작자는 미상이며 대략 후한後漢 말에 지어진 시다. 본래는 제목이 없었으나 후에 시의 첫 구절을 따서「초초견우성迢迢牽牛星」이라는 제목을 붙였다.—옮긴이
14) "觀乎天文, 以察時變."
15) "曆象日月星辰, 敬授民時."
16) "七月流火, 九月授衣. 一之日觱發, 二之日栗烈. 無衣無褐, 何以卒歲?"
17) "女執懿筐, 遵彼微行, 爰求柔桑. 春日遲遲, 采蘩祁祁. 女心傷悲, 殆及公子同歸?"
18) "七月鳴鵙, 八月載績, 載玄載黃, 我朱孔陽, 爲公子裳."
19) "五月斯螽動股, 六月莎雞振羽. 七月在野, 八月在宇, 九月在戶, 十月蟋蟀, 入我牀下."
20) 여공女功이란 길쌈·바느질·자수 등 여자의 일을 가리킨다.—옮긴이
21) "立秋趣織鳴, 女功急趣之."
22) "蟋蟀之蟲, 隨陰迎陽, 居壁向外, 趣婦女織績, 女工之象."
23) "秋風裊裊入曲房, 羅帳含月思心傷. 蟋蟀夜鳴斷人腸, 長夜思君心飛揚."
24) 걸교乞巧는 직녀성에게 바느질과 길쌈을 잘하게 해달라고 빌던 일을 가리킨다.—옮긴이
25) 칠공침七孔針이란 바늘귀가 일곱 개인 바늘로, 칠석의 걸교 풍속에서 사용하던 바늘이다.—옮긴이
26) "漢綵女常以七月七日穿七孔針於開襟樓, 俱以習之."

27) 오이·참외·수박 등 박과에 속한 열매를 가리킨다.—옮긴이
28) "七月七日爲牽牛織女聚會之夜. (…) 是夕, 人家婦女結彩縷, 穿七孔針, 或以金銀鍮石爲針, 陳瓜果於庭中以乞巧, 有喜子網於瓜上, 則以爲符應."
29) "碧玉破瓜時, 相爲情顚倒."(손작孫綽, 「정인벽옥가情人碧玉歌」)-출전은 옮긴이가 찾아 밝힘
30) "七月食瓜, 八月斷壺."
31) "八月剝棗."
32) "織女, 天女也, 主瓜果."
33) 해가 돋을 때 정남쪽에 보이는 별이 단중성이고, 해가 질 때 정남쪽에 보이는 별이 혼중성이다. 단중성과 혼중성을 합하여 중성中星이라고 한다.—옮긴이
34) "仲秋之月, 日在角, 昏牽牛中, 旦觜觿中."
35) "牽牛爲犧牲, 其北河鼓."
36) "河鼓謂之牽牛."
37) "犧牲駒犢, 擧書其數."
38) "命四監大合百縣之秩芻, 以養犧牲."
39) "乃命宰祝, 循行犧牲, 視全具, 案芻豢, 瞻肥瘠, 察物色, 必比類. 量小大, 視長短, 皆中度. 五者備當, 上帝其饗."
40) 태뢰太牢라고도 하며, 제사 때 소·양·돼지 세 종류를 희생으로 쓰는 것을 가리킨다.—옮긴이
41) "祭天地之牛角繭栗, 宗廟之牛角握."
42) 원서에는 이 문장 역시 「교특생」에서 나온 것으로 처리되어 있으나, 오류이므로 「왕제」로 바로잡았다.—옮긴이
43) "犧牲告備于天子."
44) "乃命太史, 次諸侯之列, 賦之犧牲, 以其皇天上帝·社稷之饗."
45) "所謂伊人, 在水一方, 遡洄從之, 道阻且長."(『시경詩經』「진풍秦風·겸가蒹葭」)-출전은 옮긴이가 찾아 밝힘
46) "完隄坊, 謹壅塞, 以備水潦."
47) "四時行焉, 百物生焉."(『논어論語』「양화陽貨」)-출전은 옮긴이가 찾아 밝힘
48) "天地盈虛, 與時消息."
49) "天地絪縕, 萬物化醇."
50) "丁丑·己丑取妻, 不吉. 戊申·己酉, 牽牛以取織女, 不果, 三棄."
51) "戊申·己酉, 牽牛以取織女而不果, 不出三歲, 棄若亡."

6장

1) "西北海之外, 赤水之北, 有章尾山. 有神, 人面蛇身而赤, 直目正乘, 其瞑乃晦, 其視乃明, 不食不寢不息, 風雨是謁, 是燭九陰, 是謂燭龍."
2) "鍾山之神, 名曰燭陰, 視爲晝, 瞑爲夜, 吹爲冬, 呼爲夏, 不飮, 不食, 不息, 息爲風, 身長千里. (…) 其爲物, 人面蛇身赤色, 居鍾山下."
3) "燭龍也, 是燭九陰, 因名云."
4) "日安不到, 燭龍何照?"
5) "燭龍在鴈門北, 蔽於委羽之山, 不見日, 其神人面龍身而無足."
6) "天不足西北, 無有陰陽消息, 故有龍銜火精以照天門中."
7) "『萬形經』曰: 太陽順四方之氣. 古聖曰: 燭龍行東時肅淸, 行西時曤曤, 行南時大暇, 行北時嚴殺."
8) "天地渾沌如雞子, 盤古生在其中. 萬八千歲, 天地開闢, 陽淸爲天, 陰濁爲地, 盤古在其中, 一日九變, 神於天, 聖於地. 天日高一丈, 地日厚一丈, 盤古日長一丈. 如此萬八千歲, 天數極高, 地數極深, 盤古極長."
9) "天氣蒙鴻, 萌芽茲始, 遂分天地, 肇立乾坤, 啟陰感陽, 分布元氣, 乃孕中和, 是爲人也. 首生盤古, 垂死化身, 氣成風雲, 聲爲雷霆, 左眼爲日, 右眼爲月, 四肢五體爲四極五岳, 血液爲江河, 筋脈爲地理, 肌肉爲田土, 髮髭爲星辰, 皮毛爲草木, 齒骨爲金石, 精髓爲珠玉, 汗流爲雨澤, 身之諸蟲, 因風所感, 化爲黎甿."
10) "昔盤古之死也, 頭爲四岳, 目爲日月, 脂膏爲江海, 毛髮爲草木. 秦漢間俗說: 盤古頭爲東岳, 腹爲中岳, 左臂爲南岳, 右臂爲北岳, 足爲西岳. 先儒說: 盤古氏泣爲江河, 氣爲風, 聲爲雷, 目瞳爲電. 古說: 盤古氏喜爲晴, 怒爲陰. 吳楚間說: 盤古氏夫妻, 陰陽之始也. 今南海有盤古氏墓, 亘三百餘里. 俗云: 後人追葬盤古之魂也. 桂林有盤古氏廟, 今人祝祀."
11) 시서時序란 시간이나 계절이 순서대로 돌아가는 것을 가리킨다. 이 글에서는 시서가 특히 역수曆數의 의미로 사용되고 있다. 역수란 천체의 운행 및 추위와 더위의 변화가 철따라 돌아가는 순서를 가리킨다.—옮긴이
12) 창룡 칠수를 가리킨다.—옮긴이
13) "內火: 內火也者, 大火. 大火也者, 心也."
14) "主夫出火: 主以時縱火也."
15) "昆蟲未蟄, 不以火田."
16) "昆蟲未蟄, 不得以火燒田."
17) "하늘을 날아오르던 제비도 숨는다陟玄鳥蟄'는 구절이다.—옮긴이
18) "季秋之月 (…) 蟄蟲咸俯在內, 皆墐其戶."
19) "火伏而後蟄者畢."
20) 앞에서는 「대황북경」의 이 문장(其瞑乃晦, 其視乃明)을 "그 눈을 감으면 어두워지고 그 눈을 뜨면 밝아진다"라고 옮겼다. 이것이 일반적인 해석이다. 하지만 필자는 논지를 전개하면서, 촉룡은 생물이 아니기 때문에 눈이 없어서 볼 수 없다고 하면서 '보다視'를 '보이다示'로 해석했다. 따라서 이후로는 이 맥락에 맞추어 옮겼으되, 앞서 논의에서는 필자의 논지가 본격적으로 전개되기 이전이므로 일반적인 해석을 따라 옮겼음을 밝혀둔다.—옮긴이
21) 앞에서는 「해외북경」의 이 문장(視爲晝, 瞑爲夜)을 "눈을 뜨면 낮이 되고 눈을 감으면 밤이 된다"라고 옮겼다. 이것 역시 앞의 주에서 밝힌 것과 같은 맥락에 근거해 옮겼음을 밝혀둔다.—옮긴이
22) "視, 假借爲示 (…) 『漢書』多以視示, 古通用字."

23) "公既定宅, 伻來, 來視予卜休恒吉." 성왕成王 때 주공周公이 주나라의 도읍을 호경鎬京에서 낙읍洛邑으로 옮긴 일과 관련된 문장으로, 이는 성왕이 주공에게 한 말이다.—옮긴이
24) "視民不恌, 君子是則是效."
25) "視, 古示字也."
26) "見龍在田"
27) "飛龍在天"
28) "潛龍勿用"
29) "月離于畢, 俾滂沱矣."
30) "庶民惟星, 星有好風, 星有好雨." 이 문장에서 바람을 좋아하는 별은 기성箕星이고 비를 좋아하는 별은 필성畢星이다. 고대인은 달이 기성에 접근하면 바람이 많이 불고, 필성에 접근하면 비가 많이 내린다고 생각했다. 백성이 별과 같다는 것은, 별이 좋아하는 바가 각자 다르듯 백성 역시 좋아하는 바가 다름을 의미한다.—옮긴이
31) "夫辰角見而雨畢, 天根見而水涸, 本見而草木節解, 駟見而隕霜, 火見而清風戒寒."
32) "龍見而雩."
33) 뜻과 뜻을 모아서 만든 회의자의 특성과 더불어 음과 뜻을 모아서 만든 형성자의 특성도 지니고 있는 글자를 가리킨다.—옮긴이
34) "蜀, 葵中蠶也. 从虫, 上目象蜀頭形, 中象其身蜎蜎. 『時』曰: '蜎蜎者蜀.'"
35) 『이아석문』은 당唐나라 육덕명陸德明의 『경전석문經典釋文』「이아」를 가리킨다. 『경전석문』「이아·석충釋蟲」에 나온 문장은 다음과 같다. "촉蜀, 음은 촉蜀이다. 『설문해자』에서는, 뽕나무에 있는 벌레라고 했다.(蜀, 音蜀,『說文』云, 桑中蟲.)—옮긴이
36) "葵,『爾雅釋文』引作桑,『詩』曰: '蜎蜎者蜀, 蒸在桑野.' 似作'桑'爲長."
37) "蜎蜎, 蠋貌. 蠋, 桑蟲也."
38) "蜎蜎者蜀"은 기존에 "꿈틀거리는 누에"로 해석되었다. 하지만 필자는 "구불구불한 촉성蜀星"이라는 새로운 견해를 내놓았다. 따라서 다른 학자들의 해석은 "꿈틀거리는 누에"로 옮기고, 필자가 새로운 견해를 전개할 때에는 맥락에 따라 "연연자촉蜎蜎者蜀" 혹은 "구불구불한 촉성蜀星"으로 옮겼음을 밝혀둔다.—옮긴이
39) "三月 (…) 攝桑 (…) 妾·子始蠶." 뽕나무를 끌어당긴다는 것은 누에치기를 할 때가 급박했음을 나타내는 것이다. 첩妾은 여러 계집종을 가리키고, 자子는 부인을 가리킨다. 지위가 낮은 사람부터 누에치기를 시작한다는 것을 나타내기 위해서 계집종을 먼저 언급한 것이다.—옮긴이
40) "季春之月 (…) 命野虞毋伐桑柘. (…) 具曲植蘧筐, 后妃齊戒, 親東鄉躬桑. 禁婦女毋觀, 省婦使, 以勸蠶事." 야우野虞는 밭과 산림을 주관하는 관리다.—옮긴이
41) 누에치기를 늦게 다시 한번 더 하는 것을 가리킨다.—옮긴이
42) "馬質 (…) 禁原蠶者."
43) "蠶爲龍精. 月值大火, 則浴其種."
44) 시의 일반적인 해석과 필자의 새로운 해석을 비교하는 데 편하도록 "蜎蜎者蜀, 烝在桑野"에 대해 두 가지로 옮겨 놓았음을 밝혀둔다. 전자는 일반적인 해석이고, 괄호 안에 있는 것은 필자가 새롭게 해석한 것이다. 필자의 새로운 해석에 대한 근거는 이하에서 전개되고

있다.─옮긴이

45) "我徂東山, 慆慆不歸. 我來自東, 零雨其濛. 我東曰歸, 我心西悲. 制彼裳衣, 勿士行枚. 蜎蜎者蠋, 烝在桑野. 敦彼獨宿, 亦在車下. // 我徂東山, 慆慆不歸. 我來自東, 零雨其濛. 果臝之實, 亦施于宇. 伊威在室, 蠨蛸在戶, 町疃鹿場, 熠燿宵行. 不可畏也, 伊可懷也. // 我徂東山, 慆慆不歸. 我來自東, 零雨其濛. 鸛鳴于垤, 婦歎于室. 灑掃穹窒, 我征聿至. 有敦瓜苦, 烝在栗薪. 自我不見, 于今三年. // 我徂東山, 慆慆不歸. 我來自東, 零雨其濛. 倉庚于飛, 熠燿其羽. 之子于歸, 皇駁其馬. 親結其縭, 九十其儀. 其新孔嘉, 其舊如之何?"

46) 이 부분은 필자의 논리가 억지스럽다. 시에서 말하고 있는 시간적 배경이 하룻밤에만 해당되는 것이 아니기 때문이다. 또한 「동산」에서 누에는 단순히 관찰 대상이 아니라 시의 주인공이 자신의 처지를 빗대는 사물로 동원된 것이다. 즉 꿈틀거리는 누에가 제집인 뽕나무 들판에 있다는 것은, 고향을 떠나 전쟁터 수레 아래서 외롭게 잠든 자신과 대비하기 위한 표현일 수 있다. 한편 뽕나무 들판에 오래도록 있는 누에를 수고스럽다고 보아, 주인공의 고달픈 처지와 동일시한 해석도 있다.─옮긴이

47) "東方曰棘林, 曰桑野."

48) '치진'는 기본적으로 '두다'라는 뜻이지만, 「동산」의 "烝在桑野"에 나오는 '증烝'에 대한 해석으로서 '치진'는 '진塵'과 '전塡'으로 풀이된다. 즉 '오래되다'라는 뜻이다.─옮긴이

49) "烝, 火气上行也. 从火, 丞聲."

50) "原襄公相禮, 殽烝."

51) "烝, 升也. 升殽於俎."

52) "龍生於水, 被五色而游, 故神. 欲小則化如蠶蠋, 欲大則藏於天下, 欲向則淩於雲氣, 欲下則入於深泉, 變化無日, 上下無時, 謂之神."

53) "春爲青陽, 夏爲朱明, 秋爲白藏, 冬爲玄英. 四氣和謂之玉燭."

54) "燭於玉燭, 飮於醴泉, 暢於永風. 春爲青陽, 夏爲朱明, 秋爲白藏, 冬爲玄英. 四時和, 正光照, 此之謂玉燭." 옥촉·예천·영풍은 모두 사시의 기운과 관련되어 있는데, 왕이 덕을 갖추어 태평성세일 때 사시가 조화롭게 운행되는 상태를 묘사하는 경우에 사용하는 용어다. 예천은 비가 때에 맞추어 내리는 것을 의미하고, 영풍은 바람이 때에 맞추어 잘 부는 것을 의미한다.─옮긴이

55) "通政辰脩, 玉燭告祥, 和風播烈, 景星揚光." '통정통정'에 대한 확실한 근거를 찾을 수 없어 문맥을 고려해 '칠정七政'의 의미로 옮겼다. 칠정은 고대 천문학 용어로 다음 세 가지를 가리킨다. 첫째 일월과 오성, 둘째 북두칠성, 셋째 천지인과 사시. '진수辰脩' 역시 확실한 근거를 찾을 수 없지만, '通政辰脩'와 '玉燭告祥'은 대구를 이루며 문법적으로 주어·동사·목적어의 구조다. 따라서 뒤 구절의 '고상고상'에 맞추어서, '진辰'은 진진과 진震 즉 '떨치다'의 동사적 의미로 옮기고, '수脩'는 정정과 제齊 즉 '가지런함'의 명사적 의미로 옮겼다.─옮긴이

56) 『숭정역서崇禎曆書』를 말한다.─옮긴이

57) 심수는 태자太子·천왕天王·서자庶子의 세 가지 별로 이루어져 있다. 이 가운데 천왕이 바로 대화로, 가장 크고 붉다.─옮긴이

7장

1) "有獸焉, 其狀如羊, 九尾四耳, 其目在背, 其名曰猼訑, 佩之不畏."
2) "有獸焉, 其狀如豚, 有距, 其音如狗吠, 其名曰貍力, 見則其縣多土功."
3) "有獸焉, 其狀如禺而四耳, 其名長右, 其音如吟, 見則郡縣大水."
4) "有獸焉, 其狀如人而彘鬣, 穴居而冬蟄, 其名曰猾褢, 其音如斲木, 見則縣有大繇."
5) "有獸焉, 其狀如虎而牛尾, 其音如吠犬, 其名曰彘, 是食人."
6) "有獸焉, 其狀馬身而鳥翼, 人面蛇尾, 是好擧人, 名曰孰湖."
7) "有鳥焉, 其狀如鴟而人手, 其音如痺, 其名曰鴸, 其名自號也, 見則其縣多放士."
8) "有鳥焉, 其狀如鷄, 而白首·三足·人面, 其名曰瞿如, 其鳴自號也."
9) "有鳥焉, 其狀如梟, 人面四目而有耳, 其名曰顒, 其鳴自號也, 見則天下大旱."
10) "其鳥多鸇, 其狀如翠而赤喙, 可以禦火."
11) "有鳥焉, 其狀如鶉, 黃身而赤喙, 其名曰肥遺, 食之已癘, 可以殺蟲."
12) "英水 (…) 其中多赤鱬, 其狀如魚而人面, 其音如鴛鴦, 食之不疥."
13) "黑水 (…) 其中有鱄魚, 其狀如鮒而彘毛, 其音如豚, 見則天下大旱."
14) "觀水 (…) 是多文鰩魚, 狀如鯉魚, 魚身而鳥翼, 蒼文而白首, 赤喙, 常行西海, 遊于東海, 以夜飛. 其音如鸞雞, 其味酸甘, 食之已狂, 見則天下大穰."
15) "濫水多𩶁鮅之魚, 其狀如覆銚, 鳥首而魚翼魚尾, 音如磬石之聲, 是生珠玉."
16) "彭水 (…) 其中多儵魚, 其狀如鷄而赤毛, 三尾·六足·四首, 其音如鵲, 食之可以已憂."
17) "囂水 (…) 其中多鰼鰼之魚, 其狀如鵲而十翼, 鱗皆在羽端, 其音如鵲, 可以禦火, 食之不癉."
18) "有草焉, 其狀如韭而靑華, 其名曰祝餘, 食之不飢."
19) "其草有草荔, 狀如烏韭, 而生于石上, 亦緣木而生, 食之已心痛."
20) "其草多條, 其狀如葵, 而赤華黃實, 如嬰兒舌, 食之使人不惑."
21) "有草焉, 其名曰黃藋, 其狀如樗, 其葉如麻, 白華而赤實, 其狀如赭, 浴之已疥, 又可以已胕."
22) "有草焉, 其葉如蕙, 其本如桔梗, 黑華而不實, 名曰蓇蓉, 食之使人無子."
23) "有草焉, 其狀如葵, 其臭如蘪蕪, 名曰杜衡, 可以走馬, 食之已癭."
24) "有木焉, 其狀如穀而黑理, 其華四照, 其名曰迷穀, 佩之不迷."
25) "有木焉, 其狀如穀而赤理, 其汗如漆, 其味如飴, 食者不飢, 可以釋勞, 其名曰白𦯳, 可以血玉."
26) "有木焉, 名曰文莖, 其實如棗, 可以已聾."
27) "南山經之首曰䧿山. 其首曰招搖之山, 臨于西海之上, 多桂, 多金玉. 有草焉, 其狀如韭而靑華, 其名曰祝餘, 食之不飢. 有木焉, 其狀如穀而黑理, 其華四照, 其名曰迷穀, 佩之不迷. 有獸焉, 其狀如禺而白耳, 伏行人走, 其名曰狌狌, 食之善走. 麗𪊨之水出焉, 而西流注于海, 其中多育沛, 佩之無瘕疾."
28) "又西八十里, 曰符禺之山, 其陽多銅, 其陰多鐵. 其上有木焉, 名曰文莖, 其實如棗, 可以已聾. 其草多條, 其狀如葵, 而赤華黃實, 如嬰兒舌, 食之使人不惑. 符禺之水出焉, 而北流注于渭. 其獸多葱聾, 其狀如羊而赤鬣. 其鳥多鴖, 其狀如翠而赤喙, 可以禦火."
29) "有獸焉, 其狀如狐而九尾, 其音如嬰兒, 能食人, 食者不蠱."
30) "有鳥焉, 其狀如雄雞而人面, 名曰凫徯, 其鳴自叫也, 見則有兵."
31) "有獸焉, 其狀如猿, 而白首赤足, 名曰朱厭, 見則大兵."
32) "渭水 (…) 其中多鰠魚, 其狀如鱣魚, 動則其邑有大兵."
33) "虢山 (…) 其獸多橐駝, 其鳥多寓, 狀如鼠而鳥翼, 其音如羊, 可以禦兵."
34) "有鳥焉, 其狀如鳧, 而一翼一目, 相得乃飛, 名曰蠻蠻, 見則天下大水."
35) "鸁魚, 魚身而鳥翼, 音如鴛鴦, 見則其邑大水."
36) "有獸焉, 其狀如鴞而人面, 蜼身犬尾, 其名自號也, 見則其邑大旱."
37) "有鳥焉, 其狀如鶴, 一足, 赤文青質而白喙, 名曰畢方, 其鳴自叫也, 見則其邑有訛火."
38) "有獸焉, 其狀如龜, 而白身赤首, 名曰蛫, 是可以禦火."
39) "有獸焉, 其狀如麂, 黃身·白頭·白尾, 名曰聞獜, 見則天下大風."
40) 米歇爾·福柯,『祠與物』, 上海三聯書店, 2001. 미셸 푸코의『말과 사물』국내 번역본 (이규현 옮김, 민음사, 2012)과 비교해서 보길 바란다. "이 책의 탄생 장소는 보르헤스의 텍스트다. 보르헤스의 텍스트를 읽을 때, 우리에게 존재물의 무질서한 우글거림을 완화해주는 정돈된 표면과 평면을 모조리 흩뜨리고 우리의 매우 오래된 관행인 동일자와 타자의 원리에 불안정성과 불확실성을 오래도록 불러일으키고 급기야는 사유, 우리의 사유, 즉 우리의 시대와 우리의 지리가 각인되어 있는 사유의 친숙성을 깡그리 뒤흔들어놓는 웃음이다. 보르헤스의 텍스트에 인용된 '어떤 중국 백과사전'에는 "동물이 a)황제에게 속하는 것 b)향기로운 것 c)길들여진 것 d)식용 젖먹이 돼지 e)인어 f)신화에 나오는 것 g)풀려나 싸대는 개 h)지금의 분류에 포함된 것 i)미친 듯이 나부대는 것 j)수없이 많은 것 k)아주 가느다란 낙타털 붓으로 그린 것 l)기타 m)방금 항아리를 깨뜨린 것 n) 멀리 파리처럼 보이는 것"으로 분류되어 있다는 것이다. 이 경이로운 분류에서 누구에게나 난데없이 다가오는 것, 교훈적인 우화의 형식 덕분으로 우리에게 또 다른 사유의 이국적인 매력처럼 보이는 것은 우리의 사유가 갖는 한계, 즉 그것을 사유할 수 없다는 적나라한 사실이다. (…) 보르헤스의 열거에 감도는 기괴성은 항목들을 서로 연결할 공통의 바탕 자체가 무너져 있다는 점에서 비롯한다. 불가능한 것은 사물들의 근접이 아니라, 사물들이 인접할 수 있을 장소다. 이 세상의 것이 아닌 듯한 열거하는 목소리 속에서가 아니라면, 열거의 항목들이 기입되는 종이 위가 아니라면, 과연 어디에서 "i)미친 듯이 나부대는 것 j)수없이 많은 것 k)아주 가느다란 낙타털 붓으로 그려진 동물"이 서로 마주칠 수 있을 것인가? 언어의 비非-장소가 아니라면 과연 어디에 이것들을 나란히 놓을 수 있을까?"(7-10쪽)―옮긴이
41) "有獸焉, 其狀如馬而白首, 其文如虎而赤尾, 其音如謠, 其名曰鹿蜀, 佩之宜子孫."
42) "有魚焉, 其狀如牛, 陵居, 蛇尾有翼, 其羽在魼下, 其音如留牛, 其名曰鯥, 冬死而夏生, 食之無腫疾."
43) "有虎蛟, 其狀魚身而蛇尾, 其音如鴛鴦, 食者不腫, 可以已痔."
44) "灌水 (…) 其中有流赭, 以塗牛馬無病."
45) "有鳥焉, 其狀如鴉, 黑文而赤翁, 名曰櫟, 食之已痔."
46) "有鳥焉, 其狀如鴟而人足, 名曰䳒斯, 食之已癭."
47) 尚志鈞,『本草拾遺輯釋』, 安徽科學技術出版社, 2004. 아래 인용문에서 괄호 안의 내

용은 옮긴이가 추가한 것이다.
48) "啄木鳥: 平, 無毒. 主痔瘻及牙齒疳䘌蚛牙, 燒爲末, 內牙齒孔中, 不過三數. 此鳥有大有小, 有褐有斑, 褐者爲雌, 斑者是雄, 穿木食蠹. (…) 『荊楚歲時記』云: 野人以五月五日得啄木, 貨之, 主齒痛.『古今異傳』云: 本雷公采藥吏化爲此鳥.『淮南子』云: 啄木愈齲, 信哉."
49) 아이가 채 젖을 떼기 전에 어머니가 임신을 한 상태에서 젖을 계속 먹이면, 아이가 학질과 이질 증상을 보이며 아이 역시 배가 불룩해지는 병을 가리킨다.—옮긴이
50) "伯勞: 平, 有毒. 毛主小兒繼病. (…) 取其蹋枝鞭小兒, 令速語."
51) "巧婦鳥: 主婦人巧, 呑其卵, 小於雀, 在林藪間爲窠, 窠如小囊袋, 亦取其窠燒, 女人多以薰手令巧.『爾雅』云: 桃蟲, 鷦. 注云: 桃雀也, 俗呼爲巧婦鳥也."
52) "鸂鶒: 水鳥, 人家養之, 厭火災, 似鴨, 綠衣, 馴擾不去. 出南方池澤.『爾雅』云: 鴦, 鸂鶒, 畜之厭火災."
53) 조조曹操,「할계부鶡鷄賦·서序」—옮긴이
54) "鶡鳥: 味甘, 無毒. 食肉, 令人勇健. 出上黨. 魏武帝賦云: 鶡鷄猛氣, 其鬪終無負, 期於必死. 今人以爲冠, 象此也."
55) 이시진李時珍의『본초강목本草綱目』「금부금부禽部・백설백설百舌」에서는 "今之鴬"이라는 진장기의 말이 틀렸다고 했다. 백설조가 꾀꼬리가 아닌 것은 분명하다. 따라서 '앵鴬'이라는 원문은 그대로 살리되 꾀꼬리로 옮기지는 않았음을 밝혀둔다.—옮긴이
56) "百舌鳥: 主蟲咬, 炙食之. 亦主小兒久不語. 又取其窠及糞, 塗蟲咬處. 今之鴬, 一名反舌也."
57) 일반적으로 '명구鳴鳩'를 반구斑鳩, 즉 산비둘기로 풀이하지만, 포곡布穀(뻐꾸기)으로 풀이하는 경우도 있다. 그리고 이 글의 맥락에서는 뻐꾸기를 의미하므로 산비둘기로 풀이하지 않고 '명구'라는 표현을 그대로 사용했음을 밝혀둔다.—옮긴이
58) "布穀脚腦骨: 令人夫妻相愛, 五月五日收帶之各一, 男左女右. 云置水中自能相隨. (…)『爾雅』云: 鳲鳩. 注云: 今之布穀也. 牝牡飛鳴, 以翼相拂.『禮記』云: 鳴鳩拂其羽. 鄭玄云: 飛且翼相擊."
59) 『해경』에 나오는 남방의 비익조比翼鳥는 아마도 뻐꾸기일 것이다. 엉망이 된 인간의 결혼생활을 구제하기 위해서라면 날개를 나란히 하고 나는 뻐꾸기의 애정을 희생해도 된다는 말인가?
60) 이하『습유본초』의 '두견杜鵑'과 '고획姑獲'에 인용된 문장은, 이야기의 본래 원전과 차이가 꽤 있다. 진장기의『본초습유』에서는 해당 원전의 내용을 취한 것이지, 문장을 그대로 갖다 쓴 것이 아니기 때문이다. 따라서 글자의 차이가 있는 것은 물론이고, 내용의 생략도 지나치다. 맥락을 이해하는 데 꼭 필요한 내용은 원전을 참조하여 괄호 안에 추가했다.—옮긴이
61) "杜鵑: 初鳴先聞者, 主離別. 學其聲, 令人吐血. 於厠溷上聞者不祥, 厭之法, 當爲狗聲以應之, 俗作此說. 鳥小似鷂, 鳴呼不已.『蜀王本紀』云: 杜宇爲望帝, 淫其臣繁令妻, 乃亡去, 蜀人謂之望帝.『異苑』云: 杜鵑先鳴者, 則人不敢學其聲. 有人山行見一群, 聊學之, 嘔血便殞.『楚辭』云: 鵙鳴而草木不芳. 人云口出血聲始止, 故有嘔血之事也."
62) 『좌전』「양공襄公 30년」에 나오는 내용으로, 새가 운 곳이 정확히 말하자면 '택사亳社', 즉 은殷나라의 사社(토지신을 제사지내는 곳)이다. 새가 여기에 나타나서 "희희譆譆"

하고 운 것은, 송宋나라 공공共公에게 시집간 노魯나라 선공宣公의 딸 백희伯姬와 관련이 있다. 송나라는 주나라에 멸망당한 은나라의 후손이 세운 나라다. 이미 망국이 된 은나라의 사社에 이 새가 나타나 운 뒤에, 송나라 궁궐에 큰 화재가 났고 이때의 화재로 백희가 죽었다. 진장기는 "譆譆"가 두예의 주라고 했지만, 두예의 주가 아니라 『춘추좌전』의 본문임을 밝혀둔다.—옮긴이

63) 『주례』「추관사구秋官司寇」에 나오는 내용이다. 진장기는 "救月之弓"이라고 했지만 『주례』의 원문에 따라 "救月之矢"로 고쳐서 옮겼음을 밝혀둔다. 구일救日과 구월救月은 각각 일식과 월식이 일어났을 때, 달과 해에 화살을 쏘던 의식이다.—옮긴이

64) "姑獲: 能收人魂魄, 今人一云乳母鳥, 言産婦死變化作之, 能取人之子以爲己子, 胸前有兩乳. 『玄中記』云: 姑獲, 一名天帝少女, 一名隱飛, 一名夜行遊女, 好取人小兒養之. 有小子之家, 則血點其衣以爲志. 今時人小兒衣不欲夜露者, 爲此也. 時人亦名爲鬼鳥. 『荊楚歲時記』云: 姑獲, 一名鉤星, 衣毛爲鳥, 脫毛爲女. 『左傳』云: 鳥鳴於亳. 杜注: 譆譆. 是也. 『周禮』大庭氏: 以救日之弓, 救月之弓射之. 卽此鳥也."

65) 이 기표의 의미는 본초 박물학이 본초를 명명한 것에서 드러난다. 명명이야말로 의미의 최초 및 최종 운반체다. 따라서 치료가 일종의 의미를 부여하고 의미를 해석하는 활동이라 한다면, 아예 약물을 내던지고 단지 단어만으로도 치료가 이루어질 수 있다. 이것은 바로 고대 의학에서 흔히 볼 수 있는 축유술祝由術이다. 즉 약물의 이름을 말하고 특정한 의미를 지닌 동작을 하기만 하면 병을 달아나게 할 수 있다. 축유술은 고대 의학의 어의학적이고 해석학적인 내막을 가장 극단적으로 구현한 것이다.

66) "古者包犧氏之王天下也, 仰則觀象於天, 俯則觀法於地, 觀鳥獸之文, 與地之宜. 近取諸身, 遠取諸物. 於是始作八卦, 以通神明之德, 以類萬物之情."

67) "古者庖義氏之王天下也, 仰則觀象於天, 俯則觀法於地, 觀鳥獸之文, 與地之宜. 近取諸身, 遠取諸物. 於是始作易八卦, 以垂憲象. 及神農氏, 結繩爲治, 而統其事, 庶業其繁, 飾僞萌生. 黃帝之史倉頡, 見鳥獸蹄迒之迹, 知分理之可相別異也, 初造書契."

68) 미셸 푸코의 『말과 사물』 국내 번역본(이규현 옮김, 민음사, 2012)과 비교해서 보길 바란다. "16세기 말엽까지 서양 문화에서 닮음의 역할은 지식을 구축하는 것이었다. 텍스트에 대한 주석과 해석을 대부분 이끈 것은 바로 닮음이다. 닮음에 의해 상징 작용이 체계화되었고 가시적이거나 비가시적인 사물의 인식이 가능하게 되었으며 사물을 나타내는 기법의 방향이 결정되었다. 세계는 안으로 접혀 포개어졌다. 대지는 하늘을 반영했고 별에는 얼굴이 비치었으며 풀의 줄기에는 인간에게 유용할 비밀이 숨어 있다. 회화는 공간을 모방했다. 그리고 재현은 축제이건 지식이건 간에 반복으로, 즉 삶의 무대 또는 세계의 거울로 설정되었다. 재현은 바로 모든 언어의 호칭, 언어가 말해지고 언어의 말할 권리가 표명되는 방식이었다."(45쪽)—옮긴이

69) 레닌이 말하지 않았던가. 세상에 완전히 다른 나뭇잎 두 개는 없지만, 완전히 같은 나뭇잎 두 개도 없다고.

70) 러시아 형식주의 시학에서는 낱말의 관련을 두 가지 축, 즉 선택축과 결합축으로 구분했다. 선택축은 유사성—이 유사성은 어음語音적이고 어의적일 수 있다—을 사용하여 일련의 낱말을 연결한다. 한편 결합축은 문법에 따라 일련의 낱말을 조합한다. 시의 수사에서 주로 운용하는 것은 선택관계이고, 산문의 수사에서 주로 운용하는 것은 결합관계이다.

71) 하지만 민속학과 신화학의 영역에서는 유사성의 유령이 여전히 배회하며 떠나가지 않고 있다. 그래서 나는, 신이 누군가를 미치광이로 만들고 싶다면 그로 하여금 신화학을 연구하게 할 거라고 자주 말한다. 신화학 연구자는 본초학과 강호낭중江湖郞中(강호를 떠돌아다니면서 의술을 행하던 협의지사俠義之士를 가리킨다―옮긴이)이나 무당 등과 유사한 사유 방식을 이어받았다. 예를 들면 강호낭중은 탁목조가 벌레를 쪼아 먹기 때문에 탁목조로 치통을 치료할 수 있다고 믿었는데, 어떤 연구자들―특히 민간학자들―이 고대인이 새를 숭배했다고 믿는 이유도 그런 식이다. 한 가지 예를 들자면, 하늘을 나는 새가 읽거나(조鳥는 남성 생식기를 뜻하는 단어이기도 하다―옮긴이) 보기에 바짓가랑이 속 남자의 생식기와 유사하기 때문에 고대인이 새를 숭배했다는 것이다.
72) 궤양을 치료하는 데 백합을 쓰는 경우를 두고 말한 듯하다.―옮긴이
73) 소변을 시원스럽게 보지 못하고 소변 볼 때 통증이 있는 병증을 가리킨다.―옮긴이
74) 부종이나 어혈처럼 체내가 막히고 뭉쳐서 생겨난 병증을 가리킨다.―옮긴이
75) 등심과 목통의 형태를 두고 한 말인 듯하다. 골풀의 속심을 빼서 등잔불의 심지를 만드는데, 골풀의 줄기 구조 역시 공기가 잘 통하게 되어 있다. 목통의 경우, 줄기 안쪽에 작은 구멍이 방사상으로 나 있고 구멍의 양쪽 끝이 통하게 되어 있다. 등심과 목통의 이러한 형태로 인해, 이것을 약으로 쓰면 신체의 막힌 곳을 시원스럽게 뚫어줄 수 있다고 생각했던 것이다.―옮긴이
76) "王原叔內翰云: 醫藥治病, 或以意類取, 至如百合治病, 似取其名, 嘔血用臙脂紅花, 似取其色. 淋瀝滯結, 則以灯心·木通, 似取其類, 意類相假, 變化感通, 不可不知其旨也."
77) 오행五行의 원리에서는 상생相生과 상극相剋을 통해 각 요소가 조화를 이루는 것이 중요하다. 각 요소의 관계는 생아生我(나를 낳은 것), 아생我生(내가 낳은 것), 극아剋我(나를 이기는 것), 아극我剋(내가 이기는 것)의 관계가 있다. '소승所勝'이란 '아극'을 가리킨다.―옮긴이
78) 쇠뇌의 발사장치를 노기弩機라 하고, 발사장치에 있는 시위걸개를 노아弩牙라고 한다. 쇠뇌의 방아쇠를 당기면 시위걸개가 밑으로 내려가면서 시위가 튕겨나가 화살이 날아가게 되어 있다. 청동 노아를 붉게 달구어서 물에 넣어 식힌 뒤 그 물을 마시면 분만을 쉽게 할 수 있었다고 한다.―옮긴이
79) 오행상극의 원리에 의하면, 토土는 수水를 이기고 수는 화火를 이긴다.―옮긴이
80) 수분의 질병인 부종과 소변 이상에 잉어가 효능이 있다고 본 것이다.―옮긴이
81) "劉完素曰: (…) 夫物各有性, 制而用之, 變而通之, 施於品劑, 其功用豈有窮哉. 如是有因其性而爲用者, 有因其所勝而爲制者, 有氣相同則相求者, 有氣相剋則相制者, 有氣有餘而補不足者, 有氣相感則以意使者, 有質同而性異者, 有名異而實同者. 故蛇之性上竄而引藥, 蟬之性外脫而退翳, 虻飮血而用以治血, 鼠善穿而用以治漏, 所謂因其性而爲用者如此. 弩牙速産, 以機發而不括也. 杵糠下噎, 以杵築下也, 所謂因其用而爲使者如此. 浮萍不沉水, 可以勝酒, 獨活不搖風, 可以治風, 所謂因其所勝而爲製也如此. 麻, 木穀而治風, 豆, 水穀而治水, 所謂氣相同則相求者如此. 牛, 土畜, 乳可以止渴疾, 豕, 水畜, 心可以鎭恍惚, 所謂因氣相剋則相制也如此. 熊肉振羸, 兔肝明視, 所謂因其氣有餘補不足也如此. 鯉之治水, 鶩之利水, 所謂因其氣相感則以意使之者如此. 蜜成於蜂, 蜜溫而蜂寒, 油生於麻, 麻溫而油寒, 玆同質而異性也. 蘪蕪生於芎窮, 蓬藟生於覆盆, 玆名異而實同者也. 所以如此之類,不可勝擧. 故天地賦形, 不離陰陽, 形色自然, 皆有法象."
82) 치루痔漏나 붕루崩瘻(비정상적인 자궁 출혈)의 원인인 어혈을 뚫어준다는 의미일 것이다.—옮긴이
83) "療蟻瘻. 小兒驚邪, 婦人鬼魅悲泣, 及疥癬痔漏. (…) 除痰瘧寒熱, 風痹強直疼痛, 通經脈, 下乳汁, 消癰腫, 排膿血, 通竅殺蟲."
84) 왕불류행王不留行이라고도 한다. 머무르지 않고 매우 활동적인 성질이므로, 비록 왕의 명이라 할지라도 움직임을 멈추지 않는다는 의미에서 생겨난 이름이다.—옮긴이
85) "弘景曰: 此物食蟻, 故治蟻瘻. 時珍曰: 穿山甲入厥陰·陽明經, 古方鮮用, 近世風瘧·瘡科·通經·下乳, 用爲要藥, 蓋此物穴山而居, 寓水而食, 出陰入陽, 能竄經絡, 達於病所故也. 按: 劉伯溫『多能鄙事』云: 凡油籠滲漏, 剝穿山甲裡面肉薑投入, 自至漏處補住. 又「永州記」云: 此物不可於堤岸上殺之, 恐血入土, 則堤岸滲漏. 觀此二說, 是山可使穿, 堤可使漏, 而又能至滲處, 其性之走竄可知矣. 諺曰: 穿山甲·王不留, 婦人食了乳長流. 亦言其迅速也."
86) "古者民茹草飮水, 采樹木之實, 食蠃蚌之肉, 時多疾病毒傷之害, 於是神農乃始敎民播種五穀, 相土地之宜, 燥濕肥墝高下, 嘗百草之滋味, 水泉之甘苦, 令民知所避就. 當此之時, 一日而遇七十毒."
87) "炎帝神農氏 (…) 始敎天下耕種五穀而食之, 以省殺生. 嘗味草木, 宣榮療疾, 救夭傷人命. 百姓日用而不知, 著『本草』四卷."
88) "余少年時, 每將用藥, 必逐件細嘗, 卽得其理, 所益無限."
89) "草木受氣多偏, 味難純一, 一藥多兼數味, 或先苦後辛·後甘, 或先甘後辛·後苦, 總總以味偏勝者爲主, 味據後者爲眞, 但須平昔親嘗, 方能不誤."
90) "其神農衆疾俱備, 而歷試之乎? 況汚穢之藥, 不可嘗者, 其亦嘗乎? 且味固可以嘗而知, 其氣·其性·其行經·主治及畏·惡·反·忌之類, 亦可嘗而知乎?"
91) "正月雨水: 夫妻各飮一杯, 還房, 當獲時有子. 神效也."
92) "夫溺處土: 令有子, 壬子日, 婦人取少許, 水和服之, 是日就房, 卽有娠也."
93) "正月十五日燈盞: 令人有子. 夫婦共於富家局會所盜之, 勿令人知之, 安卧牀下, 當月有娠."

8장

1) "世之覽『山海經』者, 皆以其閎誕迂夸, 多奇怪俶儻之言."
2) "又東三百七十里, 曰杻陽之山, 其陽多赤金, 其陰多白金. 有獸焉, 其狀如馬而白首, 其文如虎而赤尾, 其音如謠, 其名曰鹿蜀, 佩之宜子孫. 怪水出焉, 而東流注于憲翼之水. 其中多玄龜, 其狀如龜而鳥首虺尾, 其名曰旋龜, 其音如判木, 佩之不聾, 可以爲底."
3) 1920~1930년대 구제강을 대표로 하는 '고사변파'는 청대 고증학의 전통을 계승하고 서구 근대 사학을 수용하여 고문헌의 신빙성에 근본적인 의문을 제기했다. 이들은 세밀한 고증을 통해 우禹 이전의 고사고사는 신화라고 주장했다. 1923년에 구제강이 '누층적으로 만들어진 고사설'을 내놓았고, 이로 인해 고사 대논쟁이 펼쳐졌다. 이후 상고사에 대한 지속적인 논의들이 한데 묶여『고사변古史辨』이 출간되었다. 의고疑古가 중심 사상이었던 이

들을 고사변파 또는 고사변학파로 부르게 된 것은 바로 이 책에서 유래한다.—옮긴이
4) "南方祝融, 獸身人面, 乘兩龍."(「海外南經」), "西方蓐收, 左耳有蛇, 乘兩龍."(「海外西經」), "北方禺彊, 人面鳥身, 珥兩靑蛇, 踐兩靑蛇."(「海外北經」), "東方勾芒, 鳥身人面, 乘兩龍."(「海外東經」)
5) "四海之外, 絕域之國, 殊類之人"(「상산해경표上山海經表」)-출전은 옮긴이가 찾아 밝힘
6) "溥天之下, 莫非王土, 率土之濱, 莫非王臣."(『시경詩經』「소아小雅·북산北山」)-출전은 옮긴이가 찾아 밝힘
7) "非我族類, 其心必殊."(『좌전左傳』「성공成公 4년」)-출전은 옮긴이가 찾아 밝힘

9장

1) 핵核과 통하는 것으로 보았다.—옮긴이
2) "少陽見寅, 寅者演也. (…) 盛於卯, 卯者茂也. (…) 衰於辰, 辰者震也. (…) 其日甲乙, 甲者, 萬物孚甲也. 乙者, 物蕃屈有節欲出. (…) 太陽見於巳, 巳者物必起. (…) 壯盛於午, 午物滿長. (…) 衰於未, 未昧也. (…) 其日丙丁, 丙者其物炳明, 丁者強也. (…) 少陰見於申, 申者身也. (…) 壯於酉, 酉者老, 物收斂. (…) 衰於戌, 戌者滅也. (…) 其日庚辛, 庚者物更也, 辛者陰始成. 太陰見於亥, 亥者侅也. (…) 壯於子, 子者孳也. (…) 衰於丑, 丑者紐也. (…) 其日壬癸, 壬者陰始任, 癸者揆度也. (…) 土爲中宮, 其日戊己. 戊者茂也, 己者抑屈起."
3) 해음쌍관諧音雙關이란 음이 같거나 비슷한 관계로 인해 이중의 의미를 지니게 되는 것을 가리킨다.—옮긴이
4) 어魚와 여餘는 중국어로 모두 '위'라고 발음된다.—옮긴이
5) 계雞와 길吉은 중국어로 모두 '지'라고 발음된다.—옮긴이
6) 금어金魚와 금옥金玉은 중국어로 모두 '진위'라고 발음된다.—옮긴이
7) '팔八'과 '발發'은 중국어 표준어로는 각각 '바'와 '파'로 발음된다. 그런데 광둥廣東 방언에서는 두 글자의 발음이 매우 유사하다. 8이 오늘날 중국인이 가장 선호하는 숫자가 된 것은 광둥 지역에서 연원한 것이다.—옮긴이
8) 진陳과 침沈은 중국어로 모두 '천'이라고 발음된다.—옮긴이
9) 제나라 양공襄公의 딸인 애강哀姜을 가리킨다. 장공이 죽은 뒤 애강은 장공의 두 동생 경보慶父, 숙아叔牙와 사통했다. 또한 경보를 왕으로 세우기 위해 경보와 함께 민공閔公을 살해했다. 백성이 반발하자 애강은 주邾나라로 도망쳤는데, 제나라 환공桓公이 사람을 보내 그녀를 죽인 뒤 그 시신을 노나라로 돌려보냈다.—옮긴이
10) "嚴公十七年冬, 多麋. (…) 劉向以爲麋色靑, 近靑祥也. 麋之爲言迷也. 蓋牝獸之淫者也. 是時嚴公將取齊之淫女, 其象先見. 天戒若曰: 勿取齊女, 淫而迷國."
11) "元帝初元四年, 皇后曾祖父濟南東平陵王伯墓門梓柱卒生枝葉, 上出屋. 劉向以爲王氏貴盛, 將代漢家之象也. 後王莽簒位, 自說之曰: 初元四年, 莽生之歲也, 當漢九世火德之厄, 而有此祥興於高祖考之門. 門爲開通, 梓猶子也. 言王氏當有賢子, 開通祖統, 起於柱石大臣之位, 受命而王之符也."
12) "東邊日出西邊雨, 道是無晴却有晴."

13) 저자가 가다머의 해석학 개념을 사용한 듯하다. 여기서 '효과 역사'란 가다머 해석학의 '영향사(작용사)'에 해당된다. 가다머는, 현재의 지평은 역사적인 영향의 작용을 받아 성립된다고 보았다. 현재는 과거에 영향을 주고 그렇게 받아들인 과거가 다시 현재에 작용한다. 이처럼 영향과 작용이 순환하는 역사를 가다머는 'Effective history'라고 했다.—옮긴이
14) 희련戲聯이란 희대의 양쪽에 붙이는 대련對聯으로, '희대련戲臺聯'이라고도 한다.—옮긴이
15) "堯舜生, 湯武末, 桓文淨丑, 古今來多少角色. 日月燈, 江海油, 風雷笛鼓, 天地間一大戲場."
16) 저우시루이周錫瑞의 미국명은 조지프 에셔릭Joseph W. Esherick으로, 중국 근대사 연구자다. 『의화단운동의 기원』은 1987년도에 출간되었으며 원제는 The Origins of the Boxer Uprising이다.—옮긴이
17) 새회賽會는 묘회廟會의 일종이다. 묘회는 사당 부근에 사람들이 모여서 신에게 제사지내고 여러 가지 오락 활동을 하며 물건을 사고팔던 전통 풍속이다. 새회에서는 신을 즐겁게 하기 위해 희극을 공연하는 것 외에도 재앙을 쫓고 복을 구하기 위해 사당에서 신상을 모시고 나가 동네를 도는 활동이 이루어졌다.—옮긴이
18) "戲臺小天地, 天地大戲臺."
19) "學者緣聲求義, 輒擧聲近之字爲釋, 取其明白易通, 而聲義皆失. 流求珥貳, 例啟於周公, 乾坤順, 說暢於孔子. (…) 侵尋乎漢世, 間見於緯書, 韓嬰解詩, 班固輯論, 率用斯體, 宏闡經術. 許鄭高張之倫, 彌廣厥恉. 逮劉成國之『釋名』出, 以聲爲書, 遂爲經說之歸墟, 實亦儒門之奧鍵."
20) "信口說而背傳記, 是末師而非往古."
21) 시의 수사법인 흥興은 하고 싶은 말을 하기 전에 먼저 다른 것을 가져다가 분위기를 띄우는 것이다. 주로 시의 앞부분에 많이 쓰인다.—옮긴이
22) "夫王者布德於子, 治成於丑, 興運於寅, 施化於卯, 成紀於辰, 威震於巳, 德王於午. 故子者孳也, 自是漸孳生也. 丑者紐也, 萬物之生已定紐也, 寅者演也, 物演漸大, 少陽之氣也. 卯者茂也, 物茂漸成也. (…) 壬者任也, 至精之專. 癸者揆也, 謂可度其將生之理也."
23) 저자가 3언·5언·7언이 갖는 운율을 말하고자 하는 부분이므로, 이러한 의도를 살리기 위해 원래 문장의 음을 앞쪽에 달아서 옮겼음을 밝혀둔다.—옮긴이
24) 괄호 안의 해석은 옮긴이가 첨가한 것이다. 『개원점경開元占經』 권65에서 인용한 『고령요』의 문장은 다음과 같이 약간 차이가 있다. "王良策馬, 狼狐張, 咄咀害, 出血將將." 『개원점경』의 주에서는 '돌저咄咀'를 큰 별의 이름이라고 했다. 왕량王良은 본래 춘추시대 진晉나라의 뛰어난 말몰이꾼이었다. 여기서는 별의 이름으로, 왕량은 천마天馬를 주관하는 별이다. '책策'은 왕량 곁에 있는 별의 이름이기도 하다. 왕량성과 책성 모두 빛의 밝기가 변하는 변광성이다. 따라서 고대 점성가들은 그것의 밝기를 통해 재이를 판단했다. 왕량이 말을 채찍질한다는 것은 왕량성과 책성의 빛깔이 변하여 전쟁이 일어날 징조라는 의미다. 또한 낭성狼星의 빛깔이 변하면 천하에 도적이 많아질 징조로 여겨졌다.—옮긴이
25) 괄호 안의 해석은 옮긴이가 첨가한 것이다. 주성注星은 유성柳星으로, 남방 칠수七宿에 속하며 여기서는 한나라를 세운 고조高祖 유방劉邦의 '유劉'씨를 의미한다. 진수軫宿 역시 남방 칠수에 속하며, 초楚 분야分野에 해당된다. 유방은 서주徐州 출신인데 서주는

초 지역에 속했다. 이 문장은 유방의 한나라가 진秦나라를 대신할 것임을 의미한다.—옮긴이
26) 명협蓂莢은 상서로움을 상징하는 전설상의 풀이다. 초하루부터 보름까지 하루에 한 잎씩 났다가, 열엿새부터 그믐까지는 하루에 한 잎씩 떨어진다고 한다.—옮긴이
27) 저자가 인용한 문장은 "夏出霸"이지만 『설부說郛』 권5 상上에는 "夏出霜"으로 나와 있다. 또한 『태평어람太平御覽』 권878에서 인용한 『춘추명력서春秋命曆序』에도 "夏出霜"으로 나와 있다. 이에 근거하여, 맥락상 '패霸'보다 '상霜'이 적당하므로 서리로 옮겼음을 밝혀둔다. '패霸'로 옮긴다면 "하나라가 패자의 자리에서 쫓겨났네"가 된다.—옮긴이
28) 도적의 무리, 적류賊類는 진시황을 가리킨다. 천류賤類(비천한 무리)로 나온 판본도 있다. 이는 진나라 양왕襄王의 아들인 진시황이 사실은 여불위呂不韋의 핏줄임을 빗댄 것이다. 높은 이로 표현된 '고高'는 진나라의 승상 조고趙高를 가리킨다.—옮긴이
29) 도적이 활개를 친다는 것은 진시황이 왕위에 오른다는 의미다. 묘卯는 한 고조 유방의 성씨인 '유劉'를 가리킨다. 호虎는 유방을 의미한다. 따라서 이 문장은 "진시황이 왕위에 오르니, 유씨 집안에서 한 고조가 나온다"는 의미다.—옮긴이
30) 동東은 정월인 인寅을 가리키고, 축丑은 음력 12월에 해당된다. 닭이 세 번 운다는 것은 한 해의 시작을 의미한다.—옮긴이
31) 이는 『시경』 「소아小雅·십월지교十月之交」에 나오는 다음 구절을 원용한 것이다. "百川沸騰, 山冢崒崩, 高岸爲谷, 深谷爲陵."—옮긴이
32) 원제 초원 4년에 태어난 왕망이 왕위를 찬탈한 일을 빗댄 이야기다. 우물물은 음陰을 상징하고 밥 짓는 연기는 양陽을 상징한다. 옥당玉堂은 궁전의 이름이고 금문金門은 궁문의 이름으로, 지존의 거처를 상징한다. 물이 불을 끄고 옥당과 금문에 흐른다는 것은, 음이 성하여 양을 소멸시키니 왕위가 찬탈될 징조다. 화덕火德의 한나라가 망하게 될 것임을 의미한다.—옮긴이
33) 성제의 황후 조비연趙飛燕이 왕실의 후사를 끊어놓은 이야기를 빗댄 것이다. 제비는 조비연을 상징한다. 장공자張公子는 부평후富平侯 장방張放이다. 성제가 미복하고 장방과 함께 궁을 나갔다가 조비연을 만나게 되었다. 창랑근創琅根은 청동으로 된 문고리와 장식인데, 이는 조비연이 궁에 들어가게 될 것임을 의미한다. 조비연은 임신을 하지 못했는데, 성제의 후궁이 임신을 하면 그 후궁을 죽이거나 후궁이 낳은 아이를 죄다 죽였다. 조비연도 결국엔 자살로 생을 마쳤다.—옮긴이
34) 왕망이 왕위를 찬탈한 일을 빗댄 이야기다. 계수나무는 붉은색으로 한나라를 상징한다. 계수나무 꽃이 열매를 맺지 못한다는 것은 후사가 끊어질 것을 의미한다. 황작黃雀은 왕망을 상징하는데, 그가 세운 신新나라는 황색을 숭상했다.—옮긴이
35) "今廣之次所旁叢祠中, 夜構火, 狐鳴, 呼曰: 大楚興, 陳勝王."
36) "亡秦者, 胡也." 여기서 호胡는 북방 민족인 호를 의미하는 한편 진시황의 아들인 호해胡亥를 뜻하기도 한다. 진시황은 이 말로 인해 북방의 호를 경계했다고 한다. 그런데 정작 진나라를 멸망으로 이끈 것은 호해였다.—옮긴이
37) 장장漿은 술·차·초 등 마실 것을 의미한다.—옮긴이
38) "冷的吃一盞, 冷的吃一盞." '냉冷'은 '한寒(차다)'이다. 이는 '한韓'을 의미하며, 남송의 대신 한주韓胄를 빗댄 것이다. '잔盞'은 '참斬(베다)'이다.
39) 오징어 그림을 파는 사람의 이야기는, 오징어인 '오적烏賊'을 '적적'과 연관짓기 위해 사

용한 것이다.—옮긴이
40) "滿潮都是賊, 滿潮都是賊." '조潮'는 '조朝(조정)'을 의미하고, '적賊'은 '국적國賊'을 의미한다.

10장

1) "聞諸副墨之子, 副墨之子聞諸洛誦之孫, 洛誦之孫聞之瞻明, 瞻明聞之聶許, 聶許聞之需役, 需役聞之於謳, 於謳聞之玄冥, 玄冥聞之參寥, 參寥聞之疑始."
2) "蓋史之建官, 其來尙矣. 昔軒轅氏受命, 倉頡·沮誦實居其職."
3) "黃帝使……沮誦·倉頡作書, 沮誦·倉頡, 黃帝左右史."
4) '제나라 동쪽의 야인'이라는 뜻.『맹자』「만장萬章」에 나오는 말로, 사리에 어둡고 어리석은 시골뜨기를 의미한다. 한편 이 책의 저자는 '제동야인'을 일반 민중의 의미로 사용하고 있다.—옮긴이
5) "左丘失明, 厥有國語."(「보임안서報任安書」)-출전은 옮긴이가 찾아 밝힘
6) 周語上記邵穆公諫厲王語曰: "天子聽政, 使公卿至於列士獻詩, 瞽獻曲, 史獻書, 師箴, 瞍賦, 矇誦, 百工諫, 庶人傳語, 近臣盡規, 親戚補察, 瞽史敎誨, 耆艾修之, 而後王斟酌焉, 是以事行而不悖." 此一"瞽·史"上承"瞽獻曲, 史獻書"而來, 故可確定其爲二種人, 非以瞽而爲史也.
7) "掌書外令, 掌四方之誌, 掌三皇五帝之書, 掌達書名於四方."
8) "掌道四方之政事, 與其上下之志, 誦四方之傳道"

11장

1) 桓公讀書於堂上, 輪扁斲輪於堂下, 釋椎鑿而上, 問桓公曰: "敢問, 公之所讀者, 何言邪?" 公曰: "聖人之言也." 曰: "聖人在乎?" 公曰: "已死矣." 曰: "然則君之所讀者, 古人之糟魄已夫!" 桓公曰: "寡人讀書, 輪人安得議乎! 有說則可, 無說則死!" 輪扁曰: "臣也以臣之事觀之. 斲輪, 斲輪, 徐則甘而不固, 疾則苦而不入, 不徐不疾, 得之於手而應於心, 口不能言, 有數存焉於其間. 臣不能以喩臣之子, 臣之子亦不能受之於臣, 是以行年七十而老斲輪. 古之人與其不可傳也, 死矣. 然則君之所讀者, 古人之糟魄已夫!"(『장자』「천도天道」)-출전은 옮긴이가 찾아 밝힘
2) "謬悠之說, 荒唐之言, 無端崖之辭"(『장자』「천하天下」)-출전은 옮긴이가 찾아 밝힘
3) 언의지변言意之辨이란 말과 뜻의 관계 문제, 즉 표현되는 말과 표현하고자 하는 뜻의 관계에 관한 문제다.—옮긴이
4) "山氣日夕佳, 飛鳥相與還. 此中有眞意, 欲辯已忘言."(「음주飮酒」제5수)-출전은 옮긴이가 찾아 밝힘
5) "書不盡言, 言不盡意."
6) "故說詩者, 不以文害辭, 不以辭害志, 以意逆志, 是爲得之."

7) "究天人之際, 通古今之變, 成一家之言"
8) "爲天地立心, 爲生民立命, 爲往聖繼絶學, 爲萬世開太平."
9) "王者之迹熄而『詩』亡,『詩』亡然後『春秋』作."
10) 고삭告朔이란 제왕이 이듬해의 역서와 정령政令을 제후들에게 반포하던 일을 가리킨다.—옮긴이
11) "幽·厲之後, 周室微, 陪臣執政, 史不記時, 君不告朔, 故疇人子弟分散, 或在諸夏, 或在夷狄, 是以其禨祥廢而不統."
12) "家業世世相傳爲疇, 律, 年二十三傳之疇官, 各從其父學."
13) "相語以事, 相示以功, 相陳以巧, 相高以知事. 旦昔從事於此, 以教其子弟, 少而習焉, 其心安焉, 不見異物而遷焉. 是故其父兄之教不肅而成, 其子弟之學不勞而能."
14) "以官爲氏"
15) "我欲託之空言, 不如見諸行事之深切著明也."
16) 보천가步天歌란 시가의 형식으로 별들을 소개한 것이다.—옮긴이
17) 춘사春祠와 추상秋嘗은 각각 봄과 가을에 거행하던 종묘제례 가운데 하나이다.—옮긴이
18) 새사賽社란 신의 은혜에 감사하며 지내는 제사로, 봄에 열리는 새사를 춘새春賽라 하고 가을에 열리는 새사를 추새秋賽라 한다.—옮긴이
19) 『좌전』 「소공昭公 12년」에 나오는 기록이다. 의상倚相은 초나라의 사관이다.—옮긴이
20) 『삼분』이 삼황의 책에 해당되고, 『오전』이 오제의 책에 해당된다.—옮긴이
21) 과의본科儀本이란 의례의 저본底本을 가리킨다.—옮긴이
22) "制神之處位次主, 而爲之牲器時服."
23) "能知山川之號, 高祖之主, 宗廟之事, 昭穆之世, 齊敬之勤, 禮節之宜, 威儀之則, 容貌之崇, 忠信之質, 禋潔之服而敬恭明神"
24) "能知四時之生, 犧牲之物, 玉帛之類, 采服之儀, 彝器之量, 次主之度, 屏攝之位, 壇場之所, 上下之神, 氏姓之出, 而心率舊典"
25) 선공先公은 천자와 제후의 조상에 대한 존칭이다.—옮긴이
26) "禮失而求諸野."
27) 魄을 '백'으로 읽으면 넋이라는 의미이고, '박'이라고 읽으면 찌꺼기의 의미다. "왕께서 읽고 계시는 것은 옛사람의 지게미일 뿐"이라는 『장자』의 문장에서 '지게미'에 해당되는 단어가 바로 '조박糟魄'이므로, 이를 살려서 '박'으로 옮겼다.—옮긴이
28) '차피扯皮(중국어 발음은 '처피')'는 중국어로, '옥신각신 입씨름한다'는 의미다. 저자는 이 단어를 차扯(잡아당기다)와 피皮(가죽)로 나누어서, '가죽을 잡아당긴다'는 의미를 담고자 한 것으로 보인다. 저자는 문자를 껍데기·거죽·가죽에 비유하면서 지식인이란 거죽에 불과한 문자를 가지고 옥신각신 입씨름하는 존재임을 말하고자 한 것이다.—옮긴이

12장

1) 『홍루몽』 제39회 '촌 할멈은 거침없이 지껄이고 다정한 도련님은 기어코 내막을 캐려고

하다村姥姥是信口開合 情哥哥偏尋根究底'에 나오는 내용이다.—옮긴이
2) 『홍루몽』 제40회 '사태군은 대관원에서 연회를 두 번 베풀고 금원앙은 연회에서 주령酒令을 세 번 내리다史太君兩宴大觀園 金鴛鴦三宣牙牌令'이다.—옮긴이
3) "伴君如伴虎"
4) 『홍루몽』 120회 가운데, 80회는 조설근이 쓴 것이고 나머지 40회는 고악高顎이 쓴 것이라고 한다. 저자는 조설근이 80회 이후로 이야기를 마무리 짓지 못했기 때문에 이렇게 말한 것이다. 참고로 말하면, 왕희봉王熙鳳이 자신의 딸 교저巧姐를 유씨 할멈에게 부탁하는 내용은 제113회에 나오는데, 유씨 할멈이 세 번째로 가부에 들어왔을 때다.—옮긴이
5) 1990년대 중국 문학계에서 있었던 '인문정신 논쟁'과 관련된 내용이다. 개혁개방 이후 경제우선주의가 만연한 중국사회에 대한 비판과 맞물려서 인문정신이 화두로 떠올랐다. 대중성과 상업성이 두드러진 왕쉬王朔의 문학을 겨냥한 이들의 담론이 그 발단이었다. 이들은 왕쉬의 문학을 '건달문학'이라 칭하면서 그가 말하는 것은 풍자가 아니라 가벼움과 쾌감만을 추구하는 '조롱'이라고 비판했다. 반면 왕멍王蒙은 다원화의 관점에서 왕쉬를 두둔하며, 도학적 가치만을 따지는 것은 또 다른 전제주의라고 비판했다. 왕멍은 최소한의 유머조차 인정되지 않는 문학에 무슨 인문정신이 있겠냐고 반문하며, 각 작가의 다양성을 인정해야 한다고 주장했다. 또한 굳이 풍자와 조롱을 구분하며 왕쉬의 소설을 폄하할 필요가 없다고 보았다. 왕멍은 「숭고함을 회피한다躲避崇高」라는 글을 『독서』(1993년 1월호)에 실었다. 여기서 '숭고 회피파'라고 한 것은 왕멍의 글 제목에서 딴 것으로 보이며, 왕쉬와 같은 작가들을 옹호한 사람들을 가리킨다. 그리고 '이상 고수파'는 그들의 반대파를 가리킨다.—옮긴이
6) 사실 도통 지식인도 타락할 가능성은 마찬가지로 있었으며 그것도 더 나쁘게 타락할 수 있었다. 악한 이를 돕는 하수인으로 타락할 수 있었다!
7) "言語侍從之臣" 반고班固의 「양도부서兩都賦序」에 나오는 구절로, 이 글에서 '언어시종지신'으로 언급된 이들로는 사마상여司馬相如·우구수왕虞丘壽王·동방삭·매고·왕포王褒·유향劉向이 있다.—옮긴이
8) "僕之先人, 非有剖符丹書之功, 文史星曆, 近乎卜祝之間, 固主上所戲弄, 倡優所畜, 流俗之所輕也."
9) 『사기』와 『홍루몽』의 역사관이 일맥상통함을 말하기 위하여 「굴원가생열전」에 해당되는 인물을 가보옥으로 보고, 「골계열전」에 해당되는 인물을 유씨 할멈으로 보고, 「유협열전」에 해당되는 인물을 유상련과 우삼저로 본 것이다.—옮긴이
10) 비록 유학이 한나라 무제 때 독존의 지위를 얻긴 했지만, 관방의 손에 장악된 학교 외에는 독립적인 전수 기구와 물질적 보장이 따로 없었다.
11) "以身殉道"(『맹자』「진심盡心 상」)-출전은 옮긴이가 찾아 밝힘
12) "殺身成仁"(『논어』「위영공衛靈公」)-출전은 옮긴이가 찾아 밝힘
13) "無恒產而有恒心, 唯士爲能!"(『맹자』「양혜왕梁惠王」)-출전은 옮긴이가 찾아 밝힘
14) "普天下郎君領袖, 蓋世界浪子班頭." 관한경關漢卿의 투곡套曲 「남려南呂·일지화一枝花·불복로不伏老」에 나오는 구절이다. 낭군郎君은 원곡元曲에서 풍류스럽고 제멋대로인 남자를 가리키는 의미로 자주 사용된다. 낭자浪子 역시 이와 같은 의미다.—옮긴이
15) 관한경關漢卿은 원元나라 초기의 희곡 작가다. 가무에 능하고 음률에 정통했으며 민

간 언어를 능숙히 다루었고 많은 잡극雜劇 대본을 썼다. 관한경은 공연하는 이들과 늘 어울렸으며 직접 연출하고 무대에 오르기도 했다. 관한경의 잡극에는 봉건통치의 암흑상을 폭로하고 하층민의 비참함을 다룬 내용이 많다. 그는 '구리완두'라는 말로 자신의 강단 있는 성품을 묘사했다.―옮긴이
16) "鋤不斷斫不下解不開頓不脫慢騰騰千層錦套頭"
17) "蒸不爛煮不熟捶不匾炒不爆響當當"
18) 조설근이 유씨 할멈을 따라갔다는 표현은, 지식인을 배우와 연결짓는 상징적인 표현이다. 조설근이 만년을 보냈다는 황엽촌黃葉村은 현재 베이징 식물원 안에 있으며, 이곳에 조설근 기념관도 있다.―옮긴이
19) "批閱十載, 增刪五次"
20) 『홍루몽』 제1회에 나오는 내용이다. 돌에 새겨진 내용을 옮겨 적은 것이라 하여 조설근은 이 책을 『석두기石頭記』라고 했다. 『홍루몽』이라는 서명은 120회본이 나오면서 붙여진 것이다.―옮긴이

13장

1) 유동적인 형태라는 의미의 '활태活態'는, 고정된 형태를 의미하는 '고태固態'에 대한 상대어이다. 역사유적, 출토유물, 고대건축 등과 같은 유형문화는 기본적으로 형태가 고정되어 있기 때문에 변화하지 않는 반면, 신화와 같은 구비전승은 유동적으로 끊임없이 변화한다.―옮긴이

옮긴이의 말

고전의 풀뿌리에 감춰진 히에로파니

창을 통해 나는 눈 쌓인 땅 위에 앉아 있는 아주 조그만 개구리 한 마리를 본다. 개구리는 한쪽 눈은 깜빡이고 다른 쪽 눈은 둥글게 뜨고 있다. 개구리가 미동도 않고 나를 쳐다보고 있다. 나는 그것이 신이라는 것을 이해한다. 신이 개구리의 형태로 내 앞에 나타나 내가 이해했는지 못 했는지 쳐다보고 있다. 그가 눈을 깜박여 나에게 말을 하고 있다. 신이 인간들에게 말을 할 때는 인간들이 자신의 목소리를 듣는 걸 원치 않는다. (…) 그가 다른 눈의 눈꺼풀을 깜박여 인간들에게 말하는 이해할 수 없는 언어, 나는 그것을 이해해야만 한다. 하지만 그것은 그가 알 바 아니다. (…) 내가 그에게 질문을 한다. 그렇다면 아직도 찾아야 할 뭔가가 있나요?(가오싱젠, 이상해 옮김, 『영혼의 산』)

『영혼의 산』에서 영산靈山을 찾아가는 '나'의 여정 그 마지막에 등장하는 개구리는 신의 현현顯現이라고 할 수 있다. 세계 속 존재의 두 가지 존재 양식을 성聖과 속俗으로 구분한 엘리아데는, 인간이 성스러움을 깨닫는 것은 성스러운 것이 세속적인 것과는 다른 그 무엇으로서 자신을 드러내 보여주기 때문이라고 했다. 그는 성스러움이 드러나는 것, 성스러움의 현현을 성현聖顯, 즉 '히에로파니hierophany'라고 했다. 돌이나 나무처럼 평범한 것도 히에로파니일 수 있다. 성스러운 돌이나 나무가 겉으로 보기엔 여느 돌이나 나무와 다를 바 없지만 그것을 히에로파니라고 생각하는 사람에게 그것은 초자연적인 신성한 것이다.

류쭝디에게 고전의 풀뿌리를 캐내는 작업은, 속俗에서 성스러움의 현현을 찾아내는 일이자 존재하는 것들의 의미를 찾아내는 일처럼 보인다. "텍스트·서사·지식의 배후에 있는 '의미의 세계'를 드러내 보이는 것이야말로 인문과학의 종지"라고 주장하는 류쭝디는 고전에 담긴 고대인의 시간관과 공간관을 집요하게 파헤친다. 그가 천문역법에 집착하는 이유 역시 그것이 인간의 시간관과 공간관을 규정했다고 여기기 때문이다. 그는 시간과 공간의 중요성을 곳곳에서 강조한다. 인간이 세계를 이해하고 만물을 인식하는 기본 형식, 인간의 우주관이 성립되는 데 있어서 주춧돌, 인류의 인지와 실천에 있어서 기본적이고 직관적인 형식, 고대인이 하늘과 땅을 관찰하고 우주를 이해하며 천지를 다스리고 역사를 깨닫는 기초, 만물을 분류하고 망라하며 우주를 기획하고 고금을 관통하는 힘을 지닌 것, 이것이 바로 그가 말하는 시간과 공간이다. 그는 인간의 정신에 있어서 역법이 단순히 기호나 숫자로 표시된 연·월·일·시가 아니라 인간이 우주와 역사를 이해하는 기본 근거라고 하면서 이렇게 말한다. "역법이 있었기 때문에 광대한 하늘과 드넓은 대지, 그리고 유유히 흘러가는 세월이 단순한 혼돈에 머물지 않고 윤곽이 뚜렷해지고 질서정연하게 변했다. 이로써 하늘에는 분야分野가 있고 땅에는 경위經緯가 있고 역사에는 편년編年이 있게 되어, 천문·지리·인륜이 생겨났다. 천지간에 살아 있는 모든 것과 삼라만상, 유수처럼 흘러가는 세월 속의 갖가지 세상일이 모두 이 질서 속에서 각자의 위치와 특정한 의미를 획득했고, 세계와 역사는 비로소 이해할 수 있고 말할 수 있게 변했다."

류쭝디는 그의 학문 이력을 그대로 반영하듯 특정 분과 학문을 초월하여 자유로운 경계인으로서 통섭의 학문을 펼쳐 보인다. 그는 천문학·민속학·신화학·문헌학·기호학 등을 종횡무진하면서 고전의 풀뿌리에 감춰진 무수한 민초들의 시간과 공간에 대한 인식, 그리고 그들의 삶을 읽어낸다. 오행설과 봉선의 기원을 역법 및 천문과 연결 짓고, 용의 기원을 창룡성에서 찾아내고, 칠석의 기원을 하늘에서 빛나는 별에 대한 고대인의 시간감각 속에서 찾아낸다. 이렇게 그는 기원을 이야기하며 하늘에 감춰진 고전의 풀뿌리를 캐낸다. 그의 이야기에 우리는 고개를 들어 별이 빛나는 밤하늘을 바라보게 된다.

류쭝디가 펼쳐 보여주는 고전의 풀뿌리는 문명의 뿌리이자 문화의 뿌리다. 그 뿌리의 힘의 원천은 민간의 대지다. 그래서 그는 금문경학의 성훈법의 연원을 민간의 해음쌍관법에서 찾고, 구제강의 '누층적으로 만들어진 고사古史설'의 탄생 배경을 고사故事와 연극이라는 민중 예술의 각도에서 조명하는 한편, 문자란 거죽에 불과하다고 강조한다. 민간의 구비전승 문화와 비교했을 때 지식인의 문자 문화는 입씨름에 불과한, 영혼이 사라진 뒤 남겨진 거죽에 불과하다는 것이다. 그래서 그는『홍루몽』에 나오는 일자무식의 유씨 할멈이 민간 서사의 강인함을 대변한다고 말하며, 동방삭과 같은 (주류의 도통 지식인이 아닌) 배우 지식인의 역량이 민간의 안목에서 비롯되었다고 말한다. 이렇게 그는 문명과 문화의 뿌리를 이야기하며 대지에 감춰진 고전의 풀뿌리를 캐낸다. 그의 이야기에 우리는 대지의 바람에 실려오는 민간의 노랫소리에 귀를 기울이게 된다.

하늘과 대지에 감춰진 고전의 풀뿌리를 캐내는 류쭝디의 작업은 『산해경』의 세계를 탐구하는 데 있어서도 흥미롭게 전개된다. 그는 촉룡의 연원을 하늘의 용성에서 찾는다. 그리고『산경』의 박물학을 파헤치며 고대인의 사유를 인도했던 유사성에 주목한다. 과학과 미신이 한데 뒤섞인『산경』의 담론의 장을 분석하면서, '푸코'와 만나고 병증의 기표에 근거하여 약물의 기의를 찾는 '본초학'과 만난다. 또한 『해경』의 천문학적 연원을 탐구하면서, 『해경』이 지리서라기보다는 천문역법서임을 역설한다.

10년에 걸쳐 쓰인 여러 편의 글이 '고전의 풀뿌리'(이 책의 원제목)라는 주제로 한 권의 책으로 엮였다. 이 책을 옮기는 동안 고전의 풀뿌리를 통해 수천 년의 세월을 투과하여 전해오는 빛을 들여다볼 수 있어서 기뻤다. 하늘과 대지에 감춰진 고전의 풀뿌리를 캐내는 류쭝디의 작업이 더더욱 반가웠던 것은, 그의 학문적 입장에 공감하고 지지를 보낼 수 있었기 때문이다. 견우와 직녀가 만나는 칠석을 중국식 밸런타인데이로 만들려는 "국가와 국민을 걱정하는 민속학자와 머리회전이 빠른 상인들"과 영합하지 않으려는 태도, 용의 기원을 민족주의적인 코드를 초월하여 천문과 농사라는 민중의 삶에서 찾아내는 뛰어난 통찰력, '구별짓기'의 상징으로 여겨져왔던 예의 정신적 뿌리를 원시 춤의 '하나됨'에서 구하는 탁월한 성찰에 어찌 감탄하지 않을 수 있으랴. 기존 틀에서 벗어난 자유로운 학문의 세계에서만이 창조적 직관이 이처럼 번뜩일 수 있는 법, 『산해경』의 지명이 사실은 신화적 지리에서 비롯되었다는 그의 주장은 참으로 신선하다. "권력은 역사를 창조하고, 지식은 역사의 주석"이라는, 지식권력에 대한 철저한 반성적 성찰이 있기에 이상의 통찰과 직관이 가능하리라.

  지식권력은 문자/구어, 로고스/미토스, 과학/미신, 서구/비서구, 현대/고대에 압도적 힘을 발휘하면서 이것들을 문명/야만, 중심/주변의 구도로 갈라놓았다. 그 결과 현대인은 실존적 위기에 처했다. 현대인은 역사 속에서 자신의 의미와 자리를 찾지 못한 채 헤매고 있다. 류쭝디의 지적처럼, 과학의 눈가리개로 인해 역사적 안목을 잃은 것이다. 인문학이 영원히 사라지지 않는 이유가 "나는 누구인가? 나는 어디로부터 왔는가? 나는 어디로 가는가?"와 같은 종류의 문제를 늘 새롭게 질문하기 때문이라는 그의 말은 참으로 의미심장하다. 언제 어디서든 인간은 '의미 있는 실재'를 향한 욕구를 떨쳐낼 수 없다. 현대인의 위기와 인간의 본질을 예민하게 감지한 이라면, 엘리아데처럼 현대의 인류 및 현대학문의 연구 방법의 철저한 갱신을 요청할 수밖에 없다. 그들은 무당이나 미치광이를 자처하며 구어·미토스·미신·비서구·고대·야만·주변의 둘레를 맴돈다. 류쭝디는 이렇게 말한다.

현대과학은 실험과학으로 연단술과 점성술을 대체했고, 귀납법으로 연역법을 대체했으며, 어법학으로 수사학을 대체했고, 인과관계로 유사성과 상징성을 대체했으며, 분류학과 생물학으로 박물학과 본초학을 대체했고, 묘사로 서사를 대체했으며, 사회과학으로 해석학을 대체했다. 과학주의에 의해 다시 구성되고 후계몽주의적이며 산문화된 세계와 세계관 속에서 사는 우리로서는, 고대에 유사성이 지녔던 의미와 역할을 이해하기 어렵다. 이는 산문적 수사로 시적 수사를 해석하기 어려운 것과 마찬가지다. 과학에 의해 다시 구성된 우리는 유사성을 발견할 수 있는 능력을 이미 상실했다. 우리로서는 유사성의 의미를 이해할 수 없다. 우리의 세계는 과학에 의해 바람조차 통하지 않을 정도로 치밀하게 조직된 세계로, 유사성이 그 사이를 자유롭게 지나다니도록 허용하지 않는다. 바로 이런 시대에 인지認知와 학술의 영역에서 누군가 덮어놓고 유사성에 깊이 빠져 있다면 그는 무당이거나 미치광이다.

오늘날 학문의 영역에서 무당이거나 미치광이길 자처하는 이들은 바로 도시국가 밖으로 쫓겨나긴 했지만 기회가 생길 때마다 발로 박자를 맞추어 노래하면서 다가왔던 음유시인이다. 음유시인의 매혹적인 노랫소리가 아카데미 소년들의 마음을 뒤흔들어놓았듯, 류쭝디가 캐내어 보여주는 고전의 풀뿌리는 우리의 마음을 뒤흔들어놓을 정도로 아주 매혹적이면서도 강인하고 그 뿌리가 깊다. 그것은 그의 문제의식이 존재론적 차원과 맞닿아 있기 때문일 것이다. "의미와 매력을 상실한 정월의 봄물, 남편이 오줌을 눈 곳의 흙, 정월 보름날의 등잔, 이것들은 이제 적나라한 물질이 되었다"는 개탄은 현대인이 잃어버린 의미의 세계에 대한 절박한 상실감과 위기의식에서 비롯되었을 것이다. 그의 말처럼 "현대과학의 세례를 받은 현대인에게는 이들 약물이 아무 효과도 없을 게 분명하다. 그것은 바로 일찍이 이들에 의미와 유효성을 부여했던 의미의 세계가 이미 완전히 와해되었기 때문이다." 그런데 "변한 것은 우리 신체나 우리 신체가 거하고 있는 자연만물이 아니라, 바로 우리 마음이고 자연만물에 대한 우리 시각이다. 산과 강은 여전하고 풀과 나무도 여전한데, 인간의 마음은 옛날 같지 않다."

고대인이 남긴 이정표를 따라 물길을 거슬러 올라가서 옛날의 '의미의 세계'로 돌아가 고대인의 세계를 이해하는 일은, 인식론적 차원을 넘어 존재론적 차원에서 의미의 세계를 성찰하는 실천적 참여다. 때문에 이 책을 옮기는 동안 고전의 풀뿌리에 감춰진 히에로파니를 경험할 수 있었다. 이러한 경험을 나눌 수 있다면 옮긴이로서는 더할 나위 없이 기쁠 것이다. 개인적으로는 사마천, 구제강, 위안커, 신화학, 『산해경』 등 지금까지 내가 공부해온 주제들을 고스란히 이 책에서 만날 수 있어서 더욱 보람된 시간이었다. 여느 해보다 뜨거웠던 지난여름 그리고 유독 추웠던 이번 겨울, 고전의 감춰진 풀뿌리를 캐내는 노고 못지않게 즐거움도 쏠쏠했다. 고전의 풀뿌리와 함께했던 그 시간들을 잊지 못할 것이다.

2013년 3월
이유진

찾아보기

ㄱ

가요 131, 259, 263, 265, 290, 294~295
가을 53, 55, 57, 64, 65, 83, 102, 104, 105, 126, 128, 130, 131~133, 138~143, 156, 158, 159, 171, 236, 295
건고建鼓 22
걸교乞巧 133, 135, 140
겨울 53, 57, 64, 65, 83, 104, 105, 107, 114, 132, 147, 148, 155, 156, 158, 159, 161~163, 165, 171, 191, 236, 237, 257, 279
견우牽牛 120, 123, 124, 128, 130, 133, 135~140, 142
견우성 121, 124, 128, 136, 139, 140
경칩驚蟄 107, 166
계급 39~43, 45
계몽주의 205, 319~321, 327
『계사존고癸巳存稿』 149
계절 61, 76, 77, 80, 83, 84, 87, 103~105, 108, 110, 125, 130, 135, 140, 142, 143, 155, 157, 161~163, 237, 243
고매高禖 109
고문경학古文經學 262
『고사변古史辨』 323, 325,
고사변古史辨(고사변파, 고사변학파) 233, 280, 281, 320, 323~326

고염무顧炎武 104
고유高誘 24
곤륜崑崙 246~249
공간 30, 52, 55, 84, 140, 156~158, 174, 189, 199, 204, 206, 219, 223, 235, 236, 241, 249, 289, 290, 331
공감 31, 34, 35, 37, 38, 40, 47
공시성 332
공영달孔穎達 86
공자孔子 27, 35, 37~41, 44~48, 262, 293, 298, 314, 338
「괵려종명虢旅鐘銘」 22
과과瓜果 133, 135, 136, 140, 141
과학 88, 91, 97, 187, 201, 204, 230, 319, 320, 329, 330, 333, 337, 338, 373~375
과학성 182, 186, 214, 215, 217, 278, 279, 329
곽박郭璞 148, 195, 225
『관당집림觀堂集林』 18
『관자管子』 27, 58, 59, 64, 66, 67, 109, 170, 292
관한경關漢卿 315
구나驅儺 41, 43
구비전승 262, 274, 277, 290~292, 294, 297, 321, 327
구제강顧頡剛 60, 179, 233, 270~272,

281~284, 320, 323~326
구주九疇 58, 59
『국가』 317
『국어國語』 113, 163, 281~283, 298
궈모뤄郭沫若 22
귀뚜라미 132, 133
금문경학今文經學 62, 253, 262, 264, 269
기괴성 182, 188, 219
기상氣象 65, 124, 155, 162, 163
기우제 41, 113, 163
기의記意 201, 202, 206, 210, 211
기표記表 201, 202, 206, 210, 211
길쌈 8, 131~133, 140, 141

ㄴ

나희儺戱 297, 325
납제臘祭 41~43
노래 24, 26, 30, 33, 37, 42, 45, 110, 123, 131~133, 143, 169, 228~230, 263, 264, 272, 277, 291, 294~296, 309
『논어論語』 27, 35, 39, 40, 45, 47, 89
「논육가요지論六家要旨」 65
농사 37, 41, 65, 76, 84, 104, 107, 111, 116, 124, 136, 143, 167, 236
누에 109, 165~170, 172
누에치기 41, 108, 115, 166, 167, 172
『능개재만록能改齋漫錄』 206

ㄷ

다렌도르프 310

담론 187, 189, 198, 199, 201, 216, 219, 223, 231, 293, 320~322, 327, 333, 338
『대대례기大戴禮記』 124, 136, 158, 166
대도大道 46, 47, 300
대동大同 40, 46
대일통大一統 243, 325
대화大火(대화성大火星) 102, 103, 108~110, 131, 155, 158, 159, 161, 165~167, 171, 172
도덕률 116, 119
도량형 75, 76, 87, 88
도통道統 271, 308, 310, 311, 313~315, 324
동방삭東方朔 301, 302, 304
동정 37, 40, 41
동중서董仲舒 62, 311
동지 41, 53, 57, 80
두예杜預 113, 170, 198
뒤르켐 31, 33, 34, 46

ㄹ

래드클리프-브라운 34, 35
량치차오梁啓超 271
로고스 316, 317
루쉰魯迅 226, 323

ㅁ

마오둔茅盾 320, 323
『말과 사물』 187, 203,
말리노프스키 331, 332
『맹자孟子』 40

맹자孟子 40, 287, 288, 291, 314
명명命名 66, 95, 108, 128, 130, 139, 140, 160, 161, 167, 203, 219, 220, 230, 233, 234, 244, 246, 247, 321, 322
무사巫史 260, 274, 309, 310
무술巫術 31, 41, 42, 215, 219, 259, 296, 309, 320
무왕武王 46, 99, 261, 270
무제武帝 69, 72, 74, 75, 91, 92, 195, 246~249, 311
문왕文王 46
문자 23, 29, 56, 157, 203, 241, 258~260, 262, 263, 273~276, 279, 282, 289~293, 297~300, 318
미신 187, 319, 320
미토스 316~319, 374
민간 37, 41~48, 66, 76, 83, 107, 110, 111, 119, 121, 123, 124, 133, 140, 196, 233, 255, 258~266, 269, 274, 276, 279, 280, 284, 296, 298, 302, 304~306, 308, 310, 312, 315
『민속』 271, 284
민속학 32, 223, 235, 271, 283, 284, 298, 316, 321, 329, 335, 342

ㅂ

바흐친 43
박물학 174, 182, 186, 189, 199, 203~205, 218, 219, 221~223
반고盤古 151~154, 277, 326
반고班固 253, 262

방사方士 311
방술方術 55, 264
배우 270, 301, 303~305, 307~312, 314, 315
『백호통의白虎通義』 57, 72, 74, 75, 87, 253, 254, 264
벌레 107, 108, 115, 133, 141, 153, 159, 165, 172, 174, 176, 192, 193, 195, 199, 201, 203, 210
병증 201, 202, 205, 206, 208, 211, 213, 216
「보임안서報任安書」 93, 311
복사卜辭 18, 20, 49, 52, 77
복희伏羲 95, 102, 156, 325
『본초강목本草綱目』 198, 207, 210
본초학 174, 186, 192, 193, 198~201, 206, 211, 215, 218
봄 53, 55, 57, 64, 65, 83, 84, 102, 104, 105, 107, 111, 113, 138, 143, 156, 158, 161, 165, 171, 197, 236, 295, 334
봉선封禪 69, 70, 72, 74~76, 88, 91, 92
북 20, 22, 23, 25, 26, 44, 47, 102
북두성 103, 124~126

ㅅ

사관史官 203, 271, 274, 275, 291, 295
『사기史記』 60, 62, 63, 66, 70, 74, 86, 125, 137, 138, 171, 247, 268, 291, 307, 312
사료史料 232~234, 272, 273, 276, 280, 283, 320, 324, 330

사마담司馬談 65, 69, 70, 72, 91~93

사마천司馬遷 69, 70, 74, 76, 91, 92, 281, 289, 307, 310~313

사방四方 32, 52~55, 75, 84, 96, 100, 103, 107, 123, 125, 149, 157, 158, 178, 236, 237, 241, 243, 257, 268, 283, 284, 289, 290, 310, 312

사방신 157, 158

사방풍四方風 157, 158

사시四時 52~58, 60, 61, 64, 65, 76~78, 89, 104, 118, 119, 125, 130, 141, 157, 158, 163, 165, 171, 236, 265

『사와 중국문화士與中國文化』309

사제蜡祭 45~47, 299

『사조문견록四朝聞見錄』268

사직社稷 109, 139

『사통史通』275

『산해경교주山海經校注』151

『산해경山海經』78, 83, 148, 149, 154, 157, 174, 196, 218, 224~227, 230~235, 238, 246~250

삼성三星 110, 111

『삼오력기三五歷紀』152, 153

삼황오제三皇五帝 277, 283, 296, 297, 326

상상 33, 84, 107, 108, 123, 124, 157, 160, 161, 213, 216, 218, 233, 234, 238, 241~244, 246, 249, 250, 266, 305, 334

상생상극相生相剋 60~62

『상서尙書』53, 58, 60, 75, 77, 84, 88, 130, 157, 162, 163, 297

『상서선기검尙書璇玑鈐』266

상야桑野 81, 83, 169, 170

『서경잡기西京雜記』133

서사敍事 141, 154, 156, 204, 216, 223, 272, 274~279, 282, 302, 308, 316, 318~321, 324, 326~328, 334~336

『석명소증보釋名疏證補』262

선공先公 297

선왕先王 39, 47, 58, 72, 75, 109, 203, 272, 279, 282, 283, 291, 294, 296, 297, 299, 311, 313, 323, 324, 326

『설문해자說文解字』18, 20, 107, 165, 166, 170

성상星象 108, 113, 115, 118, 124, 125, 130, 136, 155, 156, 160, 161, 163

성왕成王 46, 324

성현聖賢 260, 271, 272, 289, 295, 311, 313

성훈聲訓 253, 255, 258, 262, 263, 269

『세본世本』275, 292

소크라테스 317, 318

수사학 204, 206, 222

순수巡守 69, 75, 76, 84, 86, 87, 199, 201

순舜 75, 76, 84, 87~91, 261, 265, 270, 297

『순자荀子』39, 89, 118

술사術士 61, 72

『술이기述異記』151, 153

『습유본초拾遺本草』189, 193, 196, 198, 216

시간 52, 53, 55, 57, 77, 78, 80, 81, 83,

84, 87, 104, 105, 107, 109, 114~116, 118, 124, 125, 130, 136, 137, 139~141, 155, 158, 161, 163, 169, 170, 174, 192, 198, 216, 236, 237, 241, 249, 289, 295, 330
『시경詩經』 26, 86, 99, 109, 110, 123, 131, 162, 163, 166, 263
시령時令 131, 157, 159, 236, 237
시서時序 155, 158, 159
신농神農 95, 211, 212, 214, 215
신사信史 277, 323
신사학新史學운동 271
신화학 174, 182, 249, 316, 319~329, 335, 336, 338
심수心宿 103, 110, 113, 159, 160, 161, 172

ㅇ

아리스토텔레스 28
『안다만 제도의 주민들』 34
약물 201~203, 206, 208, 210~218
양쿤楊堃 271
언어 29, 30, 172, 173, 188, 189, 201, 204, 210, 215, 216, 223, 230, 255, 258, 259, 263, 274, 288, 290, 293, 294, 327, 334, 336
여름 53, 57, 64, 83, 104, 105, 111, 113, 126, 130, 132, 138, 140, 141, 147, 148, 155, 156, 162, 163, 165, 171, 191, 236, 237, 279
여불위呂不韋 66, 67

『여씨춘추呂氏春秋』 24, 31, 58, 63, 66, 67, 116, 136
여와女媧 95, 102, 156, 325
역법曆法 53, 55, 56, 58, 60~66, 76, 78, 83, 87~89, 116, 119, 156, 159, 192, 238, 241, 311
역사 40, 52, 55, 56, 60, 77, 92, 93, 192, 193, 199, 230, 232~234, 241, 246, 249, 250, 260, 261, 271~284, 288~292, 297, 298, 306~313, 315, 317, 319, 321~326, 331, 332, 337~339
역사학 260, 273, 276, 278~280, 283, 284, 329~331
역서曆書 81, 105, 116, 119, 171, 192, 236, 237
역수曆數 89
『역위건곤착도易緯乾坤鑿度』 149
『역전易傳』 130, 141, 237, 317
『예기禮記』 19, 20, 26, 38, 39, 44, 45, 48, 63, 87, 99, 100, 103, 107, 116, 136, 138, 159, 195, 282
예악제도 295, 296
예禮 17~20, 22, 23, 25~27, 38, 39, 41, 44~48, 74, 75, 88
예의禮儀 26, 27, 42
오덕종시설五德終始說 63~65, 67
『오운력년기五運歷年紀』 151~154
오재五材 50~52, 56, 61
오행五行 50~52, 56~58, 60~62, 125, 161
『옥해玉海』 53

왕궈웨이王國維 18, 19, 273
왕선겸王先謙
요堯 75, 89
용 94~97, 99, 100, 102~105, 107~109, 111, 113, 114, 119, 148, 149, 151, 154, 156, 157, 161, 162, 167, 170~172, 236
용곤龍袞 95, 99
용기龍旗 95, 99, 100~103, 105, 118
용선龍船 95
용성龍星 100~105, 107, 108, 110, 111, 113~116, 118, 119, 155~158, 160~163, 165~167, 170~172
우랑牛郎 120, 121, 123, 140, 142
우수牛宿 137, 138
우禹 248
『월령月令』 63, 87, 107, 136, 138~140, 158, 159, 166, 236
월령月令 56, 58, 61~63, 66, 157, 159
위안커袁珂 151, 154, 321
위잉스余英時 309, 310
유가 89, 262, 290, 297, 311, 325, 326
유사성 201~206, 210, 211, 215, 219~222, 262
유생儒生 44, 74, 75, 88, 119, 260, 305, 313
유자有子 47
유정섭兪正燮 149
유흠劉歆 238, 262
유희 17, 24, 31, 328
은하수 120, 121, 123~126, 128, 136, 137, 139, 140, 142

음악 24, 26, 31, 38, 39, 44, 47, 48
음양가陰陽家 65, 67
음양오행陰陽五行 62, 264, 269
음유시인 288
의고疑古 281
『의례儀禮』 19, 26, 100
『의화단운동의 기원』 261
이시진李時珍 198, 207, 210, 213
28수宿 78, 100, 136~138, 160, 171
『이아爾雅』 84, 86, 137, 171, 195
이중증거二重證據 273
인仁 35, 37~40, 48, 50
인류학 298, 316, 320, 321, 326, 327, 329~333, 335, 337~339
인애仁愛 38, 44
인학仁學 38, 41
『일서갑종日書甲種』 142
임방任昉 151, 153
입춘 41
입하 103

ㅈ

자공子貢 45
자연율 116, 119
자하子夏 44, 45
장량푸姜亮夫 149, 152
『장자莊子』 24, 31, 274, 275, 285, 292, 298
장자莊子 275, 286~288, 293, 299, 300
재이災異 257, 264
절기節氣 41, 52, 53, 55, 76, 77, 87, 95,

381

103~105, 107, 113, 119, 124, 126, 130, 141, 158, 165, 243
절일節日 42, 122, 142, 143, 295
정삭正朔 60, 72
정인절情人節 122, 142, 143
『정치학』 28
정현鄭玄 19, 20, 60, 64, 99, 103, 108, 110, 162, 195, 262, 266
제의학파 333, 336
제학齊學 67, 68
조설근曹雪芹 306~308, 312, 315
『종교 생활의 원초적 형태』 31
종법제도 39, 40, 42
『좌전左傳』 105, 111, 113, 159, 163, 170, 198, 282, 283, 295
주공周公 46, 262
주관疇官 291
『주례周禮』 18, 19, 23, 63, 99, 102, 108, 109, 167, 198, 283
『주역周易』 22, 116, 162, 287
『중국철학사』 37
중징원鐘敬文 323
중춘仲春 53, 87, 105, 107~109, 166
지리학 232~235, 246, 248
지식의 고고학 223, 232, 233
지식인 45, 243, 255, 259, 260, 263, 288, 290, 297, 300, 301, 303~305, 307~315
직녀織女 86, 120~124, 128, 32, 133, 135, 136, 139, 140, 142
직녀성 121, 124, 126~128, 130, 132, 133, 136, 139, 140
직하학궁稷下學宮 67
진시황秦始皇 62, 66, 243, 263, 313
진장기陳藏器 193
질병 64, 200, 201, 203, 212, 214~216
질서 32, 39, 56, 84, 115, 116, 118, 187, 204, 205, 215, 229
징조 118, 130, 181, 221, 257

ㅊ

참위讖緯 264
창힐倉頡 203, 275, 289
천관天官 70, 78, 91~93, 137
천도天道 60, 89, 100, 116, 118, 223
천두슈陳獨秀 271
천명天命 72, 92, 116, 257, 265, 275
천문 52, 53, 55, 56, 83, 88, 90, 92, 100, 103, 104, 108, 116, 119, 130, 149, 151, 237, 241
『초사楚辭』 86, 148, 149, 153, 197
『초사통고楚辭通故』 149
초요성招搖星 103
촉룡燭龍 147~149, 151, 152, 154~165, 172
촉음燭陰 148, 150, 154, 161
『추강秋江』 256, 257
추분 53, 80, 87, 88, 107
추연鄒衍 62~67
축융祝融 149, 152, 157, 236
축전 37, 41~47, 95, 295
춘분 41, 53, 80, 87, 88, 107, 143

춘사春社 109, 111
『춘추번로春秋繁露』 57, 61
춤 17, 19, 21~31, 33~39, 41~45, 47, 295, 309
칠석 120~122, 124, 126, 128, 133, 135, 136, 139, 140~143

ㅋ

카니발 43
칸트 114, 115
코로보리corrobbori 31, 32, 46
클럭혼 335

ㅌ

타일러 223, 330, 331
탁고개제託古改制 269, 324
탕왕湯王 46, 261, 270
태사太史 70, 91~93, 139, 281
태사공太史公 69, 70, 74, 91~93
태산泰山 69, 70, 72, 74, 75, 81, 87, 88, 91, 92
텍스트 198, 199, 203, 215, 223, 266, 272, 273, 278~280, 297, 298, 321, 327
토템 34, 100, 104, 326
통시성 332

ㅍ

펑유란馮友蘭 35
표상表象 43, 84, 203, 204, 223, 235
푸코 187, 189, 199, 203, 205, 223, 229, 232, 233

프레이저 223, 327, 331, 333, 334
플라톤 288, 317~319, 321

ㅎ

하고河鼓 137
하지 41, 53, 80
한부漢賦 305, 306
『한서漢書』 65, 86, 157, 162, 171, 258, 262, 267, 268, 292
해리슨 334
해음쌍관諧音雙關 255, 258, 259, 262, 263
허신許愼 18, 202, 262
『형초세시기荊楚歲時記』 133, 135, 193, 197
『홍루몽紅樓夢』 301, 302, 312
화상석畵像石 22, 102
황제黃帝 63, 89, 203, 275
황하黃河 70, 246~248
『회남자淮南子』 24, 57, 58, 66, 81, 136, 148, 151, 153, 159, 169, 193, 212, 283
훈고訓詁 253, 254, 263, 298
희생犧牲 137~140, 296, 314

동양고전과 푸코의 웃음소리

1판 1쇄 2013년 4월 1일
1판 2쇄 2015년 7월 30일

지은이 류쭝디
옮긴이 이유진
펴낸이 강성민
기   획 노승현
편   집 이은혜 박민수 이두루 곽우정
편집보조 이정미 차소영 백설희
독자모니터링 황치영
마케팅 정민호 이연실 정현민 양서연 지문희
홍보 김희숙 김상만 한수진 이천희

펴낸곳 (주)글항아리│출판등록 2009년 1월 19일 제406-2009-000002호

주소 413-120 경기도 파주시 회동길 210
전자우편 bookpot@hanmail.net
전화번호 031-955-8891(마케팅) 031-955-2670(편집부)
팩스 031-955-2557

ISBN 978-89-6735-047-5 93100

글항아리는 (주)문학동네의 계열사입니다.

이 도서의 국립중앙도서관 출판시도서목록(CIP)은 e-CIP 홈페이지(http://www.nl.go.kr/ecip)에서
이용하실 수 있습니다.(CIP제어번호: CIP2013001465)